Clemens Hausmann
Psychologie und Kommunikation

Clemens Hausmann

Psychologie und Kommunikation für Pflegeberufe

Ein Handbuch für Ausbildung und Praxis

2. überarbeitete und erweiterte Auflage

facultas.wuv

Anschrift des Verfassers:
Dr. Clemens Hausmann
Kardinal Schwarzenberg'sches Krankenhaus
Kardinal Schwarzenbergstraße 19
A-5620 Schwarzach/Pongau
Österreich

E-Mail: info@clemens-hausmann.at

Weitere Informationen unter: www.clemens-hausmann.at

Bibliografische Information Der Deutschen Nationalbibliothek

Die Deutsche Nationalbibliothek verzeichnet diese Publikation in der Deutschen Nationalbibliografie; detaillierte bibliografische Daten sind im Internet über http://dnb.d-nb.de abrufbar.

Umschlagfoto: © George Doyle – www.strandperle.biz <http://www.strandperle.biz/>
Lektorat: Verena Hauser, Wien (1. Auflage), Lukas Brändle, Wien (2. Auflage)
Satz und Druck: Facultas Verlags- und Buchhandels AG
Printed in Austria
ISBN 978-3-7089-0370-5

Vorwort

Das vorliegende Buch behandelt jene Bereiche der Psychologie und Kommunikation, die für die Pflege von zentraler Bedeutung sind. Es ist gleichermaßen für die Ausbildung wie für die Praxis gedacht.
Als *Lehrbuch* orientiert es sich am österreichischen Curriculum für die Ausbildung in Allgemeiner Gesundheits- und Krankenpflege (ÖBIG 2003). Der Schwerpunkt liegt auf psychologischem Wissen und kommunikativen Fähigkeiten, die wissenschaftlich fundiert in ihrer praktischen Umsetzung dargestellt werden.
Als *Handbuch für die Praxis* enthält es konkrete Hinweise, Anregungen und Tipps für situationsgerechtes und psychologisch richtiges Handeln in den unterschiedlichsten pflegerischen Situationen.

Das Buch gliedert sich in vier Teile:
- Im ersten Teil werden die Grundlagen der Psychologie dargestellt, die für das Verständnis und die Unterstützung pflegebedürftiger Menschen wichtig sind. Zahlreiche Beispiele verdeutlichen den unmittelbaren Bezug zur pflegerischen Praxis.
- Der zweite Teil beschreibt die psychologische Seite von Krankheit und Behinderung. Einen Schwerpunkt bildet die psychosoziale Unterstützung der Patienten und Bewohner im jeweiligen Handlungsspielraum der Pflegenden.
- Im dritten Teil wird die pflegerische Kommunikation in ihren vielfältigen Möglichkeiten besprochen. Spezielle Kapitel zu Aggression, Krisen, Notfällen, Konflikten und Mobbing vertiefen die Darstellung.
- Der vierte Teil widmet sich der Psychohygiene, die entscheidend für langfristige Berufszufriedenheit und psychische Stabilität ist. Stressmanagement, Helfer- und Burnout Syndrom werden ebenso besprochen wie berufsbedingte Traumatisierungen und die Möglichkeiten des professionellen Umgangs mit diesen Belastungen.

Die dargestellten Theorien und Maßnahmen basieren auf dem aktuellen Stand wissenschaftlicher Erkenntnisse und praktischer Erfahrung (im Sinne von *best practice* und *evidence based care*). Personenbezogene Ausdrücke umfassen stets beide Geschlechter.

Das Buch wäre ohne direkte und indirekte Hilfe vieler Freunde und Kollegen nicht zustande gekommen. Ich danke ihnen herzlich für den regen Austausch und die vielfältige Unterstützung. Mein besonderer Dank gilt Sabine Schlüter, Verena Hauser und Cornelia Posch.

Dieses Buch ist meiner Familie gewidmet – in Liebe und Dankbarkeit.

Für die 2. Auflage wurde der Text aktualisiert und um zwei Kapitel sowie viele Beispiele erweitert.

Salzburg, im Januar 2009 Clemens Hausmann

Inhaltsverzeichnis

Teil I
Grundlagen der Psychologie

Teil I

Grundlagen der Psychologie

1 Psychologie als Wissenschaft

Psychologie ist eine wesentliche Grundlage der Gesundheits- und Krankenpflege. Im Umgang mit pflegebedürftigen Menschen unterstützt sie das Erkennen der psychischen Situation von Patienten, Heimbewohnern und Angehörigen. Sie ermöglicht das tiefer gehende Verstehen von Einstellungen, Verhaltensweisen und Reaktionen von Kollegen und Vorgesetzten. Damit bildet sie die Grundlage für angemessenes Handeln auch in psychologisch heiklen Situationen.

1.1 Gegenstand und Fragestellungen der Psychologie

Die Psychologie behandelt Fragen, die uns Menschen von alters her bewegen: Was sind Gefühle und woher kommen sie? Welchen Einfluss haben unsere Gedanken und Erwartungen auf unser Leben? Warum bleiben manche Menschen unter Stress psychisch stabil und andere nicht? Warum verhalten wir uns in Gruppen manchmal anders, als wenn wir allein sind? Was bestimmt unsere seelische Entwicklung im Laufe der Jahre? Was genau sind psychische Störungen, und wie kann man sie behandeln?

In früheren Jahrhunderten galt Psychologie als „Lehre von der Seele". Allerdings vermochte man die menschliche Seele weder näher zu definieren noch wissenschaftlich klar zu umschreiben. Der Begriff bezeichnet etwas „Inneres" – zum Beispiel Gedanken und Gefühle –, das sich von körperlichen Prozessen unterscheidet, andererseits mit diesen auch eng verknüpft ist. Theologen spekulierten über die Bedingungen ihrer Unsterblichkeit, während Materialisten sie als eine Art Begleiterscheinung der „Körper-Maschine" ansahen.

Die jahrhundertelange Diskussion über Art und Beschaffenheit der Seele brachte letztlich kein befriedigendes Ergebnis. Die moderne Psychologie wird über ihren Gegenstandsbereich definiert (Herkner 2002):

Psychologie ist die Wissenschaft vom menschlichen Erleben und Verhalten.

Mit Erleben ist die Art und Weise gemeint, wie wir die Welt und uns selbst wahrnehmen und bewerten, was wir fühlen, denken, lernen, wollen und erwarten – ob bewusst oder unbewusst.

Das Verhalten umfasst alle unsere Handlungen und Reaktionen – alles, was wir bewusst oder unbewusst tun, einzeln oder in der Gruppe, sowie alle Arten von verbaler und nonverbaler Kommunikation, d. h. alles, was wir der Umwelt mitteilen und wie wir das tun.

Direkt zugänglich ist uns dabei nur das eigene Erleben. Das Erleben anderer Menschen kann aber durch Beobachtung und begründete Vermutung erschlossen werden. Wie sich z. B. jemand fühlt, ob er oder sie sich freut oder traurig ist, können wir aufgrund des Gesichtsausdrucks, der Körperhaltung und Gestik usw. durchaus

erschließen. Wie genau die Freude oder Traurigkeit aber beschaffen ist, welche spezielle und individuelle Tönung sie für die Person aufweist, wissen wir von außen nicht. Darüber kann nur die erlebende Person selbst Auskunft geben.
Die Psychologie ist eine grundsätzlich empirische Wissenschaft, d. h. ihre Erkenntnisse und Theorien werden auf der Grundlage überprüfbarer Tatsachen (empirischer Daten) gewonnen und formuliert. Ihre Ziele sind die Beschreibung, Erklärung und Vorhersage des Erlebens und Verhaltens sowie, im Rahmen psychologischer Behandlung, deren Veränderung zur Verbesserung der Lebensqualität.

Beispiel

Frau R. ist 67 Jahre alt, Pensionistin, seit 6 Jahren Witwe und kinderlos. Sie wird wegen eines Darmverschlusses stationär aufgenommen und soll in zwei Tagen operiert werden. Auf die Pflegepersonen und den behandelnden Arzt wirkt sie „misstrauisch" und „verschlossen".

Beschreibung des Verhaltens:

Obwohl sie völlig mobil ist, hält sich Frau R. den ganzen Tag in ihrem Zimmer auf. Von sich aus beginnt sie kein Gespräch, weder mit dem Krankenhauspersonal noch mit den Mitpatienten. Wenn sie angesprochen oder etwas gefragt wird, antwortet sie knapp und kurz angebunden. Dabei fixiert sie ihr Gegenüber mit ihrem Blick. Als sie einmal von einer Nichte besucht wird, spricht sie mit ihr leise und hastig, aber so, dass niemand anderer das Gespräch mitverfolgen kann.

Erklärung:

Frau R. lebt seit dem Tod ihres Mannes allein und hält außer zu einigen Verwandten keine sozialen Kontakte. Die vielen verschiedenen Menschen im Krankenhaus stellen für sie eine erhebliche Belastung dar, auf die sie mit Rückzug reagiert. Darüber hinaus ist ihr Mann vor 6 Jahren in eben diesem Krankenhaus an Krebs gestorben. Die Erinnerungen an die Ärzte und das Pflegepersonal, die ihrem sterbenden Mann nicht mehr helfen konnten, sind noch immer schlimm für sie. Zugleich hat sie insgeheim Angst, dass es ihr nun selber so ergehen könnte wie ihrem Mann.

Vorhersage und Veränderung:

An die vielen neuen Bezugspersonen wird sich Frau R. nach und nach gewöhnen. Das Pflegepersonal kann sie dabei unterstützen, indem sie solche Pflegepersonen betreuen, zu denen sie leichter einen Bezug herstellen kann, etwa weil sie aus derselben Gegend stammen wie sie oder indem man gezielt ihre Interessen und Bedürfnisse anspricht.
Die Erinnerungen an den Tod ihres Mannes werden für Frau R. so lange eine Rolle spielen, so lange sie ihre jetzige Situation mit der ihres Mannes gleichsetzt. Ein klinischer Psychologe kann ihr helfen, ihren jetzigen Krankenhausaufenthalt von dem ihres Mannes gedanklich zu trennen und die beiden Ereignisse

unabhängig voneinander zu sehen. Dadurch wird sie frei, sich auf ihre eigene Genesung zu konzentrieren.

1.2 Der Beitrag der Psychologie zur Pflege

Psychologische Fragen spielen während des gesamten Pflegeprozesses eine wichtige Rolle. Psychosoziale Betreuung zählt zum eigenverantwortlichen Tätigkeitsbereich der Gesundheits- und Krankenpflege. Dabei sind vor allem folgende Punkte bedeutsam:

- Das **Verständnis** für den Patienten in seiner jeweils besonderen Situation wird durch klinisch-psychologisches Wissen gefördert. Es ermöglicht die fundierte Beschreibung und Erklärung von psychischen Veränderungen und Verhaltensauffälligkeiten (z. B. Angst, Depression, sozialer Rückzug, Wut).
- Im **Gespräch** kann besser auf den Patienten eingegangen werden. Es ist leichter möglich, wichtige Informationen zu gewinnen und zu geben, bestimmte Themen anzusprechen (z. B. Gefühle) und Fehler oder Fallen in der Gesprächsführung zu vermeiden (z. B. bei gereizten Patienten). Die Motivation des Patienten und die Zusammenarbeit mit den behandelnden Ärzten und Pflegepersonen kann gezielt verbessert werden. Konflikte können frühzeitig erkannt und geklärt werden.
- Im **Team** kann psychologisches Wissen zu einer verbesserten Kooperation untereinander und zum konstruktiven Umgang mit schwierigen Situationen, Stress und Konflikten führen. Berufsspezifische Belastungen werden so frühzeitig abgefangen.
- Im Rahmen der **interdisziplinären Zusammenarbeit** werden Psychologen aufgrund des klinisch-psychologischen Wissens rechtzeitig informiert und in die Behandlung einbezogen. Psychologen geben ihrerseits Hinweise für die weitere Kommunikation und Betreuung.
- Die **Psychohygiene** der Pflegenden wird gefördert durch Selbstreflexion, Stress- und Konfliktmanagement. Der aktive Umgang mit den vielfältigen beruflichen Belastungen beugt innerer Erschöpfung und dem emotionalen Ausbrennen vor.

1.3 Psychologe – Psychiater – Psychotherapeut

„Du brauchst ja einen Psychiater!" – Im alltäglichen Sprachgebrauch werden die so genannten „Psycho-Berufe" – Psychologe, Psychiater und Psychotherapeut – immer wieder miteinander verwechselt. Zwar haben sie tatsächlich vieles miteinander gemein, etwa die Diagnose von psychischen Leidenszuständen und die Behandlung von Störungen; dennoch sollten sie klar voneinander unterschieden werden.

Psychologe

Grundausbildung ist das Universitätsstudium der Psychologie. Das berufliche Spektrum eines Psychologen ist sehr breit und umfasst u. a. folgende Arbeitsberei-

che: Krankenhäuser, Behinderteneinrichtungen, Heime und Schulen, psychosoziale Beratungsstellen, Erwachsenenbildung, Personalwesen, Wirtschaft, Werbung und Forschung sowie die freie Praxis (Mehta 2004).
Spezialisierungen für den klinischen und den Gesundheitsbereich sind in Österreich eigens gesetzlich geregelt (Psychologengesetz 1990):

- Ein **klinischer Psychologe** ist Spezialist für die psychologische Diagnostik, Beratung und Behandlung von körperlich kranken und psychisch beeinträchtigten Personen. Dies umfasst die Unterstützung bei der Bewältigung körperlicher Krankheiten (z. B. Krebs) ebenso wie die Behandlung von psychischen Störungen (z. B. Depression, Angststörungen) und die Erstellung von Gutachten.
- Ein **Gesundheitspsychologe** arbeitet vor allem präventiv, d. h. bevor bestimmte körperliche oder psychische Störungen auftreten. Ziel ist die Förderung und Erhaltung von körperlicher und psychischer Gesundheit (z. B. Stressmanagement, betriebliche Gesundheitsprogramme).

Psychiater

Ein Psychiater ist Facharzt für Psychiatrie. Er arbeitet zumeist in psychiatrischen Kliniken bzw. Stationen und/oder in freier Praxis.
Psychiatrische Patienten weisen oft schwere psychische Störungen auf (z. B. Schizophrenie, manisch-depressive Psychosen), die häufig mittels Medikamenten (Psychopharmaka) behandelt werden. In zunehmendem Maße kommen auch psychotherapeutische Methoden zum Einsatz (therapeutische Gespräche, Gruppentherapie u. a.).

Psychotherapeut

Ein Psychotherapeut ist Spezialist für die Behandlung von psychischen Störungen. Um in Österreich tätig sein zu dürfen, muss ein Psychotherapeut zunächst eine Grundausbildung in einem gesetzlich definierten psychosozialen Beruf absolvieren (die meisten Psychotherapeuten sind Psychologen oder Ärzte). Daran schließt sich eine vier- bis sechsjährige Spezialausbildung nach einer speziellen psychotherapeutischen Methode an. Ein Psychotherapeut arbeitet meist in einer psychosozialen Betreuungseinrichtung und/oder in freier Praxis, oft in Kooperation mit Ärzten und Psychologen (zur Diagnostik, medizinischen Behandlung etc.).

1.4 Zusammenfassung

Psychologie ist die Wissenschaft vom menschlichen Erleben und Verhalten. Ihre Ziele sind die Beschreibung, Erklärung und Vorhersage des Erlebens und Verhaltens sowie, im Rahmen psychologischer Behandlung, deren Veränderung zur Verbesserung der Lebensqualität. Der Beitrag der Psychologie zur Pflege betrifft Verständnis für den Patienten, Gesprächsführung, Konflikte, interdisziplinäre Zusammenarbeit und Psychohygiene. Das berufliche Spektrum eines Psychologen ist sehr umfangreich. Es unterscheidet sich in wichtigen Punkten von dem eines Psychiaters und eines Psychotherapeuten.

2 Biologische Grundlagen des Erlebens und Verhaltens

Biologische Prozesse beeinflussen auf vielfältige Weise das Erleben und Verhalten. Gleichzeitig steuern psychische Prozesse verschiedenste Körperfunktionen mit. Aus biopsychologischer Sicht sind Körper und Seele nicht voneinander zu trennen. Das betrifft insbesondere den Bereich von Gesundheit und Krankheit (Birbaumer/Schmidt 2006).

2.1 Signalübertragung zwischen Nervenzellen

Nervenzellen (Neuronen) bilden die Grundeinheiten des Nervensystems. Allein das Gehirn besteht aus 25 Milliarden Neuronen. Ihre Aufgabe besteht darin, Informationen zu empfangen, zu verarbeiten und an andere Zellen weiterzuleiten.
Größe und Form der Nervenzellen sind sehr unterschiedlich, jedoch weisen alle den gleich Grundplan auf: Sie bestehen aus einem Zellkörper (Soma) und Fortsätzen an diesem Zellkörper: einem mehr oder weniger langen Axon (Neuriten) und meist mehreren Dendriten mit kleinen knollenförmigen Endknöpfchen (Synapsen).
Die Signalübertragung zwischen den Neuronen, die über die Synapsen abläuft, ist für die Psychologie von zentraler Bedeutung. Dieser Prozess läuft in folgenden Schritten ab (siehe Abb. 1):

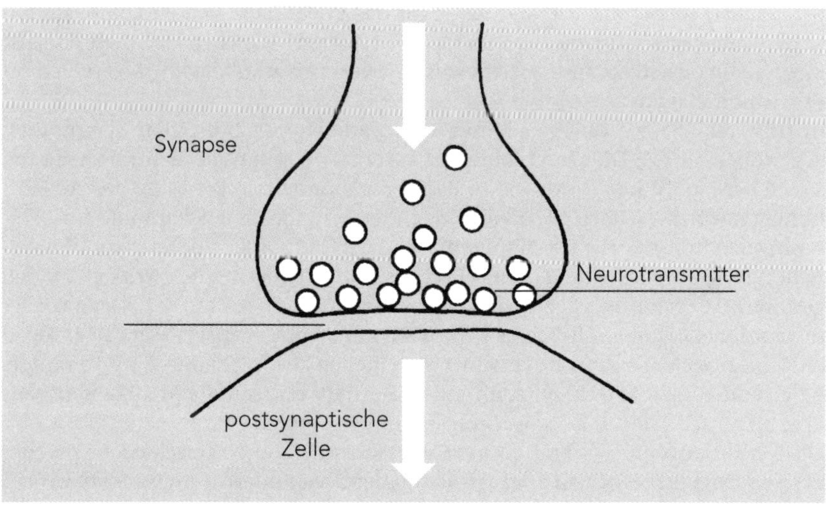

Abb. 1: Signalübertragung zwischen Nervenzellen

1. Ein Nervenimpuls erreicht als elektrisches Signal die Synapse und muss, um an die nächste Nervenzelle weitergeleitet zu werden, den so genannten synaptischen Spalt, den Abstand zwischen zwei Neuronen, überwinden. Das geschieht chemisch, durch Neurotransmitter. Diese werden in den synaptischen Spalt ausgeschüttet.
2. Die Neurotransmitter binden sich an die Rezeptoren der postsynaptischen Zelle und können dort ein elektrisches Signal auslösen, das dann in der neuen Zelle weiterverarbeitet wird. Sie können aber auch hemmend wirken und Impulse in der postsynaptischen Zelle unterbinden. Die Art der Wirkung hängt u. a. von der chemischen Bauweise der Transmitter und der Rezeptoren ab.
3. Nach der Rezeption werden die Neurotransmitter entweder zersetzt oder wandern zurück in die Synapse.

Die einwandfreie Signalübertragung innerhalb und zwischen den Nervenzellen bildet die Grundlage der Wahrnehmung, der kognitiven und emotionalen Verarbeitung sowie der Verhaltenssteuerung. Störungen dieser biochemischen Prozesse können dramatische Folgen für das Erleben und Verhalten haben.
Halluzinationen sind biochemisch auf eine Störung der Neurotransmittersysteme zurückzuführen. Es handelt sich um Scheinwahrnehmungen von Objekten oder Ereignissen, die objektiv nicht da sind. Die betroffene Person hält sie jedoch für völlig real. Sie hört z. B. Stimmen, die zu ihr sprechen oder sie beschimpfen. Andere Patienten haben optische Halluzinationen und sehen z. B. Lichtpunkte, die sie umtanzen und bedrängen. **Wahnvorstellungen** entstehen oft aus der Unfähigkeit, wichtige Beobachtungen von unwichtigen zu unterscheiden. Alltägliche Dinge oder Ereignisse können für die Betroffenen sehr beunruhigend werden. Die Betroffenen suchen nach Erklärungen für das Erlebte, die sich zu komplizierten Gedankengebäuden auswachsen können. Für andere Menschen sind diese zumeist nicht nachvollziehbar und wirken wahnhaft und verrückt. In der Folge werden oft **Psychosen** diagnostiziert.
In früheren Zeiten war man diesen und anderen psychotischen Symptomen gegenüber hilflos. Die Geschichte der Psychiatrie zeugt von den fortgesetzten Versuchen, mit ihnen irgendwie zu Rande zu kommen. In der Mitte des 20. Jahrhunderts wurden jedoch Medikamente entwickelt, die diese Symptome zum Verschwinden bringen. Die Psychopharmaka, die heute zur Behandlung von Halluzinationen, Wahnvorstellungen und Psychosen verwendet werden, wirken auf den gestörten Mechanismus der Signalübertragung und bringen ihn sozusagen wieder in geordnete Bahnen. Allerdings wirken sie nur symptomatisch, d. h., sie bringen die Störungsbilder zwar zum Verschwinden, heilen aber nicht die damit verbundene Grundstörung (etwa Schizophrenie). Deshalb müssen die Medikamente oft über einen sehr langen Zeitraum eingenommen werden.
Die Neurotransmittersysteme können auch künstlich durch verschiedene psychoaktive **Drogen** beeinflusst und vorübergehend verändert werden. So bewirken Haschisch und LSD oft Stimmungssteigerung und Halluzinationen, Heroin und Morphium intensive Glücksgefühle und Schmerzstillung, Kokain und Ecstasy Antriebssteigerung usw. Die Wirkstoffe jeder dieser Drogen spricht bestimmte

Neurotransmitter-Rezeptoren an. Aufgrund ihrer chemischen Ähnlichkeit mit Neurotransmittern werden sie von den Rezeptoren irrtümlich „akzeptiert" und lösen so dieselben Wirkungen aus.
Die Transmittersysteme gewöhnen sich jedoch meist rasch an die künstliche Zufuhr von Wirkstoffen und reduzieren den körpereigenen Einsatz der Neurotransmitter. Dies führt z. B. bei Heroin zur körperlichen Abhängigkeit von der Droge, die dann nicht mehr des schnellen Glücksgefühls wegen gebraucht wird, sondern um die normale, alltägliche Funktionsweise des Nervensystems aufrechtzuerhalten.

2.2 Informationsverarbeitung im Gehirn

Das Gehirn steht an der Spitze des menschlichen Nervensystems, was Größe, Dichte und Komplexität der Neuronen und ihrer Verknüpfung betrifft. Es sammelt, verarbeitet und speichert Informationen über die Außenwelt und den Körper. Es ist jenes Organ, in dem alle höheren geistigen Prozesse ablaufen, die wir als Bewusstsein, Denken, Gefühle, Bedürfnisse, Wissen etc. erleben und die unser persönlichstes Inneres ausmachen. Das Gehirn steuert und koordiniert weiters Körperfunktionen und Muskelaktivitäten und bestimmt so unser Verhalten, von einfachen Reaktionsmustern bis zu hoch spezialisierten Handlungen.
Die verschiedenen Hirnregionen sind auf komplexe Weise miteinander verknüpft. Ihr Zusammenspiel ist die Grundlage von fundamentalen psychischen Prozessen wie z. B. Wahrnehmung, Denken, Lernen und emotionalen Reaktionen.
Höhere geistige Prozesse sind in der Großhirnrinde (dem Cortex) lokalisiert. Bestimmte Teile sind hauptsächlich für spezifische Kontroll- und Koordinierungsfunktionen zuständig. Man nennt sie Rindenfelder oder primäre Zentren. Wenn eine Cortexregion zerstört wird (z. B. durch einen Unfall oder einen Schlaganfall), können andere Regionen die ausgefallenen Funktionen übernehmen. Dieser Prozess wird im Rahmen der Rehabilitation gezielt angeregt.
Gefühle und emotionale Reaktionen haben ihre neuronale Grundlage vorwiegend im limbischen System. In ihm werden die Signale, die von den Sinnesorganen kommen, auf ihre Wichtigkeit hin überprüft und in emotionale und hormonelle Signale umgewandelt. Auch Merken und Lernen – die Speicherung einer Wahrnehmung oder eines Erlebnisses im Langzeitgedächtnis – stehen mit dem limbischen System in Verbindung. Wir merken uns Dinge umso leichter, je stärkere Gefühle wir damit verknüpfen.
Eine psychische **Traumatisierung** (z. B. durch einen Notfall oder ein Gewaltverbrechen) kann zu neurophysiologischen Veränderungen führen. Das limbische System ist bei extremer Stressbelastung überfordert, die äußerst intensiven sensorischen Informationen können räumlich, zeitlich und biografisch nicht mehr zugeordnet werden. Sie bleiben unverknüpft und entziehen sich der bewussten Verarbeitung, Bewertung und Kontrolle. Viele Betroffene befinden sich danach in einer Art Dauererregung bzw. einem anhaltenden Alarmzustand. Kleinste Irritationen und harmlose Wahrnehmungen können zu heftigen Reaktionen führen. Im

Zuge einer Traumatherapie lernt der Betroffene, die einzelnen Eindrücke in Worte zu fassen und miteinander in Beziehung zu setzen. Neurophysiologisch werden die Trauma-Erinnerungen mit den anderen Lebenserfahrungen verknüpft, das limbische System lernt die emotionalen Reaktionen wieder angemessen zu steuern.

2.3 Hormone

Neben dem vegetativen Nervensystem arbeitet ein zweites Kommunikationssystem im Körper, das den Informationsaustausch zwischen den einzelnen Organen und ihre Steuerung ermöglicht: das endokrine System. Hormone kontrollieren langsame, kontinuierliche Prozesse wie die Aufrechterhaltung des Zucker- und des Kalziumspiegels im Blut, den Stoffwechsel und das allgemeine Körperwachstum. Auch die Stimmungslage sowie die momentane Erregung (Wachheit) werden hormonell gesteuert. So ermöglicht die Ausschüttung von Adrenalin, auf plötzlich auftretende Notsituationen schnell und gezielt zu reagieren.
Störungen im Hormonhaushalt führen zu allgemeinen und langfristigen Beeinträchtigungen. Ein Beispiel dafür sind Über- und Unterfunktion der Schilddrüse:

- Bei Unterfunktion der Schilddrüse ist der gesamte Stoffwechsel herabgesetzt. Dabei kommt es zu markanten psychischen Beeinträchtigungen wie Teilnahmslosigkeit, Niedergeschlagenheit und bleierne Müdigkeit. Weiters verlangsamt sich das Denken, was zu Lernschwierigkeiten und z. T. erheblichen Intelligenzdefiziten führen kann.
- Bei Überfunktion der Schilddrüse beschleunigt sich der Stoffwechsel. Die psychischen Folgen sind u. a. hohe Erregbarkeit, Schlaflosigkeit, Herzbeschwerden, rasche, fahrige Bewegungen sowie manchmal Angstzustände und geistige Verwirrung.

Diese Symptome sind reversibel und verschwinden, wenn die Schilddrüse wieder zu ihrer normalen Funktion gebracht wird.

2.4 Gene

Die Gene enthalten die Erbinformation des Organismus, sozusagen seinen Bauplan. Sie sind – auf den Chromosomen wie zu Paketen zusammengefasst – in jeder Zelle enthalten. Die Chromosomen sind dabei jeweils doppelt vorhanden.
Schon lange erforscht ist der Einfluss des genetischen Faktors auf die Intelligenz. Durch Vergleichsstudien bei eineiigen Zwillingen (die mit identischen Erbinformationen ausgestattet sind) fand man, dass rund 70 % der Intelligenz eines Menschen angeboren sind. Die restlichen 30 % werden durch Umwelteinflüsse bestimmt. Geistige Anregung und Förderung in der Kindheit können das Intelligenzniveau deutlich heben, durch fehlende Anregung kann das vorhandene Potenzial aber auch verkümmern bzw. nicht weiter ausgeschöpft werden.

Auch bei bestimmten Formen geistiger Behinderung weiß man seit langem, dass sie angeboren sind. So ist etwa das Down-Syndrom (Trisomie 21, früher auch „Mongolismus" genannt) durch ein Zuviel an genetischer Information bedingt. Das 21. Chromosom ist nicht zwei-, sondern dreimal vorhanden. Die Folgen sind vor allem große Intelligenzdefizite und verschiedene körperliche Fehlbildungen. Der Einfluss einzelner Gene auf bestimmte Verhaltensweisen, Eigenschaften oder psychische Störungen wird zurzeit intensiv untersucht (Hengstschläger 2006). Überzufällige familiäre Häufungen sind u. a. bei Schizophrenie, Depression, Alkoholismus, Angststörungen sowie bei vielen chronischen Krankheiten (Diabetes mellitus, koronaren Herzkrankheiten, Schlaganfall, Tumorerkrankungen etc.) feststellbar. Zugleich spielen auch nichtgenetische Faktoren für Ausbruch, Dauer und Schwere einer Krankheit eine wesentliche Rolle. Untersuchungen an eineiigen Zwillingen zeigen, dass nichtgenetische Umgebungsfaktoren jeweils eine zumindest vergleichbare Bedeutung wie genetische Faktoren aufweisen. Die Frage, ob eine psychische Störung „angeboren" sei, ist damit überholt. Es handelt sich stets um ein komplexes Zusammenspiel von genetischen Anlagen und modifizierenden Umgebungsfaktoren.

2.5 Zusammenfassung

Nerven, Gehirn, Hormone und Gene bilden die biologischen Grundlagen des Erlebens und Verhaltens. Die Signalübertragung zwischen den Nervenzellen ist die Voraussetzung für rasche Informationsverarbeitung und zielgerichtetes Handeln. Störungen führen u. a. zu Halluzinationen, Wahnvorstellungen und Psychosen. Drogen können diese Störungen künstlich herbeiführen. Die Verknüpfung verschiedener Hirnregionen ist u. a. die Grundlage für Wahrnehmung, Denken, Lernen und emotionale Reaktionen. Höhere geistige Prozesse sind in der Großhirnrinde lokalisiert, emotionale Reaktionen im limbischen System. Psychische Traumatisierungen können zu neurophysiologischen Veränderungen führen. Hormone beeinflussen das Erleben und Verhalten eher langsam und allgemein. Der Einfluss der Gene wird stets durch verschiedenste Umgebungsfaktoren modifiziert.

3 Andere Menschen wahrnehmen

Die Wahrnehmung versorgt uns mit Informationen über die Umwelt und den eigenen Körper. Sie macht uns Gegenstände, Ereignisse und körperliche Zustände erfahrbar: Was wir nicht – direkt oder indirekt – wahrnehmen können, existiert scheinbar nicht. Die Wahrnehmung ermöglicht es, sich in der Welt zu orientieren und gezielt zu bewegen. Zugleich bildet sie die Voraussetzung für viele nachfolgende psychische Prozesse wie Gedanken, Gefühle, Lernen usw. (vgl. Becker-Carus 2004).

3.1 Der Wahrnehmungsprozess

Die physikalische Welt, in der wir uns bewegen, besteht aus Atomen und Molekülen, elektromagnetischen und mechanischen Schwingungen. Der Prozess der Wahrnehmung macht sie psychisch erlebbar. Dies geschieht jedoch nicht im Sinne eines simplen Abbildes, in dem die äußere Wirklichkeit quasi eins zu eins in das Bewusstsein projiziert würde. Der Wahrnehmungsprozess ist eine Folge von Umwandlungen, in denen schrittweise ein Bild der Wirklichkeit konstruiert wird (siehe Abb. 2).

Abb. 2: Die Stufen des Wahrnehmungsprozesses

Die in diesem Prozess gewonnenen Wahrnehmungen sind die Grundlage für weiterführende Einschätzungen, Bewertungen und Urteile (z. B. gefährlich/harmlos, angenehm/unangenehm, sympathisch/unsympathisch). Im Alltagsleben gehen Wahrnehmung und Beurteilung oft sehr schnell ineinander über. Die Verwechslung von Wahrnehmungen und Bewertung ist eine Quelle unzähliger Missverständnisse und Fehldeutungen. Aus ihnen können Vorurteile und Konflikte entstehen, die oft nur schwer zu beseitigen sind.

Beispiel

In die Ambulanz eines Krankenhauses kommt ein Mann um die 50, mit verschmutztem Anzug und ungepflegtem Haar. Er geht schwankend, mit der Hand greift er immer wieder ins Leere. Seine Aussprache ist verwaschen, der Atem riecht säuerlich. Er wird für einen Betrunkenen oder Obdachlosen gehalten. Andere Wartende rücken von ihm ab. Auch das Pflegepersonal verhält sich zunächst sehr distanziert. Der untersuchende Arzt diagnostiziert einen Schlaganfall.

In sozialen Berufen und speziell in der Pflege und Betreuung hilfsbedürftiger Menschen ist eine genaue Wahrnehmung (von Veränderungen, Verhaltensauffälligkeiten etc.) besonders wichtig. Nur durch eine klare Trennung zwischen Wahrnehmung und Interpretation ist eine weitgehend vorurteilsfreie Betreuung möglich.

3.2 Eigenschaften der Wahrnehmung

Der Wahrnehmungsprozess ist durch drei grundlegende Eigenschaften gekennzeichnet: Subjektivität, Selektivität und Tendenz zur Vereinfachung.

Subjektivität

Jede Wahrnehmung ist subjektiv, d. h., ein und derselbe Reiz wird von verschiedenen Personen unterschiedlich wahrgenommen. Auch ein und dieselbe Person kann zu unterschiedlichen Zeitpunkten einen konstanten Reiz verschieden wahrnehmen. Gründe dafür sind u. a. verschiedene Intensitätsschwellen, ab denen Reize überhaupt wahrgenommen werden können, sowie subjektive Bezugspunkte, von denen aus verglichen wird, ob ein Gegenstand leicht oder schwer, groß oder klein, hell oder dunkel ist.

Beispiel

Die Pflegeschülerin Renate soll Herrn G. baden. Sie lässt Wasser in die Wanne und prüft mit ihrer Hand die Temperatur, bis ihr das Wasser warm genug erscheint. Kurz vorher hat sie Medikamente in den Stationskühlschrank eingelagert, weshalb sie kalte Hände hat. Herr G. kommt direkt aus dem warmen Bett. Er steigt nur zögernd in die Wanne: Ihm ist das Wasser zu kalt.

Selektivität

Von allen Reizen, die wir wahrnehmen könnten, wählen wir (bzw. unsere Sinne) nur einen Bruchteil aus. Der Wahrnehmungsapparat filtert die Informationen aus der Umwelt und dem Körper und lässt nur einen Bruchteil in das Bewusstsein passieren.

Dieser Filterprozess ist die Grundlage von Aufmerksamkeit und Konzentration und somit entscheidend für Denken, Lernen und schnelles Reagieren.

- **Aufmerksamkeit** wird wie ein Scheinwerfer auf die momentan wichtigen Dinge und Sachverhalte gelenkt. Dadurch werden sie besonders deutlich wahrgenommen. Die unwichtigen treten kaum ins Bewusstsein. Zum Beispiel ändert sich die Schmerzintensität je nachdem, ob man die Aufmerksamkeit auf die betroffene Körperregion oder auf etwas ganz anderes richtet.

- **Konzentration** ist die Fähigkeit, die Aufmerksamkeit längere Zeit auf einen Gegenstand oder ein Thema zu richten. Bei schwierigen Arbeiten ist diese Fähigkeit ebenso wichtig wie beim Lernen für eine Prüfung. Sie kann durch verschiedene Lerntechniken geübt werden (siehe Kap. 7.6).

Vereinfachung

Die vielen verschiedenen Einzeleindrücke und Beobachtungen werden zu einem Gesamtbild zusammengefügt, das in sich möglichst geschlossen und „griffig" ist. Das führt zu einer Vereinfachung der wahrgenommenen Information. Komplizierte Zusammenhänge werden umstrukturiert und zurechtgebogen, sodass sie ein möglichst einfaches, gut erkennbares Muster ergeben. Diese Tendenz ist in unserem Wahrnehmungsapparat angelegt. Sie führt dazu, dass wir manchmal Dinge wahrnehmen, die eigentlich gar nicht da sind (siehe Abb. 3).

Abb. 3: Optische Täuschungen (Sbz 1993)

Wahrnehmung ist kein passives „Aufnehmen", sondern ein Konstruktionsprozess. Wir nehmen die Welt so wahr, wie wir sie wahrzunehmen gewohnt sind bzw. wie es uns leicht fällt, sie wahrzunehmen und zu verarbeiten.

Bei **Pflegeanamnesen** werden die Informationen, die der Patient über seinen Körper, seine Lebensumstände, Bedürfnisse und Gewohnheiten gibt, in verschiedenen Kategorien zusammengefasst und abgekürzt festgehalten.
Auch ärztliche oder psychologische **Diagnosen** stellen eine Vereinfachung dar: Auffälligkeiten werden als Symptome erkannt und klassifiziert, die Symptome bestimmten Störungsbildern zugeordnet. Bei Vorliegen genügender relevanter

Symptome wird eine Diagnose gestellt. Diese Vereinfachungen erlauben es uns, gezielt und effektiv zu handeln.

3.3 Beeinflussung der Wahrnehmung

Der Wahrnehmungsprozess kann durch eine Reihe von Faktoren erheblich beeinflusst werden:

- **Wissen:** Je mehr man über eine bestimmte Sache weiß, desto mehr nimmt man davon wahr. Je genauer beispielsweise eine Pflegeperson über die psychische Seite von Alter und Krankheit Bescheid weiß, desto mehr Gefühlsäußerungen eines Patienten nimmt sie wahr; je mehr sie über die Folgen von Dauerstress weiß, desto früher erkennt sie die Symptome bei sich und kann frühzeitig darauf reagieren.
- **Erwartungen:** Wenn man bestimmte Dinge oder Ereignisse erwartet, nimmt man bereits erste Anzeichen sehr genau wahr. Beim Zahnarzt z. B. erwarten viele Menschen, dass es weh tun wird. Sie nehmen bereits einfache Berührungen des Zahnfleisches als Schmerz wahr.
- **Bedürfnisse, Wünsche:** Wünsche und Bedürfnisse schärfen die Wahrnehmung. Wer z. B. eine Diät halten muss, sieht und riecht in der ersten Zeit oft die „verbotenen" Speisen.
- **Einstellungen:** Einstellungen wirken auf die Wahrnehmung wie Filter: Wahrgenommen wird vor allem, was mit bereits bestehenden Einstellungen übereinstimmt und sie bestätigt. Was nicht zu ihnen passt, wird oft nur ungern oder lückenhaft wahrgenommen. Manche Menschen wollen bestimmte Dinge überhaupt nicht hören oder bemerken (z. B. ein Tumorpatient, in welchem körperlichen Zustand er sich tatsächlich befindet; siehe Kap. 8.4).
- **Unsicherheit:** Manche Empfindungen sind so unscharf oder lückenhaft, dass wir uns nicht sicher sind, ob wir überhaupt etwas wahrnehmen oder doch einer Sinnestäuschung unterliegen. Dabei treten gewisse Antworttendenzen zutage. Schreckhafte Menschen reagieren oft schon bei schwachen Reizen heftig. Andere wollen falschen Alarm vermeiden und reagieren vielleicht zu spät.
- **Soziale Umgebung:** Unsere Mitmenschen lenken mit ihrem Verhalten, ihren Aussagen und Reaktionen die Aufmerksamkeit auf bestimmte Bereiche, auf die man bisher wenig geachtet hat (z. B. Unfallverhütung aufgrund der Arbeit im Notfallbereich).

3.4 Soziale Wahrnehmung

Wie man auf eine bestimmte Person zugeht und sich zu ihr verhält – freundlich oder vorsichtig, entgegenkommend oder fordernd – hängt weitgehend davon ab, welches Bild man sich von ihr macht, welche Eigenschaften man ihr zuschreibt und wie man diese Eigenschaften bewertet. Dieser Prozess wird soziale Wahrnehmung genannt.

Die soziale Wahrnehmung setzt sich aus folgenden Elementen zusammen:

- **Beobachtungen** von konkreten Verhaltensweisen, selbst erlebte Situationen, selbst gehörte Aussagen etc.
- **Vermutungen** über dahinter liegende oder „dazu passende" Fähigkeiten, Eigenschaften, Einstellungen, Motive und Verhaltensweisen.
- **Verallgemeinerungen:** Man nimmt an, dass das beobachtete Verhalten immer wieder auftritt und die Person immer ungefähr so ist wie jetzt.
- **Emotionale Bewertung:** Die Person und was sie tut findet man sympathisch bzw. unsympathisch.
- **Blinde Flecken:** Manche Verhaltensweisen, die nicht „ins Bild" passen, werden ausgeblendet.

Erster Eindruck

Von all den Dingen und Merkmalen, die man an einem Menschen beobachten kann – äußere Erscheinung, Gesichtsausdruck, Körperhaltung, Gestik, Sprache usw. – werden in der Regel die hervorstechendsten ausgewählt. Auf dieser Grundlage entsteht der erste Eindruck. Wissen, Normen und Einstellungen spielen dabei eine wesentliche Rolle. Die weitere soziale Wahrnehmung orientiert sich am ersten Eindruck. Dieser wirkt wie ein Wahrnehmungsfilter, der die dazu passenden Beobachtungen hervorhebt und alle anderen ausblendet.

Vorurteile, Klischees

Häufig nimmt man bei anderen Menschen Eigenschaften an, auf die es keinen direkten Hinweis im beobachteten Verhalten gibt. Sie werden hinzugedacht, weil sie (scheinbar) ins Bild passen. Vorurteile sind Urteile, die man fällt, bevor man eine Person richtig kennen gelernt hat. Wenn sie sich auf eine ganze Gruppe beziehen, spricht man von Klischees oder Stereotypen (z. B. „typisch Mann/Frau", „typisch Psychiatrie"). Es handelt sich um vorgeprägte Meinungen, wie eine Person „eben ist", z. B. „Krankenschwestern sind freundlich, Ärzte sind kompetent, Psychologen können gut zuhören". Häufig wird vor allem auf solche Eigenschaften geachtet, die diese Klischee bestätigen. Im Umgang mit anderen Menschen – Patienten, Heimbewohnern, Angehörigen, Kollegen, Vorgesetzten – können sie zu erheblichen Fehleinschätzungen führen.

Sympathie

Schon nach kurzem Kennenlernen kann ein Mensch sympathisch oder unsympathisch wirken. Dieses Sympathie- bzw. Antipathiegefühl wirkt ebenfalls als Wahrnehmungsfilter, der die weiteren Beobachtungen lenkt und verfälscht. Manche Menschen wirken sympathisch, weil sie dem Beobachter ähnlich sind. Andere erscheinen unsympathisch, weil sie so sind, wie man selber auf keinen Fall sein möchte, oder weil sie Eigenschaften zeigen, die man an sich selbst nicht mag.

Möglichst neutral bleiben

Für Pflegepersonen ist es wichtig, andere Menschen möglichst neutral und vorurteilsfrei wahrzunehmen. Nur so kann man sich in die anvertrauten Menschen

richtig einfühlen, auf ihre Bedürfnisse angemessen eingehen und ihnen die Pflege und Betreuung zukommen lassen, die sie brauchen.
In der Praxis kann der Einfluss des ersten Eindrucks und der Sympathie nicht völlig ausgeschaltet werden, und niemand ist ganz ohne Vorurteile. Diese Störfaktoren können jedoch in ihrem Einfluss möglichst klein gehalten werden. Dabei helfen vor allem

- genaues Beobachten,
- sich der eigenen Vorannahmen bewusst sein,
- akzeptieren, dass kein Eindruck hundertprozentig sicher und jedes Bild von einem Menschen vorläufig ist,
- offen für neue Wahrnehmungen und Erfahrungen bleiben, auch wenn sie nicht ins Bild passen.

3.5 Zusammenfassung

Die Wahrnehmung ist ein mehrstufiger Prozess, in dem schrittweise ein Bild der Wirklichkeit konstruiert wird. Jede Wahrnehmung ist subjektiv, selektiv und neigt zur Vereinfachung. Sie wird durch Wissen, Erwartungen, Bedürfnisse, Wünsche, Einstellungen, Unsicherheit und die soziale Umgebung beeinflusst. Die soziale Wahrnehmung enthält Beobachtungen, Vermutungen, Verallgemeinerungen, emotionale Bewertungen und blinde Flecken. Sie wird zusätzlich bestimmt durch den ersten Eindruck, Vorurteile und Sympathie. Eine möglichst neutrale Wahrnehmung ist in der Pflege besonders wichtig.

4 Gefühle – Die Farben des Seelenlebens

Das menschliche Gefühlsleben ist außerordentlich vielfältig. Wir fühlen Freude, Liebe, Hoffnung, Glück und Zufriedenheit ebenso wie Sehnsucht, Überdruss, Enttäuschung, Unzufriedenheit und vielleicht Hass. (Hunger und Durst sind keine Gefühle, sondern Wahrnehmungen.) Im klinischen Bereich spielen Angst, Hilflosigkeit, Traurigkeit und Wut eine wichtige Rolle, aber auch positive Gefühle wie Dankbarkeit, Erleichterung und Zuversicht.

4.1 Gefühle als Reaktionen

Gefühle (Emotionen) sind ein grundlegender Bestandteil der menschlichen Existenz. Sie umfassen einen allgemeinen affektiven Zustand (Lust – Unlust, angenehm – unangenehm) und eine spezielle Gefühlstönung (z. B. Freude, Ärger, Angst). Gefühle werden durch verschiedene Prozesse ausgelöst bzw. von diesen begleitet und äußern sich im Verhalten auf vielfältige Weise (Lächeln, Weinen, Rückzug, Aggression etc.). Zugleich können sie komplexe Handlungen auslösen.

Gefühle sind Reaktionen auf Wahrnehmungen, Vorstellungen und Erinnerungen bzw. Folgen körperlicher Zustände:

- **Wahrnehmungen:** Freude beim Anblick eines geliebten Menschen, Angst beim Ertönen eines Notsignals, Zuversicht beim Hören einer ruhigen Stimme;
- **Vorstellungen:** Vorfreude, Zuversicht vor einer Operation, Prüfungsangst;
- **Erinnerungen:** angenehme bzw. unangenehme Gefühle bei der Erinnerung an einen früheren Krankenhausaufenthalt, beim Gedenken an die „gute alte Zeit";
- **körperliche Zustände:** Erschöpfungsdepression, Stimmungsänderung durch Medikamente.

Auf einen Auslöser sind stets mehrere emotionale Antworten möglich: Einer bevorstehenden Chemotherapie kann ein Patient z. B. mit Gefühlen von Zuversicht, Sorge oder Niedergeschlagenheit entgegensehen, je nachdem, was er sich von ihrer Wirkung verspricht: „Das wird den Krebs besiegen", „Mir werden alle Haare ausfallen", „Es hat ohnehin keinen Sinn mehr".
Die Gefühlsreaktionen folgen keiner strikten Automatik, sondern sind veränderbar. Darin liegt ein wichtiger Ansatzpunkt für psychosoziale Unterstützung und psychologische Behandlung.

4.2 Gefühle im Zusammenhang mit Krankheit

Durch körperliche Beschwerden, Symptome und Krankheiten ist das emotionale Gleichgewicht oft empfindlich gestört. Zwei extreme Reaktionsweisen sind immer wieder zu beobachten:

- Bisher unbekannte oder längst überwunden geglaubte Gefühle (Angst, Hilflosigkeit, ohnmächtige Wut etc.) treten neu auf und verstärken sich. In manchen Fällen können sie das Bewusstsein des Patienten geradezu überschwemmen. „Vernünftige", d. h. bewusst geplante Verhaltensweisen werden dadurch verzögert. Der Patient wirkt „kopflos" und emotional labil, heftige Gefühlsausbrüche sind ohne Vorwarnung möglich.
- In scheinbarer Gefühlskälte wirkt der Patient sehr kontrolliert, gefasst oder emotional unbeteiligt. Gefühle werden nicht zugelassen oder sind scheinbar überhaupt nicht vorhanden. Hinter der Fassade können jedoch starke Emotionen verborgen sein, die bei Fortschreiten der Krankheit oder zusätzlichen Belastungen unvermutet hervorbrechen können.

Beide Extreme – das haltlose Ausleben wie das völlige Unterdrücken von Gefühlen – sind für den Patienten oft sehr anstrengend. Auf lange Sicht ist es am besten, wenn die Gefühle nach und nach bewusst werden, bewusst erlebt und in angemessener Form ausgedrückt werden können. Den meisten Menschen bringt es Erleichterung, wenn sie den inneren Druck ablassen und sich etwas „von der Seele reden" können. Wann, mit wem und in welcher Form das am besten geht, ist von Fall zu Fall verschieden. Eine wesentliche Aufgabe der Krankheitsbewältigung ist es, einen angemessenen Umgang mit den neuen und verstärkten Gefühlen zu finden (siehe Kap. 15).

	kann sich steigern zu	
Unsicherheit	→	Angst
Verlegenheit	→	Scham
niedriges Selbstwertgefühl	→	Mutlosigkeit, Pessimismus
Traurigkeit	→	Verzweiflung, Depression
Ärger	→	Wut, Zorn
Misstrauen	→	Rückzug, Verweigerung
Sicherheit	→	Vertrauen, Geborgenheit
Erleichterung	→	Dankbarkeit
Freude	→	Lebensfreude, Glück

Abb. 4: Häufige Gefühle im Zusammenhang mit Krankheit

Unsicherheit, Angst

Das Gefühl von Unsicherheit begleitet in verschiedenen Ausprägungen das gesamte Krankheitsgeschehen. Der Patient sieht sich mit Veränderungen konfrontiert, von denen er nicht genau weiß, welche Folgen sie letztlich haben werden. Die Unsicherheit kann sich zur Angst steigern. Diese bezieht sich auf die Krankheit und ihre Begleiterscheinungen (z. B. Schmerzen, Behinderungen, Lebensgefahr) sowie auf ihre Folgen (körperliche, psychische, soziale). Manche Patienten versuchen die Angst zu überspielen oder Angst auslösende Gedanken zu verdrängen, um sich zu entlasten und vor den anderen „stark" zu wirken. Wenn die Angst so massiv ist, dass sie ein angemessenes Krankheitsverhalten verhindert, sollte sie psychologisch oder psychotherapeutisch behandelt werden.

Verlegenheit, Scham

Vielen Menschen ist es peinlich, wenn sie auf fremde Hilfe angewiesen sind. Im Zustand der Krankheit ist man oft schon bei alltäglichen Verrichtungen (Waschen, Ankleiden, Essen) beeinträchtigt und hilfsbedürftig. Die Folge sind Verlegenheit und Scham, die manchmal so weit gehen können, dass ein Patient nicht um Hilfe bittet, obwohl er sie dringend benötigt. Scham bezieht sich in unserer Kultur oft auf die Körperpflege, den Genitalbereich und die Ausscheidung. Pflegehandlungen in diesen Bereichen erfordern deshalb in besonderem Maße, die Intimsphäre des Patienten zu wahren.

Geringes Selbstwertgefühl, Pessimismus

Durch die Einschränkungen und Verlusterlebnisse sinkt bei vielen Patienten das Selbstwertgefühl. Sie kommen sich dann schwach und hilflos, manchmal auch unnütz und wertlos vor. Das Vertrauen in die eigenen Fähigkeiten schwindet, Mutlosigkeit und Pessimismus können dazu führen, dass sich die Patienten gehen lassen, sich den Ärzten und Pflegepersonal gegenüber passiv verhalten oder unkooperativ werden. Wenn dadurch die Krankheitsverarbeitung blockiert wird oder dieser Zustand in eine Depression übergeht, sollte ein Psychologe zugezogen werden.

Traurigkeit, Depression

Nach einem Verlust traurig zu sein, ist normal. Krankheiten und Verletzungen können mit vielen Verlusten verbunden sein (Verlust von Wohlbefinden, Sicherheit und Kontrolle bis hin zum Verlust von Körperfunktionen, Körperteilen oder des Lebens). Traurigkeit und Niedergeschlagenheit können sich auf bereits erlittene, aber auch auf bevorstehende oder nur befürchtete Verluste beziehen. Als vorübergehende Gefühle gehören sie bei vielen Krankheiten dazu. Wenn sie sich jedoch zur Verzweiflung steigern oder als Depression verfestigen, ist psychologische Hilfe dringend angezeigt.

Ärger, Wut

Aggressive Gefühle von Ärger bis hin zu Wut und Zorn verspüren viele Patienten. Oft richten sie sich auf die eigene Person (in Form von Selbstvorwürfen: „Warum habe ich nicht …“) oder die Umstände („Wie konnte das nur passieren!“, „Warum immer ich?“). Auch Pflegepersonen und Ärzte können zum Ziel dieses Zorns werden. Konflikte zwischen Patienten und Personal sollten so rasch wie möglich gelöst werden, um die Krankheitsbewältigung nicht zusätzlich zu erschweren.

Misstrauen

Misstrauische Patienten glauben, dass sie nicht optimal behandelt oder gepflegt werden. Dieser Eindruck kann durch konkrete Erfahrungen mit den aktuellen Betreuern hervorgerufen werden oder auch durch Erfahrungen in der Vergangenheit (nicht abklingende Schmerzen, mangelnde Aufklärung, unfreundliches Personal, Fehlbehandlungen etc.). Manche Patienten sind grundsätzlich eher misstrauisch ihren Mitmenschen gegenüber. Bei anderen verschiebt sich die Unsicherheit bezüglich des Krankheitsverlaufs auf die Betreuungspersonen. Misstrauen beeinträchtigt die Kooperation und das Krankheitsverhalten und sollte deshalb so schnell wie möglich ausgeräumt werden.

Beispiel

Frau B. ist 27 Jahre alt, Sekretärin und will in wenigen Monaten heiraten. Seit Jahren klagt sie über schmerzhafte Menstruationsblutungen, die manchmal so stark sind, dass sie nicht zur Arbeit gehen kann. Sie glaubt aber nicht, dass dahinter eine ernsthafte Erkrankung stehen könnte, und nimmt lange Zeit nur symptomlindernde Medikamente. Schließlich lässt sie sich doch zur Abklärung ins Krankenhaus überweisen. Dort wird eine Endometriose festgestellt, die sofort operiert werden sollte. Weiters erfährt Frau B., dass vorübergehend ein Seitenausgang notwendig sein könnte. Frau B. ist sehr besorgt, hofft jedoch, dass es nicht so schlimm kommen werde.

Als sie nach der Operation aus der Narkose erwacht und feststellt, dass ihr tatsächlich ein Seitenausgang gelegt worden ist, bricht sie in Tränen aus. Erst nach einem halben

Tag ist sie bereit, sich die operierte Stelle anzusehen. Sie will mit der ganzen betroffenen Körperregion nichts zu tun haben und fühlt sich völlig hilflos. Besonders große Angst hat sie vor der Reaktion ihres zukünftigen Ehemannes. Als dieser sie am Abend besucht, stellen sich diese Sorgen aber als unbegründet heraus.
Frau B.s psychischer Zustand bleibt labil. Sie braucht viel Unterstützung bei der Körperpflege und bei der Versorgung des Seitenausgangs. Sie schämt sich, dass sie so sehr auf fremde Hilfe angewiesen ist. Ihr Selbstbild als selbstständige junge Frau ist schwer beeinträchtigt. Sie wird von Tag zu Tag verzweifelter und aggressiver gegenüber den Ärzten, dem Pflegepersonal und auch ihrem Verlobten. Sie versteht nicht, warum gerade sie so leiden muss. Besonders deprimiert ist sie nach Besuchen einer Freundin. Frau B. hat immer figurbetonte Kleidung getragen; damit, so glaubt sie, ist es nun vorbei.
In den folgenden Tagen will Frau B. sich in keiner Weise mit dem Seitenausgang aktiv auseinander setzen. Ihre Gefühle schwanken zwischen Angst, Hilflosigkeit, Ekel und Wut. Sie macht sich Vorwürfe, weil sie die Symptome so lange ignoriert hat. Die geplante Hochzeit muss um ein halbes Jahr verschoben werden, und Frau B. schämt sich, ihren Verwandten den Grund zu nennen. In der Folge tritt zusätzlich eine Blasenentleerungsstörung auf. Frau B. befürchtet, dass bei der Operation die Blase verletzt worden ist. Sie sieht immer neue Komplikationen auf sich zukommen und keinen Weg zur Besserung.
Als die Psychologin des Krankenhauses sie aufgrund ihrer schlechten psychischen Verfassung aufsucht, nimmt sie das Angebot einer psychologischen Unterstützung nach kurzem Zögern an.

Neben vielen negativen und belastenden Gefühlen treten im Krankheitsverlauf auch positive auf.

Sicherheit, Vertrauen
Patienten, die sich sicher fühlen, treten den Betreuern und dem Pflegepersonal vertrauensvoller entgegen als unsichere. Das fördert die Kooperation, ein angemessenes Krankheitsverhalten und eine erfolgreiche Krankheitsverarbeitung.

Erleichterung, Dankbarkeit
Wenn Schmerzen nachlassen, Behinderungen zurückgehen und die Lebenskräfte und das Wohlbefinden wiederkehren, sind Patienten oft sehr erleichtert. Viele empfinden den Betreuern gegenüber Dankbarkeit, die sich z. B. in Abschiedsgeschenken für die Station ausdrücken kann. Für Patienten ist es wichtig, ihre Dankbarkeit äußern zu können, da es sich dabei um eine Art subjektiven Ausgleich für die erhaltene Pflege und Betreuung handelt.

Lebensfreude
Immer wieder haben Patienten Grund zur Freude: über eine für sie beruhigende Diagnose, über Behandlungserfolge, Fortschritte in der Rehabilitation, den letzten Kontrolltermin usw. Gegen Ende des Krankheitsprozesses kommt bei vielen Patienten allgemein die Lebensfreude wieder zurück.

4.3 Urvertrauen und Selbstwertgefühl

Neben den rasch wechselnden Stimmungen und länger anhaltenden Gefühlen (z. B. Freude über einen Erfolg, Angst vor einer Untersuchung, Trauer nach einem Verlust) bestimmen auch Grundgefühle die allgemeine Gefühlslage einer Person. Sie sind der emotionale „Hintergrund" des alltäglichen Erlebens, z. B. Gefühle zwischen Eltern und Kindern, allgemeine Lebensfreude, Ängstlichkeit oder Depression, optimistische Grundhaltung oder Schuldgefühle nach einem Unfall. Eine besondere Rolle spielen Urvertrauen und Selbstwertgefühl.

Das **Urvertrauen** entwickelt sich im ersten Lebensjahr. Jedes Baby erlebt sehr unangenehme Situationen. Es ist hungrig, hat Schmerzen, ängstigt sich, es ist ihm kalt oder langweilig – es schreit. Meistens kommt sehr rasch ein Erwachsener und „rettet" das Baby. Die Menschen, die es aus seiner Not befreien, egal ob Eltern, Großeltern, ältere Geschwister oder Pflegepersonen, lassen bei ihm nach und nach den Eindruck entstehen: „Ich bin nicht allein. Wenn es mir schlecht geht, kommt jemand und hilft mir. Ich kann mich auf die anderen verlassen." Das umfassende Gefühl, das sich daran knüpft, ist das Urvertrauen (Erikson 1988). Die meisten Menschen machen in der frühen Kindheit die beschriebenen positiven Erfahrungen und entwickeln somit das Urvertrauen. Im späteren Leben ist es die Voraussetzung für Freundschaft, partnerschaftliche Liebe sowie Teamarbeit und Kooperation. Durch schwere Enttäuschungen oder Traumata kann es zwar erschüttet, jedoch kaum wirklich ausgelöscht werden.

Manche Menschen haben allerdings als Baby erlebt, dass ihnen nicht oder nur manchmal geholfen wurde, wenn sie aus Angst, Hunger, Schmerz usw. um Hilfe schrien. Diese Menschen bilden dann kein Urvertrauen, sondern das so genannte Urmisstrauen aus. Sie hegen im weiteren Leben ein grundsätzliches Misstrauen der Welt und den Menschen gegenüber und tun sich mit Freundschaften und engeren sozialen Kontakten sehr schwer. Sie sind sich unsicher, wie weit sie sich auf die anderen verlassen können und bleiben deshalb lieber für sich. Jeder ist sich selbst der Nächste, lautet ihre Devise.

In der Pflege ist das Urvertrauen eine wichtige psychische Ressource, die Patienten und Heimbewohner mitbringen. Wenn es nur gering ausgeprägt ist, neigen die Betroffenen zu Misstrauen und sozialem Rückzug. Ihrer Unterstützung sollte besondere Aufmerksamkeit gewidmet werden.

Das **Selbstwertgefühl** ist ein Grundgefühl in dem Sinn, dass es uns das ganze Leben hindurch begleitet. Es drückt sich in Sätzen aus wie: „Ich bin wichtig. Ich bin etwas wert. Ich kann etwas. Was ich mache, ist in Ordnung." Dieses Gefühl entsteht aufgrund von Erfahrungen: Wenn Handlungen zum Erfolg führen, wenn man Ziele erreicht, die man sich gesteckt hat, wenn man von anderen Menschen gelobt und geschätzt wird usw.

Anders als das Urvertrauen ist das Selbstwertgefühl gewissen Schwankungen unterworfen. Man kann es mit dem Pegelstand in einem Gefäß vergleichen: Je nachdem, welche wichtigen Erfahrungen in der letzten Zeit gemacht wurden, ob

man Erfolge erzielt hat oder Niederlagen hinnehmen musste, steigt oder sinkt der Pegel des Selbstwertgefühls.
Menschen mit stark ausgeprägtem Selbstwertgefühl haben ein positives Bild von sich selbst. Sie äußern ihre Meinung und ihre Wünsche, stehen zu ihren Handlungen, können loben und Lob annehmen und sind nicht leicht zu kränken. Bei Schwierigkeiten und Problemen bleiben sie optimistisch und versuchen, eine gute Lösung für sich und andere zu finden. Menschen mit geringem Selbstwertgefühl zweifeln an sich und ihren Fähigkeiten. Sie sind oft traurig und missmutig. Vor allem in schwierigen Situationen und Krisen tun sie sich schwer, trauen sich selbst wenig zu und fühlen sich abhängig von anderen Menschen oder dem Schicksal. Viele werden passiv und lassen sich gehen.
Vor allem im Zustand körperlicher Krankheit oder Schwäche ist ein geringes Selbstwertgefühl problematisch. Manchmal steht es der Genesung und Kräftigung geradezu im Wege. In solchen Fällen sind psychosoziale Unterstützung und psychologische Hilfe sehr wichtig. Der Schwerpunkt liegt dabei auf der Bewusstmachung der eigenen körperlichen und psychischen Ressourcen sowie auf der Verdeutlichung von Fortschritten und Erfolgen beim Weg aus der Krise. Je früher neue positive Erfahrungen gemacht werden, desto schneller steigt das Selbstwertgefühl wieder.
Menschen mit ausgeprägtem Selbstwertgefühl achten auf sich und auf andere, erkennen ihre eigenen Bedürfnisse ebenso wie die anderer Menschen und können rasch darauf eingehen. Sie sind nicht egoistisch, sondern klar. Bei der Bewältigung ihrer Aufgaben geben sie nicht so bald auf und können zumeist auch anderen Menschen gut helfen.

4.4 Zusammenfassung

Gefühle werden durch Wahrnehmungen, Vorstellungen und Erinnerungen ausgelöst und von körperlichen Zuständen begleitet. Im Zusammenhang mit Krankheit treten häufig Angst, Scham, vermindertes Selbstwertgefühl, Traurigkeit, Ärger und Misstrauen, aber auch Sicherheit, Erleichterung und Freude auf. Die Dauer von Gefühlen ist sehr unterschiedlich. Von den Grundgefühlen kommen u. a. dem Urvertrauen und dem Selbstwertgefühl besondere Bedeutung zu.

5 Was wir wirklich wollen – Bedürfnisse und Motivation

Warum tun Menschen überhaupt etwas, und was sind die psychischen Ursachen für ihre Handlungen? Die Antwort auf diese Grundfrage liegt in den Bedürfnissen: Sie motivieren uns, Schwierigkeiten zu überwinden, Herausforderungen anzunehmen und immer wieder Neues zu wagen. Für eine gute Betreuung von Patienten und Heimbewohnern ist es unerlässlich, ihre Bedürfnisse zu kennen. Je genauer man weiß, was ein Mensch will und braucht, desto besser kann man auf ihn eingehen und ihn zu notwendigen Schritten motivieren, die er sich zunächst vielleicht nicht zugetraut hätte.

5.1 Die Bedürfnispyramide nach Maslow

Für eine differenzierte Erfassung der Bedürfnisse von Patienten und Heimbewohnern ist ein psychologisches Modell geeignet, das einer der großen Motivationsforscher des 20. Jahrhunderts entwickelt hat: die Bedürfnispyramide von Abraham Maslow (siehe Abb. 5).

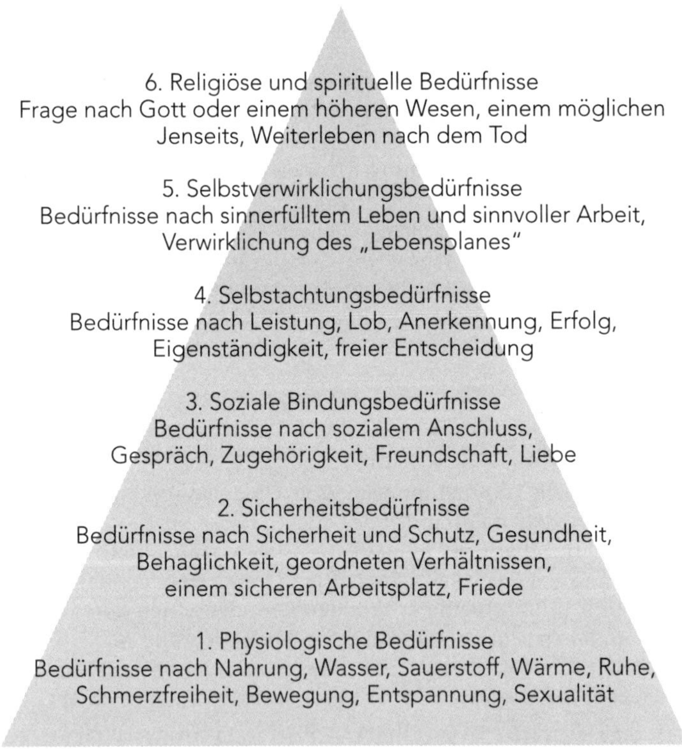

Abb. 5: Bedürfnispyramide nach Maslow (1981)

Maslow stellt zwei Arten von Motiven und Bedürfnissen einander gegenüber:

- **Mangelbedürfnisse** veranlassen uns, das physische und psychische Gleichgewicht zu halten bzw. wiederherzustellen.
- **Wachstumsbedürfnisse** veranlassen uns, Neues zu wagen und das hinter uns zu lassen, was wir in der Vergangenheit getan haben und gewesen sind.

Die einzelnen Bedürfnisse sind in Gruppen zusammengefasst und in einer Hierarchie geordnet. Selten sind einer Person alle ihre Bedürfnisse zugleich bewusst. Zumeist konzentriert sie sich auf diejenigen, die in der nächsten Zeit befriedigt werden sollen. Solange ein Bedürfnis unbefriedigt ist, beeinflusst es das Handeln.

Die Befriedigung der niedrigeren Bedürfnisse hat zunächst Vorrang. Je höher ein Bedürfnis ist, desto weniger dringlich ist es für das bloße Überleben und umso länger kann seine Befriedigung zurückgestellt werden. Höhere Bedürfnisse sind subjektiv weniger drängend. Zugleich verschafft die Befriedigung höherer Bedürfnisse tiefes Glück, heitere Gelassenheit und inneren Reichtum.
Maslows Theorie der Bedürfnishierarchie hatte großen Einfluss auf Psychotherapie und Erziehung. Das angeborene Bedürfnis zu wachsen und die in einem selbst angelegten Möglichkeiten möglichst auszuschöpfen, ist die zentrale motivationale Kraft des Menschen. Daraus leitet sich als übergeordnetes Ziel jeder Behandlung – auch der Pflege – ab, das innere Potenzial, über das jeder Mensch verfügt, zu aktivieren. Die dabei gewonnene Kraft hilft, die Anforderungen des Lebens positiv zu meistern.

5.2 Bedürfnisse bei Krankheit

Die aktuellen Lebensumstände eines Menschen haben großen Einfluss darauf, welche Bedürfnisse in welche Ausprägung für ihn gerade im Vordergrund stehen. Bei Krankheit und physischer Einschränkung können allgemeine Bedürfnisse sehr spezifische Formen annehmen.

> Patienten wollen mehr als bloß „Aufmerksamkeit".

Physiologische und Sicherheitsbedürfnisse stehen zunächst im Vordergrund, z. B.
- das Bedürfnis, schmerzfrei zu sein,
- das Bedürfnis nach einer guten medizinisch-pflegerischen Behandlung,
- das Bedürfnis nach ausreichender und verständlicher Information,
- das Bedürfnis, möglichst wieder gesund zu werden.

Diese Bedürfnisse werden im Krankenhaus üblicherweise gut abgedeckt.

Soziale Bindungs- und Selbstachtungsbedürfnisse werden bei längerer Krankheit wichtig, z. B.
- das Bedürfnis, mit anderen über die eigene Lage (körperlich, psychisch, privat) reden zu können,
- das Bedürfnis, in die Behandlung mit einbezogen zu werden und aktiv mitzumachen,
- das Bedürfnis, als mündiger Patient und nicht als „Nummer" behandelt zu werden.

Besonders in der Rehabilitation sind Bindungs- und Selbstachtungsbedürfnisse zentral:

- Das Bedürfnis nach Leistung und Eigenständigkeit sind starke Motivatoren für das Wiedererlernen verlorener Fähigkeiten.
- Lob und Anerkennung verstärken die Motivation und bringen Zuversicht.

Selbstverwirklichung und spirituelle Bedürfnisse kommen bei lebensverändernden oder gar lebensbedrohenden Krankheiten hinzu, z. B.

- das Bedürfnis nach Verstehen: Was bedeutet die Krankheit für mein Leben? Was verändert sich durch sie?
- das Bedürfnis nach Sinn: Welchen Sinn hat es weiterzuleben? Welchen Sinn hat mein Leben überhaupt?
- das Bedürfnis, den Lebensplan zu verwirklichen: Was will ich in meinem Leben (noch) erreichen oder unternehmen?
- das Bedürfnis nach Ganzheit: Was habe ich noch zu erledigen, um mein Leben rund zu machen und abschließen zu können?

5.3 Emotionale Bedürfnisse

Wichtige Bedürfnisse von Patienten und Heimbewohnern ergeben sich aus den Gefühlen (siehe Kap. 4.2). Auf emotionale Bedürfnisse können Pflegepersonen oft sehr direkt und mit einfachen Mitteln eingehen. Der Weg führt vom Beobachten von Gefühlen über das Erkennen von Bedürfnissen unmittelbar zum pflegerischen Handeln.

Emotionale Bedürfnisse

Angst	braucht	Sicherheit.
Scham	braucht	Intimsphäre.
Mutlosigkeit	braucht	Erfolgserlebnisse.
Depression	braucht	psychologische Behandlung.
Wut	braucht	Ernstgenommenwerden.
Misstrauen	braucht	Kontrolle.

Sicherheit geben

Ängstlichen Patienten kann Sicherheit auf verschiedene Weise vermittelt werden: durch ausreichende und verständliche Information, durch Hilfe bei der Regelung des Alltags, durch praktische Unterstützung bei Bewegungen, aber auch durch eine kurze Berührung, eine ruhige feste Stimmlage, Blickkontakt u. v. m.

Intimsphäre wahren

Die Wahrung der Intimsphäre ist in der Pflege besonders wichtig. Zur Reduzierung der Schamgefühle genügt es oft, wenn einfache Regeln eingehalten werden: anklopfen; ankündigen, wenn die Bettdecke zurückgeschlagen wird; nur die notwendigen Körperteile aufdecken; vor fremden Blicken abschirmen; Gespräche über persönliche Themen in einem ungestörten Raum führen usw.

Erfolgserlebnisse vermitteln
Mutlose oder pessimistische Patienten haben oft die Erfahrung gemacht, dass die Krankheit bzw. die Behandlung nicht so verläuft, wie sie erhofft haben. Hinzu kommen Folgebelastungen, mit denen sie scheinbar nicht fertig werden können. Diese Patienten brauchen Erfolgserlebnisse. Pflegepersonen können die Aufmerksamkeit des Patienten auf die täglichen oder wöchentlichen Fortschritte lenken, auch wenn diese klein und unscheinbar sind. Dabei sollten auch die Angehörigen mit einbezogen werden. Von ihnen hängt es wesentlich mit ab, wie sich ein Patient mit seinen (vorübergehenden oder bleibenden) Einschränkungen fühlt, ob er sie akzeptiert und wie er mit ihnen umgeht.

Psychologische Behandlung einleiten
Verzweiflung oder ein sehr starkes emotionales Tief kann bei vielen Patienten vorübergehend zu beobachten sein. Depression ist mehr: eine längerdauernde psychische Störung, die schwere Einschränkungen mit sich bringt und bis zum Suizid führen kann. Sie ist dringend behandlungsbedürftig. Wenn Pflegepersonen einem Patienten Hinweise auf eine Depression vermuten, sollte ein Fachmann (klinischer Psychologe, Psychiater, Psychotherapeut) eingeschaltet werden. Dieser stellt die Diagnose und führt eine dem Patienten entsprechende Behandlung durch. In die weitere psychologische Unterstützung ist oft auch das Pflegepersonal eingebunden.

Ärger ernst nehmen
Wer wütend ist, will ernst genommen werden. Wenn Patienten mit sich selbst, dem Schicksal oder mit Gott hadern, brauchen sie jemanden, der sie mit ihren Sorgen und Gefühlen ernst nimmt und ihnen zuhört. Auch Ärger und Vorwürfe, die Ärzte, Pflegepersonen oder andere Betreuer betreffen, sollten in welcher Form auch immer geäußert werden können. Wichtig dabei ist, dass diese Äußerungen zunächst unkommentiert bleiben und der Patient nicht gleich zurechtgewiesen wird.

Kontrolle geben
Misstrauische Patienten haben häufig den Eindruck, dass sie falsch oder unvollständig informiert sind, dass über ihren Kopf hinweg entschieden wird, dass sie nicht jene Behandlung und Pflege erhalten, die notwendig wäre etc. Es fehlt ihnen an Information und Kontrolle. Je mehr Wahlmöglichkeiten ein Patient hat, desto geringer ist sein Misstrauen. Wichtig sind dabei, sowohl das tatsächliche Ausmaß der Kontrolle als auch der subjektive Eindruck, mitbestimmen und Entscheidungen treffen zu können.

Viele Patienten können schon durch ein einfaches Gespräch entlastet oder beruhigt werden. Am besten gelingt dies, wenn die aktuellen Bedürfnisse des Patienten erkannt und angesprochen werden. Das Eingehen auf die emotionalen Bedürfnisse erfordert eine gewisse Übung und innere Festigkeit. Diese können durch das Beobachten von Vorbildern (erfahrenen Pflegepersonen) und im Rahmen von Kommunikationstrainings erworben und erweitert werden (siehe Kap. 22–26).

5.4 Motivation

Motivieren heißt Bedürfnisse anzusprechen. Zu einer Handlung motiviert ist eine Person dann, wenn sie erwartet, dass dadurch ein für sie wichtiges Bedürfnis befriedigt wird. Am Beispiel der Lernmotivation heißt das: Eine Person lernt dann viel, wenn sie glaubt, dass sie das Wissen später brauchen kann, z. B. um eine Prüfung zu bestehen. Dadurch kann sie zweierlei Bedürfnisse befriedigen: Erfolg zu haben oder Misserfolg zu vermeiden. Wenn sie aber glaubt, durch Lernen weder einen Erfolg zu erzielen („Ich schaffe das nicht") noch einen Misserfolg zu vermeiden („Es hat eh keinen Sinn"), ist sie auch nicht motiviert und wird sich, wenn überhaupt, nur sehr lustlos ans Lernen machen. Das gilt auch für Patienten, die motiviert (oder nicht motiviert) sind, eine Diät einzuhalten, regelmäßig Medikamente einzunehmen, körperliche Übungen durchzuführen usw.

Die Befriedigung von Bedürfnissen wird im Allgemeinen als angenehm oder lustvoll erlebt. Dieses angenehme Gefühl wirkt verstärkend auf das Verhalten: Die Handlung, die zur Befriedigung des Bedürfnisses geführt hat, wird beim nächsten Mal wiederholt (siehe Kap. 7.3).

Wenn ein Bedürfnis trotz Bemühungen unbefriedigt bleibt, spricht man von **Frustration** oder Enttäuschung. Diese bewirkt zunächst einen unangenehmen Zustand von erhöhter Aktivierung: Manche Menschen werden aggressiv, andere strengen sich an, das Ziel doch noch zu erreichen. Wieder andere geben jedoch bald auf und resignieren. Welche Verhaltensweisen auftreten – Aggression, Leistungsbereitschaft oder Resignation –, hängt von der persönlichen Lerngeschichte ab. Eine Person wird jenes Verhalten zeigen, welches am ehesten zum Ziel geführt hat und mit welchem sie weitere Schwierigkeiten am besten zu vermeiden glaubt.

5.5 Reaktanz

Für die meisten Menschen ist es sehr wichtig, sich frei zu fühlen. Dabei geht es weniger um den objektiven Entscheidungsspielraum, sondern um den subjektiven Eindruck von Freiheit: Wie leicht kann ich ein Ziel erreichen? Wie viele Dinge behindern mich? Wie frei und ungezwungen kann ich zwischen mehreren Alternativen wählen? Je besser und zahlreicher diese Möglichkeiten sind, desto mehr Freiheit erlebt man.

Viele Patienten und Heimbewohner erfahren, dass sie wenig bis gar keine Wahlmöglichkeiten haben. Schmerzen, Einschränkungen und Behinderungen lassen sich nicht immer beseitigen. Bei vielen Untersuchungen, Pflegemaßnahmen und Behandlungsmethoden wird ihre Zustimmung ungeprüft vorausgesetzt. Sie erleben immer wieder, dass über ihren Kopf hinweg entschieden wird, etwa wie lange sie im Krankenhaus bleiben, welche Behandlungen sie erhalten und welche nicht. Auch der normale Krankenhausalltag kann bereits als Einschränkung erlebt werden. Manche Patienten wissen nicht oder nur unzureichend, was eigentlich genau mit ihnen geschieht. Bei Bewohnern von Alters- und Pflegeheimen kommen oft Einschränkungen der Sinne, des Gedächtnisses und des Bewegungsapparates hinzu: alles Faktoren, die die Bewohner in der Folge oft als „mürrisch" oder „gereizt" erscheinen lassen. Die Folge dieser Einschränkungen wird Reaktanz genannt.

Reaktanz ist der unangenehme innere Spannungszustand, der entsteht, wenn die subjektive Freiheit bedroht oder eingeschränkt wird. Sie ist gekoppelt mit dem Bedürfnis, die bedrohte Freiheit zu schützen bzw. die verlorene Freiheit wiederzugewinnen.

Je wichtiger die bedrohte Freiheit für eine Person ist, umso stärker ist die Reaktanz. Auch das Ausmaß und die Dauer der Freiheitsbeschränkung spielen eine Rolle. Vor allem bei bleibenden Einschränkungen ist die Reaktanz oft heftig.

Beispiel

Frau M., eine allein stehende ältere Dame, verletzt sich bei einem Sturz die Lendenwirbelsäule. Sie wird sofort ins Krankenhaus gebracht. Nach einigen Untersuchungen und einem kurzen Gespräch mit dem behandelnden Arzt bekommt sie ein Gipsmieder angelegt, dass sie die nächsten drei Monate tragen muss. Der Unfall ereignet sich Mitte Juni. In der Sommerhitze ist das Korsett sehr heiß, Frau M. schwitzt, kann sich aber weder waschen noch kratzen, wenn es sie juckt. Das Gipskorsett drückt sie in praktisch jeder Körperhaltung. Den Großteil des Sommers verbringt Frau M. in ihrem Haus. Sie muss mit vielen Freiheitsbeschränkungen fertig werden: Wohlbefinden, Beweglichkeit und die Mobilität im Wohnort sind eingeschränkt, ihre Urlaubspläne hinfällig geworden. Sie hat Schmerzen und fühlt sich hässlich. Über die Behandlungsmethode (Gipskorsett) fühlt sie sich nur unzureichend informiert, Behandlungsalternativen wurden mit ihr nicht besprochen. Auch wie es nach den drei Monaten weitergehen wird, ist ihr unklar. Sie fühlt sich ausgeliefert und ohnmächtig.

Die Folgen von Reaktanz sind vielfältig:

1. **Wiedergewinnen der verlorenen Freiheit**, z. B. durch erhöhte Anstrengung und Ausdauer, durch Training, eventuell mit Unterstützung anderer.

Beispiel – Fortsetzung

Frau M. lernt in den ersten Wochen nach ihrem Sturz, sich in der Wohnung zu bewegen und, so gut es geht, den Haushalt eigenständig zu führen. Die Liegefläche ihres Bettes lässt sie sich höher stellen, sodass sie ohne Hilfe aufstehen kann.

2. **Mit etwas möglichst Ähnlichem die Einschränkung wettmachen.**

Beispiel – Fortsetzung

Weil Frau M. sich nicht bücken kann, sind Dinge, die auf den Boden fallen, für sie außer Reichweite. Ihre Schwiegertochter besorgt ihr deshalb ein ergotherapeutisches Hilfsmittel („Helfende Hand"), mit dem sie Dinge vom Boden aufheben kann.

3. **Umwertung der verlorenen Möglichkeiten:** Was man nicht mehr tun kann, kommt einem gerade deshalb besonders attraktiv vor. In der Folge versucht man sich oft einzureden, dass es „eh gar nicht so wichtig" wäre.

Beispiel – Fortsetzung

Gerade jetzt, da sie nicht wegfahren oder schwimmen gehen kann, würde Frau M. nichts lieber als einen Badeurlaub machen. Alle anderen könnten fahren, denkt sie, nur sie nicht. Als sie von Freundinnen eine Urlaubspostkarte erhält, kommen ihr die Tränen. Die Fotos von dieser Reise will sie nicht sehen.

4. **Wut und Aggression**

Beispiel – Fortsetzung

Frau M. ist wütend auf das enge Korsett, den verpatzten Sommer und über sich selbst, weil sie so ungeschickt war und gestürzt ist. Als sie von einer Freundin hört, dass es auch andere Arten von Stützkorsetts gäbe, die nicht so beengend und schmerzend seien, ärgert sie sich auch über die Ärzte, die sie nicht darüber informiert haben.

Reaktanz kann nicht immer vermieden werden. Pflegepersonen können jedoch viel dazu beitragen, die Reaktanzfolgen möglichst klein zu halten. Die wichtigsten Strategien sind:
- noch vorhandene Ressourcen ansprechen und fördern,
- praktische Alternativen besprechen und üben,
- eigene Entscheidungen treffen lassen,
- Maßnahmen und nächste Schritte gut erklären,
- Aggressionen des Patienten als Reaktion auf seine momentane Situation verstehen.

5.6 Erlernte Hilflosigkeit

Freiheit bedeutet Kontrollierbarkeit: eine Handlung durchführen oder unterlassen, eine Situation herbeiführen oder vermeiden. Freiheitsverlust bedeutet, dass eine bisher freie Möglichkeit eingeschränkt oder blockiert wird. Die Folge sind Kontrollverlust und Hilflosigkeit (Seligman 2000).

Vorübergehender Kontrollverlust bewirkt Reaktanz. Anhaltender Kontrollverlust führt zu erlernter Hilflosigkeit.

Erlernte Hilflosigkeit entsteht,

1. wenn man keinen Einfluss auf wichtige Bereiche oder Ereignisse des eigenen Lebens hat,
2. wenn Versuche, diese Bereiche und Ereignisse bzw. ihre Folgen zu beeinflussen, erfolglos bleiben.

Besonders häufig tritt erlernte Hilflosigkeit bei chronischen Krankheiten auf, wenn verschiedenste Behandlungsversuche ohne greifbares Ergebnis geblieben sind, sowie nach traumatischen Ereignissen, welche die Bewältigungsmechanismen der Betroffenen zunächst massiv überfordern (siehe Kap. 16 und 18).
Die Folgen sind schwerwiegend: Im Zustand der erlernten Hilflosigkeit ist die Motivation vermindert, die betroffene Person wird zunehmend passiv. Das eigene Verhalten scheint keinen Einfluss auf die Ergebnisse zu haben und es erscheint sinnlos, überhaupt etwas zu tun. Weiters treten Lernschwierigkeiten auf. Um neue Verhaltensweisen auszuprobieren, fehlen Kraft und Motivation. Das alles führt letztlich zu negativen Gefühlen: Traurigkeit, Ängstlichkeit und Depression.
Bei Patienten und Heimbewohnern kann erlernte Hilflosigkeit schlimme Konsequenzen haben: Sie wirken teilnahmslos und in sich zurückgezogen, lassen zwar alles mit sich geschehen, zeigen aber kein besonderes Interesse an der Behandlung. Genesungsfortschritte scheinen ihnen gleichgültig zu sein. Sie sprechen zumeist leise und langsam, antworten einsilbig und scheinen an keinem Gespräch interessiert zu sein. Gleichzeitig wirken sie traurig und ängstlich, würden es aber kaum wagen, jemanden um Hilfe zu bitten.
Für das Personal sind solche Patienten und Heimbewohner manchmal bequem, weil sie die Routine nicht aufhalten. Vom Ziel eines mündigen Patienten bzw. eines möglichst selbstständigen Heimbewohners sind sie jedoch weit entfernt.

Hilflosigkeit vermeiden
Um Patienten und Heimbewohner aus diesem Zustand herauszuführen bzw. diesen Zustand zu vermeiden, ist es wichtig, ihnen so viel Information, Entscheidungsfreiraum und Kontrolle wie möglich einzuräumen. Auch sollte man sie darin unterstützen, ihre Krankheit, Behinderung etc. als Tatsache anzunehmen und sich ihr zu stellen. Sobald eine Person merkt, dass sie selber etwas tun kann, um ihre Situation zu verändern, fühlt sie sich nicht mehr hilflos. Sie erlebt, dass ihre Handlungen auch Erfolg haben. Ihre Motivation, bei der Behandlung aktiv mitzumachen, steigt. Sie ist wieder bereit, sich neuen Situationen anzupassen und zu lernen, mit ihnen umzugehen, und ihre Gefühlslage bessert sich.

Die subjektive Kontrolle kann gezielt gefördert werden:

- **Entscheidungsmöglichkeiten:** „Möchten Sie sich selbst waschen oder soll ich Ihnen dabei helfen?"
- **Fragen:** „Haben Sie schon daran gedacht, xy zu tun?"
- **Aufgaben:** „Bitte helfen Sie mir bei der Tischdekoration für die Osterfeier."
- **Routinetätigkeiten:** z. B. eine Heimbewohnerin selbst eine Mahlzeit zubereiten lassen, wie sie das gewohnt ist.

- **Information:** z. B. über die Möglichkeiten ambulanter Pflege nach der Entlassung aus dem Krankenhaus
- **Generell:** so viel Kontroll- und Entscheidungsmöglichkeiten wie möglich einbauen, die Selbstständigkeit unterstützen.

Beispiel

Herr P. kommt wegen chronischen Hustens in die HNO-Ambulanz. Dort wird ein Kehlkopftumor diagnostiziert. Diese Diagnose trifft ihn völlig unvorbereitet. Drei Tage später soll der Tumor operiert werden. Der behandelnde Arzt informiert Herrn P., dass wahrscheinlich der ganze Kehlkopf entfernt werden muss, und er versucht sich darauf einzustellen. Als er aber aus der Narkose erwacht, ist er dennoch schockiert. Er kann sich jetzt nur noch durch Schreiben und mithilfe der Zeichensprache verständigen, muss seine Ess- und Trinkgewohnheiten umstellen und ständig auf die richtige Luftfeuchtigkeit achten. Hinzu kommt das unkontrollierbare Aushusten von Schleim, für den er ständig ein Tuch bereithalten muss. Das alles macht ihn wütend und hilflos. Plötzlich traut er sich nichts mehr selbstständig durchzuführen. Die Ärzte und das Pflegepersonal versuchen Herrn P. zu motivieren und zeigen ihm z. B., wie er selbstständig die Kanüle in seinem Hals reinigen kann. Er aber scheint nicht interessiert. Am liebsten möchte er in seinem Zimmer bleiben und niemanden sehen. – Dieser Zustand der erlernten Hilflosigkeit dauert einige Wochen an. Erst als Herr P. die Ösophagus-Ersatzsprache kennen lernt, schöpft er wieder Hoffnung. Er lernt und trainiert sie, so oft er kann. Schließlich, nach 8 Wochen, traut er sich alleine einkaufen zu gehen. Was er sagt, wird von der Verkäuferin verstanden. Herr P. gewinnt wieder Kontrolle über sein Sprechen und damit über den Kontakt zu seinen Mitmenschen.

5.7 Zusammenfassung

Bedürfnisse sind psychische Kräfte, die uns dazu bewegen, eine Handlung auszuführen. Allgemein unterscheidet man Mangel- und Wachstumsbedürfnisse. Die Bedürfnispyramide nach Maslow gliedert sich in physiologische, Sicherheits-, soziale Bindungs-, Selbstachtungs-, Selbstverwirklichungs- und spirituell-religiöse Bedürfnisse. Die konkreten Bedürfnisse bei Krankheit hängen u. a. ab von der Art der Erkrankung und der Dauer der Behandlung. Aus verschiedenen Gefühlen ergeben sich emotionale Bedürfnisse, auf die Pflegepersonen direkt eingehen können. Pflegebedürftige zu motivieren bedeutet, ihre Bedürfnisse anzusprechen. Besondere Bedeutung kommt dem Bedürfnis nach Freiheit zu. Wird diese eingeschränkt, tritt Reaktanz auf, ein unangenehmer Spannungszustand mit vielfältigen Folgen auf der emotionalen und der Verhaltensebene. Subjektiver Kontrollverlust kann zu erlernter Hilflosigkeit führen, die bei Patienten und Heimbewohnern schwerwiegende Folgen haben kann.

6 Die Macht der Gedanken

Gedanken spielen eine entscheidende Rolle dabei, wie wir die Welt erleben, wie wir auf Veränderungen reagieren und welche Gefühle wir haben. Sie bestimmen, was wir von unseren Mitmenschen, der Welt, dem Leben und von uns selbst erwarten. Damit ergeben die Gedanken ein Bild oder Modell der Welt. Dieses geistige Modell bildet den Rahmen unseres Erlebens und Verhaltens.

6.1 Erwartungen, sich selbst erfüllende Prophezeiungen

Erwartungen sind Meinungen über das, was wohl in naher oder ferner Zukunft, früher oder später passieren wird. Aufgrund bestimmter Erfahrungen oder Berichte nimmt man an, wie etwas in Zukunft sein wird, z. B. wie eine Krankheit verlaufen oder welchen Effekt eine bestimmte medizinische Behandlung haben wird. Diese Erwartungen beeinflussen das gegenwärtige Erleben und den momentanen emotionalen Zustand. Zugleich sind sie ein wesentlicher Bestandteil unserer „inneren Landkarte". Sie bestimmen mit, wie wir uns der Welt und den Menschen gegenüber verhalten. Damit beeinflussen Erwartungen aber auch die Umgebung. In diesem Fall spricht man von sich selbst erfüllenden Prophezeiungen.

Sich selbst erfüllende Prophezeiungen sind Erwartungen, die das Erleben und Verhaltens so beeinflussen, dass das Erwartete tatsächlich eintritt.

Beispiel

Ein Patient mit Gehgips denkt, dass sich alle Menschen auf der Straße nach ihm umdrehen, weil er sich „so komisch bewegt". Er bezieht jeden Blick, den ein Passant auf ihn wirft, auf seinen Gips. Gleichzeitig versucht er, sich so gut wie möglich den Blicken der anderen zu entziehen, indem er möglichst rasch an ihnen vorbeigeht. Dabei bewegt er sich tatsächlich ziemlich auffällig. Viele Passanten bemerken erst jetzt seinen Gehgips und schauen ihm nach. Die Prophezeiung hat sich erfüllt.

Sich selbst erfüllende Prophezeiungen haben einen geradezu wirklichkeitserzeugenden Effekt (Watzlawick 1983). Je fester man daran glaubt, dass etwas eintritt, desto größer wird die Wahrscheinlichkeit, dass es tatsächlich so kommt. Das gilt für positive Erwartungen genauso wie für negative: „Das wird sicher gut gehen", „Da werde ich mich bestimmt bald eingewöhnen", „Ich werde sicher durchfallen", „Die Untersuchung wird bestimmt weh tun" usw. Die Erwartung bewirkt jene Sicherheit, die man für das positive Ergebnis braucht; oder sie verunsichert so sehr, dass es genau dadurch zu den befürchteten Problemen kommt. Voraussetzung ist allein, dass man die Erwartung für eine unabhängige, bald bevorstehende Tatsache hält.
Worte und Formulierungen können eine geradezu hypnotische Wirkung haben. Sie können die Grundlage von Glück und Zufriedenheit ebenso sein wie von

erheblichen psychischen Problemen. In der psychologischen Behandlung werden positive Formulierungen, kognitive Umstrukturierungen und den Selbstwert stärkende Sätze eingesetzt. Sie tragen wesentlich dazu bei, seelische Leidenszustände zu mildern oder überhaupt aufzulösen. Auch Pflegepersonen können durch gezielte Informationen und Formulierungen positive Erwartungen und damit die gewünschten Reaktionen fördern (siehe Kap. 22-26).

6.2 Der Placebo-Effekt

Ein Placebo ist ein Scheinmedikament ohne chemische Wirkstoffe, das dennoch eine nachweisbare Wirkung hat. Das kann eine Tablette gegen Kopfweh sein, die eigentlich nur Stärke enthält, etwas Wasser, das im Medikamentenbecher zum besseren Einschlafen verabreicht wird oder ein Stück Traubenzucker gegen Heimweh (z. B. auf einem Kinderlager).
In manchen Fällen werden auch Medikamente verschrieben, die das Leiden an sich gar nicht beheben können, aber trotzdem eine lindernde Wirkung erzielen (z. B. Antibiotika bei virusbedingten Erkältungen). Manchmal fördert schon allein die Tatsache, dass man ärztlichen Rat einholt und eine Behandlung eingeleitet wird, die Genesung.

Placebos wirken, weil der Patient auf die (vermeintliche) Wirkung wartet und sie sich innerlich vorstellt. Das bereiten den Organismus auf die Wirkung der Behandlung vor und nimmt sie teilweise vorweg. Der Placebo-Effekt kann auch bei „echten" Medikamenten die beabsichtigte Wirkung verstärken oder schwächen.

Der Placebo-Effekt tritt bei verschiedensten körperlichen und seelischen Störungen und Symptomen auf: bei der Behandlung von Schmerzen, Schlafstörungen, Verdauungsproblemen und zum Stressabbau, aber auch bei Herz-Kreislauf-Erkrankungen und Depression. Wenn ein Placebo hilft, heißt das aber *nicht*, dass die Symptome „eingebildet" waren. Auch bei „echten" Krankheiten oder Störungen kann über den Weg positiver Erwartungen des Patienten eine medizinisch nachweisbare Besserung eintreten.
Als besonders wirksam haben sich sehr große und sehr kleine Pillen erwiesen sowie Medikamente in flüssiger Form. (Offenbar besteht hier die Erwartung, dass sie „direkter" wirken.) Auch Farben spielen eine Rolle: Rote Placebos haben allgemein den größten Effekt; sie helfen bei jeder Art von Schmerz sowie bei Entzündungen am besten. Grüne Placebos wirken vor allem bei Angstzuständen, während gelbe bei Depression und blaue bei Erregungszuständen wirksamer sind. Weiße Placebos stehen am unteren Ende der Wirksamkeitsskala.
Bei „echten" Medikamenten unterstützen und verstärken die Erwartungen die Wirkung, die das Medikament auf chemischem Wege erzielt. Patienten sollten deshalb über diese beabsichtige Wirkung möglichst genau informiert werden (konkreter als nur mit den Worten „Das wird Ihnen gut tun"). Dadurch stellen sie

sich auf die Wirkung ein, nehmen diese teilweise vorweg und brauchen in vielen Fällen geringere Dosierungen, bis eine Linderung eintritt.

Placebos werden zumeist dann eingesetzt, wenn kein anderes Mittel zur Hand ist (z. B. bei einem Unfall), wenn ein Patient keine höhere Dosierung etwa wegen der unangenehmen Nebenwirkungen verträgt (z. B. bei chronischen Beschwerden) oder wenn er mehr verlangt, als vom Arzt verschrieben wurde (z. B. Schlafmittel bei Heimbewohnern). In diesen Fällen sind sie eine kleine, manchmal notwendige Täuschung zum Wohle des Patienten. Auch Hausärzte verschreiben gelegentlich Präparate, die sie für pharmakologisch wirkungslos halten, die aber manche Patienten aus Erfahrung schätzen und die ihnen tatsächlich gut tun. Grundsätzlich gilt, dass Placebos nur auf Anweisung eines Arztes verabreicht werden dürfen. Wichtig ist, dass ein Placebo mit großem Ernst verabreicht wird und dass der Patient genau erfährt, wie die erwartete Wirkung sein wird (z. B. „Ihre Arme und Beine werden schwer, Ihre Augen werden zugehen, in wenigen Minuten werden Sie schlafen").

6.3 Einstellungen zur Krankheit

Einstellungen sind fixe Meinungen, die sich auf Personen, Institutionen, Dinge oder Sachverhalte beziehen. Patienten haben zumeist gewisse (positive oder negative) Einstellungen zu Ärzten, zu ihrer Krankheit, zu Medikamenten, zum Altersheim usw. Sie sind ein wichtiges Element der subjektiven Krankheitstheorie eines Patienten (siehe Kap. 13.4).
Die Einstellungen zur Krankheit bestimmen, wie sich ein Patient in Bezug auf seinen Körper und seine Beschwerden sowie gegenüber Angehörigen, Ärzten, Pflegepersonen, Psychologen und anderen Helfern verhält. Bei vielen Patienten können mehrere Einstellungen gleichzeitig eine Rolle spielen. Zudem ändern sie sich oft während des Krankheitsverlaufs und sind durch Gespräche in gewissem Maße beeinflussbar. Darin liegt ein wichtiger Ansatz für die psychosoziale Unterstützung und psychologische Behandlung.

Folgende Einstellungen zur Krankheit lassen sich beobachten:

- **Krankheit als Herausforderung:** Der Patient ist aktiv um Anpassung bemüht. Er versteht die Erkrankung als eine veränderte Lebenssituation mit spezifischen Anforderungen und Aufgaben, die bewältigt werden müssen.
- **Krankheit als Schwäche:** Die Krankheit wird als Zeichen für Versagen und Kontrollverlust gewertet. Das führt oft zu Verleugnung von Symptomen und beeinflusst das Krankheitsverhalten negativ.
- **Krankheit als Bedrohung:** Vorherrschend ist die Angst vor einer Schädigung, die noch nicht eingetreten ist, aber befürchtet wird (körperlich, psychisch, sozial). Auch die indirekten Folgen der Krankheit oder der Behandlung können bedrohlich wirken.

- **Krankheit als Feind:** Die Erkrankung wird als Gegner gesehen, der bekämpft werden muss. Gefühle von Angst und Wut herrschen vor, aber auch von Abhängigkeit und Hilflosigkeit. Die kämpferische Einstellung kann Sieg oder Niederlage bringen und fordert viel Kraft und Willensstärke von allen Beteiligten.
- **Krankheit als unwiederbringlicher Verlust oder Schaden:** Der Verlust von Körperteilen oder wichtigen Körperfunktionen ist eingetreten und wird als nicht mehr rückgängig zu machen angesehen. Die Trauer darüber kann zur Depression, aber auch zu feindseligem Verhalten führen.
- **Krankheit als Wert:** Die Krankheit wird als neue Chance angesehen, das Leben mit anderen Augen zu sehen, neu zu gestalten und zu intensivieren.
- **Krankheit als Erleichterung:** Die Erkrankung wird als willkommene Gelegenheit gesehen, Verpflichtungen und Anforderungen zu entgehen, und kann zu einer Scheinlösung für zwischenmenschliche oder innerseelische Konflikte führen.
- **Krankheit als Strategie:** Die Krankheit wird mehr oder weniger bewusst eingesetzt, um Aufmerksamkeit, Zuwendung, Rücksichtnahme oder finanzielle Unterstützung zu erhalten.
- **Krankheit als Strafe:** Die Erkrankung wird als Bestrafung für früheres Verhalten oder leichtfertigen Lebenswandel angesehen, wofür jetzt „die Rechnung präsentiert" wird. Der Patient ergibt sich passiv in sein Schicksal oder nimmt die vermeintliche Strafe als Wendepunkt und Möglichkeit zu einem Neubeginn.
- **Krankheit als unbewusste Wunscherfüllung:** Die Krankheit kann (zumeist unbewusst) auch als Selbstbestrafung, als Anklage oder Protest, als symbolische Wiederholung eines erlittenen Verlustes oder als körperlicher Ausdruck eines psychischen Konflikts gelten. Solche Prozesse sind sehr problematisch und können ein Hinweis auf eine psychische Störung sein. Zur Abklärung und Behandlung sollte unbedingt ein Psychologe oder Psychotherapeut in die Behandlung einbezogen werden.

Die Einstellungen des Patienten zur Krankheit sind die Basis der **Krankheitsverarbeitung (Coping)**. Sie bestimmen mit, welche Copingformen ein Patient anwendet, um mit den Symptomen der Krankheit und den sich daraus ergebenden Belastungen zurechtzukommen und sie zu bewältigen (siehe Kap. 15.3).
Für Pflegende ist es hilfreich, die Einstellungen des Patienten zu seiner Krankheit zu kennen. In einem unterstützenden, entlastenden oder beratenden Gespräch kann wesentlich besser auf den Patienten eingegangen werden, wenn man seine persönlichen Einstellungen berücksichtigt. Bei problematischem Krankheitsverhalten oder spannungsgeladener Beziehung zu den Betreuern ist das unumgänglich.

6.4 Attributionen

Attributionen sind persönliche Vermutungen über Zusammenhänge z. B. zwischen Gesundheit und Ernährung, Herzinfarkt und Stress, Schmerzen und Medikamenten, Ausbildung und Kompetenz von Pflegepersonen usw. Sie spiegeln die subjektive Sicht eines Menschen wider und decken sich nicht unbedingt mit der Wirklichkeit. Man unterscheidet zwischen Ursachenzuschreibungen und Kontrollüberzeugungen.

Ursachenzuschreibungen spielen im klinischen Kontext eine wichtige Rolle. Mit ihnen beantworten sich Patienten die Fragen: Was ist die Ursache für eine Krankheit oder Ereignis (z. B. meinen Unfall), einen Zustand (meine Schmerzen) oder ein Problem (dass ich mich so kraftlos fühle)?
Diese Attributionen beziehen sich auf

- die eigene Person: „Warum war ich bloß so unvorsichtig!"
- andere Menschen: „Der Stress mit den Kollegen macht mich krank!"
- höhere Mächte (Schicksal, Zufall, Gott): „Alkoholismus ist genetisch bedingt."

Kontrollüberzeugungen beziehen sich auf die Erwartung, wer für eine Lösung verantwortlich ist. Sie beeinflussen die Krankheitsverarbeitung sowie die Kooperation mit dem Krankenhauspersonal. Auch sie beziehen sich auf die eigene Person („Es liegt an mir, ob ich wieder gehen lerne. Ich muss üben, üben, üben!"), andere Menschen („Herr Doktor, machen Sie mich wieder gesund!") oder höhere Mächte („Mein Schicksal liegt in Gottes Hand."). Von ihnen hängt es ab, ob sich ein Patient aktiv an der Behandlung beteiligen oder passiv behandeln lassen will, wie sehr er überhaupt an eine Heilung oder Linderung glaubt, oder sich von Rückschlägen rasch entmutigen lässt („Diese Therapie hat schon bei vielen gewirkt", „Mir kann keiner helfen").

Beispiel

Frau B. ist Verkäuferin in einer Bäckerei. Seit einigen Jahren klagt sie über Schmerzen im Becken und in den Beinen. Verschiedene medizinische Untersuchungen haben keine klare Diagnose erbracht. Frau B. ist sich aber sicher, dass ihre Schmerzen vom vielen Stehen und Heben im Geschäft herrühren („Die Arbeit ist schuld"). Schließlich kündigt sie („Es liegt an mir, dass es besser wird!"). Die Schmerzen halten jedoch an. Frau B. glaubt, dass ihr die Schulmedizin nicht weiterhelfen kann. Sie wendet sich alternativen Heilmethoden zu („diese Kräfte werden mich heilen"). Der erhoffte Erfolg bleibt aber aus. Nach über einem Jahr sucht sie wegen akuter Schmerzen das Krankenhaus auf. Sie ist inzwischen völlig verzweifelt („Nichts hilft!"). Der behandelnde Psychologe bespricht mit ihr u. a. ihre Kontrollüberzeugungen. Frau B. lernt die Intensität ihrer Schmerzen durch bestimmte Übungen abzuschwächen und frühzeitig auf Belastungssymptome zu achten. Dadurch setzt sie ihren Schmerzen aktiv etwas entgegen und sieht sich nicht mehr als hilflos ausgelieferte Patientin („Ich kann etwas tun").

Eine Änderung der Attributionen ist zumeist nur durch einschneidende Veränderungen (z. B. deutliche Besserung) oder durch psychologische Gespräche möglich. Pflegepersonen sollen hinderliche Attributionen registrieren und an die behandelnden Ärzte und Psychologen weitermelden.

6.5 Zusammenfassung

Gedanken bestimmen in hohem Maß das Erleben und Verhalten. Erwartungen und sich selbst erfüllende Prophezeiungen nehmen zukünftige Ereignisse vorweg und machen es dadurch oft erst möglich, dass sie eintreten. Der Placebo-Effekt beeinflusst die Wirkung von Scheinpräparaten wie von echten Medikamenten. Je nach ihren Einstellungen verhalten sich Patienten unterschiedlich in Bezug auf ihre Krankheit, den eigenen Körper und die Betreuungspersonen. Attributionen bezüglich Ursachen und Kontrolle beeinflussen das Verständnis der Situation, die Krankheitsverarbeitung und die Kooperation mit dem Betreuungspersonal.

7 Lernen und Erinnern

Menschen lernen ein Leben lang. Viele dieser Lernvorgänge geschehen bewusst und beabsichtigt (vor allem in der Schule und im Beruf). Andere erfolgen unbewusst und unbeabsichtigt, z. B. wenn man jemanden kennen lernt und bald einiges über seine Gewohnheiten weiß, oder wenn man lernt, mit schwierigen Situationen umzugehen. Dieses unbewusste Lernen geschieht zumeist nebenbei und automatisch.

7.1 Im Gedächtnis abspeichern

Lernen heißt, etwas im Gedächtnis abzuspeichern und es sich zu merken, damit es später, im Zuge des Erinnerns, wieder abgerufen werden kann. Früher nahm man an, der Mensch verfüge über ein einheitliches Gedächtnis. Heute ist es üblich, verschiedene Gedächtnissysteme zu unterscheiden.

Sensorisches Gedächtnis und Kurzzeitgedächtnis
Das sensorische Gedächtnis speichert rund eine Viertelsekunde die Informationen, die von den Sinnesorganen aufgenommen wurden. Es ist eine Art Zwischenspeicher für Wahrnehmungen, die dann weiterverarbeitet werden.
Das Kurzzeitgedächtnis speichert die wahrgenommenen Reize lediglich einige Sekunden (nicht, wie oft angenommen, einige Tage). Es dient als Arbeitsspeicher zur Verarbeitung von Informationen und Bewältigung von Aufgaben (z. B. Habe ich die Türe abgesperrt?). Die Kapazität des Kurzzeitgedächtnisses ist begrenzt, es kann nur rund sieben Elemente speichern. Durch ständiges Wiederholen können diese Elemente jedoch fast beliebig lang festgehalten werden. So können wir uns etwa eine Telefonnummer so lange vorsagen, bis wir eine Möglichkeit haben, sie aufzuschreiben. (Nach dem Aufschreiben ist sie aus dem Kurzzeitgedächtnis gelöscht.)
Sensorisches und Kurzzeitgedächtnis ermöglichen uns ein kontinuierliches Erleben. Das sensorische Gedächtnis verbindet die abertausend Einzeleindrücke, die wir jede Sekunde gewinnen, zu einem Wahrnehmungsfluss. Seine Spanne ent-

spricht in etwa dem, was wir als Augenblick, als Jetzt erleben. Durch das Kurzzeitgedächtnis wiederum besteht unser Erleben nicht aus einer Abfolge von isolierten Einzelheiten, sondern bildet einen kontinuierlichen Erlebnisstrom. Es enthält z. B. die zuletzt gelesenen Worte eines Textes oder die zuletzt gehörten Worte eines Gesprächs. Damit dient es dem Verstehen von Sätzen sowie allgemein der Kommunikation. Ein Teil der Informationen und Eindrücke wird vom Kurzzeitgedächtnis ins Langzeitgedächtnis übertragen. Das geschieht vor allem, wenn man ihnen bewusst Aufmerksamkeit widmet, wenn sie interessant sind, mit bereits erworbenem Wissen verknüpft werden können oder von starken Gefühlen (positiven wie negativen) begleitet sind.

Langzeitgedächtnis
Das Langzeitgedächtnis ist sehr umfassend und dauerhaft. Alles, woran wir uns nach einigen Minuten noch erinnern können, ist im Langzeitgedächtnis gespeichert. Dazu gehören Allgemeinbildung und Fachwissen, persönliche Erlebnisse, praktisches Wissen und Fähigkeiten, eingelernte Abläufe usw. (siehe Abb. 6).

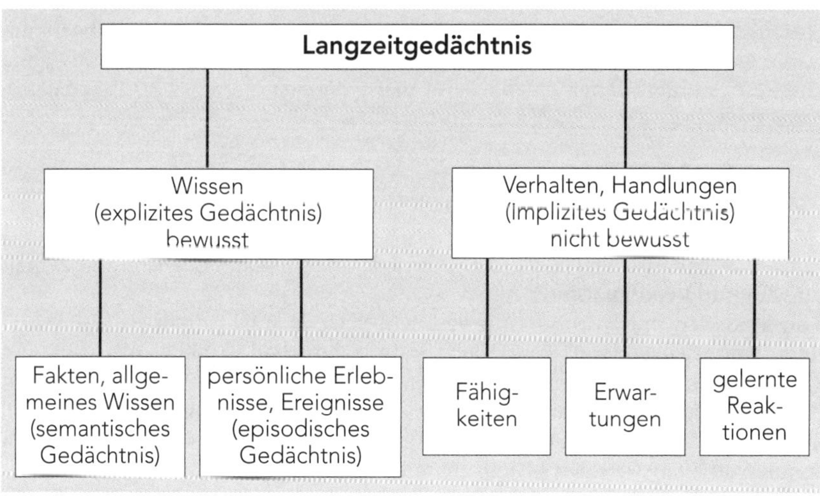

Abb. 6: Klassifikation der Gedächtnisprozesse

Man unterscheidet zwischen explizitem und implizitem Langzeitgedächtnis. Das **explizite Gedächtnis** ist für die bewusste Erinnerung von Tatsachen und Ereignissen zuständig, die sprachlich benannt und miteinander verknüpft werden können. Sie betreffen allgemeine, von der Person unabhängige Fakten (semantisches Gedächtnis, z. B. Anatomie) sowie Episoden, Ereignisse und Tatsachen aus dem eigenen Leben (episodisches Gedächtnis, z. B. der erste Praktikumstag). Das **implizite Gedächtnis** ist für das Behalten von Fertigkeiten, Bewegungsabläufen, Gewohnheiten, Regeln und Reaktionen verantwortlich. Diese können ohne Einschaltung des Bewusstseins das Verhalten bestimmen und nur schwer in Worte gefasst werden. Man „tut es einfach", ohne nachzudenken (z. B. Radfahren, ein Gespräch führen, jemanden beruhigen).

Erinnern und Vergessen

Aus der Praxis ergibt sich die Unterteilung des Wissensgedächtnisses in einen aktiven und einen passiven Bereich. Der aktive Bereich enthält jenes Wissen, das leicht zugänglich ist und schnell wiedergegeben werden kann (z. B. der Stoff, den man für eine bevorstehende Prüfung wiederholt). Im passiven Bereich wird jenes Wissen gespeichert, das man momentan nicht benötigt. Das können z. B. länger zurückliegende Erlebnisse sein, oder Orte der Kindheit, die man sofort wieder erkennt, sobald man sie wieder aufsucht, oder auch der Stoff, den man zur vorigen Prüfung gelernt (und gekonnt) hat, an den man sich jetzt aber kaum noch zu erinnern scheint.

Ein spezielles Gedächtnisproblem tritt vor allem bei älteren Menschen auf. Diese haben oft Schwierigkeiten, sich an Informationen der letzten Stunden, Ereignisse oder Besuche der letzten Tage und Wochen zu erinnern. Zugleich wissen sie viele Erlebnisse ihrer ersten Lebensjahrzehnte noch bis ins Detail. Das Wissen und die Eindrücke der früheren Jahre wurden gut abgespeichert und oft wieder abgerufen, während die Merkfähigkeit für neue Informationen deutlich zurückgeht. Als „gute alte Zeit" werden daher rückblickend meist die ersten 25 bis 30 Lebensjahre bezeichnet.

7.2 Nachahmen (Lernen am Modell)

Auf der Verhaltensebene bedeutet Lernen jede Änderung des Erlebens und Verhaltens aufgrund von Erfahrung.

Von Modellen und Vorbildern lernen wir, bewusst oder unbewusst, praktisch unser ganzes Leben lang. Bei Kindern und Jugendlichen ist die Beobachtung des Verhaltens anderer Menschen und das anschließende Nachahmen eine der wichtigsten Lernformen überhaupt. Auch in der Krankenpflegeausbildung lernt man viel durch Nachahmen: Patienten waschen, Lagern, Verband wechseln, aber auch soziale Verhaltensweisen wie Umgang mit Patienten, Gesprächsführung, Stressbewältigung usw.

> Durch Lernen am Modell werden neue Verhaltensweisen oder -varianten gelernt, die man bisher noch nicht konnte oder angewandt hat. Man orientiert sich an Vorbildern und bewährten Abläufen.

Die Bereitschaft zur Nachahmung ist Kleinkindern angeboren. Im späteren Leben ist sie u. a. abhängig von den erwarteten Konsequenzen: Man ahmt das nach, was positive Folgen – Lob, Anerkennung, Erleichterung – für einen selbst erwarten lässt.

Die Bedeutung des Lernens durch Nachahmung zeigt sich beim **Gesundheits- und Krankheitsverhalten**. Manche Kinder wachsen z. B. in einer Familie auf, in

der bei Problemen rasch zu Medikamenten gegriffen und bei körperlichen Beschwerden rasch ein Arzt aufgesucht wird. („Wenn dir etwas weh tut, gehen wir sofort zum Arzt. Wer weiß, was das alles sein kann!") Andere Kinder lernen eher das Gegenteil. („Medikamente sind Gift. Wir nehmen sie nur, wenn es gar nicht anders mehr geht!") Das gilt auch für die Einstellung gegenüber der Gesundheitsvorsorge, dem Krankenhaus oder Heim, dem Pflegepersonal, der Behandlung usw. Übernommen werden Verhaltensweisen meist dann, wenn das Kind sieht, dass sie eine positive Wirkung bei den Eltern haben. Ansonsten kann sich auch die gegenteilige Einstellung beim Kind festigen.
Vorbilder können auch den Lebensmut festigen und persönliche Ressourcen fördern, wie das folgende Beispiel zeigt:

Beispiel

Frau L. weiß seit 2 Monaten, dass sie einen Gehirntumor hat. Sie ist 43, verheiratet und hat zwei Kinder im Alter von 13 und 6 Jahren. Ihre Familie ist über ihre Krankheit so wie sie selbst voll informiert. Die Heilungschancen stehen gut, aber völlige Sicherheit, dass sie wieder gesund wird, kann Frau L. niemand geben. Anfangs ist sie der Krankheit, ihrer Behandlung und den Folgen gefasst gegenübergetreten. Inzwischen aber macht sie sich immer mehr Sorgen. Sie sieht sich selbst wie in einem Kampf oder Krieg gegen den Krebs, und sie hat Angst, dass sie unterliegt. Ihre Familie unterstützt sie, so gut es geht. Eines Tages bringt ihr Mann Frau L. ein Buch, in dem eine Tumorpatientin ihre Erkrankung und Heilung schildert. Neben der medizinischen Behandlung seien für die Überwindung der Krankheit vor allem Zuversicht und positive Einstellung wichtig, heißt es darin. Dieses Buch macht Frau L. wieder etwas Mut. Wenig später besucht sie einen Kurs der Buchautorin. Deren Lebensfreude und positive Ausstrahlung beeindrucken Frau L. sehr. Insgeheim nimmt sie sich zum Vorbild. Im folgenden Monat nehmen sie und ihr Mann Kontakt zu einer Selbsthilfegruppe auf.

7.3 Lernen durch Verstärkung

Das Prinzip des Lernens durch Verstärkung (Lernen am Erfolg, durch Versuch und Irrtum) ist ebenfalls sehr einfach: Handlungen, die angenehme Folgen haben, werden in Zukunft wahrscheinlich wieder durchgeführt; Handlungen, die unangenehme Folgen haben, werden in Zukunft eher unterlassen. Angenehme Folgen nennt man Verstärker oder Anreize (Erfolg, Lob, das Ausbleiben von Strafe). Unangenehme Folgen heißen auch Strafreize (Liebesentzug, finanzielle Einbußen etc.).

Durch Verstärkung wird gelernt, wann, wo und wie oft ein bestimmtes Verhalten ausgeführt werden sollte. Man orientiert sich, oft unbewust, an der eigenen Erfahrung sowie an der von anderen.

Patienten haben aufgrund ihrer Erfahrungen oft sehr genau gelernt, was ihnen gut tut und hilft (z. B. bei chronischen Krankheiten). Aber auch Krankwerden kann gelernt werden. Fast alle Menschen haben in ihrer Kindheit oder auch später

erlebt, dass Kranksein nicht nur unangenehm und oft schmerzhaft ist, sondern auch seine angenehmen Seiten hat: Man bekommt Aufmerksamkeit, Besuche und vielleicht Geschenke, muss nicht in die Schule oder zur Arbeit usw. Diese positiven Folgen des Krankseins nennt man subjektiven **Krankheitsgewinn**. Wenn eine Person lernt, dass der Krankheitsgewinn die negativen Folgen des Krankseins überwiegt und der Krankheitsgewinn praktisch nur über den Weg der Krankheit erreicht werden kann, ist das ein sehr mächtiger Verstärker. Die Person könnte in der Folge öfter krank werden. Dabei handelt es sich selten um eine bewusste Entscheidung: Es passiert einfach. Das Lernen durch Verstärkung verläuft zumeist unbewusst, ebenso wie die Verhaltensänderungen sich unbewusst vollziehen.
Um einen Patienten, der auf diese Art das Krankwerden gelernt hat, das Gesundsein wieder attraktiv zu machen, müssen zwei Anreize gegeben sein:

1. Das Kranksein darf nicht zu angenehm sein (d. h. die negativen Folgen müssen die positiven überwiegen) und
2. die angenehmen Dinge, die für ihn den Krankheitsgewinn ausmachen, sollten für ihn auch im Zustand der Gesundheit erreichbar sein. Dieses Prinzip gilt auch – mit Einschränkungen – für Unfälle.

Beispiel

Herr F. will seinen Sohn Gerald schon von klein auf „abhärten" und „zum Mann erziehen". Er stellt ihm die verschiedensten Aufgaben, fordert körperliche Anstrengungen und Durchhaltevermögen. Die Mutter schreitet nur selten ein. Als der Sohn im Alter von fünf Jahren mit Blinddarmentzündung ins Krankenhaus muss, kümmert sich die Mutter sehr liebevoll um ihn. Als er wieder gesund ist, setzt der Vater seine Erziehungsmaßnahmen fort. Insgesamt war der Krankenhausaufenthalt für Gerald zwar nicht angenehm, aber doch mit erheblichem Krankheitsgewinn verbunden. In der Folge wird Gerald immer wieder krank und hat auch Unfälle, leichte und schwere. Seit damals gilt für ihn: Sobald er krank im Bett liegt, fühlt er sich irgendwie erleichtert, trotz aller Schmerzen und Einschränkungen. – Jahre später, als Erwachsener, wird Herr F. mit einer offenen Beinwunde ins Krankenhaus eingeliefert. Die Wunde ist fast zwei Wochen alt. Warum er erst jetzt komme, wird er von den Ärzten und vom Pflegepersonal immer wieder gefragt. Weil es bis jetzt nicht so schlimm gewesen sei, antwortet er. Nach einem Gespräch mit dem Psychologen des Krankenhauses sieht er jedoch ein, wie gefährlich sein Verhalten für ihn selber ist. Wie in der Kindheit „verlängert" er seine Krankheit, allerdings ohne den früheren Krankheitsgewinn. Er handelt nach einem alten, ihm nur teilweise bewussten Muster. Der Psychologe hilft in mehreren Gesprächen, diese Zusammenhänge zu erkennen und dann ein neues Gesundheitsverhalten zu erproben und zu trainieren.

7.4 Klassisches Konditionieren

Das klassische Konditionieren wurde vom russischen Physiologen Ivan Pawlow zu Beginn des 20. Jahrhunderts erforscht. Es geht dabei um das Lernen von reflexartigen Reaktionen.

Die Grundlage bilden natürliche (angeborene) Reaktionen, z. B. auf Schmerz mit Angst zu reagieren. Wenn es vor dem eigentlichen Schmerz einen Hinweis gibt, dass es jetzt gleich weh tun wird, reagieren die meisten Menschen schon bei diesem Hinweis mit Angst (noch bevor ihnen etwas passiert). Sie lernen den Zusammenhang zwischen Signal und Reaktion: Sie wurden konditioniert.
Beim klassischen Konditionieren werden Zusammenhänge zwischen Hinweisreizen und Reaktionen gelernt. Auf A folgt B, dann C, dann D usw., zuletzt erfolgt die ursprüngliche Reaktion X. Wenn diese Abfolge gelernt ist (das kann bei intensiven Reizen sehr schnell gehen), lösen bereits die ersten Hinweise (A, B) die Reaktion (X) aus. Schematisch lässt sich dieser Lernvorgang anhand der verbreiteten Angst vor Spritzen darstellen (siehe Abb. 7).

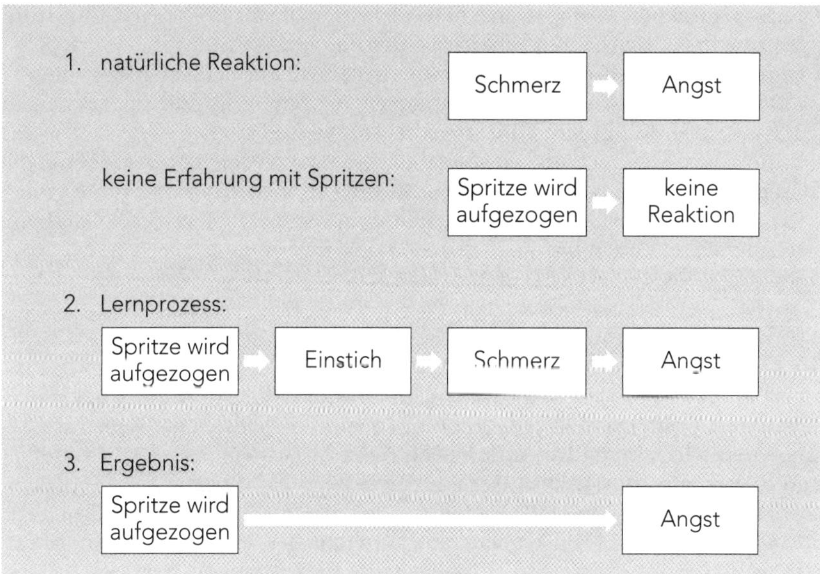

Abb. 7: Ablauf einer klassischen Konditionierung

Beispiele

Viele Menschen haben Angst vor dem Zahnarzt. Dahinter steht eigentlich die Angst vor dem Schmerz. Weil das Bohren weh tun kann, fürchten sich viele Patienten schon vor dem Bohrer, dann schon beim bloßen Bohrgeräusch, dann schon beim Platznehmen auf dem Behandlungsstuhl usw., weil sie gelernt haben, was dann (zumeist) unweigerlich folgt. Manche bekommen sogar Herzklopfen, wenn sie nur mit der Zahnarztpraxis telefonieren, um einen Termin auszumachen.
Auch körperliche Reaktionen wie Übelkeit und Brechreiz können konditioniert sein. Vielen Patienten, die eine Chemotherapie erhalten, wird dabei so übel, dass sie sich übergeben müssen. Sie erleben immer wieder folgende Abfolge: zur Behandlung gehen –

eintreten – hinsetzen – Infusion gesetzt bekommen – Nierenschale für das Erbrochene bekommen – warten – Übelkeit spüren – erbrechen. Für manche Patienten ist diese Abfolge so „normal", dass ihnen schon beim Hinsetzen übel wird oder dass sie bereits bei der ersten Infusion zu erbrechen beginnen. (Diese erste Infusion enthält eigentlich ein Anti-Brechreiz-Mittel!)

Einmal gelernte Reaktionen können später wieder verlernt werden. Wichtig ist dabei, den Zusammenhang zwischen Hinweisreizen und Reaktion zu lösen.

Im Fall der Angst vor dem Zahnarzt bedeutet das,

- den Schmerz ausschalten: sich vor jedem möglichen Schmerz eine lokale Betäubung geben zu lassen
- auch neutrale Erfahrungen machen: nicht immer nur im Behandlungsstuhl Platz nehmen, wenn schmerzhaftes Bohren zu erwarten ist
- frühe Angsterlebnisse von vornherein vermeiden: vor der ersten Behandlung mit dem Kind zu einem „Vortermin" gehen, bei dem es sich die Arztpraxis und alle Instrumente entspannt und angstfrei ansehen kann
- keine „Horrorgeschichten" erzählen: Ein Kind kann (durch Nachahmung) die Ängste der Eltern übernehmen, bevor es seine eigenen Erfahrungen mit einem Zahnarzt macht. Bei schwereren Ängsten kann eine psychologische Behandlung notwendig sein. Sie führt meist zu einer raschen Besserung.

7.5 Generalisierung

Wenn Verhaltensweisen, die für spezifische Situationen gelernt wurden, auf andere Situationen übertragen werden, spricht man von Generalisierung. Neben spezifischen Verhaltensweisen werden oft auch Gefühle, Einstellungen und Grundhaltungen generalisiert. (Ein Praktikant in einem Pflegeheim zeigt einen freundlich-geduldigen Umgangston bald gegenüber allen älteren Menschen. Eine Schülerin, die mit der systematischen Vorbereitung auf Prüfungen immer wieder Erfolg hat, bereitet sich auch auf andere wichtige Ereignisse ganz systematisch vor. Ein Patient, der auf das Bohrgeräusch beim Zahnarzt mit Anspannung und Angst reagiert, mag auch das Geräusch einer hochtourigen Bohrmaschine nicht.) Generalisierte Reaktionen, Verhaltensweisen, Gefühle und Einstellungen sind nicht ohne weiteres zu ändern. Wenn sie emotional sehr belastend sind oder die Behandlung eines Patienten gefährden, ist psychologische Hilfe dringend angezeigt.

Beispiel

Miriam ist 4 Jahre alt und wegen unklarer Bauchbeschwerden stationär im Kinderspital aufgenommen. Nach einigen anderen Untersuchungen soll schließlich eine Magenspiegelung vorgenommen werden. Dabei wird dem Kind nach einer lokalen Betäubung ein Schlauch durch die Speiseröhre in den Magen geführt. Miriam hat große Angst. Sie würgt und wehrt sich gegen den Schlauch. Frau Dr. B., die die Untersuchung durchführt, versucht das Mädchen zu beruhigen. Auch eine assistierende DGKS bemüht sich um Miriam, aber vergebens. Zuletzt muss sie von beiden festgehalten werden, damit die Untersuchung zügig abgeschlossen werden kann. Alle Beteiligten sind froh, als die Prozedur vorbei ist. – Später am Nachmittag kommt Dr. B. zur Visite. Lächelnd betritt sie das Zimmer. Als Miriam sie sieht, schreit sie auf und versteckt sich hinter einer Pflegeschülerin, die neben ihrem Bett steht. Sie zittert und will die Ärztin nicht in ihre Nähe lassen. Schon ihr Anblick löst bei Miriam starke Angst aus, obwohl jetzt keine schmerzhafte Untersuchung mehr ansteht. Noch Tage später zeigt Miriam Angst und zittert, wenn Ärztinnen zu ihr kommen, sie untersuchen etc. – Die ursprüngliche Gefühlsreaktion (Angst vor der Ärztin bei der Untersuchung) hat sich zu einem Verhaltensmuster gefestigt, das automatisch bei verschiedenen Auslösern auftritt, egal ob die Angst dann tatsächlich angemessen ist oder nicht. Dieses Muster verliert sich nur langsam und erst, als Miriam bei weiteren Untersuchungen nichts Schlimmes (keine Schmerzen usw.) mehr „zugefügt" wird.

7.6 Lerntipps

Jeder Mensch hat seine individuelle Art, sich etwas zu merken, seine persönlichen Lernstrategien. Die folgenden Tipps können dazu beitragen, diese Strategien zu verbessern und noch effektiver zu machen. Sie sollen Anregungen geben für ein möglichst stressfreies und effektives Lernen.

1. Sich in einen lernbereiten Zustand bringen
Wenn Sie für eine Prüfung lernen wollen, ist die wichtigste Vorbedingung, dass Sie aufnahmebereit sind. Bringen Sie sich in einen lernbereiten Zustand: körperlich, psychisch und was die Lernumgebung betrifft.

- Körperlich lernbereit heißt wach und frisch sein, nichts Schweres gegessen und auch keinen Alkohol im Blut zu haben.
- Psychisch lernbereit heißt, dass Sie keine wichtigen anderen Dinge zu erledigen haben, keine aufwühlenden Dinge gerade hinter sich und auch nicht vor sich haben. All das würde Ihre Aufmerksamkeit ablenken und Ihre Gedanken beim Lernen binden.
- Eine gute Lernumgebung heißt, dass Sie ungestört lernen können und nicht durch äußere Umstände abgelenkt sind. Achten Sie darauf, dass Sie genug Platz haben und dass der Raum gut gelüftet ist. Wenn möglich, richten Sie sich einen Lernplatz ein, an dem Sie Ihre Bücher, Skripten usw. auch liegen lassen können.

2. Den Stoff sichten
Besorgen Sie sich alle Unterlagen, die Sie zum Lernen benötigen, und verschaffen Sie sich zuerst einen Überblick. Sichten Sie die verschiedenen Abschnitte mithilfe des Inhaltsverzeichnisses. Heben Sie dann die besonders wichtigen Informationen z. B. mit verschiedenen Leuchtstiften hervor. Dadurch reduzieren Sie den Stoff und können sich beim Lernen auf das Wesentliche konzentrieren. Wenn Sie sich nicht sicher sind, was in einem bestimmten Stoffgebiet wichtig bzw. weniger wichtig ist, fragen Sie den Vortragenden oder erfahrene KollegInnen.

3. Den Stoff einteilen, Querverbindungen schaffen
Lernen Sie nicht alles in einem Zug (z. B. 130 Seiten Pathologie vom Anfang bis zum Ende). Teilen Sie den Stoff in kleinere Portionen auf, die Sie sich nach und nach einprägen. Nehmen Sie sich für jeden Lerndurchgang einen überschaubaren Abschnitt vor. Er sollte in 20 bis 40 Minuten zu bewältigen sein. Machen Sie danach eine Pause, bevor Sie zum nächsten Abschnitt gehen. Achten Sie darauf, dass Ihnen der Stoff klar und verständlich ist. Lernen Sie nur Dinge, die Sie wirklich verstanden haben. Schaffen Sie Querverbindungen zu anderen Dingen, die Sie bereits wissen. Stellen Sie sich den Stoff möglichst oft bildlich vor (z. B. physiologische Abläufe und Zusammenhänge) und denken Sie Beispiele durch (z. B. in Psychologie). Dadurch werden die Inhalte anschaulich und prägen sich besser ein.

4. Laut lernen
Lesen Sie sich beim Lernen nicht bloß den Stoff durch, sondern lernen Sie laut: Sprechen Sie die Sätze und Begriffe, die Sie lernen, aus (oder bewegen Sie zumindest die Lippen). Dadurch speichern Sie das Wissen im aktiven Teil des Langzeitgedächtnisses ab und können es leichter reproduzieren. Weiters üben Sie so das Verhalten, um das es bei einer Prüfung geht, nämlich den Stoff wiederzugeben.

5. Pausen machen
Machen Sie immer wieder Pausen. Wahrscheinlich merken Sie selber am besten, wann Sie eine brauchen. Machen Sie aber auf jeden Fall pro Stunde eine Pause von 10 Minuten. (Nur geistige Spitzenathleten können sich länger voll konzentrieren.) Gestalten Sie die Pausen angenehm und ruhig. Machen Sie dabei nichts, das Sie geistig besonders beschäftigt oder fordert. Gönnen Sie Ihrem Gehirn die Entspannung. Wenn Sie für mehrere Fächer oder Prüfungen gleichzeitig lernen, achten Sie darauf, dass die aufeinander folgenden Stoffgebiete einander nicht zu ähnlich sind. Machen Sie dabei nach jedem Fach mindestens 15 Minuten Pause. Das Gehirn, in dem die Gedächtnisprozesse ablaufen, braucht ca. 15 Minuten, um alle Lerninhalte abzuspeichern. Beenden Sie auch eine längere „Lernsitzung", wenn Sie für diesmal abschließen, mit einer Pause. Würden Sie zu früh etwas Neues beginnen, wäre die letzte Viertelstunde des Lernens umsonst gewesen.

6. Wiederholen
Mit einmal Lernen ist es bei größeren Stoffmengen nicht getan. Wiederholen Sie deshalb den Stoff immer wieder. Das mag am Anfang mühsam sein, vor allem, wenn Sie vom ersten Lerndurchgang viel vergessen haben. Aber mit jeder Wiederholung wird es Ihnen leichter fallen, sich den Stoff zu merken. Wiederholen Sie auch gemeinsam mit KollegInnen. Dadurch wird das Lernen häufig lustiger, und Sie können sich gegenseitig prüfen.

7. Sich die Prüfungssituation vorstellen
Stellen Sie sich schon beim Lernen die Prüfungssituation und den Prüfer vor. Malen Sie sich dabei aus, wie Sie alle Fragen, die Ihnen gestellt werden, richtig beantworten. Stellen Sie sich vor, wie Sie die Antworten niederschreiben bzw. dem Prüfer ins

Gesicht sagen. Sie nehmen damit die Prüfungssituation vorweg und gewöhnen sich daran. Bei der realen Prüfung reduziert sich dadurch die Aufregung. Es wird Ihnen leichter fallen, all das in Ihrem Gedächtnis zu finden, das Sie gelernt haben.

7.7 Tipps für die Prüfung

Vor und während einer Prüfung geht es um Gedächtnisaktivierung und Stressmanagement. Das im Gedächtnis abgespeicherte Wissen soll rasch abrufbar sein und wiedergegeben werden können. Ein gewisses Maß an Nervosität („Lampenfieber") beschleunigt dabei die Leistungsfähigkeit. Zu viel Stress kann jedoch zum so genannten Blackout führen (vergleichbar mit der elektrischen Spannung in einem Gerät – ist sie zu hoch, fällt die Sicherung und nichts geht mehr). Gedächtnisblockaden können durch verschiedene Methoden verhindert werden.

1. Sich startklar machen
Körper und Gedächtnis sollten fit und startklar sein, wenn Sie zur Prüfung antreten. In der Stunde vor der Prüfung geht es um Konzentration und Aktivierung der Kräfte, nicht mehr um Lernen und Wiederholen. Gehen Sie in Gedanken die Prüfungssituation durch. Stellen Sie sich vor, wie Sie die Fragen hören bzw. lesen und die richtigen Antworten geben. Lesen Sie in der letzten halben Stunde vor der Prüfung nicht mehr in Ihren Unterlagen, Büchern usw. Besprechen Sie den Prüfungsstoff auch nicht mehr mit KollegInnen („Kannst du das ...?"). Konzentrieren Sie sich auf Ihre Stärken und darauf, was Sie wissen.

2. Zu sich kommen, sich zentrieren
Ablenkungen sollten so weit als möglich ausgeschaltet werden. Um zur Ruhe zu kommen, kann Verschiedenes hilfreich sein: sich von den anderen fernhalten, zum Fenster hinaus sehen, auf die eigene Atmung achten usw. Ziel dieser Konzentrationsübungen ist es, allzu großen Stress auf ein mittleres Maß zu reduzieren und geistig reaktionsbereit zu werden. Trinken Sie auf keinen Fall Alkohol, um sich zu beruhigen (Vorsicht auch bei alkoholhaltigen „Notfalltropfen"). Alkohol vermindert Ihre Leistungsfähigkeit und blockiert den Zugang zum Gedächtnis.

3. Hilfreiche Sätze
Positive Erwartungen und Einstellungen können die Prüfungsleistung erheblich fördern. Hilfreiche Gedanken beziehen sich auf die eigenen Stärken und realistische Chancen, die Prüfung zu bestehen. Beispiele sind:

- Ich habe gelernt, jetzt sage ich es./Jetzt schreibe ich es hin.
- Ich sage alles, was ich weiß./Ich schreibe alles, was ich weiß.
- Ich überlege, bevor ich antworte.
- Ich habe eine Chance, die Prüfung zu bestehen.
- Wenn die anderen durchkommen, schaffe ich das auch.
- Ich versuche mein Bestes.
- Ich zeige, was ich kann.

Blick nach oben
Während der Prüfung kann es passieren, dass die Antwort auf eine Frage auf der Zunge liegt: Man weiß, dass man es weiß, aber es fällt einem nicht ein. In so einer Situation hilft es, den Blick zu heben und nach oben zu schauen. Augenbewegungen und kognitive Funktionen sind auf eine noch wenig erforschte Weise gekoppelt. „Oben" sind innere Bilder (Erinnerungen und Vorstellungen), „unten" Gefühle und innerer Dialog. Die meisten Menschen denken in Bildern, sehen etwas vor ihrem inneren Auge, sehen die Lösung vor sich etc. Beim Nachdenken sollte man deshalb hinaufblicken, um eine Antwort zu finden.

7.8 Zusammenfassung

Lernen heißt, etwas im Gedächtnis abzuspeichern. Man unterscheidet sensorisches, Kurzzeit- und Langzeitgedächtnis. Die beiden ersten Speichersysteme ermöglichen ein kontinuierliches Erleben. Das Langzeitgedächtnis kann nochmals in verschiedene Bereiche unterteilt werden. Auf der Verhaltensebene bedeutet Lernen eine Änderung des Erlebens und Verhaltens, die auf Erfahrung beruht. Sie erfolgt durch Nachahmen, Lernen durch Verstärkung und klassische Konditionierung. Generalisierung ist die Verallgemeinerung des dabei Gelernten über die konkrete Lernsituation hinaus. Diese Prozesse spielen im Zusammenhang mit Krankheitserleben und -verhalten eine bedeutende Rolle.

8 Der Einfluss des Unbewussten

Nur ein kleiner Teil unserer seelischen Aktivitäten ist uns tatsächlich bewusst. Der weitaus größere bleibt unbewusst: Wer kennt nicht Gefühle, die scheinbar ohne erkennbaren Grund auftreten? Wer hat noch nie „verrückte", unvernünftige Dinge getan, ohne genau zu wissen, warum? Die Gründe dafür liegen offensichtlich nicht im Bewusstsein. Das Zusammenspiel von Bewusstsein und Unbewusstem ist sehr vielfältig, oft auch kompliziert und vielschichtig (Freud 1917).

8.1 Veränderte Bewusstseinszustände

Das Bewusstsein enthält den Strom der unmittelbaren Erfahrungen, die seelischen „Themen" des Augenblicks: Wahrnehmungen, Gedanken, Gefühle, Wünsche, Absichten usw. Dabei erlebt man sich selbst als eigenständiges Wesen, das von anderen Lebewesen und Dingen getrennt existiert. Das Bewusstsein ist das Zentrum des Ich-Erlebens, d. h. des Wissens und der Gewissheit um die eigene Person. Neben dem Alltagsbewusstsein gibt es jedoch noch andere Bewusstseinszustände, in denen das Denken und Erleben in veränderter Art und Weise vor sich geht.

- **Tagträume** stellen eine leichte Form von Bewusstseinserweiterung dar. Die Aufmerksamkeit wird dabei weg von äußeren Reizen und hin auf internale Erfahrungen (Körperwahrnehmungen, Vorstellungen, Gedanken, Erinnerungen usw.) gerichtet. Der Bewusstseinszustand, in den man auf diese Weise kommt, entspricht einer leichten Trance. – Tagträume treten häufig auf, wenn man allein ist und sich entspannt. Meist werden sie weniger intensiv erlebt als die Träume während des Schlafs.
- **Trance** ist ein natürlicher „Basiszustand" wie Wachsein oder Schlaf und ist wie diese von charakteristischen hirnelektrischen Aktivitäten bestimmt. Dabei engt sich die Aufmerksamkeit auf einen kleinen Ausschnitt der Umgebung ein, wodurch sich die Empfindungen intensivieren. Trancezustände sind relativ häufig: Man erlebt sie u. a. beim Autofahren über lange Strecken, im Kino (wenn man von einem Film „gefesselt" wird), in der Sexualität, während einer medizinischen Behandlung oder beim Einkaufen im Supermarkt (wenn man sich nur noch auf das konzentriert, was man besorgen will). Trance kann zur Entspannung ebenso eingesetzt werden wie zur therapeutischen Veränderung im Rahmen von psychologischer Behandlung und Psychotherapie.
- **Hypnose** ist die gezielte Anwendung von Trance-Techniken. Dabei wird zunächst wie bei Tagträumen die Aufmerksamkeit nach innen gerichtet und dann auf bestimmte Themen oder Erfahrungen hingeführt. Hypnose kann eingesetzt werden zur Vorbereitung auf zukünftige Ereignisse (z. B. vor Operationen), um den Körper zu beeinflussen (z. B. in der Schmerzbehandlung), um belastende innere Bilder zu verändern (z. B. nach einem Trauma), in der Raucherentwöhnung u. a. m. Verborgene Ressourcen und Fähigkeiten werden mobilisiert sowie Wahrnehmung, Gefühle und die Motivation positiv verändert. Man kann sich dabei entweder von jemand anderem hypnotisieren lassen oder lernen, sich selbst zu hypnotisieren. Im Rahmen von psychologischer Behandlung und Psychotherapie ist Hypnose eine von mehreren Möglichkeiten, psychische Leidenszustände und Störungen gezielt zu verändern.
- **Ekstase** ist eine weitere Form von Trance, bei der man quasi außer sich ist. In vielen Kulturen finden sich (zumeist religiös inspirierte) Zeremonien, bei denen die Teilnehmer in Ekstase geraten. Häufig sind sie mit Musik, rhythmischen Bewegungen und Tanz verknüpft. In unserer säkularisierten Kultur sind u. a. Rockkonzerte, Diskos und große Sportveranstaltungen Gelegenheiten, sich gemeinsam mit anderen durch Musik und Tanzen in Ekstase zu versetzen.

8.2 Das Unbewusste

Die beschriebenen Zustände veränderten Bewusstseins machen deutlich, dass das menschliche Seelenleben wesentlich mehr enthält als das, was uns momentan jeweils bewusst ist. Der Teil, der über das Bewusstsein hinausgeht, wird das Unbewusste genannt.

Das Unbewusste umfasst den größten Teil des Seelenlebens. Es enthält Erinnerungen, Wünsche, unbefriedigte Bedürfnisse, verdrängte Gefühle, unbewältigte Konflikte, sexuelle Phantasien, aggressive Impulse, aber auch Selbstheilungskräfte, kreative Impulse und Vorstellungen von einem Lebensplan.

Das Verhältnis zwischen Bewusstsein und Unbewusstem kann man mit einer Insel im Meer vergleichen. Der Teil über Wasser stellt für viele die eigentliche Insel dar: Dieser Teil ist hell und trocken. Er entspricht dem Bewusstsein. – Der viel größere Teil der Insel aber ist unter Wasser. Dieser ist das Fundament des Teiles über Wasser, ohne ihn gäbe es den anderen gar nicht. Unter Wasser ist es dunkel und nass, und die Insel verliert sich nach unten in den Tiefen des Meeres. Dieser Teil entspricht dem Unbewussten. Die Wasserlinie stellt die Bewusstseinsschwelle dar: Alles darüber ist bewusst, alles darunter unbewusst. Die Linie bleibt dabei nicht immer gleich, sondern steigt und sinkt mit den Gezeiten des Meeres.
Eine andere Metapher für das Seelenleben ist ein Eisberg: Ein Siebtel davon befindet sich über Wasser (das Bewusstsein) und sechs Siebtel (das Unbewusste) unter Wasser. Dieses Bild suggeriert, dass der Bereich des Unbewussten nach unten abgeschlossen und „vermessbar" wäre. Wie „groß" dieser Bereich aber tatsächlich ist, lässt sich in der Praxis kaum abschätzen. Als sicher gilt nur, dass er weitaus mehr enthält als der des Bewusstseins. – Ein weiterer Nachteil des Eisberg-Bildes ist seine Kälte: Die meisten Menschen erleben sich selbst als weniger frostig.

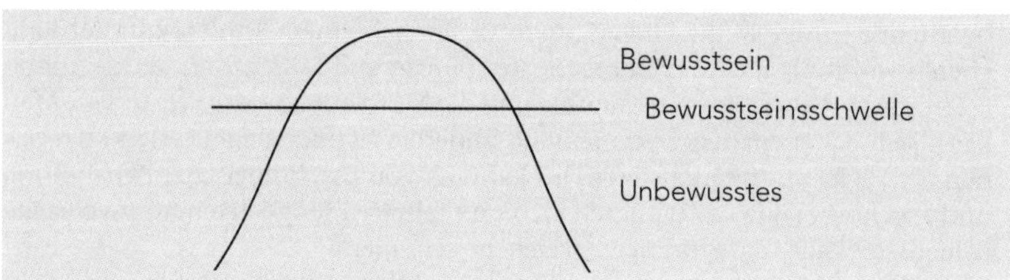

Abb. 8: Bewusstsein und Unbewusstes

8.3 Wirkungen des Unbewussten

Das Unbewusste zeigt sich oft in seiner Wirkung, im Alltag wie in der klinischen Praxis:

- in der **Kreativität:** Bei spontanen Einfällen und Ideen, die scheinbar aus dem Nichts kommen – ihr Ursprung, ihre Quelle liegt im Unbewussten.
- bei **Intuitionen:** Wenn man „irgendwie" weiß oder spürt, was richtig ist, ohne es bewusst begründen zu können; dennoch ist man sich sicher – die Gründe sind unbewusst.
- bei **Fehlleistungen:** Wenn man sich „zufällig" verspricht, verschreibt, verzählt, etwas verwechselt oder vergisst – dahinter stehen oft unbewusste oder verdrängte Konflikte, Wünsche, Aggressionen usw.

- in **Träumen:** Diese sind keineswegs sinnlose Geschichten, sondern haben einen Bezug zum Träumenden, der oft auch aufgedeckt und interpretiert werden kann. – Träume enthalten unbewusste Wünsche, Erinnerungen, Hoffnungen und Gefühle, die in das Traumgeschehen „eingearbeitet" werden.
- in der **psychologischen Behandlung/Psychotherapie:** Als Ursache für die gegenwärtigen psychischen Leiden und Symptome treten häufig unbewusste seelische Verletzungen und Konflikte zutage.

Unbewusstes und „Unterbewusstsein"
Das Unbewusste umfasst alle Prozesse und Inhalte, die nicht bewusst sind. Daneben gibt es noch den Ausdruck „unterbewusst" bzw. „Unterbewusstes". Damit sind Prozesse und Inhalte gemeint, an die man momentan nicht denkt, die aber leicht ins Bewusstsein gebracht werden können (z. B. das eigene Geburtsdatum). Wirklich unbewusste Inhalte sind aber auch mit intensivem Nachdenken nichts so leicht ins Bewusstsein zu heben (z. B. verdrängte traumatische Ereignisse). Viele Menschen verwenden die Begriffe Unbewusstes und Unterbewusstes gleichbedeutend, zumeist fälschlicherweise. Manche sprechen sogar von „Unterbewusstsein", ein Ausdruck, der fachlich nicht korrekt ist, auch wenn er in Zeitschriften, Ratgebern, Übersetzungen etc. verwendet wird.

8.4 Abwehrmechanismen

Im Umgang mit kranken, behinderten oder allgemein beeinträchtigten Menschen spielt das Verhältnis zwischen Bewusstsein und Unbewusstem eine große Rolle. Von besonderer Bedeutung sind dabei die Abwehrmechanismen (Freud 1936).

Die Abwehrmechanismen halten das Bewusstsein frei von störenden Gedanken, Gefühlen, Wünschen, Erinnerungen, Vorstellungen etc. Sie schützen das Bewusstsein vor Überlastung und halten es arbeitsfähig.

Durch die Abwehrmechanismen können wir uns konzentrieren, klar denken, uns gedulden, unter Stress das Richtige tun usw. Abwehrmechanismen können alleine oder gemeinsam auftreten. Für das Verständnis von kranken und beeinträchtigten Personen sowie für den richtigen Umgang mit ihnen sind einige Abwehrmechanismen besonders hervorzuheben:

Verdrängung
Durch die Verdrängung werden störende oder bedrohliche Gedanken, Gefühle, die man nicht verkraften kann, etc. ins Unbewusste verdrängt. Im Bewusstsein „weiß" man dann nichts mehr von ihnen. Verdrängung ist der häufigste Abwehrmechanismus.

Beispiel

Bei Herrn W. wird im Rahmen einer Routineuntersuchung Leukämie diagnostiziert. Der behandelnde Arzt teilt das dem Patienten möglichst schonend mit. Herr W. nimmt die Diagnose scheinbar gefasst auf. Er stellt verschiedene Fragen zum Verlauf der Krankheit und zur weiteren Behandlung. Der Arzt informiert ihn ausführlich und vereinbart weitere Termine, um die Behandlung vorzubereiten. Einige Tage später kommt Herr W. früher als bestellt in die Ambulanz. Er wirkt aufgeregt und verlangt, sofort mit seinem Arzt zu sprechen. Als dieser kommt, fragt ihn Herr W.: „Herr Doktor, Sie haben mich doch unlängst untersucht. Ich muss das jetzt wissen: Was habe ich eigentlich?" Der Arzt ist irritiert. Er kann es nicht glauben, dass Herr W. seine Diagnose vergessen hat. Herr W. aber kann sich wirklich nicht mehr erinnern. Die Diagnose Leukämie war offenbar zu bedrohlich für ihn, als dass er gleich mit ihr fertig werden konnte. So hat er sie verdrängt. (Dass er sie nicht wirklich vergessen hat, beweist seine Aufregung, als er wieder in die Ambulanz kommt.)

Verdrängte Gefühle, Konflikte etc. wirken auch vom Unbewussten aus. Sie sind nicht vergessen, sondern lediglich aus dem Bewusstsein, sozusagen aus dem Blickfeld, geräumt. Auf die Dauer kann nichts vollständig verdrängt werden. Es kehrt zurück in Erinnerungen und Träumen, bei massiven Verdrängungen auch in Form von Fehlleistungen, körperlichen Symptomen oder psychischen Störungen. Für Patienten und Heimbewohner ist die Verdrängung von übermächtigen Tatsachen und Gefühlen zumeist eine Form von Selbstschutz. Sie bringt das Bedrohliche scheinbar zum Verschwinden. Verdrängungen sollten deshalb nicht mit Gewalt – durch bohrendes Nachfragen oder hartes Konfrontieren – aufgebrochen werden. Erst wenn die Verdrängung zu lange dauert und einer medizinisch-pflegerischen Behandlung im Wege steht, sollte man die Patienten behutsam an die verdrängten Tatsachen heranführen. Dabei kann ein klinischer Psychologe unterstützend helfen.

Verleugnung

Verleugnung bedeutet, dass man sich weigert, eine unangenehme Wirklichkeit wahrzunehmen bzw. eine bedrohliche Tatsache zur Kenntnis zu nehmen. Man weiß zwar, dass sie existiert, aber man verleugnet sie und tut, als wäre sie nicht da. Dadurch ist man scheinbar geschützt vor ihr.

Beispiel

Herr O. ist nach einem Schlaganfall halbseitig gelähmt. Nur mühsam lernt er in den folgenden Monaten wieder gehen. Auch nach dem Aufenthalt in der Rehabilitationsklinik fällt es ihm schwer, mit der rechten Hand etwas zu halten oder fest zuzudrücken. Es sieht so aus, als würde er körperlich behindert bleiben. Das will Herr O. aber keinesfalls zugeben. Immer wieder versucht er, mit dem Rad zu fahren, was aber völlig aussichtslos ist: Er stürzt jedes Mal schon nach wenigen Metern. Auch Freunden und Bekannten gegenüber versucht er, seine Bewegungseinschränkungen zu überspielen. Selbst in seiner Familie darf ihn niemand darauf ansprechen, was das Zusammenleben mit ihm zusehends schwierig macht. Er verleugnet seine Behinderungen und will das für alle Offensichtliche nicht zur Kenntnis nehmen.

Die Verleugnung unterscheidet sich von der Verdrängung in einem wichtigen Punkt: Wenn eine Person etwas verleugnet, weiß sie insgeheim, wie die Dinge in Wahrheit stehen (z. B. in welchem körperlichen Zustand sie sich befindet, welche Krankheit sie hat, wie die Prognose ist etc.). Dieses Wissen ist aber so unangenehm, dass man ihm nach Möglichkeit ausweicht, auch wenn man von anderen Personen immer wieder darauf hingewiesen wird. Etwas Verdrängtes ist hingegen wirklich aus dem Bewusstsein verschwunden.

Abwehrmechanismen bieten einen subjektiven Gewinn. Durch die Verdrängung ist man scheinbar entlastet; durch die Verleugnung gewinnt man subjektiv Zeit.

Meist werden unangenehme Dinge so lange verleugnet, bis man ihnen nicht mehr ausweichen kann – oder bis man bereit ist, sich mit den Tatsachen auseinander zu setzen.

Regression

Unter Regression versteht man ein Zurückfallen in frühere (oft kindliche) Verhaltensweisen: In der Regression lässt man sich gehen, tut Dinge nicht mehr, die man eigentlich tun könnte (z. B. Körperpflege), gibt alle Verantwortung ab und lässt sich rundherum versorgen. Der Grund liegt zumeist darin, dass einem die Gegenwart oder die Zukunft unerträglich vorkommen und man glaubt, sie nicht mehr eigenständig bewältigen zu können.

Beispiel

Pflegeschülerin Verena ist nach den Ferien den ersten Tag wieder auf der Unfallstation. Zu Mittag teilt sie das Essen aus. In einem Einzelzimmer sitzt ein junger Patient, den sie noch nicht kennt, in einem Rollstuhl. Er ist nach einem Sportunfall querschnittgelähmt. Als Verena ihm das Essen hinstellt, bittet sie der Patient, ihr das Fleisch zu schneiden, was sie auch tut. Danach bittet er sie, ihm das Essen einzugeben. Der Patient spricht langsam und kommt Verena matt und niedergeschlagen vor. Die ganze Zeit über hat er die Hände im Schoß. Sie setzt sich zu ihm und beginnt, ihm Bissen für Bissen in den Mund zu geben. Da kommt die Gruppenschwester ins Zimmer um zu sehen, wo Verena bleibt. Als sie sieht, was sie hier macht, schickt sie die Pflegeschülerin sofort aus dem Zimmer. Auf dem Gang erklärt sie ihr, dass der Patient ohne Schwierigkeit im Stande sei, selbstständig zu essen. Wenn er sie also darum bitte, ihr beim Essen zu helfen, dürfe sie nicht darauf eingehen.

Regressionsphasen treten im Zusammenhang mit Krankheit und körperlicher Schwäche immer wieder auf. Der Krankenhaus- und Heimalltag kann sie noch verstärken bzw. verlängern, vor allem dann, wenn Patienten und Heimbewohner überversorgt und quasi „ins Bett hineingepflegt“ werden. Pflegepersonen sollten Patienten immer nur jene Tätigkeiten abnehmen, die diese tatsächlich nicht alleine verrichten können. Es besteht sonst die Gefahr, ihre Regression zu verstärken und sie auf diese Weise erst recht hilfsbedürftig zu machen (siehe Kap. 19.5).

Regressive Tendenzen und Verhaltensweisen treten aber auch im Alltag immer wieder auf: Wenn man traurig ist und einfach nur noch ins Bett gehen will, oder wenn man sich nach einer Enttäuschung mit Süßigkeiten voll stopft (also oral befriedigt, vorzugsweise mit etwas, das so süß und weich ist wie eine Kinderspeise). Manchmal fallen auch Erwachsene, wenn sie einen Schulungskurs besuchen oder eine längere Ausbildung absolvieren, wieder zurück in „kindisches" Schülerverhalten. Diese und noch viele andere Alltagsregressionen halten meist nur eine begrenzte Zeit an. Auch sie dienen der subjektiven Erleichterung in Zeiten starker emotionaler und geistiger Belastung.

Emotionale Isolierung

Bei emotionaler Isolierung werden Gefühle verdrängt, die sich auf eine belastende Situation beziehen. Dies dient dem Schutz vor übermächtigen Gefühlen, oft ausgelöst durch traumatische Erlebnisse oder Erinnerungen.

Beispiel

Frau S. ist 25 Jahre alt und scheint ihre Tumordiagnose sehr gefasst aufzunehmen . Mit dem Krankenhauspersonal und ihren Angehörigen spricht sie ganz sachlich und scheinbar völlig emotionslos über ihre Operation und die Chemotherapie. Die unmittelbaren Folgen der Behandlung wie auch die weiteren Konsequenzen (dass sie keine Kinder mehr bekommen kann) sieht sie vor allem als ein technisches Problem. Nüchtern wägt sie die Vor- und Nachteile gegeneinander ab. Auf ihre Gefühle angesprochen, wehrt sie jedoch ab. „Was heißt hier Gefühle?", sagt sie heftig. „Ich bin krank, sehen Sie das nicht? Gefühle helfen mir jetzt auch nicht weiter." Ab diesem Zeitpunkt fragen die Pflegepersonen Frau S. nur noch, wie es ihr geht, und nicht mehr, wie sie sich fühlt.

Die emotionale Isolierung ist auch bei professionellen Helfern und Einsatzkräften ein wichtiger Abwehrmechanismus. Helfer leisten oft in extremen Situationen, bei schlimmen Verletzungen und tragischen Situationen ihre Arbeit. Die Gefühle kommen zumeist erst später, sozusagen Zeit verschoben, nachdem die Arbeit oder der Einsatz beendet ist. Für die eigene Psychohygiene ist es wichtig, dass die Gefühle in angemessener Form verarbeitet und nicht auf Dauer verdrängt werden (siehe Kap. 29).

Irreale Phantasien

Durch irreale Phantasien werden unerfüllte Hoffnungen und Wünsche zumindest in der Vorstellung befriedigt, auch wenn sie unrealistisch oder unmöglich sind. Die Patienten versuchen so, ihr inneres Gleichgewicht zu wahren. Problematisch wird dieser Abwehrmechanismus, wenn dadurch kostbare Zeit verloren geht.

Beispiel

Frau Z. hat Leberkrebs im fortgeschrittenen Stadium bei sehr schlechter Prognose. Die schulmedizinische Behandlung kommt ihr, je länger sie dauert, immer weniger wirksam und immer unsinniger vor. Schließlich will sie die Behandlung abbrechen und stattdessen versuchen, sich durch die Kraft von bestimmten Farben und heilenden Stei-

nen selbst zu kurieren. Die behandelnden Ärzte warnen sie eindringlich vor einem Abbruch der Behandlung, aber Frau Z. lässt sich nicht umstimmen. Nach 9 Wochen, in denen sie körperlich immer schwächer wird, überredet sie ihr Ehemann, wenigstens zur Diagnose wieder ins Krankenhaus zu fahren. Dort stellt man fest, dass sich an mehreren Stellen in Frau Z.s Körper Metastasen gebildet haben und der Tumor inoperabel geworden ist. Frau Z. jedoch glaubt weiterhin, dass die Farben und Steine sie heilen werden. – Den Wunsch, wieder gesund zu werden, kann sie nur noch in der Phantasie ausleben. Diese ist stärker als jedes vernünftige Argument.

Irreale Phantasien gehen oft mit Verleugnung einher. Sie sollten dem Patienten weder bestätigt („Sicher hilft das") noch ausgeredet werden („Völliger Quatsch"). Stattdessen sollten Pflegepersonen, Ärzte und Psychologen die wichtigen Fragen der nächsten Zeit geduldig besprechen, um den Patienten auf den „Boden der Realität" zu holen.

Rationalisierung

Eine Rationalisierung ist eine Scheinbegründung, an die man selber glaubt. Die Rationalisierung dient dazu, das eigene Verhalten, so ungewöhnlich oder peinlich es auch sein mag, doch irgendwie vernünftig und gerechtfertigt aussehen zu lassen.

Beispiel

Herr E. liegt am Abend vor einer wichtigen Augenoperation im Bett und kann nicht einschlafen. Er hat Angst vor der bevorstehenden Narkose, die ihm wie ein vorübergehender Tod erscheint. Auch macht er sich große Sorgen, dass er nach der Operation schlechter sehen wird als zuvor. Diese Ängste will er sich aber nicht eingestehen. Er ist allein im Zimmer und kann mit niemandem reden. Als die Nachtschwester ins Zimmer kommt, fragt sie Herrn E. erstaunt, warum er noch nicht schläft: „Ist es wegen der Operation morgen?" – „Nein, nein", antwortet Herr E. „Es ist die Hitze. Machen Sie doch bitte ein Fenster auf."

Rationalisierung bedeutet, dass scheinbar sachliche Argumente vorgeschoben werden, um unangenehme Gefühle zu überdecken und unleugbare Tatsachen (wie z. B. dass man etwas Bestimmtes getan hat) mit einer Scheinbegründung zu rechtfertigen, mit der man halbwegs leben kann. Das Besondere dabei ist, dass die betroffene Person diese Rationalisierung selbst glaubt (im Gegensatz zur Verleugnung, bei der man insgeheim weiß, wie die Dinge wirklich sind).

Im zwischenmenschlichen Bereich sind noch zwei weitere Abwehrmechanismen von Bedeutung, die sowohl im Umgang mit Patienten als auch bei der Kommunikation im Team eine große Rolle spielen:

Projektion

Unter Projektion versteht man die Zuschreibung eigener unangenehmer Eigenschaften und Verhaltensweisen auf andere Personen. Dadurch kommt es zu einer subjektiven Entlastung, man hat sozusagen eine reine Weste. Die Personen, auf die diese Eigenschaften projiziert werden, empfinden diese Beschuldigungen zumeist als ungerechtfertigt.

Beispiel

Herr B. verursacht in stark alkoholisiertem Zustand einen Verkehrsunfall, bei dem er mit seinem Auto von der Straße abkommt und gegen eine Betonmauer fährt. Schwer verletzt wird er ins Krankenhaus gebracht, wo er in einer mehrstündigen Notoperation nur knapp am Leben gehalten werden kann. Seine Beine jedoch sind so zerquetscht, dass sie amputiert werden müssen. In den Wochen nach dem Unfall zeigt Herr B. keinerlei Einsicht dahingehend, dass er den Unfall selbst verschuldet hat. Vielmehr schiebt er die Schuld auf seine Freunde, die ihn zum Trinken animiert hätten, sowie auf das schlechte Wetter in der Unfallnacht. Den Ärzten des Krankenhauses wirft er vor, dass sie ihn „versaut" hätten, anstatt sich anzustrengen und seine Beine zu retten. – Die Vorwürfe, die er eigentlich an sich selbst zu richten hätte (verantwortungsloses Handeln und Gefährdung), richtet er nun gegen andere.

Projektionen treten häufig bei Konflikten auf. Je intensiver eine Auseinandersetzung geführt wird und je länger sie dauert, desto eher passiert es, dass man sich selbst in einem guten, den anderen aber in einem schlechten Licht sieht. Das gilt zumeist wechselseitig, d. h. beide Konfliktparteien sehen in der jeweils anderen die Verkörperung bedenklicher, schlechter oder gar verwerflicher Eigenschaften (siehe Kap. 27.6).
Projektion in Konfliktsituationen bedeutet eine zumeist ungerechtfertigte Bezichtigung anderer, jedenfalls aber Blindheit gegenüber sich selbst. Das zeigt sich in alltäglichen Konflikten ebenso wie in gesellschaftlichen Auseinandersetzungen oder in Kriegen.

Verschiebung
Verschiebung ist die Ersatzbefriedigung von Gefühlen oder Wünschen, die nicht ausgelebt werden können. Ärger und Aggression, aber auch liebevolle Zuwendung und Zärtlichkeit werden auf Ersatzpersonen oder -objekte verschoben, wenn der ursprüngliche Ausdruck der Gefühle nicht möglich oder nicht erlaubt ist. Das kann etwa bei Autoritätspersonen der Fall sein (Eltern, Lehrern, Vorgesetzten), weiters gegenüber Patienten und Heimbewohnern (mit denen man in einer professionellen, d. h. nicht aggressiven Weise kommuniziert), oder wenn die betreffende Person, der gegenüber man ein Gefühl ausdrücken will, momentan nicht verfügbar ist.

Beispiel

Herr V. ist es von seiner Firma und von zu Hause gewohnt, auf Fragen, die er stellt, eine klare Antwort zu bekommen. Er liegt nun schon vier Tage im Krankenhaus und möchte wissen, ob er das kommende Wochenende schon daheim verbringen kann. Am Vormittag fragt er das einen Pflegehelfer, der ihm erklärt, dass er ihm da keine Auskunft geben könne. Herr V. solle bei der Visite den behandelnden Arzt fragen. Das tut Herr V. Der Arzt antwortet jedoch nur kurz und vage, dass das noch von verschiedenen Umständen abhänge, die man erst noch abwarten müsse und geht zum nächsten Patienten. Herr V.

ist verärgert. Als etwas später eine Diplomschwester zu ihm ins Zimmer kommt, versucht er, von ihr eine Antwort auf seine Fragen zu bekommen. Die Schwester hat aber nicht viel Zeit und vertröstet Herrn V. auf die nächste Visite. Jetzt ist Herr V. wirklich zornig. Da er aber allein im Zimmer ist, kann er seinen Zorn an niemandem auslassen. Da betritt eine Pflegeschülerin das Zimmer und fragt Herrn V. freundlich, ob er etwas Tee möchte. „Was ist das für ein Saftladen!", fährt er sie an. „Nichts erfährt man, aber einen Tee bringen sie mir!" Die Pflegeschülerin weiß nicht, wie ihr geschieht.

Verschiebung bringt unmittelbaren Spannungsabbau, wodurch ein Gefühl oder ein Verhaltensimpuls zumindest indirekt ausgelebt werden kann. Dieser Abwehrmechanismus spielt eine wichtige Rolle, wenn beruflicher Ärger in die Familie verschoben und dort ausgelebt wird, aber auch bei Tierquälerei und Vandalismus (Ausleben aggressiver Impulse an wehrlosen Tieren und Objekten), bei übertriebener Tierliebe (wo ein Haustier zum Partnerersatz werden kann) und bei vielen Formen übergroßen Engagements, das dann Charakter einer Ersatzbefriedigung annimmt. Die Grenzen zwischen angemessenem und übersteigertem Engagement sind allerdings fließend. Ein gewisses Maß an Verschiebung kann bei jeder Tätigkeit vorhanden sein.

8.5 Zusammenfassung

Das Bewusstsein enthält den Strom der unmittelbaren, gegenwärtigen Erfahrungen. Veränderte Bewusstseinszustände wie Tagträume, Trance, Hypnose und Ekstase zeigen jedoch, dass das Seelenleben weitaus mehr umfasst. Jener Teil, der über das Bewusstsein hinausgeht, wird das Unbewusste genannt. Es zeigt sich u. a. in der Kreativität, bei Intuitionen, Fehlleistungen, in Träumen und in der psychologischen Behandlung. Das Verhältnis zwischen Bewusstsein und Unbewusstem wird von den Abwehrmechanismen geregelt. Die für die Pflege wichtigsten sind Verdrängung, Verleugnung, Regression, emotionale Isolierung, irreale Phantasien, Rationalisierung, Projektion und Verschiebung.

9 Der Mensch als soziales Wesen

Kein Mensch lebt ohne Bezug zu anderen. Im Alltag, in Partnerschaft und Familie, im Beruf, in der Freizeit sind wir laufend mit Personen, Gruppen und sozialen Strukturen konfrontiert, sowohl real als auch in der Vorstellung („meine Familie", „bei uns", „die Gesellschaft"). Soziale Prozesse bestimmen in hohem Maß, wie sich Menschen verhalten, was sie erleben und welche Möglichkeiten sie haben, ihr Leben zu gestalten (Fischer/Wiswede 2003). Im Bereich der Pflege wirken sie insbesondere auf das Gesundheits- und Krankheitsverhalten, die Motivation und die Möglichkeiten der Krankheitsbewältigung. Auch Helferrolle und Pflegeberuf sind durch soziale Prozesse geformt.

Sozialpsychologie befasst sich mit dem Erleben und Handeln von Menschen im sozialen Kontext. Im Gegensatz dazu ist **Soziologie** die Wissenschaft von sozialem

Handeln und sozialen Strukturen (Gesellschaft als Ganzes, soziale Milieus, Machtstrukturen, soziale Netzwerke u. a. m.).

9.1 Soziales Handeln

Handlungen sind zielgerichtetes Verhalten, oft gedanklich gesteuert, bewusst und absichtlich durchgeführt. Soziales Handeln orientiert sich an anderen Menschen, Bezugspersonen und Gruppen. Es schließt die vermuteten Reaktionen anderer Menschen ein.
Soziales Handeln bezieht sich auf

- konkrete Personen (z. B. Patienten, Heimbewohner, Kollegen, Vorgesetzte), mit denen man spricht, Lösungen sucht, denen man hilft, ausweicht usw.;
- Beziehungen in Gruppen (z. B. Pflegeteam, Angehörige eines Patienten, eigene Familie), die man im Gespräch berücksichtigt, aktiv fördert, versucht zu beeinflussen etc.;
- Beziehungen zwischen Gruppen (z. B. Abteilungen, Berufsgruppen), um die Zusammenarbeit zu verbessern, Spannungen zu lösen usw.;
- Symbole bzw. vorgestellte Personen und Gruppen (z. B. Statussymbole, „wir alle"), durch die man Anerkennung und Selbstachtung erlangen möchte, die in Konflikten eine Rolle spielen etc.;
- Werte und Normen (z. B. Vorschriften, Ethik), die von mehreren Menschen geteilt werden und das Zusammenleben regeln.

In der Pflege ist soziales Handeln allgegenwärtig: Pflegehandlungen sind immer verbale bzw. nonverbale Kommunikation; Gesprächsführung und psychosoziale Unterstützung erfordern, auf den anderen einzugehen und seine Reaktionen zu berücksichtigen; helfende Berufe sind generell auf andere Menschen, ihre Bedürfnisse und Verhaltensweisen ausgerichtet; im Umgang mit schwierigen Situationen, Krisen und Konflikten ist angemessenes soziales Handeln besonders wichtig.

9.2 Normen und Werte

Jede Gruppe oder Gesellschaft hat bestimmte Verhaltensregeln und Wertvorstellungen, die allen Mitgliedern vermittelt und deren Einhaltung überwacht wird. Sie können die Form von Geboten („Du sollst nicht töten"), Gesetzen und Vorschriften (z. B. GuKG) oder von allgemeinen sozialen Normen und Werten haben (z. B. Verlässlichkeit, Freundlichkeit, Gewaltverzicht). Je nach Gruppe, Beruf und gesellschaftlichem Milieu können einzelne Werte besonders betont werden.
Die Vermittlung und Übernahme gesellschaftlicher Normen, Werte und Rollen wird **Sozialisation** genannt. Durch aktive Auseinandersetzung mit seiner sozialen Umgebung wächst ein Mensch in sie hinein und wird zum Mitglied der Gesellschaft.
Man unterscheidet primäre, sekundäre und tertiäre Sozialisation. Primäre Sozialisation erfolgt durch Eltern und Familie. Dabei werden die grundlegenden Regeln

und Muster des sozialen Verhaltens, Umgangsformen sowie in der Familie wichtige Werte vermittelt. Die sekundäre Sozialisation durch Kindergarten, Schule, Gleichaltrige und Medien bezieht sich auf soziale Kompetenzen und rollenspezifisches Verhalten. Sie bereitet auf die Rollenübernahme in Familie, Beruf und Gesellschaft vor. Die tertiäre Sozialisation im Berufs- und Arbeitsleben erfolgt durch die spezifischen Aufgaben und Werte des Berufes und der damit verbundenen Anforderungen und Möglichkeiten (z. B. Wertewandel weg von der Freizeitorientierung hin zu Leistungs- und Karriereorientierung).
Normen und Werte einer Gruppe, eines sozialen Milieus und einer Gesellschaft als Ganzes haben große Auswirkungen auf das Gesundheits- und Krankheitsverhalten sowie auf die Organisation des Gesundheitssystems. Der Stellenwert von gesunder Lebensweise, Vermeidung von Risikofaktoren (z. B. Rauchen, Übergewicht), Nutzung von Vorsorgeuntersuchungen, angemessene Symptomwahrnehmung und rechtzeitige Behandlung werden im Laufe des Lebens durch persönliche Erfahrungen und die soziale Umgebung geprägt. Oft stehen diese Werte im Widerspruch zu anderen wie z. B. Leistungsorientierung („Die Arbeit darf nicht liegen bleiben") oder Verpflichtung gegenüber anderen („Meine Kinder brauchen mich, ich kann jetzt nicht auf Kur gehen"). Auch das Gesundheitssystem spiegelt zentrale Werte einer Gesellschaft wider. Solidarität (hohe Qualität für alle) und Wiederherstellung (Krankheiten heilen, Verlorenes ausgleichen) stehen dabei an vorderster Stelle. Prävention und Eigenverantwortung nehmen in den letzten Jahren einen zunehmend größeren Stellenwert ein.
Die Einhaltung von Normen und Regeln wird von anderen Gruppenmitgliedern, Autoritätspersonen und Institutionen überwacht. Eltern und Lehrer, Freunde und Kollegen, Vorgesetzte und Behörden, aber auch Patienten und Klienten sowie Medien und „die" öffentliche Meinung üben einen gewissen Anpassungsdruck auf den Einzelnen aus.

9.3 Rolle und Rollenkonflikt

Jeder Mensch hat eine bestimmte Stellung in den verschiedenen Gruppen und sozialen Beziehungen, deren Teil er ist. Die verschiedenen Haupt- und Nebenrollen sind mit unterschiedlichen Erwartungen und Normen verknüpft. Eine soziale Rolle wird definiert durch:

1. Erwartungen an die Person (was man tun soll)
2. Möglichkeiten in dieser Rolle (Spielraum, Macht – was man tun darf)
3. Ziele, die sich aus der Rolle ergeben (was man tun will)

Jeder Mensch hat mehrere Rollen inne, je nach Gruppe und sozialer Umgebung: als Erwachsener, als Vater/Mutter, als Kollege, als Freund, als Patient, als Pflegeperson usw. Oft verhält man sich so, wie man glaubt, dass es von einem erwartet wird – oder durchkreuzt bewusst diese Erwartungen. Von anderen Menschen wird man direkt oder indirekt darauf hingewiesen, wie man sich der jeweiligen Rolle entsprechend zu verhalten habe.

Die verschiedenen Rollen und Erwartungen passen nicht immer zusammen; in solchen Fällen spricht man von Rollenkonflikt. Man unterscheidet zwei Arten:

- Ein **Interrollenkonflikt** entsteht durch verschiedene Rollen, die eine Person innehat und die manchmal kaum miteinander vereinbar sind. Bei Patienten entsteht oft ein Konflikt zwischen den bisherigen Rollen in Beruf und Privatleben mit der Krankenrolle. Pflegepersonen erleben manchmal einen Konflikt zwischen Berufs- und Elternrolle (z. B. im Zusammenhang mit Wochenend- und Nachtdiensten). Starke Konfliktbelastung kann dazu führen, dass eine Rolle überhaupt abgelehnt wird.
- Beim **Intrarollenkonflikt** bestehen verschiedene, unvereinbare Erwartungen an dieselbe Rolle. Pflegepersonen sollen aus der Sicht von Patienten auf deren Bedürfnisse eingehen, sich für sie Zeit nehmen, freundlich und stets kompetent sein; Kollegen und unmittelbare Vorgesetzte erwarten u. a. optimale Zusammenarbeit sowie rasche und präzise Ausführung der Aufgaben; aus der Sicht des Arbeitgebers sind vor allem Einsatzbereitschaft, Wirtschaftlichkeit und reibungsloser Funktionsablauf wichtig.

Beispiel

Pflegeschülerin Christine erhält den Auftrag, sechs Patienten bei der Körperpflege zu unterstützen. Sie hat dafür eine Stunde Zeit. Bereits die erste Patientin braucht 15 Minuten. Nach einer halben Stunde informiert Christine eine Diplomschwester, dass sie mit einer Stunde nicht auskommt, wenn sie ihre Aufgabe gründlich erledigen will. Die Diplomschwester sagt ihr, sie solle sich beeilen, es gebe heute noch mehr zu tun.

9.4 Krankenrolle – Patientenrolle

Wenn ein Mensch erkrankt, kann er nicht mehr ohne weiteres alle Aufgaben erfüllen, die sich ihm im Alltag, in der Familie, im Beruf etc. stellen. Es verändert sich das Verhältnis zu den Mitmenschen: Wer krank ist, ist in seiner Handlungsfähigkeit eingeschränkt und oft angewiesen auf die Hilfe anderer. Zugleich wird man als Kranker zumeist medizinisch behandelt und gepflegt und ist damit abhängig von der Professionalität anderer Menschen.

Damit ist ein Rollenwechsel verbunden. Die Rolle des Gesunden soll abgelegt und die Rolle des Kranken bzw. Patienten übernommen werden. Das geschieht jedoch nicht immer freiwillig. Manche Menschen sträuben sich dagegen („Wie redest du mit mir, ich bin doch nicht krank!“), manchen wird die neue Rolle auch zugeschrieben („Du bist krank und bleibst im Bett – keine Widerrede!“).

In die Rolle des Hilfsbedürftigen und Kranken wird man entweder gestoßen (z. B. durch einen Unfall) oder man gewöhnt sich schrittweise an sie. Große Bedeutung für die Übernahme der Krankenrolle kommt der Aufnahmeprozedur im Krankenhaus zu. Dort, bzw. durch die Behandlung durch das Personal, wird ein Kranker eigentlich erst zum Patienten.

Der Unterschied zwischen Kranken- und Patientenrolle liegt in der Perspektive: Wenn eine Person erkrankt, sieht sie sich selbst als krank; wenn sie behandelt wird, sehen sie die behandelnden Ärzte, Pflegepersonen etc. als Patienten. Ein Kranker ist also von der Rolle her ein Mensch, der sich selbst als krank erlebt. Ein Patient ist ein Mensch, der als Kranker behandelt wird.

Elemente der Krankenrolle:
Der Kranke
- ist von seinen normalen sozialen Rollenverpflichtungen befreit,
- ist für seine Situation nicht voll verantwortlich,
- soll wieder gesund werden wollen,
- soll fachkundige Hilfe in Anspruch nehmen und mit den Helfern kooperieren.

Befreiung von alltäglichen Verpflichtungen
Wer krank ist, wird üblicherweise geschont. Die Befreiung von alltäglichen Verpflichtungen kann z. B. beinhalten, dass man Termine absagen und Haushaltsfragen abgeben kann, nicht zur Arbeit oder in die Schule gehen muss usw. Das wird von vielen Kranken als Entlastung erlebt. Es ist dem Patienten erlaubt, sich ganz auf sich selbst bzw. die Genesung zu konzentrieren. Zugleich wird ihm die Verantwortung für die Behandlung weitgehend abgenommen (die Entscheidung, welche Behandlung wann und in welcher Form durchgeführt wird usw.). Er darf Gefühle äußern, die er sonst eher zurückhalten würde (Unsicherheit, Traurigkeit, Angst), darf jammern, sich verwöhnen lassen usw. Auf der anderen Seite entsteht ein sozialer Druck, dass sich der Kranke selbst schont. Die alltäglichen Rollenverpflichtungen abzugeben fällt jedoch vielen Menschen schwer.

Abgabe der Verantwortung
Bei vielen Krankheiten hat der Betroffene keinen oder wenig Einfluss auf ihre Entstehung. Er wird für seinen Zustand nicht oder nur eingeschränkt selbst verantwortlich gemacht. Dies trifft jedoch bei den verschiedenen Krankheiten und Störungen in sehr unterschiedlichem Maß zu. Bei vielen Akutkrankheiten (z. B. Infektionen, Unfällen) spielt das Risikoverhalten des Einzelnen eine gewisse Rolle. Bei den so genannten Konsumkrankheiten (z. B. Alkoholismus, Lungenkrebs nach Rauchen) wird der Betroffene zusehends mehr für die Entstehung mit verantwortlich gemacht. Auch was den Verlauf der Krankheit und die Genesung betrifft, rücken der Beitrag des Patienten und damit seine Mitverantwortung immer mehr ins Zentrum der Aufmerksamkeit.
Bei vielen Patienten kommt es mit der Abgabe von Verantwortung vorübergehend zur Regression (siehe Kap. 8.4). Dies vor allem, wenn der momentane Zustand sehr belastend ist und scheinbar nicht bewältigt werden kann. Dieses Sich-gehen-lassen wird den meisten Patienten eine Zeit lang zugestanden, sollte sich aber nicht verfestigen. Der Regression kann durch das Pflegepersonal und gegebenenfalls durch psychologische Unterstützung gut entgegengewirkt werden.

Verpflichtung, wieder gesund werden zu wollen
Die Freiheiten, die man einem kranken Menschen gemeinhin zugesteht, sind auf

der anderen Seite mit Pflichten verbunden. Der Patient soll selbst zur Überwindung der Krankheit beitragen, zumindest aber wieder gesund werden wollen. Bei akuten Krankheiten, deren Ende absehbar ist (z. B. Grippe, Leistenbruch), ist diese Forderung leichter zu erfüllen als bei chronischen Krankheiten und Invalidisierung (z. B. nach einem Schlaganfall). Hier wird zumeist erwartet, dass der Betroffene den Willen und die Motivation zur bestmöglichen Rehabilitation aufbringt.
Manche Patienten müssen allerdings erst überzeugt werden, dass es besser ist, gesund zu werden als krank zu bleiben. Patienten, die scheinbar nicht gesund werden wollen, haben oft mit schweren sozialen Folgen zu rechnen. Nicht selten werden sie als Faulenzer, Simulanten oder Schmarotzer bezeichnet, die sich auf Kosten der Mitmenschen oder des Sozialsystems persönliche Vorteile herausschlagen.

Fachkundige Hilfe in Anspruch nehmen und mit den Helfern kooperieren
Nach wie vor wird von einem Patienten erwartet, dass er sich um geeignete Hilfe bemüht und diese auch annimmt. Er soll sich dem Wissen und Können der Ärzte, Pflegepersonen etc. unterordnen und mit ihnen kooperieren. Damit ist auch die Forderung verknüpft, die Einschränkungen zu akzeptieren, die die Behandlung mit sich bringt (Umstellung der Lebensgewohnheiten, Schmerzen, Langeweile usw.). Die meisten Patienten stellen sich darauf ein und akzeptieren das, manche reagieren jedoch auf diese Beschränkung der subjektiven Freiheit mit Reaktanz (siehe Kap. 5.5).
Unkooperative oder gar aggressive Patienten sind für Ärzte und Pflegepersonen oft eine große Herausforderung. Sie verletzen scheinbar die Grundregel des Helfens: dass der eine schwach ist und Hilfe annimmt, während der andere stark ist und Hilfe gibt. Oft ist jedoch, wie gezeigt, die fehlende Kooperation ihrerseits ein Symptom, das ein geschulter Helfer zum Verschwinden bringen kann (siehe Kap. 24).

Etikettierung
Kranke werden von ihren Mitmenschen anders behandelt als Gesunde. In welcher Weise das geschieht, hängt von den jeweiligen Umständen, aber auch von der Art der Krankheit bzw. von der Diagnose ab.
Jede Diagnose bedeutet auch Etikettierung (engl. Labeling). Durch sie wird das Verhalten des Kranken ebenso beeinflusst wie das seiner Umgebung. Besonders krass zeigt sich das bei HIV/Aids. Viele Menschen gehen noch immer auf Distanz, wenn sie erfahren, dass ein Patient HIV-positiv ist, vermeiden körperliche Berührungen und ziehen sich oft ganz von ihm zurück – vor allem dann, wenn sie über die realen Ansteckungsgefahren nicht ausreichend informiert sind. Ein weiteres Beispiel sind die Diagnosen Schizophrenie und Alkoholismus. Gefühle und Verhaltensweisen des Betroffenen werden von den Mitmenschen genau beobachtet, die Verantwortlichkeit wird oft in Frage gestellt.
Die soziale Etikettierung wirkt auf den Patienten zurück. Er findet sich oftmals in einer Außenseiterrolle wieder und erlebt vermehrten Stress. Dieser Stress kann wiederum einen neuen Krankheitsschub auslösen, womit sich der Teufelskreis der Etikettierung schließt: Die Diagnose verstärkt die Symptome, die sie erfasst.

9.5 Zusammenfassung

Soziales Handeln orientiert sich an anderen Menschen und Gruppen und ihren vermuteten Reaktionen. Allgemeine Werte und Normen werden im Prozess der Sozialisation vermittelt. Sie beeinflussen u. a. das Gesundheits- und Krankheitsverhalten. Soziale Rollen definieren sich durch Erwartungen, Möglichkeiten und rollenspezifische Ziele. Konflikte können zwischen verschiedenen Rollen einer Person (Interrollenkonflikt) oder aufgrund verschiedener Erwartungen an dieselbe Rolle entstehen (Intrarollenkonflikt). Die Krankenrolle ist gekennzeichnet durch die Befreiung von den Rollenverpflichtungen des Gesunden, die teilweise Abgabe der Verantwortung sowie die Verpflichtung, wieder gesund werden zu wollen, fachkundige Hilfe in Anspruch zu nehmen und mit den Helfern zu kooperieren. Die Diagnose wirkt als Etikettierung und beeinflusst das Verhalten des Kranken ebenso wie das seiner Umgebung.

10 Die Entwicklung über die gesamte Lebensspanne

Entwicklungspsychologie beschäftigt sich mit der Entwicklung und Veränderung des Erlebens und Verhaltens über die gesamte Lebensspanne (Oerter/Montada 2008). Dazu gehören Wachstum, Reifung und Entwicklung ebenso wie Abbau und negative Veränderungen. Die verschiedenen Aufgaben, Möglichkeiten, Ressourcen und Fähigkeiten in den einzelnen Lebensabschnitten wirken sich auch auf Betreuung und Pflege aus.

10.1 Entwicklungsaufgaben

Von Beginn an ist der Lebenslauf durch verschiedene Entwicklungsaufgaben gekennzeichnet, die sich mit fortschreitendem Alter ändern und durch Lebensbedingungen und soziale Erwartungen beeinflusst werden. Sie verbinden individuelle Bedürfnisse und gesellschaftliche Anforderungen. Entwicklungsaufgaben ergeben sich aus

- biologischen Veränderungen (z. B. Pubertät, Menopause),
- gesellschaftlichen Erwartungen (z. B. altersbezogene Normen, soziale Rollen),
- individuellen Zielsetzungen und Werten (z. B. aufgrund persönlicher Erfahrungen).

Lebensstil, persönliche Entwicklung und Lebenslauf werden zunehmend individueller. Unterschiedliche Milieus (Herkunftsfamilie, berufliches Umfeld, Freizeit) und biographische Brüche (z. B. Scheidung, Arbeitslosigkeit) prägen die Entwicklung. Die einzelnen Lebensbereiche sind oft schwer miteinander in Einklang zu bringen. In solchen Fällen spricht man von **Patchwork-Identität**.

Die psychosoziale Entwicklung erstreckt sich über die gesamte Lebensspanne. Erikson (1988) beschreibt acht aufeinander folgende Stadien, in denen verschiedene Aufgaben und Krisen zu bewältigen sind:

1. Vertrauen vs. Misstrauen (1. Lebensjahr)
Die ersten Erfahrungen mit anderen Menschen führen bei den meisten Babys zur Entwicklung des Urvertrauens, das sich auf die Welt als Ganzes bezieht. Die Umwelt wird als verlässlich und vorhersagbar erlebt. Wenn das Baby wiederholt mit seinen Nöten allein gelassen wird, entsteht ein grundsätzliches Misstrauen der Welt und den Menschen gegenüber (siehe Kap. 4.3).

2. Autonomie vs. Scham/Zweifel (2. und 3. Lebensjahr)
Mit der motorischen Entwicklung kommt es zu Konflikten zwischen dem kindlichen Streben nach Selbstständigkeit und der Abhängigkeit von den Eltern und Erwachsenen. In der Auseinandersetzung mit Regeln, Vorschriften und eigenen Zielen entfaltet sich das Ich-Bewusstsein. Durch klare Grenzen, angemessene Unterstützung und Vertrauen in die Fähigkeiten des Kindes kann es in seinem Autonomiestreben bestärkt und gefördert werden. Scham und Zweifel entstehen, wenn wichtige Ziele nicht erreicht, Regeln nicht eingehalten werden können oder das Kind nicht weiß, wie es sich den Regeln entsprechend verhalten soll.

3. Initiative vs. Schuldgefühle (4. und 5. Lebensjahr)
Das Kind beginnt, sich mit den Eltern bzw. dem gleichgeschlechtlichen Elternteil zu identifizieren, übernimmt wichtige Einstellungen und Verhaltensmuster und bildet ein Gewissen aus. Neugierde und Wissensdrang, die Welt erkunden, kreativ gestalten und phantasieren sind ebenso wichtig wie soziale Kontakte außerhalb der Familie und die Eroberung sozialer Positionen in Gemeinschaften. Ein ängstliches, rigides und fremdbestimmtes Gewissen sowie ein unrealistisches Ich-Ideal können die kindliche Unternehmungsfreude lähmen und zu tief sitzenden Schuldgefühlen führen.

4. Leistung vs. Minderwertigkeit (mittlere Kindheit)
Der Eintritt in die Schule bedeutet die systematische Einführung in das Wissen der Kultur und die Zivilisationstechniken. Damit verbunden sind Leistungsanforderungen und -bewertung. Sachinteresse, die Freude am Lernen und Üben sowie am eigenen „Werk" stehen als Entwicklungsthemen im Vordergrund. Fehlende Erfolgserlebnisse und übermäßige Kritik können zu Ängstlichkeit und Minderwertigkeitsgefühlen führen.

5. Identität vs. Rollendiffusion (Jugendalter)
Jugendliche wollen ihre eigenen Eigenschaften, Fähigkeiten, Interessen und Abneigungen erkennen und erproben. Neben Eltern und Schule sind vor allem gleichaltrige Freunde wichtig, um die eigene Identität zu entwickeln und zu festigen. Jugendliche schließen sich oft zu Gruppen zusammen, die sich von anderen Menschen abgrenzen und so zur Identitätsfindung beitragen. Widersprüchliche

Erfahrungen und Erwartungen miteinander in Einklang zu bringen und dabei einen eigenen Weg in die Selbstständigkeit zu finden, ist oft schwierig. Gelingt es nicht, kann ein unklares Selbstkonzept mit instabilen Zielen und übertriebenem oder oberflächlichem Engagement die Folge sein.

6. Intimität vs. Isolation (frühes Erwachsenenalter)
Zu den wesentlichen Aufgaben des frühen Erwachsenenalters gehört, stabile Beziehungen aufzunehmen und zu halten. Das bezieht sich auf eine private, intime Partnerschaft ebenso wie auf stabile berufliche Beziehungen zu Kollegen und im Team. Wissen und Fähigkeiten werden ernsthaft umgesetzt, der Schritt in die Selbstständigkeit vollzogen. Nach den oft flüchtigen und unverbindlichen Kontakten der Jugendzeit steht nun die Solidarität in einer überschaubaren Gruppe im Vordergrund. Wenn diese Bemühungen misslingen, bleibt man sozial isoliert bzw. in unverbindlichen Beziehungen stecken.

7. Generativität vs. Stagnation (mittleres Erwachsenenalter)
Mit zunehmendem Alter sammeln sich Wissen, Können und Lebenserfahrung, die an andere Menschen weitergegeben werden: an eigene Kinder, andere junge Menschen, die nächste Generation. Oft geschieht dies im Rahmen beruflichen, sozialen oder politischen Engagements. Zukunft und Entwicklung werden nicht mehr allein persönlich gesehen, sondern schließen die nachfolgenden Generationen mit ein. Ein subjektiver Entwicklungsstillstand kann zur so genannten Midlife-Crisis, zu Langeweile, Nutzlosigkeit und/oder Selbstaufopferung in der Arbeit führen.

8. Ich-Integrität vs. Verzweiflung (spätes Erwachsenenalter)
Im letzten Lebensabschnitt ist man mit vielen Verlusten und Beschwernissen konfrontiert (z. B. gesundheitliche Probleme, Ende der beruflichen Tätigkeit, Verlust von Bezugspersonen etc.). Das eigene Leben wird reflektiert und in einem größeren Zusammenhang gesehen. Viele Menschen sind zufrieden mit dem Erreichten und behalten ihr sinnstiftendes und produktives Engagement bis ins hohe Alter. Andere trauern um das, was sie im eigenen Leben falsch gemacht bzw. nicht getan haben und sehen für sich keine Perspektiven mehr. Zu den letzten Aufgaben zählt, die Begrenztheit des eigenen Lebens zu akzeptieren.

10.2 Geburt und Bindungsverhalten

Die Geburt ist der radikalste Umgebungswechsel des gesamten Lebens. Neben der enormen körperlichen Anstrengung für Mutter und Kinder fordert die Geburt von allen Beteiligten eine schnelle und komplexe Anpassungsleistung. Bereits in den ersten Lebensstunden verfügen Neugeborene über zahlreiche angeborene Fähigkeiten und Verhaltensweisen. Der Tastsinn ist zunächst am besten, der Sehsinn am wenigsten entwickelt.
Neugeborene sind von Anfang an auf andere Menschen ausgerichtet. Sie bevorzugen menschliche Stimmen, Gerüche und Berührungen und zeigen ein instinktives

Bindungsverhalten (Bowlby 1975). Kinder sind ihren Eltern und anderen Betreuungspersonen beständig und bedingungslos zugewandt, egal ob diese sich liebevoll um sie kümmern oder die Bedürfnisse der Kinder wiederholt vernachlässigen. Babys brauchen die Aufmerksamkeit, liebevolle Zuwendung und Interaktion mit stabilen Bezugspersonen, um sich psychisch, körperlich, geistig, sprachlich und sozial gesund zu entwickeln. Fehlt diese stabile Zuwendung, kann es zu psychischem **Hospitalismus** kommen. Diese schwere psychische Schädigung wurde zuerst in Heimen bei Kleinkindern beobachtet, die in Großgruppen isoliert und ohne feste Bezugsperson aufwuchsen. Sie umfasst u. a. psychomotorische und somatische Entwicklungsdefizite, psychosomatische Erkrankungen, erhöhte Infektanfälligkeit, Kontaktscheu, Misstrauen oder Distanzlosigkeit, depressive Zustände, Angst, Apathie, Sprachstörungen und erhöhte Erregbarkeit.
Um psychischen Hospitalismus zu verhindern, wurden zahlreiche Reformen durchgeführt. Eltern können im Krankenhaus mit aufgenommen werden, wenn ihr Kind stationär behandelt werden muss. Großheime und Großgruppen wurden durch Wohngemeinschaften mit familienähnlichen Strukturen ersetzt, die Unterbringung in Pflegefamilien forciert.

10.3 Kinder im Krankenhaus

Ein Krankenhausaufenthalt ist für Kinder und Eltern mit teils großen Belastungen verbunden. Kinder verbinden ihre gewohnte Umgebung noch stärker als Erwachsene mit Sicherheit und Geborgenheit. Wenn sie aus ihr herausgerissen werden, können sie sich hilflos, schutzlos und allein gelassen fühlen. Ärger, Angst und Traurigkeit kommen als weitere negative Gefühle oft hinzu. In dieser schwierigen Situation ist es besonders wichtig, ein Kind auf die bevorstehenden Umstellungen vorzubereiten. All seine Fragen sollten ehrlich beantwortet werden und die Antworten im Rahmen des kindlichen Weltbilds verständlich sein.
Kinder haben je nach Altersstufe sehr unterschiedliche Vorstellungen von Gesundheit und Krankheit, was die Ursachen und Folgen, medizinisches Personal und Behandlung betrifft.

- Bei Kleinkindern steht die Angst vor der Trennung von den Eltern im Vordergrund. Diese sollten deshalb viel Zeit beim Kind verbringen und bei allen wichtigen Untersuchungen und Behandlungsschritten anwesend sein.
- Kinder im Vorschulalter (3–6 Jahre) sehen eine Krankheit oft als „Bestrafung“. Sie neigen dazu, Symptome und Behandlungsmaßnahmen magisch zu interpretieren, was bei kindgerechten Erklärungen (märchenartigen Geschichten etc.) genutzt werden kann. Die aktuelle Situation sollte dem Kind so angenehm wie möglich gemacht, das Lieblingsspielzeug ins Krankenhaus mitgebracht werden.
- Im Grundschulalter (7–11 Jahre) entsteht ein Verständnis für die Absicht und Funktion medizinischer und pflegerischer Maßnahmen. Das Kind hat konkrete und zunehmend realistische Erklärungskonzepte für die Krankheit. Schulkinder können mit Informationen und Argumenten überzeugt werden und bestimmte Handlungen bereits selbstständig durchführen.

- Für Jugendliche (12–18 Jahre) sind Denken und Empfinden nicht mehr von konkreten Erfahrungen abhängig. Ihre Konzepte von Gesundheit und Krankheit stimmen weitgehend mit denen der Erwachsenen überein. Zugleich wollen sie Entscheidungen möglichst selbst treffen und zunehmend mehr über ihr Leben bestimmen.

Nach dem Krankenhausaufenthalt bzw. nach einer Untersuchung, Operation etc. braucht das Kind eine Möglichkeit, über die Erlebnisse, Eindrücke und Gefühle zu sprechen bzw. sie im Spiel auszudrücken und zu verarbeiten. Wieder zu Hause können Kinder vorübergehend starken Ärger oder regressive Verhaltensweisen zeigen (wieder Bettnässen, Schnuller fordern etc.). Das Kind benötigt Zeit, wieder in seine alte Rolle hineinzufinden. Die schrittweise Anpassung an die tägliche Routine hilft den Kindern bei der Regeneration und schützt sie und ihre Eltern vor Überforderung.

10.4 Jugend und frühes Erwachsenenalter

Das Jugendalter ist formal durch den Altersbereich zwischen 12 und 18 Jahren definiert. Zur Festigung der eigenen Identität ist es wichtig, Klarheit über sich selbst zu gewinnen, zu wissen wie andere einen sehen, und sich das Verhalten anzueignen, das zu den verschiedenen eigenen Rollen gehört. Die Ablösung von den Eltern geht einher mit dem Aufbau eines Freundeskreises, in dem man mit Altersgenossen beiderlei Geschlechts neue, tiefere Beziehungen aufnehmen sowie Werte, Ziele und Zukunftsperspektiven diskutieren kann. Auch die Auseinandersetzung mit dem eigenen Körper, seinen Veränderungen und Bedürfnissen sowie erste Erfahrungen mit Partnerschaft bedingen sich oft gegenseitig. Entwürfe für den eigenen Lebensweg münden immer wieder in Fragen nach Ausbildung und Beruf, was man werden will und was man dafür lernen bzw. können muss. Im frühen Erwachsenenalter werden soziale Beziehungen und die Verantwortung für das eigene Handeln intensiver und spezieller. Das zeigt sich im Privatleben (Aufbau fixer Partnerschaften und Freundeskreise) ebenso wie im Beruf (Berufseintritt, Übernahme eigenverantwortlicher Tätigkeiten) und in gesellschaftlichen Gruppen (Sport, Hobbys, soziales Engagement, Religion, Politik). Im Vergleich zur Jugend ist das Erwachsenenalter durch eine wesentlich größere Rollenvielfalt mit höheren Anforderungen und weniger Freizeit gekennzeichnet.

10.5 Kritische Lebensphasen

Bestimmte Lebensereignisse bedeuten einen starken Einschnitt oder Wendepunkt in der persönlichen Biografie. Schwere Krankheiten, Unfälle, Arbeitslosigkeit, Scheidung usw. können die Betroffenen vor große Probleme stellen, aber auch Heirat oder die Geburt eines Kindes bewirken eine erhebliche Umstellung der bisherigen Lebensweise. Die Auswirkungen eines kritischen Lebensereignisses für das

weitere Leben hängen vom Ausmaß der Belastungen und von den verfügbaren Ressourcen ab, vor allem aber von den subjektiven Bewertungen durch den Betroffenen. Vertrauen auf die eigenen Fähigkeiten und Unterstützung durch andere helfen, auch in schwierigen Situationen nicht aufzugeben. Eine große Rolle spielt weiters, in welchem Lebensabschnitt ein Ereignis eintritt. Schwangerschaft, Krankheiten, Leistungseinbußen, Ausscheiden aus dem Beruf etc. können als altersgemäß und normal eingestuft werden, oder sie gelten als „unzeitig" und werden mit Vorwürfen oder Schuldgefühlen verknüpft.
Die Bewältigung kritischer Lebensphasen führt meist zu einer Neuorientierung und neuen Perspektiven für das weitere Leben. Solidarität und Unterstützung durch andere sind dabei ebenso wertvoll wie das eigenständige Meistern der Probleme. Oft werden danach die Prioritäten anders gesetzt und neue Erkenntnisse gewonnen, was im Leben wirklich wichtig ist. Das Selbstbild erweitert oder ändert sich, Selbstvertrauen und Wissen um die eigenen Handlungsmöglichkeiten werden gestärkt. Zukünftige Probleme und Krisen können dadurch besser bewältigt werden.

10.6 Entwicklung im Alter

Menschen entwickeln und verändern sich während des gesamten Lebens. Im höheren Lebensalter gibt es einerseits eine Häufung von Verlusten: Sinnesfunktionen, Motorik, Gedächtnis usw. lassen nach, soziale Beziehungen, gesellschaftliche Aufgaben, Selbstständigkeit etc. werden weniger. Andererseits nehmen soziale Intelligenz, Wissen und Lebensweisheit in vielen Fällen zu. Der Schwerpunkt verlagert sich von zuwachsorientierter Entwicklung hin zur Konzentration der Kräfte und Nutzung vorhandener Stärken.
Die formale Denkfähigkeit geht im Alter allmählich zurück, Informationsverarbeitung, Merkfähigkeit und Wortflüssigkeit lassen nach. Gleichzeitig steigt die Fähigkeit, mithilfe der vorhandenen Fähigkeiten Aufgaben zu erledigen und Probleme zu bewältigen. Diese bessere Anwendung kann die formalen Leistungseinbußen bis ins höhere Alter abschwächen oder kompensieren.
Die Lebenszufriedenheit alter Menschen ist häufig gleich hoch wie bei jüngeren, trotz der Zunahme an körperlichen Beschwerden und sozialen Verlusterlebnissen. Grund dafür ist u. a. eine unmerkliche Anpassung des persönlichen Anspruchsniveaus („Mir genügt das, ich bin zufrieden damit"). Gleichzeitig vergleicht man sich öfter mit anderen Personen, denen es schlechter geht, und setzt sich vor allem Ziele, die trotz der Altersveränderungen gut erreichbar sind. Während im früheren Erwachsenenalter Beruf, Freunde und Familie die wichtigsten Themen sind, führen im höheren Alter Gesundheit, Familie, Nachdenken über das Leben und kognitive Leistungsfähigkeit die Rangreihe an.

10.7 Zusammenfassung

Die Entwicklung des Erlebens und Verhaltens erstreckt sich über die gesamte Lebensspanne. Die einzelnen Lebensabschnitte sind jeweils durch bestimmte Entwicklungsaufgaben gekennzeichnet. Neugeborene sind von Anfang an auf andere Menschen ausgerichtet und zeigen ein instinktives Bindungsverhalten. Krankheit, Krankenhausaufenthalt und Behandlung stellen Kinder vor vielfältige Belastungen und sind je nach Alter mit unterschiedlichen Vorstellungen und Bedürfnissen verbunden. Jugend und frühes Erwachsenenalter sind durch Identitätsfindung, Selbstständigkeit und Eintritt in die Berufswelt gekennzeichnet. Kritische Lebensereignisse können den persönlichen Lebensweg erheblich verändern, ihre Bewältigung stellt oft den Beginn eines neuen Lebensabschnittes dar. Im Alter können die vielfältigen Abbauprozesse und Verluste durch Konzentration auf vorhandene Stärken und erreichbare Ziele kompensiert werden.

Teil II

Krankheit und Behinderung

11 Krankheitserleben – Krankheitsverhalten

Auf körperliche Veränderungen, Beschwerden, Symptome und Krankheiten reagiert jeder Mensch auf seine Weise. Die dabei beteiligten Prozesse zu kennen ist eine wesentliche Voraussetzung, um Patienten gezielt zu unterstützen.

11.1 Das bio-psycho-soziale Modell von Gesundheit und Krankheit

Wann ist jemand gesund und ab wann muss man ihn als krank bezeichnen? Wann ist ein Gefühl angemessen und wann offensichtlich gestört? Welches Verhalten ist normal und welches auffällig?
Jeder Mensch, egal ob Laie oder professioneller Helfer im Gesundheitsbereich, hat seine persönlichen Vorstellungen von Gesundheit und Krankheit. Sie setzen sich aus konkretem Wissen sowie verschiedenen bewussten und intuitiven Vorstellungen und Erklärungsweisen zusammen. Je nachdem, wie dieses Gesundheits- und Krankheitsmodell beschaffen ist, werden unterschiedliche Veränderungen als Symptome wahrgenommen, davon ausgehend z. T. sehr verschiedene Diagnosen gestellt und entsprechende Behandlungen durchgeführt.
Für Ärzte, Pflegepersonen, Psychologen und andere professionelle Helfer ist die Unterscheidung zwischen krankheitszentrierter oder patientenzentrierter Perspektive bedeutsam.

- In der **krankheitszentrierten Perspektive** steht die Störung einer Körperfunktion oder Abweichung von einer definierten Norm im Mittelpunkt. Behandelt wird das geschädigte Organ oder der dysfunktionale Bereich. Auf andere Aspekte der Krankheit, die für den Patienten ebenfalls wichtig sein könnten, wird nicht weiter eingegangen.
- Die **patientenzentrierte Perspektive** sieht den betroffenen Menschen als Ganzes. Krankheit bedeutet hier eine Störung des inneren Gleichgewichts und des Verhältnisses zur Umwelt, die Körper und Seele gleichermaßen betrifft. Bei der Behandlung wird auf die individuellen Bedürfnisse des Patienten ganzheitlich Rücksicht genommen.

In Medizin, Psychologie und Pflege wurden in den letzten hundert Jahren zum Teil sehr unterschiedliche Modelle von Gesundheit und Krankheit entwickelt. Sie können in einer ganzheitlichen Sichtweise in ein übergreifendes bio-psycho-soziales Modell integriert werden:
Gesundheit ist das angemessene Gleichgewicht zwischen biologischen (körperlichen) und psychischen Systemen (Bewusstsein, Unbewusstes, Gedanken, Gefühle, Bedürfnisse, Persönlichkeit) im Austausch mit der Umwelt (physikalisch, biologisch, sozial, kulturell). Ein gesunder Mensch verfügt über genügend Reserven und Ressourcen, um Störungen dieses Gleichgewichts selbst wieder auszugleichen.
Krankheit ist ein gestörter Gleichgewichtszustand, in dem notwendige Funktionen (körperliche, psychische, soziale) nicht mehr aufrechterhalten werden können und/oder bestimmte Strukturen nachhaltig geschädigt sind.

Gesundheit ist keine idealtypische Norm, sondern ein Zustand, in dem man sein Leben mit hoher Lebensqualität führen kann. Sie beruht auf der grundlegenden Fähigkeit, innere und äußere schädliche Einflüsse aufzufangen und zu bewältigen. Diese Fähigkeit wird **Gesundheitspotenzial** genannt. Es gewährleistet, dass gewisse Spannungen und Schwankungen des Gleichgewichtszustandes ausgeglichen werden, ohne dass es sofort zur Entgleisung bzw. Krankheit kommt.
An der Entstehung und dem Verlauf von Krankheiten sind zumeist mehrere Faktoren aus verschiedenen Systemen beteiligt (Trojan 2004). Dazu zählen persönliche Faktoren (Alter, Geschlecht, genetische Ausstattung), individuelles Verhalten, das durch soziale Normen, Lebensweisen und Schichtzugehörigkeit geprägt ist (körperliche Aktivität, Ernährungs-, Freizeit-, Sexual-, Vorsorgeverhalten, Rauchen, Umgang mit Alkohol/Drogen), sowie sozioökonomische Rahmenbedingungen (Ausbildung, Einkommen, Wohnverhältnisse, Arbeitsbelastungen, soziale Unterstützung) und Gesundheits- und Sozialsystem (Vorsorge, Behandlungs-, Unterstützungsangebote). Die Bedeutung dieser Faktoren kann von Mensch zu Mensch sehr unterschiedlich sein. Die Beratung, Behandlung und Pflege orientiert sich an diesen Unterschieden und Gewichtungen jeweils individuell. Neben der körperlichen werden die psychische und die soziale Ebene entsprechend berücksichtigt.

11.2 Gesundheits- und Krankheitsverhalten

Gesundheitsverhalten umfasst alle Handlungen einer Person, die zur Erhaltung der Gesundheit beitragen (Ernährungsweise, Vermeidung von Risiken, regelmäßige Kontrolluntersuchungen etc.). Unter Krankheitsverhalten werden alle Verhaltensweisen verstanden, mit deren Hilfe ein Patient versucht, mit seiner Krankheit zurechtzukommen.

Das **individuelle Krankheitsverhalten** einer Person hängt von mehreren Faktoren ab (Myrtek 1998):

1. Symptomwahrnehmung
2. Persönlichkeitseigenschaften
3. Subjektive Krankheitstheorie
4. Vorbilder
5. Subjektiver Krankheitsgewinn
6. Klassische Konditionierungen
7. Dauer der Erkrankung
8. Sozialökonomische Faktoren
9. Gesundheitssystem
10. Gesellschaftliche Entwicklungen

1. Symptomwahrnehmung

Verschiedene Körperwahrnehmungen (z. B. Müdigkeit, Schmerzen, Herzklopfen, Engegefühl in der Brust) können als Symptome gedeutet werden und führen den Betroffenen zum Arzt, andere nicht. Dabei sind die individuellen Unterschiede oft beträchtlich: Je stärker man von der Umgebung beansprucht wird, desto schwächer wird allgemein die Symptomwahrnehmung und desto weniger werden körperliche Beschwerden geäußert. Stress und berufliche Belastungen, aber auch familiäre Probleme wirken sich zumeist negativ auf die Symptomwahrnehmung aus. Auf der anderen Seite spielt einschlägiges Wissen eine große Rolle: Je mehr eine Person über körperliche Funktionen in bestimmten Situationen weiß, desto genauer ist auch ihre Symptomwahrnehmung.

2. Persönlichkeitseigenschaften
Verschiedene Persönlichkeitseigenschaften können das Krankheitsverhalten beeinflussen. Dazu gehören vor allem emotionale Labilität, Depressivität und Ängstlichkeit. Personen, bei denen diese Eigenschaften deutlich ausgeprägt sind, nehmen häufiger medizinische Hilfe in Anspruch als andere. Sie werden dadurch häufiger untersucht, womit die Wahrscheinlichkeit steigt, dass eine organische Erkrankung festgestellt wird.

3. Subjektive Krankheitstheorie
Die subjektiven Annahmen über Ursachen, Verlauf und Folgen einer Krankheit sowie die Vermutungen über die Heilungsaussichten spielen schon bei der Symptomwahrnehmung eine wichtige Rolle. Auch auf das Krankheitsverhalten haben sie großen Einfluss. Patienten sind vor allem motiviert, gegen jene Risikofaktoren etwas zu unternehmen, die sie selbst als gefährlich einstufen. Wer allerdings glaubt, dass Entstehung und Verlauf einer Krankheit von unbeeinflussbaren Faktoren abhängt (Schicksal, genetische Veranlagung, gesellschaftliche Verhältnisse), ist meist weniger bereit, gefährliche Verhaltensweisen zu ändern und für die eigene Gesundheit aktiv etwas zu tun.

4. Vorbilder
Das Krankheitsverhalten ist oft geprägt von Lernerfahrungen, die bis in die Kindheit zurück reichen. Eine große Rolle spielen die Eltern, die dem Kind in vielem ein Vorbild sind, u. a. was den Umgang mit körperlichen Beschwerden betrifft (von „Das ist sehr ernst" bis „Sei nicht wehleidig"). Auch konkrete Verhaltensweisen im Krankheitsfall, das Verhältnis zu Ärzten und der Umgang mit Medikamenten können von den Eltern und später von anderen wichtigen Personen übernommen werden (siehe Kap. 7.2).

5. Subjektiver Krankheitsgewinn
Jede Krankheit bringt Einschränkungen und Belastungen, aber auch Freiheiten und Erleichterungen mit sich. Wenn der Krankheitsgewinn die Belastungen überwiegt, besteht wenig bis keine Motivation für den Betroffenen, wieder gesund zu werden. Das Krankheitsverhalten wird in diesem Fall auf Vermeidung oder Verweigerung ausgerichtet sein. Für ein angemessenes Krankheitsverhalten ist es wichtig, dass die angenehmen Seiten, die den Krankheitsgewinn ausmachen, auch ohne Krankheit erreichbar sind (siehe Kap. 7.3).

6. Klassische Konditionierungen
Manche Reaktionen im Zusammenhang mit Krankheit und Behandlung sind Folge von klassischer Konditionierung, z. B. Angst vor dem Zahnarzt oder Übelkeit schon vor Beginn der Chemotherapie (siehe Kap. 7.4). Dies kann zu problematischem Krankheitsverhalten führen (verspätetes Aufsuchen eines Arztes, Vermeidung von Untersuchungen, Abbruch der Behandlung). Die zugrunde liegenden Ängste können im Rahmen einer psychologischen Behandlung zumeist rasch behoben werden, wodurch sich auch das Krankheitsverhalten positiv verändert.

7. Dauer der Erkrankung
Je länger eine Krankheit andauert, desto mehr werden die Beschwerden von psychosozialen Belastungen, Einstellungen, Gefühlen und dem Krankheitsverhalten beeinflusst. Bewusst oder unbewusst setzen Patienten den Aufwand der Behandlung mit dem Nutzen in Beziehung, den sie sich von ihr erwarten. Nur wenn der Nutzen den Aufwand übersteigt, sind sie längerfristig bereit, mit Ärzten, Pflegepersonal, Physiotherapeuten etc. zu kooperieren und die Belastungen der Behandlung auf sich zu nehmen. Die Kooperation geht bei längerfristigen Krankheiten oft zurück. Wenn die Schulmedizin an ihre Grenzen stößt, wenden sich viele Patienten der Komplementärmedizin zu.

8. Sozioökonomische Faktoren
Neben den genannten psychologischen Faktoren beeinflussen auch sozioökonomische Faktoren das Krankheitsverhalten. Es sind dies vor allem Alter, Geschlecht, Bildung, Einkommen, soziale Einbindung und kulturelle Unterschiede.

- Mit dem **Alter** nehmen körperliche Störungen und chronische Erkrankungen zu. Viele Menschen ändern ihr Gesundheits- und Krankheitsverhalten in Richtung einer gesünderen Lebensweise. Gleichzeitig nehmen sie das Gesundheitssystem mehr in Anspruch.
- In der westlich geprägten Zivilisation sind **Frauen** öfter krank, besuchen häufiger den Arzt und nehmen mehr Medikamente ein als **Männer**. Gleichzeitig liegt die Lebenserwartung von Frauen rund sieben Jahre über der von Männern. Der Grund, warum Frauen häufiger körperliche Beschwerden äußern als Männer, liegt u. a. in der unterschiedlichen Sozialisation und in den geschlechtsspezifischen Rollenerwartungen.
- Menschen mit **geringer Bildung** und **wenig Einkommen** weisen im Schnitt mehr chronische Krankheiten auf, suchen häufiger einen Arzt auf und sind weniger an Gesundheitsprävention interessiert als Menschen mit höherer Bildung und hohem Einkommen. Als Gründe gelten höheres berufliches Gesundheitsrisiko, gesundheitsgefährdende Verhaltensweisen (Rauchen, Trinken) und geringeres Wissen in Gesundheitsfragen.
- **Alleinstehende** haben ein höheres Erkrankungsrisiko als Menschen, die im Familienverband leben. Die soziale Unterstützung von nahe stehenden Personen scheint insgesamt eine gesundheitserhaltende Wirkung zu haben.
- In verschiedenen **Kulturen** sind zum Teil sehr unterschiedliche Verhaltensweisen zu beobachten, was das Äußern von Beschwerden, die Betonung der Unab-

hängigkeit des Patienten und die Regression in der Krankenrolle betrifft. Auch das Verhalten der Angehörigen ist kulturell mitgeprägt.

9. Gesundheitssystem
Die Rahmenbedingungen des Gesundheitssystems beeinflussen das Krankheitsverhalten der Bevölkerung. Je leichter es ist, medizinische Leistungen in Anspruch zu nehmen, desto eher geschieht das auch. Durch verschiedene Maßnahmen (z. B. Leistungsbegrenzung, Selbstbehalte, Rezeptgebühr) wird versucht, das Krankheitsverhalten zu steuern und die Kostensteigerung zu zügeln. Dadurch werden allerdings manche Krankheiten zu spät diagnostiziert oder nur unzureichend behandelt.

10. Gesellschaftliche Entwicklungen
Die großen Erfolge der modernen Medizin führen zu teils überzogenen Erwartungen an die Behandelbarkeit von Krankheiten. Gleichzeitig werden immer mehr Auffälligkeiten als Frühzeichen verschiedenster Krankheiten erkannt. Viele Menschen fühlen sich dadurch verunsichert und nehmen das Gesundheitssystem vermehrt in Anspruch. – Weiters ist eine zunehmende Vereinzelung innerhalb der Gesellschaft zu beobachten. Manche Menschen haben ihre wichtigsten sozialen Kontakte über das Gesundheitssystem (Betreuer, Mitpatienten etc.) und nehmen daher regelmäßig einschlägige Leistungen in Anspruch. – Schließlich wirkt sich auch die Arbeitsmarktsituation auf das Krankheitsverhalten aus. Viele Arbeitnehmer gehen auch dann noch zur Arbeit, wenn sie sich eigentlich krank fühlen. Die Angst vor Kündigung verleitet manche Menschen, Symptome zu ignorieren oder den Krankenstand zu früh zu beenden. Das kann zu mangelhafter oder unvollständiger Behandlung und in der Folge zu chronischen Leiden führen.

11.3 Angemessenes und unangemessenes Krankheitsverhalten

Körperliche Beschwerden, Verletzungen und Krankheiten gehören zum Leben eines jeden Menschen. Ein angemessener Umgang damit bedeutet, dass man rechtzeitig geeignete Versorgungsstellen des Gesundheitssystems aufsucht (Apotheke, Hausarzt, Facharzt, Ambulanz, Krankenhaus, Rehabilitations- und Kurklinik etc.). Weiters gehört zum angemessenen Krankheitsverhalten, die mit der Krankheit verbundenen Belastungen zu verarbeiten bzw. zu bewältigen und die Aufgaben, die sich in diesem Zusammenhang stellen, wahrzunehmen. Welche Verhaltensweisen also als angemessen und welche als unangemessen eingestuft werden, hängt von der jeweiligen Perspektive des Betreuers ab.
Aus **medizinischer Sicht** bedeutet unangemessenes Krankheitsverhalten,

- dass über körperliche Beschwerden auch dann geklagt wird, wenn keine organischen Grundlagen vorhanden sind; das führt zur Inanspruchnahme des Gesundheitssystems wegen körperlicher Beschwerden ohne organischen Befund;
- dass bei ernsten organischen Befunden keine ausreichende Krankheitseinsicht besteht und die Behandlung nicht oder zu spät erfolgt; das führt zur Nichtinanspruchnahme des Gesundheitssystems trotz behandlungsbedürftiger Befunde.

Aus **psychologischer Sicht** werden problematische Verhaltensweisen als Ausdruck der psychischen Situation des Patienten gesehen:
- Körperliche Beschwerden ohne organischen Befund können ein Symptom für eine somatoforme oder psychosomatische Störung sein, die klinisch-psychologisch oder psychotherapeutisch behandelt werden sollte.
- Mangelnde Krankheitseinsicht und verzögerte Inanspruchnahme von Hilfe können ein Hinweis auf starke psychische Abwehr sein. Der Patient ist möglicherweise noch nicht bereit und in der Lage, sich mit seiner Situation auseinander zu setzen und sie in ihrer ganzen Tragweite zu erfassen. Er braucht Unterstützung bei der Krankheitsverarbeitung.

Hinzu kommen **ethische Überlegungen** und Fragen des beruflichen Selbstverständnisses:
- Inwieweit kann der Abbruch einer Behandlung durch den Patienten als unangemessen bezeichnet werden, wenn er damit rechnen muss, bald zu sterben (z. B. bei Tumor im Endstadium)?
- Anhand welcher Kriterien kann man über den Patienten hinweg bestimmen, was für ihn gut und was schädlich ist?
- Wie soll man die Angemessenheit von Verhalten beurteilen: an den Bedürfnissen des Patienten, den Wünschen der Angehörigen, den medizinischen Möglichkeiten, den Regeln des Krankenhauses, den Vorgaben des Gesundheitssystems?

Befund und Befinden des Patienten liegen oft weit auseinander. Welche Verhaltensweisen und Entscheidungen des Patienten für ihn die richtigen sind und welche medizinischen und Pflegemaßnahmen ihm am besten helfen, muss bei jedem Patienten neu bestimmt werden.

11.4 Subjektive Krankheitstheorie des Patienten

Das Gesundheits- und Krankheitsverhalten eines Patienten wird in hohem Maß durch seine subjektive Krankheitstheorie bestimmt. Darin verknüpft sich Wissen mit krankheitsbezogenen Gedanken, Vorstellungen, Erwartungen und Überzeugungen.

Die subjektive Krankheitstheorie bezieht sich auf:
- das Vorhandensein oder Fehlen einer Krankheit,
- vermutliche Ursachen der Erkrankung,
- vermutliche Dauer der Krankheit,
- tatsächliche oder befürchtete Folgen der Krankheit (körperlich, emotional, sozial und ökonomisch),
- Verantwortung für die Behandlung,
- vermutliche Heilungsaussichten.

Die subjektive Krankheitstheorie spiegelt die Erfahrungen, Bedürfnisse und Erwartungen des Patienten wider. Bestehende Einstellungen sowie Abwehrmechanismen spielen dabei eine große Rolle, ebenso das allgemeine Wissen, das in jeder Kultur zugänglich ist. Es wird durch Experten (Ärzte, Pflegepersonen, Psychologen, Diätologen etc.) vermittelt, aber auch durch Angehörige, Freunde und Bekannte sowie durch Zeitschriften, Radio, Fernsehen und Internet. An diesem subjektiven Wissen orientiert der Patient sein Verhalten, die Krankheitsverarbeitung und die Kooperation mit den Betreuern – unabhängig davon, ob die Annahmen zutreffen oder nicht. Für Pflegepersonen wie für die anderen Helfer ist es wichtig, die subjektive Krankheitstheorie (Annahmen, Meinungen, Einstellungen) eines Patienten zu kennen, um gezielt darauf eingehen und sie nutzen zu können. Auf diesem Weg kann die Motivation des Patienten und seine Mitarbeit bei der Behandlung entscheidend gefördert und verbessert werden.
Manche Krankheitstheorien stehen im Widerspruch zu medizinischen oder allgemein wissenschaftlichen Erkenntnissen. Sie unterstützen meist bestimmte Abwehrmechanismen (Verleugnung, irreale Phantasien, Rationalisierung) und werden von den Patienten wider besseres Wissen geglaubt, solange sie psychische Entlastung versprechen. Auf Dauer stehen diese Ansichten der medizinischen Behandlung und einer angemessenen Krankheitsverarbeitung jedoch im Wege.

11.5 Kognitive Dissonanz

Die verschiedenen Vorstellungen und Überzeugungen eines Patienten passen nicht immer zueinander (z. B. „Ich vertraue meinem Hausarzt. Aber ich glaube nicht, dass mir die Medikamente helfen, die er mir verschreibt.“). Bei vielen Patienten stehen sie auch im Widerspruch zu ärztlichen oder pflegerischen Empfehlungen („Ich soll jeden Tag meine Übungen machen, aber das ist mir zu anstrengend“).

Widersprüche zwischen verschiedenen Gedanken, Meinungen und Empfehlungen führen zu kognitiver Dissonanz. Sie ist umso unangenehmer, je mehr widersprüchliche Gedanken auftreten und je wichtiger der Lebensbereich ist, den sie betreffen.

Kognitive Dissonanz. bewirkt u. a. widersprüchliches Verhalten, Vermeidungsreaktionen und starres Festhalten an ungeprüften Meinungen.

Beispiel

Herr B. raucht seit 12 Jahren. In letzter Zeit kommt er bei körperlicher Anstrengung leicht außer Atem. Sein Hausarzt empfiehlt ihm, zur Raucherberatung ins Krankenhaus zu gehen. Außerdem gibt er ihm eine Informationsbroschüre mit. Herr B. blättert sie durch und wird mit widersprüchlichen Gedanken konfrontiert:

1. *„Ich rauche täglich 15 Zigaretten.“*
2. *„Die Broschüre und der Hausarzt sagen, dass Rauchen Krebs erzeugt.“*
3. *„Ich will aber gesund bleiben.“*

Kognitive Dissonanz ist so unangenehm, dass die Betroffenen auf verschiedenen Wegen versuchen, die zugrunde liegenden Widersprüche zu beseitigen:

1. Bestehende Gedanken werden unterdrückt oder verdrängt (z. B. „Ja, ich rauche, und die Folgen sind mir egal").
2. Neue Gedanken kommen hinzu (z. B. „Wenn ich mich gesund ernähre und Sport betreibe, hält mich das schon gesund. Auch wenn ich rauche – irgendwie gleicht sich das schon aus").
3. Bestehende Gedanken werden verändert oder abgeschwächt (z. B. „Alle sagen, dass Rauchen Krebs verursacht, aber bewiesen ist das noch lange nicht. Außerdem, wer sagt denn, dass das bei mir auch so sein muss").

Beispiel – Fortsetzung

Vom Arzt zurückgekehrt, berichtet Herr B. seiner Frau, was er erfahren hat. Seine Frau unterstützt die Meinung des Arztes. Das macht ihn weiter nachdenklich (erzeugt also weitere kognitive Dissonanz). Dennoch raucht er zunächst weiter, wenn auch nur noch 5–10 Zigaretten pro Tag. Dann erfährt er von einem erfolgversprechenden Programm zur Raucherentwöhnung. Er nimmt daran Teil und raucht bald seine letzte Zigarette. Ein halbes Jahr später hält er alle Argumente, die ihm der Arzt genannt hat und die in der Broschüre stehen, für absolut zutreffend. Sie passen jetzt zu seinen geänderten Gedanken und Meinungen und sind mit diesen kognitiv konsonant.

Bei Patienten (und nicht nur bei ihnen) kann kognitive Dissonanz dazu führen, dass sie

- Aufklärung, Informationen und Warnungen nicht hören wollen, z. B. über die körperlichen Folgen von Sucht;
- offensichtlich Falsches oder Unglaubwürdiges doch „irgendwie" für wahr halten, z. B. die Wirkung eines sehr teuren Medikaments, das sie aus eigener Tasche bezahlt haben;
- sich selbst etwas einreden (vielleicht wider besseres Wissen), z. B. sich an irreale Hoffnungen klammern.

Um Patienten zu Verhaltensänderungen zu bewegen (weniger rauchen, mehr Bewegung, Diät einhalten etc.), sind Informationen, Broschüren oder Filme, in denen die sachliche Notwendigkeit dieser Änderung erklärt wird, zu wenig. Patienten brauchen darüber hinaus auch **emotionale Anreize**, um ihre bisherigen Gewohnheiten umzustellen. Es muss für sie etwas „herausschauen", am besten etwas Unmittelbares. Sofort spürbare Erleichterung ist ein wesentlich besserer Motivator als Gesundheit, die vielleicht erst in ferner Zukunft wieder erlebbar sein wird. Freundliche Aufmerksamkeit, Lob und Zuwendung sind weitere wichtige Motivatoren. Manche Patienten brauchen jemanden, für den sie etwas tun können; ihnen sind Beziehungen sehr wichtig, sei es zu Angehörigen, Ärzten oder zu Pflegepersonen. Auf jeden Fall sollten wichtige Bedürfnisse durch die Verhaltensänderung befriedigt werden (Siehe Kap. 5.4).

11.6 Zusammenfassung

Modelle von Gesundheit und Krankheit bestimmen, was bei einem Patienten wahrgenommen wird, wie diese Wahrnehmungen gedeutet und welche Schlüsse aus ihnen gezogen werden. Allgemein unterscheidet man zwischen krankheitszentrierter und patientenzentrierter Perspektive. Das bio-psycho-soziale Modell versteht Gesundheit als Fähigkeit, das harmonische Gleichgewicht von körperlichen und psychischen Systemen im Austausch mit der Umwelt aufrechtzuerhalten. Das Krankheitsverhalten wird durch Symptomwahrnehmung, Persönlichkeitseigenschaften, subjektive Krankheitstheorien, Vorbilder, Krankheitsgewinn, klassische Konditionierungen, Dauer der Erkrankung, sozioökonomische Faktoren, Rahmenbedingungen des Gesundheitssystems und gesellschaftliche Entwicklungen bestimmt. Angemessenes Krankheitsverhalten bedeutet rechtzeitiges Aufsuchen geeigneter Versorgungsstellen sowie Bewältigung der mit der Krankheit verbundenen Belastungen und Aufgaben. Unangemessenes Krankheitsverhalten wird je nach Perspektive des Betreuers anders bestimmt. In der subjektiven Krankheitstheorie des Patienten sind persönliche Gedanken, Vorstellungen, Erwartungen etc. in Bezug auf die Krankheit verknüpft. An ihr orientiert der Patient sein Verhalten, seine Krankheitsverarbeitung und die Kooperation mit den Betreuern. Dabei haben Prozesse der kognitiven Dissonanz großen Einfluss.

12 Phasen des Krankheitsverlaufs aus psychologischer Sicht

Der Verlauf einer Krankheit ist für den Betroffenen ein sehr dynamischer Prozess. Er gliedert sich in mehrere Phasen, in denen jeweils andere Aufgaben zu bewältigen sind. Dieser Prozess verläuft nicht immer parallel zum körperlichen Krankheitsgeschehen. Manche Menschen sind körperlich krank, ohne es zu wissen bzw. ohne sich krank zu fühlen. Andere halten sich für krank, ohne dass eine körperliche Störung nachweisbar ist.

> Der Krankheitsverlauf ist durch einen zweimaligen Rollenwechsel gekennzeichnet: von der Rolle des Gesunden in die Rolle des Kranken bzw. Patienten und wieder zurück.

Diagnose, Behandlung und Besserung der Symptome spielen dabei eine wesentliche Rolle. Bei chronischen Krankheiten ist die Rückkehr in die Rolle des Gesunden nur eingeschränkt oder gar nicht mehr möglich. Im Sterben stellen sich noch einmal neue Aufgaben, die wesentlich mit Abschließen und Abschiednehmen zu tun haben.
Jede Phase des Krankheitserlebens bringt besondere Aufgaben, Belastungen und mögliche Krisen mit sich (siehe Tab. 1).

Tab. 1: Krankheitsverlauf aus psychologischer Sicht

Phase	Aufgaben für den Patienten	mögliche Konflikte/Krisen
1. Krankheitsbeginn „Bin ich krank?“	• Laiendiagnose stellen • Hilfe in Anspruch nehmen • Versorgungsstelle aufsuchen	• Symptome ignorieren • Hilfesuche verzögern • Hilfe verzögern • Symptome überbewerten • ärztliche Hilfe überbeanspruchen
2. Diagnosestellung „Ich bin krank“	• Diagnose verstehen und akzeptieren • Diagnose verstehen und akzeptieren • Informationen an Angehörige weitergeben	• Diagnose nicht wahrhaben wollen • Diagnose verdrehen • nicht vollständig aufgeklärt werden • Behandlung abbrechen
3. Behandlungsphase „Ich muss mich auf die Krankheit einstellen“	• Schmerzen, Beschwerden, Ungewissheit ertragen • Einschränkungen und Behinderungen akzeptieren • Patientenrolle annehmen • Verhalten umstellen • Abhängigkeit akzeptieren • Selbstkonzept anpassen • Neue Beziehungen aufnehmen zu Krankenhauspersonal etc. • Familiäre Beziehungen anpassen	• Sorgen bezüglich Gesundheit, Familie, Beruf • Emotionales Gleichgewicht verlieren • Selbstvorwürfe • Regression • Kontrollverlust, Reaktanz, erlernte Hilflosigkeit • Vertrauenskrisen • Familiäre Konflikte
4. Rekonvaleszenz und Rehabilitation „Ich bin auf dem Weg zur Besserung“	• sich gedulden • auf Verzögerungen und Rückfälle gefasst sein • Lebensgewohnheiten umstellen • Eigenständigkeit wiedererlangen • neue Ziele setzen • neuen Sinn finden • Krankenrolle aufgeben	• Ungeduld • Besserung hinauszögern • Krankheitsgewinn missbrauchen • in der Krankenrolle verharren
Chronische Krankheitsphase „Ich werde nie mehr gesund“	zusätzlich: • dauernde Einschränkungen akzeptieren • auf Krisen und Verschlechterungen gefasst sein • regelmäßige Behandlungen, Medikation und Untersuchungen einhalten • sich genau informieren, ev. Selbsthilfegruppen aufsuchen	zusätzlich: • Behinderungen überspielen wollen
Terminale Phase „Ich muss sterben“	Phasen des Sterbeprozesses: • Nicht wahrhaben wollen • Zorn • Verhandeln • Depression • Zustimmung	• Steckenbleiben in einer Phase des Sterbeprozesses • mangelnde oder fehlende Unterstützung durch Angehörige, Ärzte, Pflegepersonal, Psychologen oder Seelsorger • über Verleugnung, Zorn, Verhandeln, Depression nicht hinauskommen

12.1 Krankheitsbeginn

Am Beginn des subjektiven Krankheitserlebens steht die Wahrnehmung einer Veränderung: Etwas ist „anders", etwas „stimmt nicht mehr", etwas „stört" oder „fehlt": Man fühlt sich schwach oder matt, Schmerzen treten auf, es ist einem ungewöhnlich heiß oder kalt, man beobachtet Schwellungen oder Rötungen, kann sich nur eingeschränkt bewegen usw. Das natürlich-selbstverständliche Dahinleben ohne Schmerzen und Beeinträchtigungen ist unterbrochen.
Wenn der Betroffene diese Veränderungen als Symptome erkennt (und nicht einfach ignoriert), wird er sich zumeist selbst eine sog. Laiendiagnose stellen („Bin ich krank?"). Aufgrund dieser entscheidet er, ob er ein Abklingen der Symptome abwarten, sich ausruhen und selbst behandeln soll oder besser doch ärztliche Hilfe in Anspruch nimmt. Viele Menschen suchen keine professionelle Hilfe auf, wenn ihnen die Krankheit unbedeutend oder die Symptome nicht schwer genug erscheinen. In solchen Fällen erfolgt der Abbruch aufgrund einer Laiendiagnose, die mit der medizinischen nicht übereinstimmen muss.

Die Wahrscheinlichkeit, dass man sich um Hilfe bemüht, ist umso größer
- je stärker die Schmerzen sind,
- je stärker das Allgemeinbefinden beeinträchtigt ist,
- je länger ein Symptom andauert bzw. je öfter es wiederkehrt,
- je sichtbarer und auffälliger ein Symptom ist,
- je bedrohlicher die zugrunde liegende Krankheit erscheint,
- je mehr Verständnis und Unterstützung durch die soziale Umgebung zu erwarten ist,
- je geringer die Unannehmlichkeiten der Krankenrolle erscheinen.

Eine wichtige Rolle spielen von Anfang an die Angehörigen, Freunde oder sonstige Ratgeber, die den Betroffenen bei der Einschätzung seiner Symptome beraten und beeinflussen. Sie können das Aufsuchen einer geeigneten Versorgungsstelle (Hausarzt, Facharzt, Ambulanz) beschleunigen, aber auch behindern oder gar blockieren, wenn etwa aufgrund der vermuteten Krankheit mit sozialer Ausgrenzung zu rechnen ist (z. B. bei Aids, Tuberkulose, aber auch Krebs).
Probleme können auftreten, wenn die Symptome überbewertet werden und man sich in eine vermutete Krankheit „hineinsteigert" (Hypochondrie). Dies kann zu einer Überbeanspruchung ärztlicher Hilfe führen. Durch das Ignorieren der Symptome kann andererseits wertvolle Zeit für die Behandlung verloren gehen. Dahinter stehen oft Prozesse der Verdrängung und Verleugnung.

12.2 Diagnosestellung

Die Diagnose stellt eine markante Schwelle im Krankheitserleben dar, da sie zumeist Klarheit über den körperlichen Zustand bringt. Der Betroffene erfährt, ob

er gesund oder krank ist oder zur weiteren Abklärung noch eingehender untersucht werden muss.
Vor der Diagnosestellung verspüren viele Menschen ein gewisses Unbehagen oder auch Angst, besonders wenn sie mit der Möglichkeit einer schweren Erkrankung rechnen. Hinzu kommt die manchmal unangenehme oder schmerzhafte Prozedur der Untersuchungen, die oft in einer fremden, nüchternen und unpersönlichen Umgebung durchgeführt wird. Je länger der Prozess der Diagnosestellung dauert, desto größer können Unsicherheit und Angst werden. Dagegen helfen vor allem **Aufklärung und Information**:

- über den Zweck der Untersuchung,
- über die einzelnen Untersuchungsschritte,
- über mögliche Unannehmlichkeiten oder Schmerzen.

Auch die Möglichkeit, über die eigenen Gefühle und Sorgen sprechen zu können, hilft vielen Patienten schon in diesem Stadium.
Wenn eine Krankheit diagnostiziert wird, erfährt der Patient zumeist auch etwas über die Prognose und die weitere Behandlung. Eventuell vorhandene übertriebene Befürchtungen können abgelegt werden, was eine gewisse Sicherheit bringt. Auch wenn die Diagnose schlimmer als erwartet ausfällt, weiß der Patient wenigstens, woran er ist. Als sehr belastend erleben es Patienten hingegen, wenn trotz deutlicher Symptome keine klare Diagnose gestellt werden kann. Die Beschwerden können dann nicht eingeordnet werden, die Krankheitsverarbeitung wird dadurch erschwert.
Je nachdem, welche Erwartungen oder Befürchtungen bestanden, reagieren Patienten auf die Diagnose unterschiedlich: mit Erleichterung, Misstrauen, Schock, Angst oder anderen Gefühlen. Manchen fällt es zunächst schwer, die Diagnose in ihrer vollen Tragweite zu verstehen und zu akzeptieren. Andere Patienten werden unvollständig oder mangelhaft über ihren Zustand aufgeklärt, verstehen medizinische Fachausdrücke nicht oder trauen sich nicht, noch einmal nachzufragen. In solchen Fällen fehlt eine wesentliche Voraussetzung für die angemessene Krankheitsverarbeitung, nämlich ausreichendes Wissen über die eigene Lage. Daher sollte in jedem Fall überprüft werden, ob der Patient tatsächlich alle Erklärungen verstanden hat.

Beispiel

Bei einer Routineuntersuchung wird Herrn G., 67, alleinstehend, vom Hausarzt Blut zur Laborbestimmung abgenommen. Dabei wird festgestellt, dass Herr G. an Anämie leidet. Die vom Hausarzt verordneten Eisentabletten bewirken keine Vermehrung der roten Blutkörperchen. Auch ein chirurgischer Facharzt, den Herr G. aufsucht, kann den Grund der Anämie nicht feststellen. Er erklärt dem Patienten jedoch, dass ein Tumor die Ursache sein könnte. Herr G. wird zur Abklärung ins Krankenhaus überwiesen. Schon bei der Aufnahme wirkt Herr G. sehr nervös und ängstlich. Er erzählt, dass er nie ernsthaft krank gewesen sei und dass ihm nur sein hoher Blutdruck zu schaffen mache, den er aber durch eine Diät in Grenzen halten könne. Als ihn eine Pflegeschülerin auf die folgenden Untersuchungen vorbereitet, sagt Herr G., wovor er Angst hat: vor der

Untersuchung, der Ungewissheit, den Schmerzen und der Möglichkeit, an Krebs zu leiden. Sein Blutdruck ist deutlich erhöht. Herr G. bekommt eine Tablette zur Sedierung. Der Untersuchungsbefund bringt das befürchtete Ergebnis. Herr G. hat einen Tumor im Dickdarm, der die Ursache der Anämie ist und in zwei Tagen operiert werden soll. *(Fortsetzung unten)*

12.3 Behandlungsphase

Nach der Diagnose weiß der Patient: „Ich bin krank." In der Behandlungsphase lautet der zentrale Satz: „Ich muss mich auf die Krankheit einstellen."
Dazu gehört zunächst, dass sich der Patient mit den Schmerzen, Beschwerden und Behinderungen abfindet, die die Krankheit oder Verletzung mit sich bringt. Hinzu kommen Schmerzen und Unannehmlichkeiten, die von weiteren Untersuchungen, der Behandlung und der Pflege ausgehen können (z. B. Schmerzen bei einer Magenspiegelung, Scham beim Ausscheiden in eine Bettschüssel, Übelkeit bei der Chemotherapie). Akute Krankheiten sind weiters mit erheblichen motorischen und/oder sozialen Einschränkungen verbunden (Bettruhe, Aufgeben wichtiger Aktivitäten etc.). Bei einem Krankenhausaufenthalt kommt die ungewohnte Umgebung hinzu, die wenig Privatsphäre lässt (durch Mehrbettzimmer, offene Wartebereiche, allgemeine Aufenthaltsräume). Tagesablauf, Essen, manchmal die Kleidung sind anders als gewohnt, für persönliche Gewohnheiten ist oft keine Gelegenheit (mit den Kindern spielen, am Vereinsleben teilnehmen, abends vor dem Haus sitzen etc.).
Schmerzen, Beschwerden und Einschränkungen sind zugleich mit einer gewissen Unsicherheit verbunden. Man weiß nie hundertprozentig, wie eine Krankheit verlaufen bzw. ob es zu Komplikationen kommen wird. Diese Ungewissheit, was die Zukunft betrifft, muss ein Patient ertragen. Wenn ihm diese Belastungen zu viel werden und er nicht mehr glaubt, sie bewältigen zu können, kann es zur Regression kommen.
Speziell im Krankenhaus ist ein Patient mit einer Vielzahl von Betreuungspersonen (Ärzten, Pflegepersonen, Diätassistenten, Physiotherapeuten usw.) konfrontiert, die unterschiedlich wichtig für ihn sind. Hat er sich jedoch z. B. an die Pflegepersonen auf seiner Station gewöhnt und sich ihre Namen gemerkt, kann es sein, dass sie außer Dienst gehen und neue kommen, die er sich wieder neu einprägen muss. Für jüngere Menschen ist das oft kein großes Problem, für ältere oder eingeschränkte Patienten kann dies jedoch zu einer Belastung werden.
Eine weitere Aufgabe, die sich Patienten stellen, besteht darin, die Abhängigkeit von Ärzten und Pflegepersonal zu akzeptieren. Die Kontrolle über den körperlichen Zustand und die Behandlung muss zumindest teilweise abgegeben werden. Wenn das nicht gelingt, kann es zu Reaktanz und möglicherweise zu erlernter Hilflosigkeit kommen. Die Folge ist, dass Patienten gegen den subjektiven Kontrollverlust rebellieren oder aufgeben und resignieren. Dem kann durch Information und möglichst viel Entscheidungsfreiraum entgegengewirkt werden, damit der Patient lernt, selbst an der Verbesserung seiner Situation mitzuhelfen (siehe Kap. 5.6).

Kranksein erfordert weiters, die familiären Beziehungen anzupassen. Speziell bei längerer Krankheit bzw. einem Krankenhausaufenthalt müssen die Rollen und Aufgaben innerhalb der Partnerschaft und Familie neu verteilt werden. Das innerfamiliäre Gleichgewicht verändert sich, wer bisher stark war, ist nun vielleicht geschwächt – und umgekehrt. Daraus können sich familiäre Konflikte und Krisen ergeben, aber auch eine Vertiefung der Beziehungen untereinander.
Insgesamt wird von einem Kranken erwartet, dass er die Patientenrolle annimmt und sein Verhalten dementsprechend umstellt, d. h. alltägliche Verpflichtungen und Verantwortung teilweise abgibt, sich schont und mit dem ärztlichen und pflegerischen Personal kooperiert. Damit ändert sich zumindest vorübergehend das Selbstbild des Patienten, der sich nun als geschwächt und hilfsbedürftig, in seinem normalen Lebensvollzug behindert und abhängig erlebt.

Beispiel – Fortsetzung

Nach der Diagnose versucht Herr G. sich so gut wie möglich auf die neue Situation einzustellen. Er passt sich dem Krankenhausalltag völlig an, stellt kaum Fragen über die bevorstehende Operation und lässt die Vorbereitungen kommentarlos über sich ergehen. Nach der anfänglich sehr starken Unsicherheit versucht Herr G. offensichtlich, seine Probleme zu verdrängen. Gleichzeitig wird die Beziehung zu den Pflegepersonen immer wichtiger für ihn. Immer wieder verwickelt er sie in Gespräche über die verschiedensten Themen, was manche als sehr anstrengend erleben. Ein bevorzugtes Thema ist Spanien. Herr G. gibt seit Jahren Spanisch- und Portugiesisch-Sprachkurse. Als er bemerkt, dass einer der Pfleger etwas Spanisch beherrscht, spricht er ihn in dieser Sprache an und freut sich, wenn er ihm neue Ausdrücke beibringen kann. Sein Vertrauen in das Krankenhauspersonal ist sehr groß. Dass er nach der Operation einige Tage auf der Intensivstation betreut wird, beruhige ihn, sagt er. Da sei sofort jemand zur Stelle, falls Komplikationen auftreten.
Nach der Operation und dem Rücktransfer von der Intensivstation ist Herrn G.s emotionaler Zustand zunächst sehr labil. Einerseits ist er froh, dass die Operation erfolgreich und ohne Komplikationen verlaufen ist. Andererseits macht ihn der Harnkatheter sehr nervös. Als eine Diplomschwester ihm vorschlägt, mit ihr ein paar Schritte im Zimmer zu machen, fährt er sie an, wie sie sich das vorstelle mit all seinen Schläuchen und den Schmerzen. Nach längerem Zureden probiert er es aber doch, und sein Zorn weicht der Freude und dem Stolz, trotz der postoperativen Schwäche wieder auf den Beinen zu sein. *(Fortsetzung unten)*

All die genannten Anforderungen und Belastungen führen bei vielen Patienten zum (vorübergehenden) Verlust des emotionalen Gleichgewichts: Sie sorgen sich um ihre Zukunft, das Zuhause, die Familie oder den Beruf, machen sich Vorwürfe („Warum bin ich nicht früher zur Untersuchung gegangen!", „Warum habe ich nicht besser aufgepasst!"), verlieren das Vertrauen in sich oder in die Medizin, haben Angst, sind zornig oder verzweifeln. Manche verlieren geradezu „die Fassung" und geraten in eine ausgeprägte psychische Krise. Psychologisch geschultes Personal kann viel zu einem Wiedererlangen des inneren Gleichgewichts beitragen. In schwereren Fällen ist klinisch-psychologische Unterstützung und Behandlung notwendig.

12.4 Rekonvaleszenz und Rehabilitation

Auf dem Weg zur Besserung stellen sich dem Patienten weitere Aufgaben. Während die biologischen Heilungsvorgänge voranschreiten und die körperlichen Beschwerden zurückgehen, nehmen Eigeninitiative und Interesse an der Umwelt wieder zu. Aus psychologischer Sicht kommt es in dieser Phase vor allem auf die angemessene Geschwindigkeit dieses Prozesses, das richtige Timing an.
Der Patient muss sich einerseits gedulden und soll andererseits die Krankenrolle allmählich ablegen. Er muss auf Verzögerungen und Rückfälle gefasst sein und zugleich seine Lebensgewohnheiten nach und nach wieder umstellen, um die ursprüngliche Eigenständigkeit wiederzuerlangen. Neue Ziele werden gesetzt, oft in Form von Vorsätzen zu einer gesundheitsbewussteren Lebensweise. Wenn die Krankheit bleibende Einschränkungen mit sich bringt (z. B. Diabetes), ist eine allgemeine Umorientierung notwendig. Vor allem nach einer schweren Krankheit verschieben sich oft auch die Werte des Patienten und er entdeckt neue oder tiefere Qualitäten seines Lebens.
Probleme können sich ergeben, wenn ein Patient zu ungeduldig ist und seine Genesung herbeizwingen will (zu früh aufsteht, zu bald wieder arbeiten geht usw.). Das allmähliche Sichtrennen von der Krankenrolle ist für viele Patienten erfreulich, bringt aber auch Zweifel, ob sie den Anforderungen des Alltags wieder gewachsen sein werden. Die Angst vor der Krankheit, vor Schmerzen, Leiden oder dem Sterben kann zur Angst vor der Zukunft werden. Manche Patienten wollen dann unbewusst in der Krankenrolle verharren und z. B. lieber noch ein paar Tage im Krankenhaus bleiben. Einige zögern die Besserung scheinbar hinaus: Immer wieder passiert es, dass ein Patient, der am nächsten Tag entlassen werden soll, wieder Fieber bekommt, stürzt oder einen Rückfall erleidet. Das ist oft der unbewusste Ausdruck innerer Unsicherheit oder Angst. Mithilfe einfühlsamer Betreuer (Pflegepersonal, Psychologen, Physiotherapeuten) kann der Patient jedoch Schritt für Schritt das Vertrauen in seine Leistungsfähigkeit wieder finden.

Beispiel – Fortsetzung

Herrn G.s Heilung verläuft sehr positiv. Als der Harnkatheter und das Darmrohr entfernt werden, strahlt er. Er sagt, dass er nie gedacht hätte, dass es mit ihm so schnell wieder bergauf gehe, und macht bereits erste Reisepläne. Er führt viele Gespräche mit Mitpatienten und dem Pflegepersonal und schreibt unzählige Briefe an Freunde und Verwandte. Durch die Krankheit ist ihm bewusst geworden, wie viele Beziehungen er vernachlässigt hat und wie schnell man vereinsamen kann. Auch beschäftigt ihn, wie leicht man mit einer schweren Krankheit und dem Tod konfrontiert sein kann. Er möchte deshalb in Zukunft einiges in seinem Leben umstellen und alte Freundschaften und Kontakte wieder aufleben lassen.
Kurz vor der Entlassung wird Herrn G. mitgeteilt, dass im Anschluss an die stationäre Behandlung eine Chemotherapie notwendig ist. Der behandelnde Arzt wollte ihn zuvor nicht damit belasten. Diese Mitteilung bedeutet für Herrn G. eine erhebliche Verzögerung und bringt seine Pläne völlig durcheinander. Insgesamt sieht er der Zukunft aber

optimistisch entgegen. „Wenn ich es bis jetzt so gut überstanden habe", sagt er, „werde ich die Chemotherapie auch gut vertragen."

Ein großes Problem stellen jene Patienten dar, die den Krankheitsgewinn bewusst missbrauchen (z. B. um leichter in Frühpension gehen zu können). Hier ist eine genaue medizinische und psychologische Abklärung des Zustandes des Patienten nötig, die die Grundlage für weitere Entscheidungen bildet.

12.5 Chronische Krankheitsphase

Viele Krankheiten bewirken lediglich vorübergehende Beschwerden und Veränderungen, die nach ihrem Abklingen meist bald vergessen sind. Ganz anders verhält es sich bei chronischen Krankheiten, deren Ende nicht abzusehen ist, wie bei Rheuma, Nierenversagen, Multipler Sklerose u. a. Hier stellen sich neben den bereits beschriebenen Anforderungen der Behandlungsphase und der Rehabilitation noch einige weitere: Der Patient muss lernen, auf Dauer mit den Einschränkungen zu leben und auf Krisen und Verschlechterungen gefasst sein. Die körperliche Leistungsfähigkeit kann immer weiter abnehmen, sodass er in immer größerem Maße auf Hilfe angewiesen ist.
Diese Anforderungen äußern sich je nach Krankheitsbild in besonderer Weise. Dabei ist von großer Bedeutung, ob die chronische Krankheit oder Behinderung bereits von Geburt an bestanden hat oder im Laufe des Lebens erworben wurde. Im ersten Fall ist sie natürlicher Teil des Körperschemas und wird subjektiv oft gar nicht als Krankheit erlebt; Probleme ergeben sich vor allem aus den Reaktionen der Umwelt. Ein akuter Beginn verlangt größere Anpassungsleistungen als ein langsamer Beginn, ebenso wie eine fortschreitende Krankheit (z. B. Multiple Sklerose) meist schwerer zu bewältigen ist als eine stabile Behinderung (z. B. nach einem Unfall).
Oft steht zunächst die körperliche Störung im Vordergrund, während die psychosozialen Folgen in ihrer Schwere teilweise unterschätzt werden. Durch die Anforderung, regelmäßige Behandlungen, Medikation und Kontrolluntersuchungen einzuhalten, wird der Patient ständig mit seiner Krankheit konfrontiert. Es wird von ihm zumeist auch erwartet, dass er sich über die verschiedenen Aspekte seiner Krankheit ausreichend informiert, um möglichst selbstständig mit ihr leben zu können (z. B. bei Diabetes). Der Anschluss an Selbsthilfegruppen kann Informationen und praktische Tipps ebenso bringen wie Kontaktaufnahme zu Gleichbetroffenen. Diese bieten oft ein positives Vorbild für das Leben mit der chronischen Krankheit, wodurch die eigene Zuversicht und das Selbstwertgefühl gesteigert und gefestigt werden können.
Der Versuch jedoch, die Behinderungen zu überspielen, kann zu Dauerstress und zur Belastung für die Mitmenschen werden.

12.6 Terminale Phase

Der herannahende oder bevorstehende Tod löst bei allen Menschen Ängste aus: vor dem Unbekannten, vor dem Alleinsein, vor dem Verlust der Familie und der Freunde, vor dem Verlust der Selbstkontrolle, der eigenen Identität und des eigenen Körpers.
Nach Kübler-Ross (1974) verläuft der Sterbeprozess in fünf Phasen: Nicht-wahrhaben-Wollen, Zorn, Verhandeln, Depression und Zustimmung. Krisen ergeben sich immer dann, wenn ein Patient in einer dieser Phasen verharrt oder stecken bleibt, d. h. über die Verleugnung oder den Zorn nicht hinauskommt, immer weiter um Lebenszeit verhandeln will oder in der Depression versinkt. Die Unterstützung durch die Angehörigen ist hierbei von entscheidender Bedeutung. Die behandelnden Ärzte müssen den Patienten über seinen Zustand vollständig aufklären. Das Pflegepersonal, aber auch Psychologen und Seelsorger können dem Patienten durch Gespräche und manchmal durch ihre bloße Anwesenheit am Ende seines Lebens eine wichtige Stütze und Begleitung sein.

Beispiel:

Herr V., 67, wird wegen eines Lebertumors operiert. Bei der Operation stellt sich heraus, dass bereits der ganze Bauchbereich voller Metastasen ist. Nach dem Aufwachen wird Herr V. vom Chirurgen über seinen körperlichen Zustand aufgeklärt. Die Prognose ist äußerst schlecht. Herr V. erfährt, dass er wahrscheinlich nur noch wenige Monate zu leben hat. Der Patient ist auf dieses Ergebnis in keiner Weise vorbereitet. Nach anfänglichem Schock wirkt er jedoch erstaunlich gefasst. Der Chirurg empfiehlt ein Gespräch mit dem Psychologen des Krankenhauses, das Herr V. gerne annimmt.

Das psychologische Gespräch findet am 2. postoperativen Tag statt und dient zunächst der Orientierung. Herrn V. beschäftigen viele medizinische Fragen, vor allem was die weitere Vorgehensweise und mögliche Schmerzen betrifft. Er ist sich über seine Lage im Klaren und weiß, dass er sein Leben abschließen muss. Er hätte allerdings noch gerne etwas mehr Zeit. Dann erzählt Herr V. aus seinem Leben: von Krieg und Vertreibung, die er als Jugendlicher miterlebt hat, dem Aufbau einer kleinen Firma und von seinen Söhnen, die diese Firma übernommen haben. Es ist ihm wichtig, dass aus den Söhnen „etwas geworden ist" und dass er sich um ihre Zukunft keine Sorgen machen muss. Diese positive Bilanz befriedigt und entlastet ihn. – Über seine Frau spricht Herr V. erst später. Sie sei selbst nicht gesund und er möchte sie nicht „allein zurücklassen", wie er sagt. Er ist ihr zutiefst verbunden und fühlt sich verantwortlich für sie. Sein Leben abzuschließen heißt für Herrn V. vor allem, sich von seiner Frau zu verabschieden. Die Vorstellung von einem Wiedersehen im Jenseits tröstet ihn dabei vorerst nicht.

Das Gespräch dauert rund zwei Stunden. Herr V. wechselt dabei immer wieder das Thema, spricht über seine Familie, den Tumor, die Ärzte, das Sterben, aber auch über Essen und das Wetter. Der Psychologe drängt den Patienten nicht, bei einem bestimmten Thema zu bleiben. Er begleitet Herrn V. im Gespräch und achtet darauf, ihn nicht zu überanstrengen. Die Verabschiedung dauert sehr lange. Immer wieder nimmt Herr V. den Gesprächsfaden neu auf. Die Möglichkeit, in Ruhe mit jemandem über alles sprechen zu können, scheint ihm sehr wichtig zu sein.

Der Psychologe vereinbart ein nächstes Gespräch für die kommende Woche. Drei Tage später erfährt er, dass Herr V. überraschend verstorben ist. Zuvor hat er mehrmals langen Besuch von seinen Kindern und von seiner Frau erhalten.

12.7 Zusammenfassung

Der Krankheitsverlauf gliedert sich in mehrere Phasen: Krankheitsbeginn, Diagnosestellung, Behandlungsphase und Rekonvaleszenz. Wenn keine Heilung möglich ist, tritt der Patient in die chronische bzw. am Lebensende in die terminale Krankheitsphase ein. Jede dieser Phasen stellt den Patienten vor spezielle Aufgaben, Belastungen und mögliche Krisen, die jeweils anders bewältigt werden müssen. Der psychische Prozess und das körperliche Krankheitsgeschehen verlaufen nicht immer parallel.

13 Krankheitsbewältigung

Krankheit ist ein komplexer körperlicher, psychischer und sozialer Prozess, der vielfältige Umstellungen und Belastungen mit sich bringt. Diese betreffen den Körper sowie seine Behandlung und Pflege, aber auch psychische, soziale und existenzielle Fragen. Diese können für den Patienten manchmal wichtiger als alle anderen werden.

13.1 Psychische Belastungen durch Krankheit

Die in der Krankheit zu bewältigenden psychosozialen Belastungen ergeben sich direkt aus der Krankheit oder indirekt aus den Folgen bzw. den Reaktionen der Umgebung. Allgemein können sie in sechs Gruppen zusammengefasst werden.

Psychosoziale Belastungen bei Krankheit:

1. Beeinträchtigung von Körperintegrität und Wohlbefinden
   - durch Schmerzen und Beschwerden aufgrund der Krankheit
   - durch Diagnostik und Behandlung (Nebenwirkungen)
   - durch verminderte körperliche Leistungsfähigkeit
   - durch Behinderung oder Invalidität
2. Verändertes Selbstkonzept
   - durch neues Selbstbild und Körperschema
   - durch Autonomie- und Kontrollverlust
   - durch Ungewissheit bezüglich der Zukunft
3. Gestörtes emotionales Gleichgewicht
   - durch verminderte psychische Belastbarkeit

- durch ungewohnte und extreme Stressoren
- durch neue und verstärkte Gefühle

4. Verunsicherung hinsichtlich der sozialen Rollen und Aufgaben
   - durch Trennung von Familie, Freunden und Bekannten
   - durch Aufgeben wichtiger sozialer Funktionen
   - durch neue soziale Abhängigkeit
5. Situative Anpassung
   - durch neue Bezugspersonen: Ärzten, Pflegepersonen, Therapeuten etc.
   - durch neue Umgebung (bei Krankenhausaufenthalt)
   - durch neue Verhaltensregeln, Werte und (Fach-)Sprache
6. Bedrohung des Lebens, Angst vor dem Sterben
   - durch akute körperliche Krise oder chronische Verschlechterung
   - durch Vielzahl an Verlusterlebnissen
   - durch Sorgen um Angehörige

Die genannten Belastungen treten bei den verschiedenen Patienten jeweils unterschiedlich stark auf. Einige Beispiele sollen das veranschaulichen:

Beeinträchtigung von Körperintegrität und Wohlbefinden

Beispiel

Ein Patient leidet unter Tinnitus. Die „Geräusche", die er hört, sind ein an- und abschwellendes dichtes Rauschen. Es fällt ihm schwer, einem leiser geführten Gespräch zu folgen. Links ist die Beeinträchtigung größer als rechts, weshalb er versucht, seinen Kopf immer mit dem „besseren" Ohr zum Gesprächspartner zu halten. Der Patient will niemanden in seiner Umgebung etwas davon merken lassen. Das Überspielen bereitet ihm dabei jedoch oft großen Stress.

Verändertes Selbstkonzept

Beispiel

Einer Patientin, die an Brustkrebs erkrankt ist, müssen beide Brüste entfernt werden. Sie hat sich innerlich darauf eingestellt, dennoch gerät sie nach der Operation in eine psychische Krise. Tagelang bringt sie es nicht über sich, die Wunde oder auch nur den Verband anzusehen. Sie fühlt sich nicht mehr als vollwertige Frau und hat Angst, wie sich ihr Ehemann nach dem Krankenhausaufenthalt ihr gegenüber verhalten wird. Als sie sich auf die Entlassung aus dem Krankenhaus vorbereitet und beim Packen ihren BH in die Hand nimmt, bricht sie in Tränen aus.

Gestörtes emotionales Gleichgewicht

Beispiel

Ein Berufssoldat ist wegen chronischer Magenbeschwerden zur Abklärung im Krankenhaus. Nach mehreren Untersuchungen, die kein klares Ergebnis bringen, wird dem

Patienten eine Magenspiegelung vorgeschlagen. Das bereitet ihm jedoch sichtlich Unbehagen. Er fragt mehrmals nach, ob diese Untersuchung wirklich notwendig sei und ob man sie nicht eventuell um ein paar Wochen verschieben könne. Als der Arzt ihn fragt, ob er sich als Soldat denn fürchte, wird der Patient zornig und verlässt das Zimmer. Einige Stunden später entschuldigt er sich beim Arzt. Er sagt, dass ihm die Nerven durchgegangen seien, und stimmt der Magenspiegelung am nächsten Tag zu.

Verunsicherung hinsichtlich der sozialen Rollen und Aufgaben

Beispiel

Eine AHS-Lehrerin stürzt während des Skiurlaubs und verletzt sich die Wirbelsäule. Sie wird ins nächstgelegene Krankenhaus gebracht, das rund 250 km von ihrem Wohnort entfernt liegt. Dort erfährt sie, dass sie 4 Wochen in stationärer Behandlung bleiben muss. Die Patientin will auf keinen Fall von ihrer Tochter oder anderen Angehörigen besucht werden. Es sei ihr unerträglich, sagt sie, wenn die anderen sie so schwach und hilflos sähen. Gegen die Schmerzen gibt man ihr eine PCA-Pumpe, mit der sie die Dosis des Schmerzmittels selbst steuern kann. Zwei Tage lang verwendet sie jedoch die Pumpe nicht. Als eine Krankenschwester sie darauf anspricht, stellt sich heraus, dass die Patientin die Funktionsweise der Pumpe nicht richtig verstanden hat. Es sei ihr peinlich gewesen, dass sie als Lehrerin „zu blöd" gewesen sei, die Pumpe zu bedienen.

Situative Anpassung

Beispiel

Ein Landwirt wird wegen einer tiefen Beinvenenthrombose am linken Bein stationär behandelt. Anfangs verhält sich der Patient dem Personal gegenüber sehr misstrauisch. Er soll gelockerte Bettruhe einhalten, weigert sich aber, auch nur zum Waschen aufzustehen. Als er zu einer weiteren Untersuchung gefahren werden soll, reagiert er aufgebracht und erklärt, dass der Arzt gefälligst zu ihm kommen solle. Pflegepersonal und Ärzte versuchen, auf die Bedürfnisse des Patienten (vor allem nach Rücksichtnahme und Sicherheit) so weit wie möglich einzugehen. Allmählich gewöhnt sich der Patient an die neue Situation. Nach zwei Wochen kann er über das Wochenende nach Hause in seine vertraute Umgebung fahren. Danach wirkt er wie ausgewechselt. Die restliche Zeit im Krankenhaus verläuft entspannt und konfliktfrei.

Bedrohung des Lebens, Angst vor dem Sterben

Beispiel

Eine Patientin hat Kehlkopfkrebs im letzten Stadium. Durch palliative Behandlung und Pflege verspürt sie fast keine Schmerzen, dennoch hat sie Angst vor dem Sterben. Der Tumor drückt ihr langsam die Luftröhre zu. Schließlich kann sie nicht mehr schlucken und muss durch eine Sonde direkt in den Magen ernährt werden. Ihre Angehörigen besuchen sie häufig und lange. Die Patientin fürchtet sich davor, allein zu sterben. Das Pflegepersonal achtet deshalb darauf, dass immer jemand im Zimmer ist, wenn die Patientin das wünscht.

13.2 Krankheitsverarbeitung – Coping

Die vielfältigen Belastungen, die eine Krankheit mit sich bringt, fordern, dass man sich mit ihnen auseinander setzt. Die Reaktionen eines Patienten auf seine Krankheit und der Versuch, sie gedanklich, emotional oder durch bestimmte Handlungen zu verarbeiten, nennt man Coping (Muthny/Broda 1999).
Die Fähigkeit, eine Krankheit und ihre Folgen angemessen zu verarbeiten, ist klinisch bedeutsam: Der Stress, der durch die anfallenden Belastungen ausgelöst wird, beeinflusst direkt die Lebensqualität des Patienten und indirekt auch den körperlichen Krankheitsverlauf. Eine positive Krankheitsverarbeitung reduziert den Stress und hebt die Lebensqualität. Überfordert die Verarbeitung den Patienten oder bleibt sie unvollständig, so kann das zu Symptomverleugnung, Verweigerung von notwendigen Untersuchungen oder zum Abbruch der Behandlung führen.

Krankheitsverarbeitung (Coping) ist der Versuch des Patienten, bereits bestehende oder erwartete Belastungen, die mit der Erkrankung zusammenhängen, aufzufangen, auszugleichen und zu bewältigen. Dies kann auf gedanklichem und emotionalem Weg sowie durch zielgerichtetes Verhalten erfolgen.

Krankheitsverarbeitung dient der Realitätsbewältigung: Es handelt sich um Verarbeitungsprozesse, die auf die äußere Wirklichkeit gerichtet sind und die Anpassung der Person an seine Umwelt sichern. Erfolgreiches Coping stellt sich auf neue Situationen jeweils neu ein, orientiert sich an den Bedürfnissen der Gegenwart und sucht angemessene Lösungen. Damit unterscheiden sich Copingprozesse von Abwehrmechanismen, die der innerpsychischen Konfliktbewältigung und Stabilität dienen (siehe Kap. 8.4). Starre Abwehrmechanismen können die Anpassung an neue Umstände (Krankheit oder Behinderung) blockieren.

13.3 Copingformen

Krankheitsverarbeitung ist kein einfaches Reaktionsmuster, das von einem Patienten bei jeder Krankheit und in jedem Stadium gleichförmig wiederholt wird. Vielmehr handelt es sich um einen dynamischen Prozess, der sich in den einzelnen Phasen der Krankheit mehrmals wandeln kann. Im Idealfall passt sich der Patient den jeweils neuen Situationen immer wieder neu an.
Coping kann auf gedanklichem und emotionalem Weg sowie durch zielgerichtetes Verhalten erfolgen. Demgemäß werden die verschiedenen Formen der Krankheitsverarbeitung in drei Gruppen zusammengefasst:
Handlungsbezogene Verarbeitung kann von Ärzten, Pflegepersonen usw. direkt beobachtet werden und fällt den Betreuern rasch auf. Manche Copingformen kommen ihrem eigenen helfenden Handeln entgegen (z. B. aktives Zupacken, Zuwendung suchen), andere können sie behindern (z. B. aktives Vermeiden, sozialer Rückzug). Problematisch kann handlungsbezogene Krankheitsverarbeitung

werden, wenn ein Patient Ruhe halten und sich nicht anstrengen soll (z. B. nach einem Herzinfarkt oder Unfall). Ablenken, kompensieren, sich um andere kümmern und zu viele Aktivitäten behindern dann den Genesungsprozess mehr als sie ihn unterstützen.

Gedankliche Verarbeitung dient der bewussten, rational-intellektuellen Auseinandersetzung mit der Krankheit. Sie kann zu einer klaren Einschätzung der eigenen Lage führen (z. B. Problemanalyse, Akzeptieren, Haltung bewahren), diese aber auch gedanklich verdrehen, beschönigen oder dramatisieren (durch gedankliches Ablenken, Relativieren, Schuldzuweisungen, Grübeln). Darüber hinaus können persönliche Grundeinstellungen und Hoffnungen zur gedanklichen Verarbeitung beitragen (z. B. Sinngebung, Religiosität).

Emotionale Verarbeitung führt zum Ausleben von teilweise sehr intensiven Gefühlen (z. B. Auflehnung, Optimismus, Selbstbeschuldigung) oder dient der Gefühlsabwehr (Isolieren). Je emotionaler ein Patient auf die Krankheit und ihre Folgen reagiert, desto wichtiger ist diese Ebene des Copings für die subjektive Entlastung. Eine besondere Bedeutung kommt dem Humor zu, der eine angenehme innere Distanz zu den Belastungen erlaubt, ohne den Blick vor den ernsten Aspekten der Lage zu verschließen.

Angemessenes Coping

Ob die spezifischen Aufgaben einer Krankheitsphase erfolgreich bewältigt werden, hängt einerseits von den konkreten Belastungen und andererseits von den jeweiligen Bedürfnissen des Patienten sowie von den Erwartungen ab, die man an ihn stellt. Da die Ziele der Krankheitsverarbeitung je nach Sichtweise sehr verschieden sein können, ist auch die Beurteilung, ob sie erfolgreich verläuft, nicht immer eindeutig.

- Für den Patienten geht es vor allem um Entlastung und Erleichterung. Die Belastungen sollen überwunden, beseitigt oder zumindest erträglich gemacht werden. Welche Copingformen das bewirken, ist für Patienten oft zweitrangig.
- Aus der Sicht des sozialen Umfeldes (Partner, Familie, Angehörige, Freunde, Kollegen) bedeutet angemessenes Coping vor allem rollenkonformes Verhalten. Der Patient soll entweder seine bisherigen Rollen und Aufgaben weiter erfüllen oder sich der Krankenrolle entsprechend verhalten. Copingformen, die diesen Erwartungen widersprechen, werden oft mit Misstrauen wahrgenommen oder abgelehnt („So kennen wir dich gar nicht“, „Ein Kranker macht das nicht“ usw.).
- Für Ärzte und Pflegepersonal gelten jene Copingformen als angemessen, die den Krankheitsverlauf positiv beeinflussen und eine optimale Kooperation des Patienten bewirken.

Konflikte können sich ergeben, wenn die verschiedenen Erwartungen nicht zueinander passen. Was aus der Sicht der Betreuer als mangelnde Kooperation erscheint, kann für den Patienten ein Versuch sein, die Situation im Sinne seines eigenen Krankheitsmodells zu bewältigen. Vorschriften, Zurechtweisungen oder Druck von Seiten der Betreuer und Angehörigen helfen da meist wenig. Besser ist es, die vom Patienten gewählten Copingformen gezielt zu unterstützen und zu fördern, soweit sie sozial akzeptabel sind. Dies kann durch gezielte Kommunikation, helfende Gespräche und psychosoziale Unterstützung geschehen.

13.4 Ressourcen der Krankheitsverarbeitung

Die Ressourcen für eine erfolgreiche Krankheitsverarbeitung, die den verschiedenen Zielen gerecht wird, liegen einerseits im Betroffenen selbst, andererseits in seiner Umgebung. Optimale Pflege und psychosoziale Betreuung stellen die notwendigen äußeren Ressourcen zur Verfügung und aktivieren die des Patienten, damit dieser so gut wie möglich seine Krankheit verarbeiten und ihre Folgen bewältigen kann.
Wichtige Ressourcen sind:
- subjektives Befinden und verbliebene Fähigkeiten
- soziale Unterstützung
- Optimismus
- positive Vorerfahrungen
- Bildung
- finanzielle Absicherung
- Kohärenzerleben

Gutes **subjektives Befinden** und Konzentration auf verbliebene Fähigkeiten sind die Grundlage zur Bewältigung von akuten wie von chronischen Krankheiten. Je geringer die Schmerzen und Einschränkungen sind und je stärker einem Patienten seine Möglichkeiten und Fähigkeiten bewusst sind, desto besser kann er sich den Belastungen stellen und die eigene Handlungsfähigkeit wiederherstellen. Bei lang andauernden Krankheiten wirken berufliche Aufgaben, die noch durchführbar sind, als Selbstbestätigung („Ich bin noch zu etwas gut"). Positive Freizeitaktivitäten helfen mit, die Lebensqualität zu erhalten.
Soziale Unterstützung hilft, die emotionale Stabilität des Betroffenen aufrechtzuerhalten bzw. wiederherzustellen sowie Krankheit, Belastungen und kritische Lebensereignisse zu bewältigen. Sie fördert die individuelle Krankheitsverarbeitung des Patienten und kann die Genesung und Rehabilitation beschleunigen (siehe Kap. 17).
Optimismus und Zuversicht in Bezug auf die Zukunft können das Ertragen von Schmerzen, die Genesung nach Operationen und den Umgang mit chronischen Leiden positiv beeinflussen. Wichtig ist dabei eine realistische Erwartung und klare Abschätzung der eigenen Möglichkeiten. Optimisten sind motiviert, selbst an der Bewältigung ihrer Belastungen mitzuwirken, und lassen sich von Rückschlägen nicht so leicht entmutigen (siehe Kap. 6).
Positive Vorerfahrungen in der Bewältigung von Krankheiten erhöhen die Motivation angesichts der aktuellen Probleme. **Wissen** und **Bildung** fördern ein angemessenes Krankheitsverhalten, **finanzielle Absicherung** lindert den materiellen Druck, der sich aus der Krankheit bzw. der Behandlung ergeben kann (siehe Kap. 11.4).

Das **Kohärenzerleben** ist eine zentrale Ressource für die Bewältigung extremer Ereignisse und lebensverändernder Umstände, wie z. B. Unfälle, schwere Krankheiten, langwierige Behandlungen und bleibende Behinderungen.

13.5 Kohärenzerleben

Im Rahmen seines Modells der Salutogenese beschreibt Antonovsky (1997) das Kohärenzerleben als psychischen Faktor, der in der Bewältigung schwerer Belastungen und einschneidender Lebensereignisse eine zentrale Rolle spielt. Ausgangspunkt waren in den 1970er-Jahren Untersuchungen an israelischen Frauen, die trotz der Traumatisierung durch Konzentrationslager, Lebensgefahr und Vertreibung in einem erstaunlich guten psychischen und physischen Allgemeinzustand waren. Antonovsky untersuchte eingehend die psychischen Ressourcen, die dazu beitrugen, dass diese Frauen trotz schwerster Belastung gesund blieben.
Die zentrale Ressource nennt Antonovsky Kohärenzerleben (sense of coherence; dt. auch Kohärenzsinn oder Kohärenzgefühl).

Kohärenzerleben ist die Art und Weise, in der eine Person das eigene Leben und Handeln als innerlich zusammenhängend (kohärent) erlebt.

Antonovsky unterscheidet drei Komponenten des Kohärenzerlebens:

1. **Verstehbarkeit** (comprehensibility): Die Person ist überzeugt, dass es auch für die extremsten Erlebnisse und Erfahrungen eine Erklärung gibt, wenn nicht sofort, dann in einiger Zeit. Die einzelnen Eindrücke können sinnvoll strukturiert und in ihrem inneren Zusammenhalt erfasst werden. Sofern alle relevanten Fakten bekannt sind, ist es grundsätzlich verstehbar, wie es zur Krankheit, zum Unfall etc. gekommen ist. Aus den gemachten Erfahrungen können rationale Schlüsse für die Zukunft abgeleitet werden.
2. **Subjektiver Handlungsspielraum** (manageability): Die Person sieht für sich zumindest einen minimalen Spielraum, ihre Situation zu gestalten. Sie kann entweder die Ereignisse mit beeinflussen oder ihren Folgen etwas entgegensetzen, um sie zumindest abzumildern. Dazu setzt sie entweder die zur Verfügung stehenden Möglichkeiten und Ressourcen aktiv ein oder vertraut auf die Hilfe anderer (z. B. von Ärzten, Angehörigen, Gott usw.). Wichtig ist weniger, wie viel man objektiv machen kann, als dass man sich der verbliebenen Möglichkeiten bewusst ist.
3. **Sinnhaftigkeit** (meaningfulness): Die Person erkennt, dass das eigene Leben und Handeln einen Sinn hat. Dazu gehört auch das pure Überleben und Weiterleben mit einer schweren Krankheit, nach einem Unfall usw. Es gibt für die betroffene Person starke rationale und emotionale Gründe, die Probleme und Anforderungen anzupacken und eine Bewältigung zu versuchen. Die Belastungen nimmt sie als Herausforderung an. Sie erkennt Werte an, für die es sich lohnt weiterzuleben und deren Verwirklichung eine sinnvolle Aufgabe ist.

Je stärker das Kohärenzerleben ausgeprägt ist, desto besser kann die Person mit Belastungen in Folge von schweren Krankheiten, Unfällen und Notfällen umgehen. Sie wählt die jeweils besten Copingstrategien, um die momentanen Stressoren zu bewältigen. Andererseits bedeutet stark ausgeprägtes Kohärenzerleben nicht automatisch auch psychische Gesundheit. Das Kohärenzerleben ist bei diesen Betroffenen somit eine notwendige, aber keine hinreichende psychische Ressource für die Bewältigung der erlebten Belastungen und Traumata.

Studie
In empirischen Untersuchungen fand sich durchwegs eine signifikante Korrelation zwischen Kohärenzerleben einerseits und seelischer Gesundheit, subjektivem Gesundheitszustand und Wohlbefinden andererseits. Frommberger et al. (1998) untersuchten den Einfluss des Kohärenzerlebens auf die Entwicklung einer posttraumatischen Belastungsstörung nach Verkehrsunfällen. Die individuellen Reaktionen auf den Unfall (Wahrnehmungen, Gedanken und Gefühle) hingen dabei eng mit dem Kohärenzerleben zusammen. Patienten mit niedrigem Kohärenzerleben schätzten die Unfallfolgen für ihre Gesundheit pessimistischer ein und blieben länger in Rehabilitationseinrichtungen. Sie berichteten über mehr Ängste und Angespanntheit im Straßenverkehr seit dem Unfall. Bei Patienten mit hohem Kohärenzgefühl waren das Ausmaß posttraumatischer Symptome sowie die Häufigkeit einer posttraumatischen Belastungsstörung (sowohl einige Tage als auch ein halbes Jahr nach dem Unfall) signifikant niedriger.

Den drei Komponenten des Kohärenzerlebens entsprechen die spezifischen Bedürfnisse der Betroffenen nach einem Trauma (siehe Kap. 16). So wollen die meisten Menschen wissen und verstehen, wie und warum das Unglück geschehen konnte, von dem sie betroffen sind (Verstehbarkeit). Eine lückenlose Aufklärung ist somit eine wichtige Voraussetzung für die gelingende Verarbeitung der Erlebnisse. Viele Betroffene profitieren davon, wenn sie in der Zeit nach einem kritischen Ereignis etwas tun können, auch wenn es nur kleine Verrichtungen ihres Alltags sind (Handlungsspielraum). Die Erkenntnis, dass das Ereignis selbst oder seine Folgen, zumindest aber das Weiterleben für den Betroffenen einen Sinn hat, steht oft am Ende des Verarbeitungs- oder Trauerprozesses. Dies gilt auch für die Bewältigung schwerer Krankheiten und lebensverändernder Ereignisse.

13.6 Zusammenfassung

Patienten sehen sich mit vielfältigen Belastungen konfrontiert, die sich auf Körperintegrität und Wohlbefinden, das Selbstkonzept, das emotionale Gleichgewicht, die sozialen Rollen und Aufgaben, die situative Anpassung und die Bedrohung des Lebens beziehen können. Krankheitsverarbeitung (Coping) ist der Versuch des Patienten, bereits bestehende oder erwartete Belastungen, die mit der Erkrankung zusammenhängen, aufzufangen, auszugleichen und zu bewältigen. Man unterscheidet handlungsbezogene, gedankliche und emotionale Copingformen. Verschiedene Ressourcen fördern die Krankheitsverarbeitung. Dem Kohärenzerleben kommt dabei besondere Bedeutung zu.

14 Beispiel: Chronische Krankheiten

Chronische Krankheiten nehmen im Verhältnis zu akuten Erkrankungen immer mehr zu. In Österreich leiden rund 26 % der Männer und 29 % der Frauen an mindestens einer chronischen Krankheit. Bei den über 75-Jährigen steigt der Anteil auf über 50 % (Statistik Austria 2007). Für die ständige Zunahme chronischer Erkrankungen werden steigende Umweltbelastungen, ungesunder Lebenswandel, höhere Lebenserwartung und der medizinische Fortschritt verantwortlich gemacht.
Zu den häufigsten chronischen Krankheiten zählen Herz-Kreislauf-Erkrankungen, bleibende Schädigungen nach Unfallverletzungen und Schlaganfällen, rheumatische Erkrankungen, chronischer Kopfschmerz, Diabetes, Multiple Sklerose, chronisches Nierenversagen, Allergien, chronische Erkrankungen der Atemwege, Krankheiten des Magen-Darm-Traktes, Tumoren, Tinnitus, HIV, Leberzirrhose, Epilepsie, chronische psychiatrische Erkrankungen (z. B. Schizophrenie, Depression) und Suchterkrankungen (Alkohol-, Medikamenten-, Drogenabhängigkeit).

14.1 Merkmale chronischer Krankheiten

Chronische Krankheiten entwickeln sich zumeist langsam, dauern über einen längeren Zeitraum an und nehmen oft einen nicht genau vorhersagbaren Verlauf (chronisch-progredient, chronisch-rezidivierend, chronisch stabil). Eine vollständige Heilung ist zumeist nicht möglich.
Chronische Erkrankungen unterscheiden sich durch folgende Merkmale von anderen Krankheiten (vgl. Schulz/Hellhammer 1998):

1. **Ursachen:** Die meisten chronischen Krankheiten stehen in engem Zusammenhang mit Lebensstil und Verhalten der Betroffenen. Patienten wird deshalb immer wieder der Vorwurf gemacht, an ihrer Krankheit „irgendwie auch selbst schuld" zu sein.
2. **Zeitdauer und Vorhersagbarkeit:** Für die meisten chronischen Krankheiten ist ein langsamer, latenter und schubweiser Ausbruch charakteristisch. Einmal ausgebrochen, dauern sie lange, oft ein Leben lang, wobei ihr Verlauf meist nicht genau vorhersagbar ist.
3. **Behandlungsunsicherheit:** Der Verlauf von chronischen Krankheiten hängt in der Regel vom komplexen Zusammenspiel verschiedenster körperlicher und psychosozialer Einflussfaktoren ab. Damit sind zielsichere Behandlungsmaßnahmen erschwert. Der Erfolg hängt stark davon ab, ob sich der Patient aktiv an der Behandlung beteiligt.
4. **Nicht-Heilung:** Chronische Krankheiten können zumeist nicht geheilt werden. Das Ziel der medizinischen, pflegerischen und psychologischen Behand-

lung besteht deshalb vor allem darin, dem Patienten zu helfen, mit seiner Krankheit zu leben.
5. **Kosten:** Die Behandlung von chronischen Krankheiten dauert lange und erfordert oft speziell ausgebildetes Personal bzw. teure Medikamente und Geräte. Im Zuge der allgemeinen Sparmaßnahmen gibt es immer wieder Bestrebungen, die Kosten den Patienten aufzubürden (durch Selbstbehalte, Rationierung der Leistungen etc.)
6. **Spezifische Belastung:** Chronische Krankheiten stellen für den Patienten selbst, aber auch für seine Familie und Angehörigen eine erhebliche Belastung dar. Das ergibt sich einerseits aus der ständigen Bedrohung durch die Krankheit, ihrer langen Dauer und Unvorhersagbarkeit und andererseits aus den vielfältigen Einschränkungen, die durch die Krankheit bzw. die Behandlung entstehen.

Beispiel

Herr E. unterzieht sich mit 42 Jahren einer einfachen Leistenbruchoperation. Etwa eine Woche nach dem Eingriff treten starke Schmerzen im Bauchbereich auf, die mit mehreren Eiterherden in Verbindung stehen. In der Folge treten bei Herrn E. an verschiedenen Stellen des Körpers Eiterherde und Abszesse auf, die sehr schmerzhaft sind. Die medizinischen Gründe dafür bleiben unklar. Zur Linderung seiner Symptome werden in den nächsten vier Jahren rund 20 weitere Operationen durchgeführt. Da keine klare Diagnose gestellt werden kann, können auch keine Aussagen über den Verlauf und die Dauer der Störungen gemacht werden. Die Behandlung beschränkt sich auf Symptombekämpfung. – Aufgrund der langen Krankenstände kann Herr E. seinen Beruf nicht weiter ausüben. Nach einem Jahr bezieht er Notstandshilfe, was ihn und seine Familie in arge finanzielle Bedrängnis bringt. Die komplementärmedizinischen Methoden, die ihm vorgeschlagen werden (Homöopathie, Chi Gong), kann er sich aus eigenen Mitteln nicht leisten. Durch die vielen Aufenthalte in Krankenhäusern und Spezialkliniken ist Herr E. oft wochenlang von seiner Familie getrennt. Vor allem seine jüngste, elfjährige Tochter leidet darunter sehr. Die Angst um den Vater führt bei ihr zu Schlaf- und Angststörungen. Die Familie bemüht sich um psychologische Unterstützung für die Tochter, von der auch Herr E. bezüglich der eigenen Krankheitsverarbeitung profitieren kann.

14.2 Spezifische Belastungen und emotionale Folgen

Chronische Krankheiten führen zu einer Reihe von speziellen psychosozialen Belastungen. Dazu gehören u. a.:
- krankheitsspezifische Symptome (z. B. chronische Schmerzen, Behinderungen)
- Unvorhersagbarkeit des Krankheitsverlaufs (bewirkt ein Gefühl des Ausgeliefertseins, der Hilflosigkeit und Angst vor Verschlechterungen)
- Veränderung von Selbstbild und Körperschema („Ich bin überflüssig", „Ich kann nichts mehr machen" etc.)
- krankheitsbedingte Einschränkung der sozialen Kontakte (z. B. Hobbys aufgeben, Umstellung der Ess- und Trinkgewohnheiten, lange Krankenhaus- und Heilstättenaufenthalte)

- verminderte körperliche Leistungsfähigkeit (bewirkt Verminderung des Selbstwerts, Probleme am Arbeitsplatz)
- finanzielle Verschlechterungen (durch Selbstbehalte, verminderte Erwerbsfähigkeit)
- Statuseinbußen (durch verminderte körperliche, psychische, finanzielle und soziale Möglichkeiten)
- Trennung von den Angehörigen (durch lange Krankenhausaufenthalte, Behandlung in entfernten Kliniken, Heimunterbringung)
- Abhängigkeit von Betreuungspersonal, Spezialisten und Geräten
- mehrere Krankheiten oder Störungen zugleich (Multimorbidität)

Diese Faktoren belasten sowohl den Patienten als auch seine Familienangehörigen und Bezugspersonen. Das Ausmaß der Beeinträchtigung hängt stark von der individuellen Wahrnehmung und der subjektiven Krankheitstheorie ab. Im Laufe des Lebens können sich die Belastungen stark verändern. Dabei spielt vor allem der persönliche Umgang mit der Krankheit (Coping) eine entscheidende Rolle.
Die emotionalen Folgen sind vielfältig. Bei chronisch Kranken findet sich ein überdurchschnittliches Maß an Depressionen und Ängsten. Die Schwere dieser Störungen hängt vor allem von der Dauer und dem Ausmaß der Beeinträchtigung sowie von der Unsicherheit der Prognose ab. Die Art der Krankheit selbst spielt eine geringere Rolle. Weiters kommt es häufig zu einer Beeinträchtigung des Selbstwertgefühls. Viele Patienten fühlen sich auch ausgeliefert und hilflos („Da kann man nichts machen"), einsam („Das kann mir keiner abnehmen"), mit ihren Beschwerden nicht ernst genommen („Reiß dich doch ein wenig zusammen"), ungerecht kritisiert und abgeschoben.

14.3 Verleugnung und Krankheitsverhalten

Einer der häufigsten Abwehrmechanismen bei chronischen Krankheiten ist die Verleugnung. Meist ist es den Patienten nicht möglich, die Krankheit völlig zu verdrängen. Viele versuchen jedoch, ihre Symptomen und Folgen zumindest zeitweise zu überspielen und so zu tun, als wäre alles „wie früher".
Verleugnung tritt vor allem zu Beginn einer chronischen Krankheit auf. Das geht vom völligen Leugnen der Tatsache, überhaupt krank zu sein, über das Unterschätzen der Schwere der Krankheit, dem Ignorieren von Auswirkungen auf das tägliche Leben bis zum Ignorieren von krankheitsbezogenen Informationen. In der Folge werden u. a. Hilfeleistungen verzögert in Anspruch genommen sowie Behandlungsmaßnahmen und Verhaltensregeln nicht eingehalten. Der positive Aspekt besteht in der momentanen Entlastung von zu starken oder bedrohlichen Gefühlen, Gedanken oder Wünschen. Verleugnung kann in der Akutphase einer Krankheit zeitweise sehr sinnvoll sein, auf längere Sicht wirkt sie sich jedoch ungünstig auf die Krankheitsverarbeitung und den Verlauf aus.

Problematisches Krankheitsverhalten bei chronischen Krankheiten:
- Vermeidungsverhalten
- Passivität und Hilflosigkeit
- fehlende Motivation zur Veränderung
- Abgabe der Verantwortung
- fordernde, vorwurfsvolle, anklagende Haltung
- sozialer Rückzug

Die Beschwerden des Patienten können durch falsches Verhalten der Umgebung aufrechterhalten oder gar verstärkt werden.

Von großer Bedeutung ist die subjektive Krankheitstheorie des Patienten (siehe Kap. 11.4). Da bei chronischen Krankheiten medizinische Heilungserfolge kaum möglich sind und der körperliche Zustand meist nur gleich bleibt oder sich verschlechtert, leiten vor allem die subjektiven Ansichten und Einstellungen des Patienten das Krankheitsverhalten und seine Kooperation mit den Betreuern. In der Pflege sollte deshalb besonders aufmerksam auf die subjektive Sicht des Patienten eingegangen werden.

Beispiel

Frau N. ist 46 Jahre alt, allein stehend und seit ihrem 31. Lebensjahr Dialysepatientin. Nach einem Sturz, bei dem sie sich die linke Schulter und die Rippen verletzt hat, wird sie im Krankenhaus stationär behandelt. Die Verletzungen heilen schlecht, die Schmerzen sind für Frau N. kaum auszuhalten. Aufgrund ihrer Niereninsuffizienz kann ihr nicht die normale Dosis an Schmerzmitteln verabreicht werden, wodurch sich ihr psychischer Zustand rapide verschlechtert. Sie wirkt verschlossen, gereizt und verzweifelt, äußert von sich aus aber keine Wünsche. Von den Pflegepersonen wird ihr Schweigen zusammen mit ihrem schmerzverzerrten Gesicht als Vorwurf aufgefasst. Darauf angesprochen, antwortet sie lediglich, dass es ohnehin keinen Sinn habe, für sie etwas zu tun. Man solle ihr höchstens etwas geben, damit sie endlich einschlafen könne. Als sich der psychische Zustand von Frau N. nach zwei Tagen nicht verbessert, wird der Psychologe des Krankenhauses verständigt. (Fortsetzung unten)

14.4 Krankheitsverarbeitung

Die Ziele der Krankheitsverarbeitung bei chronischer Krankheit sind Verbesserung der Lebensqualität und

Anpassung an die neuen Gegebenheiten. Der Patient steht vor der Aufgabe, die Erkrankung und ihre Folgen in sein Leben zu integrieren. Dazu gehört, das Wohlbefinden zu erhöhen und die eigene Handlungsfähigkeit wiederherzustellen. Der Patient soll an sich selbst andere Erwartungen als bisher stellen und lernen, seine verbleibenden Möglichkeiten und Fähigkeiten optimal zu nutzen.

Allgemein als günstig haben sich folgende Copingformen erwiesen:

- sich aktiv selbst um Informationen über die Krankheit bemühen;
- über die Belastungen mit anderen Menschen sprechen;
- entschlossenes Handeln auf der Basis eines größeren Verständnisses der Krankheit.

14.5 Psychosoziale Unterstützung durch Pflegepersonen

Chronische Krankheiten stellen die Betreuer und das soziale Umfeld des Betroffenen (Angehörige, Ärzte, Pflegepersonen) vor besondere Anforderungen. Sie sind oft weniger „spektakulär" als Akutkrankheiten oder Verletzungen und ziehen deshalb weniger Aufmerksamkeit auf sich. Durch ihre unabsehbar lange Dauer und die mangelnden Heilungserfolge wirken sie auch ermüdend und entmutigend – vor allem auf jene Betreuer, die zuerst mit großem Engagement und (unrealistischer) Zuversicht an die Behandlung herangegangen sind.

Nach einer gewissen Zeit müssen chronisch kranke Patienten sich selbst um soziale Unterstützung bemühen. Sich als hilfsbedürftig zu erkennen zu geben ist jedoch für viele Menschen schwierig, passt nicht zu ihrem Selbstbild oder ist mit Schamgefühlen verbunden. Dadurch versuchen manche, die Krankheit und ihre Folgen zu überspielen bzw. überhaupt zu verleugnen. Es kann ein Kreislauf aus Wegschauen und Verleugnung entstehen, der unbedingt durchbrochen werden sollte.

Bezugspersonen und Angehörige spielen bei der Anpassung an eine chronische Krankheit eine wichtige Rolle. Ihre Unterstützung erleichtert es dem Patienten, die notwendigen Veränderungen der Lebensgewohnheiten vorzunehmen und die emotionale Stabilität wiederzuerlangen (durch Stärkung des Selbstwerts, Vermitteln von Hoffnung und Zuversicht u. v. m.).

Jedes Krankheitsstadium fordert vom Patienten andere Anpassungsleistungen und von den Angehörigen und Betreuern unterschiedliche Formen der Unterstützung. Im Akutstadium sowie bei Rezidiven ist die emotionale Unterstützung besonders wichtig. In der Rehabilitations- und Nachsorgephase braucht der Patient vor allem beratende und geistige Unterstützung (siehe Kap. 17.1). Die gute Absicht alleine reicht dabei nicht aus. Immer wieder berichten chronisch Kranke, dass Hilfe, die ihnen zum falschen Zeitpunkt oder in der falschen Form angeboten wird, eher eine Belastung für sie darstellt.

Psychosoziale Unterstützung durch Pflegepersonen sowie Ärzte und Psychologen hilft dem Patienten bei der Erreichung folgender Ziele:

- Information und Aufklärung erhalten über alle die Krankheit und ihre Folgen betreffenden Aspekte,
- sich der verbliebenen körperlichen, psychischen, sozialen und finanziellen Ressourcen bewusst werden,
- Vertrauen in die eigenen Kompetenzen wiedergewinnen, so weit wie möglich auch in die Funktionstüchtigkeit des eigenen Körpers,
- Entspannung und Schmerzkontrolle durch gezielte Übungen lernen,

- Schon- und Vermeidungsverhalten abbauen (körperlich, psychisch, sozial),
- mit Gefühlen und kritischen sozialen Situationen angemessen umgehen,
- medizinische Hilfen, Medikamente und soziale Einrichtungen gezielt nutzen,
- Krankenrolle zugleich annehmen („Ich werde nicht wieder gesund") und relativieren („Ich bin nicht nur krank").

In diese dafür notwendigen Schritte sollten die Angehörigen so weit wie möglich eingebunden werden. Wenn problematisches Krankheitsverhalten nicht verändert werden kann, Hinweise auf psychische Störungen (Depression, Angststörung) oder auf eine psychische Krise festgestellt werden, sollte unbedingt ein klinischer Psychologe beigezogen werden (siehe Kap. 18).

Beispiel – Fortsetzung

Zu Beginn der psychologischen Behandlung ist Frau N. dem Psychologen gegenüber äußerst misstrauisch. Sie glaubt, dass er nur gekommen sei, um sie zu einer weiteren schmerzhaften Untersuchung zu überreden. (Am Tag vor dem ersten Gespräch hat sie eine Magenspiegelung wegen der zu großen Schmerzen abgebrochen.) Die psychologische Behandlung hat zunächst den Abbau des Misstrauens zum Ziel, das sich auf das gesamte Krankenhauspersonal bezieht. Dahinter stehen Vorwürfe und das Gefühl der Hilflosigkeit wegen der anhaltenden Schmerzen. Der Psychologe ermutigt Frau N., ihre Fragen und Forderungen den behandelnden Ärzten gegenüber zu äußern. Auch das Pflegepersonal wird in die psychologische Behandlung eingebunden, indem es die Patientin regelmäßig nach ihrem Befinden und ihren Wünschen fragt. Nach und nach öffnet sich Frau N. Der Psychologe lenkt ihre Aufmerksamkeit auf die Fortschritte der Behandlung und auf ihre persönlichen Ressourcen. Durch die Stärkung des Selbstvertrauens und die positiven Erfahrungen, die Frau N. mit dem Pflegepersonal macht, bessert sich ihre psychischer Zustand langsam.

Neben den akuten körperlichen Beschwerden und der chronischen Niereninsuffizienz belastet die Patientin vor allem ihre steigende Unselbstständigkeit. Nach der Entlassung aus dem Krankenhaus zieht sie zu ihrer Tochter, da sie in ihrer eigenen Wohnung zunächst nicht allein zurechtkommt. Die neuen Wohnverhältnisse sind jedoch sehr beengt, und es kommt immer wieder zu teils heftigen Konflikten mit der Tochter und den Enkelkindern. In der psychologischen Behandlung, fortgesetzt jeweils an den Dialysetagen, wird Frau N. in der Konfliktbewältigung unterstützt. Der Schwerpunkt liegt auch hier im Ausdrücken der eigenen Gefühle und Bedürfnisse, vor allem der Tochter gegenüber und im Stärken des Selbstbewusstseins trotz der objektiven Abhängigkeit. Gleichzeitig versucht der Psychologe, bei der Patientin Verständnis für die Situation und die Gefühle der Tochter zu entwickeln.

Wiederholt äußert Frau N. auch den Wunsch zu sterben. Ihre Perspektivelosigkeit, die sich aus der chronischen Krankheit und den Beschränkungen der Zeit und der Mobilität ergibt, ist für sie ein großes Problem. Am Ende der psychologischen Behandlung steht deshalb die Frage nach den weiteren Zukunftsperspektiven. Frau N. möchte zurück in ihre eigene Wohnung ziehen und das selbstständige Leben, mit Unterstützung durch Hauskrankenpflege und Heimhilfe, wieder aufnehmen.

14.6 Schmerz

Ein besonderes Problem bei chronischen Krankheiten stellen anhaltende oder wiederkehrende Schmerzen dar. In vielen Fällen sind sie so stark, dass sie als eigenes Krankheitsbild auftreten. Rund 15 % der Österreicher leiden an chronischen Schmerzen (Statistik Austria 2007), wobei Rücken-, Gelenk- und Kopfschmerzen an der Spitze liegen. Damit gehören chronische Schmerzzustände zu den häufigsten und belastendsten Krankheiten bzw. Krankheitsfolgen. Ihre Entstehung hängt von körperlichen, psychischen und sozialen Faktoren ab (Kürten 2001).
Man unterscheidet zwischen akutem Schmerz, Schmerzattacken und chronischem Schmerz:

- **Akuter Schmerz** ist ein wichtiges Signal, das auf Reizungen, Wunden oder Entzündungen hinweist. Akuter Schmerz klingt in der Regel rasch ab, wenn die Ursache beseitigt oder die Verletzung geheilt worden ist.
- **Schmerzattacken** kehren in unregelmäßigen Abständen wieder (z. B. Migräneanfälle, Rückenschmerzen, Spannungskopfschmerzen). Sie sind ein Hinweis auf eine länger andauernde oder wiederkehrende Überlastung des Organismus.
- **Chronischer Schmerz** dauert länger als sechs Monate an. Er hat seinen Signalcharakter verloren und wird selbst zu einer Krankheit. Im Zentrum der Behandlung stehen Symptomlinderung und Bewältigung der negativen Krankheitsfolgen.

Schmerzen werden oft als bedrohlich erlebt, vor allem wenn man nichts gegen sie unternehmen oder sie in irgendeiner Weise kontrollieren kann. Gefühle der Hilflosigkeit und des Versagens gehen einher mit Schonverhalten und sozialem Rückzug. Selbstwert und Lebensfreude sinken, während der Schmerz immer mehr zum Lebensmittelpunkt wird.
Chronische Schmerzen entstehen, wenn die ursprüngliche Erkrankung nicht oder nur unzureichend beseitigt werden kann, durch die Ausbildung eines **Schmerzgedächtnisses** im Gehirn (schon geringste Reize lösen eine starke Schmerzempfindung aus), durch Verhaltensänderungen, die eine Chronifizierung begünstigen sowie als Folge psychischer Traumatisierung (siehe Kap. 16.2).
Angehörige von Schmerzpatienten sind ebenfalls oft stark betroffen und erleben Mitleid, Hilflosigkeit und Verzweiflung, aber auch Wut und Ärger über die vielen Umstellungen im Alltag (Aufteilung der Aufgaben, Freizeitgestaltung, Ernährung, Urlaubsplanung etc.). Die Schlafschwierigkeiten vieler Schmerzpatienten bewirken auch bei Angehörigen oft Schlafmangel sowie längerfristig Erschöpfung und geringere Belastbarkeit im Alltag.
In der **Behandlung chronischer Schmerzen** ist es wichtig, von Anfang an realistische Ziele von unrealistischen Erwartungen zu trennen. Neben der Schmerzreduktion geht es vor allem um die Reduzierung der schmerzbedingten Beeinträchtigungen sowie um die Verbesserung der Lebensqualität. Dabei sollten medikamentöse Therapie, psychologische Behandlung, Physiotherapie und weitere Interventionen von Anfang an kombiniert und aufeinander abgestimmt werden. Keinesfalls sollten psychologische Maßnahmen erst einsetzen, wenn die

medizinischen Behandlungsmöglichkeiten an ihre Grenzen stoßen. Dadurch würde wichtige Behandlungszeit verloren gehen und beim Patienten der Eindruck erweckt, abgeschoben oder als verrückt abgestempelt zu werden.
Psychologische Maßnahmen bei chronischem Schmerz sind u. a.:

- systematische Selbstbeobachtung („Schmerztagebuch")
- Entspannungstechniken (progressive Muskelentspannung, autogenes Training)
- Biofeedback (gezielte Kontrolle einzelner Muskeln)
- Imaginationsverfahren (Hypnose, Veränderung innerer Bilder)
- Förderung des Gesundheitsverhaltens (Aktivierung, Genusstraining)
- Steuerung von Selbstgesprächen (Einflussmöglichkeiten hervorheben)

Wissen, Motivation und aktive Mitarbeit des Patienten sind für eine wirksame Behandlung entscheidend. Pflegepersonen können dabei wichtige Beiträge leisten, indem sie auf die subjektive Krankheitstheorie des Patienten achten, seine Aufmerksamkeit auf Besserungen sowie auf gesunde, vom Schmerz nicht betroffene Lebensbereiche lenken, die Angehörigen mit einbeziehen und angemessenes Gesundheits- und Krankheitsverhalten loben und verstärken.

14.7 Zusammenfassung

Chronische Krankheiten unterscheiden sich von Akutkrankheiten durch ihre Ursachen, Zeitdauer und Vorhersagbarkeit, Behandlungsunsicherheit, Nicht-Heilung, hohe Kosten und spezifische Belastungen. Besonders belastend wirken bleibende Symptome, Unvorhersagbarkeit des Verlaufs, Veränderungen des Selbstbildes, Einschränkungen der sozialen Kontakte und der körperlichen Leistungsfähigkeit, finanzielle Verschlechterungen, Statuseinbußen, Trennung von den Angehörigen, Abhängigkeit von Betreuungspersonen und Multimorbidität. Die emotionalen Folgen können bis zu psychischen Störungen führen. Verleugnung und problematisches Krankheitsverhalten erschweren oft das Coping. Hauptziel der Krankheitsverarbeitung ist Verbesserung der Lebensqualität und Anpassung an die veränderte Situation. Der Unterstützung durch Angehörige kommt dabei besondere Bedeutung zu. Professionelle psychosoziale Hilfe bezieht sich auf Information, Ressourcen, Selbstvertrauen sowie Abbau von Problematischem und üben von angemessenem Verhalten in verschiedenen Situationen. Schmerzen spielen bei vielen chronischen Krankheiten eine Rolle.

15 Beispiel: Psychoonkologie

Etwa jeder dritte Europäer erkrankt im Laufe seines Lebens an Krebs, jeder vierte stirbt daran. Krebs ist in den meisten Fällen eine chronische Krankheit. Auch fünf Jahre nach einer erfolgreichen Behandlung („Fünf-Jahres-Heilung") sind Rückfälle nicht sicher auszuschließen. Die medizinischen Fortschritte der letzten Jahrzehnte haben bei vielen Krankheitsbildern, die früher als unheilbar galten, hohe Heilungsquoten und stark verlängerte Überlebenszeiträume erreicht. In der Folge traten die psychologischen Aspekte der Krankheit, ihrer Folgen und ihrer Behandlung immer mehr ins Blickfeld (Sellschopp et al. 2005).

15.1 Krankheitserleben bei Krebs

Aus psychologischer Sicht gibt es bei Krebserkrankungen vier besonders kritische Phasen: Diagnosestellung, Behandlungsphase, Fortschreiten der Krankheit und Bildung von Rezidiven.

Diagnosestellung

Die Diagnose eines bösartigen Tumors löst im Allgemeinen starke Ängste aus. Viele Patienten erleben einen „Sturz aus der normalen Wirklichkeit", der zu einer akuten Belastungsreaktion und weiter zu einer Anpassungsstörung oder posttraumatischen Belastungsstörung führen kann (siehe Kap. 16.2). Durch gezielte psychosoziale Unterstützung kann diesen Störungen von vornherein entgegengewirkt werden. Das Warten auf die Diagnose sowie auftretende Rezidive stellen jene Belastungen dar, in denen Unterstützung am dringendsten benötigt wird (Zimmermann 2005).

Wird bei einem Patienten ein Tumor festgestellt, so ist zunächst die umfassende Aufklärung und Information des Patienten unerlässlich. Da viele Patienten bei der Diagnoseeröffnung emotionell und intellektuell stark gefordert sind, sollte die Aufklärung wenn möglich gemeinsam mit den Angehörigen erfolgen. Die Einbeziehung der Familie des Patienten ist von Anfang an sehr wichtig. Da Krebs noch immer stigmatisiert und mit irrationalen Vorstellungen verknüpft ist, sollten von Anfang an keine Mythen über die Krankheit sowie ihre Ursachen und die Behandlungsmöglichkeiten aufkommen. Auch gegenseitiges Schonen („Ich kann das meiner Familie nicht zumuten, dass sie wissen, wie es um mich steht" – „Wir können doch unserem Vater nicht sagen, wie es um ihn steht, das verkraftet er nicht") sollte vermieden werden. Es kann wertvolle Zeit kosten, die der Patient und die Angehörigen eigentlich zur Anpassung an die neuen Gegebenheiten brauchen.

Wichtig bei der Diagnoseeröffnung ist auch, dass der Patient sofort erfährt, welche Perspektiven er hat, wie die Behandlung aussehen wird, welche Prognose man stellen kann, was die nächsten Schritte sind usw. Die Vorteile der jeweiligen Therapie sollten dabei im Vordergrund stehen. Der Patient braucht Zeit, um die Informationen zu verarbeiten. Die Möglichkeit, Fragen zu stellen, ist dabei besonders wichtig. Auch die Wortwahl sowie die Menge der Information sollten den Bedürfnissen des Patienten angemessen sein. Die Informationen sollten vom Pflegepersonal in geeigneter Form wiederholt werden, um beim Patienten eine realistische Einschätzung seiner Lage zu fördern und seine Eigeninitiative zu wecken. Wenn die Umstände dafür sprechen und der Patient das wünscht, kann auch der behandelnde Psychologe bei der Mitteilung der Diagnose dabei sein.

Behandlungsphase

Zu Beginn der Behandlung sind Patienten und Ärzte oft optimistisch, was den Krankheitsverlauf sowie die Behandlung und die Heilungsaussichten betrifft. Die körperliche Seite der Krankheit steht bei vielen Patienten im Vordergrund, auf der anderen Seite können Gefühle tiefer Angst sowie Scham, Selbstabwertung und Depression auftreten.

Speziell die Zeit vor einer Operation bzw. vor einem endgültigen Befund ist für die meisten Patienten sehr belastend und von großer Unsicherheit geprägt. Weitere Belastungen ergeben sich aus den Nebenwirkungen der Chemotherapie. Übelkeit und Erbrechen können zu Angst und Depression führen, die gelegentlich so heftig sind, dass auf eine weitere Behandlung verzichtet wird. Auch die Strahlentherapie ist bei vielen Patienten mit Angst und Unbehagen, was die Nebenwirkungen betrifft, verbunden.

Die sozialen Beziehungen des Patienten können durch die Krankheit massiv beeinträchtigt werden. Krebs bringt manche Familien enger zusammen, andere werden geradezu auseinandergerissen. Wahrnehmung und Bewertung der Krankheit durch Familie und Angehörige spielen dabei eine zentrale Rolle. Das Gefühl der Bedrohung sowie Trennungsängste herrschen oft vor, aber auch eine konstruktive Umgestaltung der Familienstruktur ist möglich. Unbewältigte Konflikte, die bereits vor Ausbruch der Krankheit bestanden, können sich durch diese massiv zuspitzen und zu einer zusätzlichen Belastung für alle Beteiligten werden.

Eine positive Familienumgebung ist gekennzeichnet durch starken Zusammenhalt, offene Gespräche, gegenseitige Wertschätzung und gemeinsame Suche nach Lösungen. Die Angehörigen zeigen Anteilnahme am Befinden des Patienten und zeigen ihm, dass er weiter ein wichtiges Mitglied der Familie ist, das bei Entscheidungen mit einbezogen wird. Speziell in der Partnerschaft sind Vertrauen und Nähe, gemeinsame Werte, gegenseitiges Akzeptieren, Dauerhaftigkeit der Beziehung und Humor bedeutsam. Diese Faktoren machen ein hilfreiches Familienklima und eine gute Paarbeziehung aus, die den Patienten bei der Krankheitsverarbeitung wesentlich unterstützen.

Beispiel

Frau I., eine 46-jährige Lehrerin, hat seit Jahren immer wieder gutartige Knoten in der Brust. Bei einer Biopsie wird festgestellt, dass die neuerlichen Knoten zu einem bösartigen Tumor gehören. Der behandelnde Arzt empfiehlt eine beidseitige Brustamputation, der Frau I. nach einigem Zögern zustimmt. Im Anschluss an die Operation werden insgesamt fünf Chemotherapien durchgeführt, die die Patientin zusehends schwächen. Nach der zweiten gehen ihr die Haare aus. An einen Wiedereintritt ins Berufsleben ist auf längere Sicht nicht zu denken. – Frau I. sieht im ständigen beruflichen Stress die tiefere Ursache für ihre Krankheit. Dadurch wird die Beziehung zu ihrem Ehemann schwer belastet. Frau I. wirft ihm vor, sich in den letzten Jahren nicht genügend um sie gekümmert zu haben. Zugleich fühlt sie sich in ihrer Situation völlig allein gelassen. Herr I. neigt zum Alkoholismus, weist die Beschuldigungen seiner Frau aber als völlig überzogen von sich. Immer wieder kommt es zwischen den beiden zum Streit. Einmal hält Frau I. ihrem Mann ein Foto vor, dass sie im Krankenhaus ohne Haare zeigt, und sagt: „Das hast du mit mir gemacht." Herr I. betrinkt sich in der Folge immer öfter. Eine psychologische Unterstützung lehnen beide ab.

Fortschreiten der Krankheit

Wenn die Krankheit weiter voranschreitet und sich Metastasen bilden, ändert sich das Verhalten des Patienten oft in markanter Weise. Die anfänglichen Hoffnungen schwinden, Misstrauen in die bisher angewandten Methoden setzt ein. Isolations-, Trennungs- und Verlustängste nehmen zu. Die Inanspruchnahme ärztlicher Hilfe geht zurück, ebenso der Wunsch nach voller Information. Die tatsächliche Abhängigkeit des Patienten von den behandelnden Ärzten nimmt jedoch zu. Die technischen Möglichkeiten der Medizin (chirurgische Eingriffe, Bestrahlung, Chemotherapie, Gentechnik) können die Vereinsamung des Patienten fördern. Die immer weiter vorangetriebene Technisierung führt neben der verbesserten Behandlung auch zu einer zunehmenden Spezialisierung der Ärzte und z. T. des Pflegepersonals. Die Krankheit wird dann oft nur mehr auf der Ebene der Organe, Zellen und Moleküle gesehen. Dadurch wächst die Distanz zum Patienten, die Kluft zwischen Körper und Seele wird zu einer zwischen Patient und Personal. – Es ist kein Zufall, dass die Forderung nach einer ganzheitlichen Medizin, in der biologische, psychische und soziale Aspekte gleichwertig einbezogen sind, besonders im Bereich der Onkologie immer wieder erhoben wird.
Wenn keine Heilung möglich ist und die Krankheit unaufhaltsam voranschreitet, tritt der Patient in seinen letzten Lebensabschnitt ein. Die Aufgabe der Betreuer besteht dann vor allem in palliativer Schmerzbehandlung und Sterbebegleitung.

Bildung von Rezidiven

Auch wenn ein Krebspatient nach einer erfolgreichen Behandlung als geheilt entlassen wird, können sich Rezidive bilden. Der Patient fällt dann in die Krankheits- und Behandlungsphase zurück.
Die psychische Situation im Rezidivstadium unterscheidet sich in mehreren Punkten von der beim Erstauftritt der Krankheit. Der Patient verfügt bereits über ein zumeist umfangreiches Wissen über die Krankheit und hat eine Vorstellung davon, wie die neuerliche Behandlung ablaufen wird. Rezidive verändern zugleich die subjektive Krankheitstheorie. Häufiger als beim ersten Auftreten der Krankheit sind hier illusionäre Formen der Verarbeitung zu beobachten. Rückfälle wirken sich auch auf das Arzt-Patienten-Verhältnis aus. Das Vertrauen in die Heilkunst ist oft nachhaltig erschüttert, der Wunsch nach Information geht zurück. Gefühle der Unsicherheit und Angst sowie ohnmächtiger Wut dominieren. Es steigt auch die Tendenz, aus der Behandlung auszusteigen und sich Alternativmethoden oder Wunderheilern anzuvertrauen.
Auch im Verhältnis zum Pflegepersonal werden die Patienten oft misstrauischer und skeptischer. Zugleich kehrt die Abhängigkeit von den Betreuern zurück. Alles zusammen bewirkt sehr ambivalente und uneinheitliche Gefühle, die oft schwer zu verstehen sind. Für alle Beteiligten stellt es eine Herausforderung dar, angemessen mit diesen umzugehen.

15.2 Krankheitsverarbeitung

Die Verarbeitung einer Krebserkrankung und die Bewältigung der daraus entstehenden Belastungen hängt u. a. von folgenden Faktoren ab:

- aktuelles Krankheitsstadium und Therapiemöglichkeiten
- Ausmaß der akuten Beschwerden (Schmerzen, Behinderungen, soziale Einschränkungen etc.)
- befallenes Organ (Hals- und Kopf-Tumore etwa werden im Allgemeinen schwerer bewältigt als andere Formen)
- Geschlecht (bei Männern besteht ein etwas erhöhtes Suizidrisiko)
- Alter (z. B. nehmen ältere Frauen eine Brustkrebserkrankung häufig weniger schwer als jüngere und setzen sich weniger aktiv mit ihr auseinander)
- individuelle Lebensgeschichte (früherer Umgang mit Krisen, bisherige Copingformen)
- subjektiver Krankheitsgewinn

Hinzu kommen jene Faktoren, die bei allgemeinen Erkrankungen sowie bei chronischen Krankheiten eine Rolle spielen.
Die speziellen Aufgaben, die sich dem Patienten stellen, bestehen bei einer Tumorerkrankung vor allem darin, die Diagnose zu verarbeiten, mit der Angst sowie mit Trauer und Schuldgefühlen umgehen zu lernen, Depression und Hilflosigkeit zu vermeiden sowie aktiv Einfluss auf die Behandlung zu nehmen. Insgesamt geht es – wie bei allen chronischen Krankheiten und Behinderungen – darum, im Leben zu leben, nicht in der Krankheit.

Copingmuster
Die psychische Verarbeitung einer Krebserkrankung ist ein dynamischer Prozess, der bei jedem Patienten anders abläuft. Individuelle Copingformen, Einstellungen zur Krankheit und subjektive Bewertungen können sich immer wieder ändern (Angenendt/Tschuschke 2007):

- **Hohe Lebenszufriedenheit** haben vor allem Patienten, die je nach den Erfordernissen der Situation flexibel reagieren und ihre Copingstrategien anpassen. Sie beteiligen sich aktiv an ihrer Behandlung, mobilisieren ihr soziales Umfeld, sind insgesamt optimistisch und manchmal etwas aufmüpfig. Bei sogenannten Langzeitüberlebenden, die nach der Primärbehandlung eines Tumors mehr als fünf Jahre ohne Rezidiv geblieben sind, fallen vor allem folgenden Eigenschaften auf: tiefe Religiosität, Fehlen von Angst, keine depressiven Reaktionen sowie eine hoffnungsvolle und kämpferische Einstellung gegenüber der Krankheit.
- Als **Risikogruppe** gelten passive, nach innen gerichtete, vorwiegend depressiv gestimmte Patienten. Sie sind in Hinblick auf den Krankheitsverlauf und ihre Bewältigungsfähigkeit pessimistischer, neigen zu Grübeln und Unterdrücken von Gefühlen und ziehen sich aus sozialen Kontakten zurück. Bei Schwierigkeiten neigen sie dazu, rasch aufzugeben. Zugleich sind sie psychosozialen Unterstützungsangeboten gegenüber wenig zugänglich. Sie leben nicht selten schon vor der Krebserkrankung in schwierigen familiären Verhältnissen und verfügen über

weniger persönliche und soziale Ressourcen zur Krankheitsbewältigung. Ihr Coping ist entweder starr (immer gleichbleibend, egal, was kommt) oder instabil (schon bei kleinen äußeren Anlässen aus dem Gleichgewicht zu bringen).

Inwieweit bestimmte Copingformen nicht nur die Lebensqualität, sondern auch den somatischen Krankheitsverlauf und die Überlebenszeit beeinflussen, ist aufgrund widersprüchlicher Forschungsergebnisse umstritten.

Psychische Folgestörungen

Psychische Auffälligkeiten und Störungen sind bei Krebskranken häufig zu beobachten. Sie können bereits vor der Krankheit bestanden haben (z. B. Angststörung), durch die Krankheit ausgelöst werden (z. B. Depression) oder sich auf die Familie und Angehörigen beziehen (Schwarz 1998).

- Bei 40 bis 50 % der Patienten werden zusätzlich zur Krebserkrankung psychische Leiden diagnostiziert, vor allem Anpassungsstörungen (bei rund einem Drittel der Patienten), schwere Depression, Persönlichkeits- und Angststörungen. 90 % der psychischen Störungen gehen auf die Krankheit selbst oder auf die Behandlung zurück.
- Eine längerfristige psychologisch-psychotherapeutische Behandlungsbedürftigkeit besteht bei 33 % aller Krebspatienten.
- Bei 25 bis 50 % der Partner von Patienten treten krankheitswertige Belastungsreaktionen auf sowie Beziehungsprobleme in der Partnerschaft.
- Bei Personen, die als Kinder an Krebs erkrankt waren, sind spätere psychische Beeinträchtigungen und Verhaltensstörungen dreimal so häufig wie bei vergleichbaren Nichterkrankten. Auch die Eltern onkologisch erkrankter Kinder haben deutlich häufiger körperliche und psychische Beschwerden.

Diese psychischen Störungen bedürfen einer gezielten klinisch-psychologischen bzw. psychotherapeutischen Behandlung (siehe Kap. 18). Aufgrund des sehr häufigen Auftretens von psychischen Belastungen und Störungen bei Krebserkrankungen gilt die angemessene psychosoziale Begleitung von Krebspatienten und deren Angehörigen als unverzichtbarer Bestandteil einer verantwortungsvollen Medizin.

15.3 Psychoonkologische Betreuung

Psychoonkologie dient der konkreten Verbesserung der Lebenssituation des Patienten. Sie bildet eine Brücke zwischen Medizin und Psychologie. Psychoonkologische Betreuung kann von Ärzten, Psychologen, Pflegepersonen, Seelsorgern und anderen spezialisierten Personen geleistet werden, die optimalerweise als Team zusammenarbeiten.

Allgemeine Betreuungsziele

Die wesentliche psychologische Funktion des Betreuers besteht im Aufnehmen, Stützen und Begleiten. Er ist bestrebt, die elementare Erschütterung des Sicherheitsgefühls und Werterlebens des Patienten aufzufangen. Daraus folgt ein akzeptierendes und einfühlsames Eingehen auf die Verletzungen, Bedürfnisse und Konflikte des Patienten. Einer drohenden Chronifizierung schlecht angepasster Copingstrategien sowie psychischer Belastungen und Störungen kann so entgegengewirkt werden. Der Patient wird zum Abbau von Risikoverhalten motiviert und bei der Lösung anpassungsbehindernder Konflikte unterstützt. Auf diesem Weg können psychologische Interventionen die subjektive Lebensqualität des Patienten deutlich erhöhen und unter Umständen auch die objektive Lebenszeit verlängern.

Ziele der psychoonkologischen Betreuung:

körperlich

- Symptomkontrolle durch ausreichend Schmerzmittel und Palliativpflege sowie durch Entspannungsübungen, Imaginationsverfahren und Autosuggestion
- gezielter Einsatz von Psychopharmaka zur Angstverminderung und Unterstützung der medikamentösen Schmerztherapie (die Betreuung aber nicht auf Psychopharmaka allein reduzieren)
- Vorbeugung und Minderung der zusätzlichen Belastungen, die durch die Behandlung entstehen können

gedanklich

- ausreichend über Krankheitsbild, Konsequenzen, Behandlung und Prognose informieren
- illusionären Formen der Krankheitsverarbeitung entgegenwirken
- neue Problemsicht einleiten, sich verändernde Situationen neu bewerten
- Hoffnung auf realistische Ziele richten
- Lebenswerte und Prioritäten neu ordnen
- persönliche Kontrolle stärken

emotional

- Hoffnung und Zuversicht vermitteln
- Selbstwertgefühl steigern
- Angst, Depression und Hilflosigkeit reduzieren
- emotionalen Ausdruck fördern, auch durch gestalterische Möglichkeiten und kreative Therapieverfahren

sozial

- Kommunikation zwischen Patient und Personal sowie Kooperation und Compliance verbessern
- soziale Unterstützung mobilisieren und optimieren
- Verhaltensweisen erproben, die einer Anpassung an die neuen Gegebenheiten und der psychosozialen Wiedereingliederung dienen
- Familie und Angehörige unterstützen zur Verhinderung bzw. Behandlung eines Überforderungs- oder Erschöpfungssyndroms
- Entstigmatisierung (Krebs ist keine Todeskrankheit, die Diagnose kein Todesurteil)
- Wiedereingliederung des Patienten in seine alltägliche Umgebung

Vor allem nach der Diagnosestellung, bei akuten Verschlechterungen und bei der Bildung von Rezidiven kann der Patient von seiner Situation akut überfordert sein. In diesen Fällen ist psychologische Krisenintervention notwendig. Auch ein mögliches Suizidrisiko ist abzuklären (siehe Kap. 25.5).

Verbesserung der Lebensqualität

Psychosoziale Unterstützung wirkt sich eindeutig positiv auf die Lebensqualität von Tumorpatienten aus. Lebensqualität ergibt sich aus dem Vergleich von Hoffnungen und Erwartungen einer Person mit ihrem momentanen Erleben (wie es sein sollte vs. wie es ist). Je größer die Zufriedenheit mit den gegebenen Umständen, desto höher ist die Lebensqualität. Das umfasst körperliche, psychische und soziale Aspekte des Alltags- und Krankheitserlebens.

Die psychoonkologische Betreuung zielt auf alle drei Bereiche der Lebensqualität. In jedem können Ärzte, Pflegepersonen, Psychologen, Angehörige und andere Betreuer je nach ihrer Spezialisierung und ihrem Zugang zum Patienten wichtige Beiträge zur Erhöhung der Lebensqualität leisten. Schmerz- und Symptomkontrolle, emotional entlastende und unterstützende Gespräche, gedankliche Umstrukturierung und Neubewertung, Entspannungs- und Imaginationsverfahren sowie die gezielte Förderung der sozialen Unterstützung stehen dabei im Vordergrund.

Die Veränderung bzw. Anpassung der Lebenseinstellung ist ein wesentlicher Faktor zur Aufrechterhaltung der Lebensqualität. Viele Patienten schätzen nach einiger Zeit ihre Lebensqualität gleich hoch ein wie vergleichbare Personen ohne Krebsleiden. Infolge der schweren Erkrankung entwickeln Krebsbetroffene oft andere Maßstäbe für körperliche Beschwerden, betonen die Qualität enger sozialer Beziehungen, halten andere Dinge für wichtig und sind oft allgemein mit weniger zufrieden als Gesunde.

Beeinflussung des somatischen Krankheitsverlaufs

Psychologische Interventionen verringern psychophysiologische Symptome, die im Zusammenhang mit Chemo- und Bestrahlungstherapie regelmäßig vorkommen. Weiters unterstützen sie wirksam die pharmakologische Schmerzbehandlung. Auch das Immunsystem kann durch psychologische Maßnahmen allgemein gestärkt werden.

Darüber hinaus wurde untersucht, ob psychologische Interventionen den Krankheitsverlauf und die objektive Überlebenszeit von Krebskranken verlängern können. Die empirischen Forschungsergebnisse sind in diesem Bereich sehr uneinheitlich. Der Zusammenhang zwischen psychologischen Faktoren und somatischem Krankheitsverlauf ist individuell sehr verschieden. Die Wirkung spezieller psychologischer Interventionen auf das körperliche Krankheitsgeschehen wird zurzeit eingehend erforscht.

Tumorentstehung: nur indirekte psychische Faktoren

Viele Menschen stellen spontan einen Zusammenhang zwischen psychischen Belastungen und Krebs her. Bei der Entstehung einer Krebserkrankung wirken immer mehrere, bisher nur teilweise bekannte Faktoren zusammen. Ob gewisse psychische Faktoren einen Einfluss auf die Entstehung von Krebs haben könnten, wurde intensiv untersucht. Dabei standen Umweltfaktoren (z. B. Stress, Konflikte) und die sogenannte „Krebspersönlichkeit“ (vermeintliche krebsauslösende Eigenschaften oder Einstellungen) im Mittelpunkt des Forschungsinteresses (Übersicht in Tschuschke 2006).

Das Ergebnis der diesbezüglichen Untersuchungen ist ernüchternd. Es wurden keine signifikanten Zusammenhänge zwischen Lebensereignissen bzw. Persönlichkeit und Krebserkrankung gefunden. Psychische Ursachen der Krankheit konnten nicht nachgewiesen werden. Vielmehr zeigte sich, dass häufig beobachtete Merkmale wie Konfliktvermeidung, unterdrückte Gefühle, Selbstaufopferung und depressive Züge eine *Reaktion* auf die Krebserkrankung sind, nicht deren Folge. Die These von der „Krebspersönlichkeit“ ist damit nicht weiter aufrechtzuerhalten. Sie hat sich als Mythos herausgestellt.

Dennoch glauben manche Patienten, dass sie selbst an ihrer Krebskrankheit schuld seien. Auch andere Menschen werden manchmal verantwortlich gemacht („Wegen dir habe ich Krebs“). Solche Meinungen entsprechen dem tiefen Bedürfnis der Betroffenen, die Krankheit und ihre Entstehung zu verstehen. Sie helfen aber nicht bei der Bewältigung, sondern verstärken nur den psychischen Druck, der auf den Patienten und ihren Angehörigen lastet. Psychologische Interventionen zielen darauf, diese Gedanken beiseite zu lassen und die verbliebenen Kräfte ganz auf die Bewältigung der anstehenden Probleme zu konzentrieren.

Prävention und Behandlung

Im Sinne der Krebsvorsorge sollten erwiesene Risikofaktoren vermieden werden, die im Verhalten des Betroffenen ihre Wurzeln haben. Dazu zählen u. a. Tabak- und Alkoholkonsum sowie übermäßige UV-Bestrahlung und ungünstige Ernährungsgewohnheiten. Im Rahmen gesundheitspsychologischer Programme und Trainings können diese Risikofaktoren verkleinert oder ausgeschaltet werden. Damit können zumindest indirekte Faktoren der Tumorentstehung beeinflusst werden.

Die psychologische Unterstützung und Behandlung von Tumorpatienten orientiert sich vor allem an den krankheits- und behandlungsbedingten Belastungen der Patienten. Ihre Bewältigung soll gefördert und damit die Lebensqualität erhalten bzw. wiederhergestellt werden. Krebs ist mit psychologischen Mitteln allein nicht heilbar. Ebenso wenig können psychologische Interventionen das Auftreten eines Tumors sicher verhindern. Risikoverhalten, Krankheitsverlauf und Lebensqualität sind jedoch sehr wohl psychologisch beeinflussbar.

15.4 Psychoonkologie und Pflege

Pflegepersonen nehmen in der psychoonkologischen Betreuung eine Schlüsselrolle ein. Durch den häufigen Kontakt und das kontinuierliche Miterleben der körperlichen und psychischen Veränderungen können sie die Bedürfnisse des Patienten besonders genau wahrnehmen und bei der Pflegeplanung berücksichtigen. Auch auf die Arzt-Patienten-Beziehung haben sie wesentlichen Einfluss. Sie erfül-

len dabei immer wieder eine Dolmetsch-Funktion, wenn z. B. der Patient nicht alles oder nicht sofort verstanden hat, was der Arzt ihm mitgeteilt hat. Zu den Angehörigen und zu anderen Personen und Helfern, die der Patient benötigt, halten Pflegepersonen den Kontakt und verständigen sie, wenn es erforderlich ist oder der Patient es wünscht.
Neben den allgemeinen und fachspezifischen pflegerischen Aufgaben gibt es einige, die in der psychoonkologischen Betreuung eine spezielle Rolle spielen.

Psychoonkologische Aufgaben der Pflegepersonen:
- für umfassende Schmerzbehandlung sorgen
- Krankheitsverarbeitung unterstützen
- realistische Ziele setzen, vorhandene Grenzen akzeptieren
- psychosoziale Unterstützung bereithalten
- auf Symptome von Depression, Angst- und Anpassungsstörungen achten
- psychologische Behandlung einleiten, falls notwendig
- auf die eigene Psychohygiene achten

Diese Aufgaben beziehen sich auf die konkrete Pflege und sollten bei jedem Patienten umgesetzt werden. Wichtig ist dabei die Zusammenarbeit mit den behandelnden Ärzten, Psychologen etc. im Rahmen des onkologischen Teams. Darüber hinaus steht die Pflege von Krebskranken in allgemeineren Spannungsfeldern, vor allem was die Krankheit als solche und das Verhältnis zu den Patienten betrifft.
So wie Patienten und Angehörige müssen sich auch Pflegepersonen freimachen vom „Mythos Krebs“, der die Krankheit vorschnell als kalte, bösartige, tödliche Geißel ansieht, vor der es kein Entrinnen gibt. Solchen düsteren Metaphern stehen die konkreten Ziele der Pflege entgegen. Entscheidend dabei sind das Setzen realistischer Ziele und das Akzeptieren vorhandener Grenzen. Bei schwer kranken und unheilbar kranken Patienten bedeutet das, sich vom medizinischen Erfolgsdenken unabhängig zu machen und sich damit abzufinden, dass es für manche Patienten nur geringe oder keine Überlebenschancen gibt. Die daraus folgenden neuen Aufgaben werden in der Palliativpflege formuliert. So können Pflegepersonen auch dann helfen, wenn Heilung nicht mehr möglich ist.
Ein weiteres Spannungsfeld, das in der Pflege onkologischer Patienten besondere Bedeutung erlangt, ist das zwischen emotionaler Nähe und fachlicher Distanz. Pflegende sind für Patienten zumeist die am häufigsten verfügbaren Personen. Dadurch entsteht oft ein besonderes, auch persönliches Naheverhältnis. Auf der anderen Seite bedeutet die Pflege von Krebspatienten die wiederkehrende Konfrontation mit Bedrohung, Leiden, Angst, Auflehnung, Verzweiflung, Sterben, Tod und trauernden Angehörigen. Die emotionale Nähe einerseits und die ständige Konfrontation mit belastenden Situationen andererseits stellen für alle Betreuer eine große Herausforderung dar. Die verschiedenen emotionalen Ansprüche erfordern deshalb, sich ständig anzupassen und sich zurechtzufinden zwischen Anteilnahme und professioneller Distanz. Das ist vor allem für junge oder unerfahrene Kollegen nicht leicht. Aber auch erfahrenen Pflegepersonen, Ärzten und Psychologen stellt sich diese Aufgabe immer wieder von neuem. Sich zurechtfinden zwischen Nähe

und Distanz ist notwendig, um das eigene psychische Gleichgewicht zu wahren und um dem Burnout-Syndrom vorzubeugen (siehe Kap. 29.6 und 30.5).

15.5 Das onkologische Team

Die ganzheitliche Therapie krebskranker Patienten erfolgt durch das onkologische Team. Dieses besteht aus den behandelnden Ärzten und Pflegepersonen sowie aus Psychologen, Pädagogen (bei Kindern) und anderen Betreuern, die im Bedarfsfall hinzugezogen werden. Alle Mitglieder des onkologischen Teams haben ausreichende Informationen über die jeweilige Krankheit und den Wissensstand der Patienten. Sie sollten weiters in Kommunikation und Gesprächsführung in schwierigen Situationen geschult sein. Diese Voraussetzungen sind wichtig, um entsprechende Krisen und Notlagen des Patienten zu erkennen und rasch die notwendige Hilfe einleiten zu können. Strukturierte psychoonkologische Trainingsprogramme vertiefen und festigen die erworbenen Fähigkeiten (vgl. Pouget-Schors/Degner 2005). Kooperation aller beteiligten Berufsgruppen ist für eine erfolgreiche Behandlung sehr wichtig. Dazu gehört die wechselseitige Information aller Betreuer ebenso wie die organisatorische Einbettung der psychologischen Betreuung in den medizinisch-pflegerischen Kontext. Die Bereitschaft und praktische Kompetenz in der Zusammenarbeit sowie die lokale Verfügbarkeit (dass z. B. Psychologen rasch zugezogen werden können) sind weitere entscheidende Faktoren für eine erfolgreiche Behandlung.
Psychosoziale Kompetenzen und die Zusammenarbeit im onkologischen Team können durch spezielle Fortbildungen und regelmäßige Supervision gefördert werden. Regelmäßige Supervision dient auch der Psychohygiene der Teammitglieder. In ihr können die vielfältigen Belastungen, die die Betreuung von Krebspatienten mit sich bringt, reflektiert und handhabbar gemacht werden (siehe Kap. 31.2). Das erleichtert die Konfrontation mit ungünstigen Behandlungsverläufen und dient dem Verständnis von schwierigen Beziehungskonstellationen sowie der Prävention weiterer Belastungen und Traumatisierungen des Patienten.

15.6 Zusammenfassung

Psychoonkologie beschäftigt sich mit Tumorerkrankungen aus psychologischer Sicht. Im Krankheitserleben sind Diagnosestellung, Behandlung, Fortschreiten der Krankheit sowie das Auftreten von Rezidiven mit spezifischen Belastungen verbunden. Die Krankheitsverarbeitung verläuft individuell sehr unterschiedlich, doch lassen sich einige typische Copingmuster unterscheiden, die die Lebensqualität der Patienten stark beeinflussen. Psychische Auffälligkeiten und Störungen treten bei Krebspatienten häufiger auf als bei anderen Kranken. Die psychoonkologische Betreuung dient der gezielten Verbesserung der Lebenssituation der Patienten und umfasst körperliche, gedankliche, emotionale und soziale Aspekte der Krankheit. Die Verbesserung der Lebensqualität ist ein Hauptziel der Psychoonkologie. Dem Pflegepersonal kommt dabei eine Schlüsselrolle zu. Im onkologischen Team kann die ganzheitliche Betreuung krebskranker Patienten optimal durchgeführt werden.

16 Beispiel: Psychotraumatologie

Viele Patienten und Heimbewohner haben traumatische Erfahrungen hinter sich, die ihr aktuelles Erleben und Verhalten vehement beeinflussen. Pflegepersonen können im angemessenen Umgang mit Notfallopfern und Traumatisierten eine wichtige Rolle einnehmen.

16.1 Psychische Traumatisierung

Ein Trauma ist die Verletzung und nachhaltige Schädigung einer bestehenden Struktur. Das betrifft den körperlichen Bereich (z. B. Schädel-Hirn-Trauma, Polytrauma) ebenso wie den psychischen. Die Art des Ereignisses und die näheren

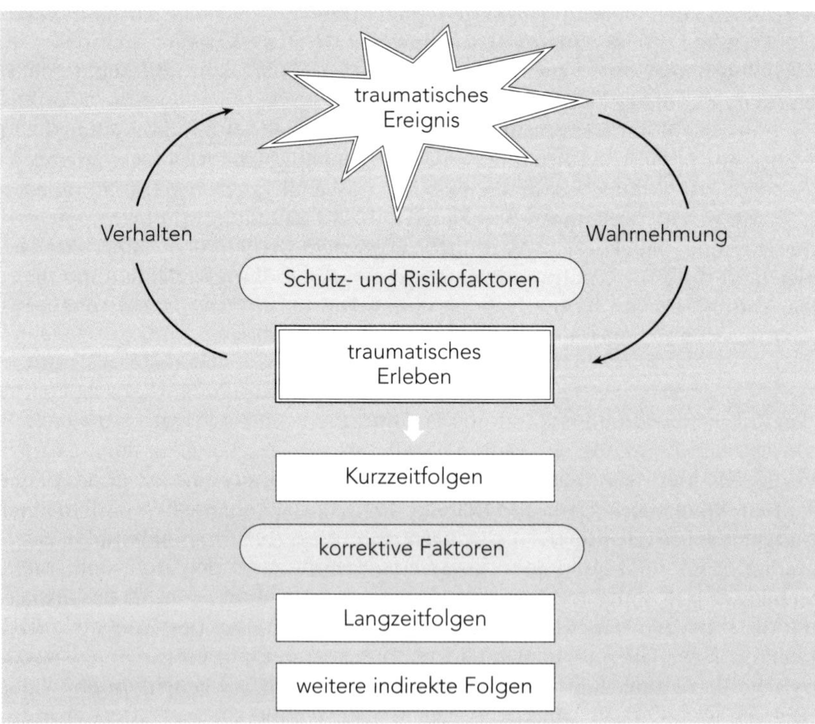

Abb. 9: Verlauf der psychischen Traumatisierung (Hausmann 2005, S. 62)

Umstände spielen dabei ebenso eine Rolle wie die Personen, die davon betroffen sind und die Folgen, die daraus auf den verschiedensten Ebenen (psychisch, körperlich, sozial, finanziell usw.) entstehen (Hausmann 2006). Bei vielen Notfallpatienten treten nach den akuten Reaktionen auch mittel- und langfristige psychische Folgen auf.
Psychische Traumata entstehen nicht allein aufgrund körperlicher Verletzungen. Auch körperlich leicht oder unverletzte Menschen können durch einen Notfall psychisch traumatisiert werden.

Die psychischen Folgen eines Traumas entwickeln sich in mehreren Schritten (siehe Abb. 9):

- Das **traumatische Ereignis** ist gekennzeichnet durch seine Intensität (Schweregrad des Traumas), spezifische Traumafaktoren (z. B. Häufung traumatischer Ereignisse oder Umstände, direkte vs. indirekte Betroffenheit, Verursachung und Schuld, Verhältnis zwischen Täter und Opfer), die Konstellation der Faktoren (was spielt in der konkreten Situation eine besondere Rolle etc.) sowie traumatische Inhalte (das „Thema" der traumatischen Situation, z. B. Bedrohung durch Krebs, Todesnähe durch Unfall u. a. m.).
- Das **traumatische Erleben** hängt vom aktuellen Zustand des Betroffenen ab (psychische und körperliche Fitness, aktuelle Belastungen etc.) sowie von der überdauernden Disposition (Einstellungen, Persönlichkeit, Vorerfahrungen, Wissen etc.). Traumatisches Ereignis und Traumaerleben beeinflussen einander. Je nachdem, welche Aspekte der Situation wahrgenommen werden, kann diese mehr oder weniger bedrohlich wirken. Das Verhalten des Betroffenen wiederum kann bis zu einem gewissen Grad die Situation mitbestimmen (bleiben oder weglaufen, erdulden oder sich wehren etc.).
- Zu den **Kurzzeitfolgen** zählen Schock, akute psychische Symptome und erste unmittelbare Bewältigungsversuche in den ersten Tagen und Wochen nach dem Trauma.
- **Korrektive Faktoren:** Die akuten Folgen des Traumas können durch verschiedene korrektive Faktoren abgemildert werden. Zu diesen Faktoren zählen körperliche Erholung, angemessene Copingstrategien, bewusste Erinnerung an das Ereignis, erweiterte Kompensation (veränderte Lebensführung) etc. Sie wirken auch der Entstehung von Langzeitfolgen entgegen.
- Typische **Langzeitfolgen** sind Angststörungen, Depression, Probleme in der Partnerschaft, Alkohol- und Tablettenmissbrauch, Schmerzstörungen, Herz-Kreislauf-Erkrankungen, Verschlechterung bereits bestehender körperlicher Krankheiten und Symptome, Suizidalität sowie halb- oder unbewusste Wiederholungen der traumatischen Situation (z. B. anhaltende Selbstgefährdung nach einem Unfall, den man nur knapp überlebt hat).
- **Weitere indirekte Folgen:** Das Traumaerleben kann andere (bestehende oder später auftretende) Belastungen verstärken und gravierende soziale Folgen haben (in Familie, Arbeit, Freundeskreis).

16.2 Psychische Traumafolgen und körperliche Störungen

Eine psychische Traumatisierung kann erhebliche psychische und körperliche Störungen auslösen bzw. verstärken (Übersicht in Hausmann 2006). Die wichtigste psychische Störung nach Notfällen ist die posttraumatische Belastungsstörung (PTBS). Sie entsteht als Reaktion auf ein belastendes Ereignis oder auf eine Situation außergewöhnlicher Bedrohung oder katastrophalen Ausmaßes. Psychische Vorerkrankungen oder andere Belastungsfaktoren können den Verlauf der Störung verstärken, reichen aber für eine Erklärung nicht aus. Rund 8 % aller Menschen erkranken im Laufe ihres Lebens an einer PTBS.

Hauptsymptome der posttraumatischen Belastungsstörung (PTBS):
1. sich aufdrängende Erinnerungen an das Trauma (Intrusionen), wiederholtes Nacherleben (Flashbacks), sehr belastende, nicht kontrollierbare innere Bilder mit den Gefühlen „in Originalform"
2. Vermeidung von Aktivitäten oder Situationen, die an das Trauma erinnern könnten, wie z. B. Autofahren, Dunkelheit, bestimmte Berichte im Fernsehen
3. Übererregung: extreme Nervosität, Gereiztheit, Schreckhaftigkeit, Angst, Schlafstörungen, Konzentrationsschwierigkeiten oder emotionale Taubheit

PTBS entsteht bei
- ca. 50 % der Opfer von Vergewaltigung oder sexuellem Missbrauch,
- ca. 25 % der Opfer anderer Gewaltverbrechen,
- ca. 20 % der Opfer von Verkehrsunfällen mit Personenschaden,
- 10 bis 20 % der Patienten mit einer lebensbedrohlichen Krankheit,
- 8 bis 20 % der Einsatzkräfte in Routinediensten (Polizei, Feuerwehr, Rettungsdienst),
- 3 bis 10 % der Opfer und 9 bis 17 % der Helfer von Katastrophen sowie
- ca. 5 % der Zeugen von Unfällen oder Gewalthandlungen.

80 bis 90 % der PTBS-Patienten leiden an einer weiteren psychischen Störung. Dazu zählen insbesondere Angststörungen, Depression, Alkoholmissbrauch, Missbrauch anderer Substanzen (Nikotin, Medikamente, Drogen), sexuelle Störungen (insbesondere bei Opfern sexueller Gewalt) und Somatisierungsstörungen. Frauen sind generell rund doppelt so häufig von PTBS betroffen wie Männer. Ein chronischer Verlauf wird bei Frauen rund viermal so häufig beobachtet. Ein wesentlicher Grund dafür dürfte in der weiblichen Sozialisation liegen: Frauen werden in ihrer Erziehung eher zu passivem Coping angeregt, Männer eher zur Orientierung an einer Änderung der Situation und ihrer Folgen.

Körperliche Symptome bei PTBS
Anhaltende körperliche Symptome treten bei vielen traumatisierten Menschen auf. Besonders Personen, bei denen sich eine posttraumatische Belastungsstörung entwickelt hat, leiden unter körperlichen Symptomen:

- anhaltende Müdigkeit, Kopfschmerzen, Muskelverspannungen, Rückenschmerzen und Schlafstörungen gehen oft einher mit dem PTBS-typischen Zustand der Anspannung und Übererregung.
- Akute und chronische Schmerzen sind auf vielfältige Weise mit den Symptomen der PTBS verknüpft. 10 bis 22 % der Patienten von Schmerzkliniken und Ambulanzen leiden zusätzlich unter PTBS. Umgekehrt leiden 30 bis 80 % aller PTBS-Patienten an chronischen Kopf- oder Rückenschmerzen.
- Der Verlauf von lebensbedrohenden Krankheiten wie Krebs oder kardiovaskulären Erkrankungen wird durch PTBS negativ beeinflusst. Die PTBS-Symptome haben einen stärkeren negativen Einfluss auf medizinische Komplikationen als Depressions- oder Angstsymptome zum Zeitpunkt der Erkrankung.
- Medizinische Dienste werden von Traumaopfern in den Monaten nach dem Trauma entweder vermehrt in Anspruch genommen (aufgrund verschiedenster, oft diffuser Symptome); oder sie vermeiden medizinische Untersuchungen und Fragen nach der Ursache oder nach dem erstmaligen Auftreten der Symptome (aufgrund von Scham, Angst, Vermeidungsverhalten).
- Die Sterblichkeitsrate bei Menschen, die ein Trauma erlebt haben, liegt deutlich über jener der Bevölkerung sowie verschiedener Vergleichsgruppen. Traumaopfer neigen zu erhöhtem Risikoverhalten und zu Sucht. Suizid, gewaltsamer Tod und Unfalltod sind die Hauptgründe für die erhöhte Sterblichkeitsrate.

Die psychische Verarbeitung der belastenden Ereignisse ist im Zusammenhang mit dem Auftreten von körperlichen Symptomen und Krankheiten ein wesentlicher Faktor. Um die negativen Auswirkungen der Ereignisse auf die Gesundheit zu reduzieren, sind eine rasch einsetzende psychologische Stabilisierung sowie gegebenenfalls die Behandlung der psychischen Kurz- und Langzeitfolgen unverzichtbar.

Posttraumatische Belastungsstörung als Folge körperlicher Erkrankungen
Lebensbedrohende Erkrankungen und die damit verbundene Behandlung können ihrerseits eine posttraumatische Belastungsstörung auslösen.
Die Art des Traumas bei lebensbedrohenden Krankheiten weist einige Besonderheiten auf: Die Bedrohung liegt nicht in der Umwelt des Betroffenen (wie bei Unfällen, Gewalt oder Katastrophen), sondern in seinem Körper selbst. Die aktuellen Belastungen aufgrund der lebensbedrohlichen Situation, der erlebten Hilflosigkeit und des Ausgeliefertseins sind eng verknüpft mit der notwendigen (intensiv-)medizinischen Behandlung und dauern oft über einen längeren Zeitraum an. Bei manchen Patienten stellt bereits die Diagnose ein so genanntes „Informationstrauma" dar. Allein die Mitteilung, an einer schweren oder unheilbaren Krankheit zu leiden, wirkt aufgrund der damit verbundenen Bedrohung (Lebensgefahr) traumatisch und kann Symptome der PTBS auslösen. Aufgrund der Schwere der Symptome und der hohen Komorbidität (weitere psychische Störungen sowie somatische Krankheiten und Komplikationen, die mit der PTBS einhergehen) ist ein psychodiagnostisches Screening und gegebenenfalls die klinisch-psychologische Behandlung dieser Patienten unbedingt notwendig.

16.3 Opfer von Verkehrsunfällen

Die häufigste Traumatisierungserfahrung in den westlichen Industriestaaten sind Verkehrsunfälle. Allein in Österreich wird statistisch gesehen jeder Dritte im Laufe seines Lebens Opfer eines Unfalls mit Personenschaden im Straßenverkehr. Hinzu kommt die indirekte Betroffenheit als Angehöriger, Freund, Kollege, Nachbar etc. Die kurz- und langfristigen psychischen Folgen von Unfällen wurden lange unterschätzt. Rund die Hälfte der Schwerverletzten zeigt gravierende psychische Symptome innerhalb des ersten Jahres nach dem Unfall.

- Bei rund 20 % der Patienten, die nach einem Verkehrsunfall stationär behandelt werden, entwickelt sich eine PTBS.
- Bei rund 30 % der Patienten treten wesentliche Einzelsymptome der PTBS oder andere psychische Störungen sowie chronische Schmerzen auf.
- Reiseängste im Sinne einer psychischen Mobilitätsbehinderung sind bei rund 30 % der Unfallopfer zu beobachten.
- Weniger als die Hälfte der Patienten zeigen keine Symptome im Sinne einer psychischen Störung.

Viele Patienten sind bereits vor einem Unfall durch soziale oder gesundheitliche Probleme belastet. Diese wirken sich negativ auf die Bewältigung des Unfalltraumas aus.
Aber auch Leicht- und Unverletzte können durch den Notfall psychisch traumatisiert sein, z. B. wenn sie selbst im Unfallwagen gesessen sind. Dasselbe gilt für Angehörige, die den Verletzten besuchen: Sie können sowohl von den Verletzungen als auch von den Umständen des Notfalls sehr betroffen sein. Ein Ignorieren der Symptome wäre ein schwer wiegender Behandlungsfehler.

Behandlungsdauer im Krankenhaus, Medikamenten- und Rehabilitationsaufwand sowie Krankenstandstage werden durch den psychischen Zustand in den Tagen nach dem Unfall, Gedanken über den Heilungsverlauf sowie das Kohärenzerleben wesentlich beeinflusst. Diese Zusammenhänge sind unabhängig vom Schweregrad der Verletzung.
Als günstig für die Verarbeitung des Unfalls haben sich folgende Faktoren erwiesen:

- den Unfall als abgeschlossenes Ereignis betrachten,
- den Unfallhergang und das eigene Verhalten verstehen können,
- den eigenen Einfluss auf die Heilung betonen,
- Patienten und Angehörige bei der Problembewältigung zu Hause unterstützen (Vorbereitung auf die Entlassung),
- sinnvolle Lehren aus dem Unfall ziehen, damit er sich nicht wiederholt.

Diese Prozesse sollten durch psychosoziale Unterstützung von Pflegepersonen und Ärzten (Bühlmann/Käppeli 2004) sowie durch klinisch-psychologische Stabilisierung und Behandlung gezielt gefördert werden.

16.4 Psychologische Stabilisierung

Notfälle und traumatische Erfahrungen führen zu einem psychischen „Ausnahmezustand", der das gesamte Erleben und Verhalten betrifft. Mit der Überstellung der Verletzten ins Krankenhaus, der stationären Aufnahme oder der Rückfahrt der Angehörigen nach Hause sind Bewältigung und Verarbeitung noch lange nicht abgeschlossen. Bei vielen Betroffenen treten psychische Symptome erst nach dem Ende der Akutphase auf. Für die Notfallopfer, aber auch für ihre Angehörigen sowie für die Zeugen und Helfer beginnt nun die sog. Stabilisierungsphase. Diese dauert meist sieben bis zehn Tage nach dem Notfall (nach Katastrophen bis zu vier Wochen). Wenn äußerlich wieder Ruhe einkehrt, kommt vielen Menschen erstmals zu Bewusstsein, was sie eigentlich durchgemacht haben. Nervosität, Gereiztheit, Konzentrationsprobleme, unkontrollierbare Erinnerungen und plötzliche Traurigkeit können ebenso auftreten wie Schlafstörungen, Beziehungsprobleme und sozialer Rückzug. Für die Betroffenen geht es darum, wieder „Boden unter die Füße" zu bekommen, ein innerliches Abschließen des akuten Notfallerlebens zu erreichen und „das Leben danach" aufzunehmen, wie schwierig das auch zunächst sein mag. Die Betroffenen sollen wieder eine Art von Normalität erreichen und allmählich zu ihrer täglichen Routine zurückkehren. Sie erfassen nach und nach den Notfall in seiner ganzen Tragweite. Das betrifft auch Fragen nach den Ursachen des Ereignisses und nach der Verantwortung oder Schuld.

Psychologische Gespräche

Die an sich von selbst ablaufende emotionale Stabilisierung kann durch gezielte psychologische Gespräche wesentlich gefördert und beschleunigt werden. Es handelt sich dabei um keine Therapie und auch nicht um Betreuung im engeren Sinn. Vielmehr geht es darum, so rasch wie möglich die Hilflosigkeit der Betroffenen aufzulösen und ihre Eigenständigkeit und Kontrolle wiederherzustellen. Das oberste Ziel heißt Wiederermächtigung, d. h. den Betroffenen zu helfen, die anstehenden Aufgaben anzugehen, erste Lösungen zu finden und Zukunftsperspektiven aufzubauen.

Ziele der psychologischen Stabilisierung nach Notfällen:
- Information über mögliche psychische Folgen des Ereignisses
- Normalisierung der individuellen Gefühle und Reaktionen
- Förderung hilfreicher Bewältigungs- und Verarbeitungsprozesse
- Aktivierung des sozialen Netzwerkes des Betroffenen
- Vorbeugen von Folgestörungen (sekundäre Prävention)
- Einleitung von individueller Weiterbetreuung/Behandlung, falls notwendig

Dauer, Intensität und Ablauf der psychologischen Gespräche hängen stark von den jeweiligen Umständen ab (Art und Schwere der körperlichen Symptome und Verletzungen, Zeitpunkt des Gesprächs, aktueller psychischer Zustand des Patienten, Betroffenheit der Angehörigen etc.). Die Interventionen umfassen insbeson-

dere Einzelgespräche, Gruppengespräche (z. B. mit allen Beteiligten des Unfalls) und Beratung von Angehörigen.
Psychologische Stabilisierungsmaßnahmen werden im Krankenhaus vor allem auf folgenden Abteilungen durchgeführt:

- Intensiv (Schwerverletzte und ihre Angehörigen)
- Unfall, Chirurgie (körperlich und psychisch Traumatisierte)
- Gynäkologie und Geburtshilfe (z. B. Totgeburt, schwere Behinderung des Kindes)
- Kinder (traumatisierte Kinder und ihre Eltern bzw. Bezugspersonen)
- Interne (z. B. vegetative Erschöpfung nach einem Notfall)
- Spezialabteilungen (Psychosomatik, Orthopädie, Neurochirurgie, Schmerzambulanz etc.)

Die psychologischen Maßnahmen unterstützen die emotionale Stabilisierung des Patienten sowie seine Kooperation mit den Ärzten, Pflegepersonen und Therapeuten. Sie fördern damit gleichermaßen die psychische wie die körperliche Genesung.

Traumatherapie
Bei anhaltender psychischer Belastung oder schweren Symptomen im Sinne einer posttraumatischen Belastungsstörung sind eine weiterführende Behandlung und eventuell eine spezielle Traumatherapie nötig. Diese setzt voraus, dass das traumatisierende Ereignis vorbei bzw. die traumatisierende Beziehung (z. B. bei häuslicher Gewalt) beendet ist und keine Gefahr mehr für den Betroffenen besteht. Darüber hinaus gelten folgende Kontraindikationen (Flatten et al. 2004): instabile psychosoziale und körperliche Situation, mangelnde Affekttoleranz, anhaltende schwere Dissoziationsneigung, unkontrolliertes autoaggressives Verhalten und mangelnde Distanzierungsfähigkeit zum traumatischen Ereignis. Absolute Kontraindikationen sind psychotisches bzw. psychosenahes Erleben, akute Suizidalität sowie anhaltender Täterkontakt. Daneben können für die Betroffenen auch andere Formen von Weiterbetreuung hilfreich sein, wie z. B. Trauerbegleitung, Selbsthilfegruppen oder Angehörigen- und Gemeindeprogramme nach Katastrophen.

16.5 Aufgaben von Pflegepersonen

Im Optimalfall erfolgt die Behandlung von stationären Notfallpatienten durch ein multidisziplinäres Team aus Ärzten, Psychologen und Pflegepersonen. Sie verfügen alle über psychotraumatologisches Grundwissen und sind in Kommunikation und Gesprächsführung geschult. Dadurch ist gewährleistet, dass psychische Symptome und Krisenanzeichen rasch erkannt werden und die notwendige Hilfe eingeleitet wird.

Psychosoziale Betreuung von Traumapatienten:
- Unterstützung bei der Krankheitsbewältigung
- Achten auf Symptome von PTBS und anderen Störungen
- Weitermelden von Veränderungen und Symptomen
- Vermittlung psychologischer Unterstützung
- Gespräche mit Angehörigen, falls gewünscht

Für eine erfolgreiche Behandlung ist die wechselseitige Information aller Betreuer sowie die organisatorische Einbettung der psychologischen Behandlung in die medizinisch-pflegerischen Abläufe sehr wichtig. Ärzte und Pflegepersonen sollten ihrerseits über die momentane psychische Situation und die zu erwartende Entwicklung auf dem Laufenden sein. Dazu gehören auch konkrete Informationen, wie sie den Patienten bei der psychischen Stabilisierung unterstützen können. Das bezieht sich z. B. auf die Häufigkeit von Visiten und Gesprächen, auf wiederholte ausführliche Information und die Möglichkeit, Fragen zu stellen, aber auch auf bestimmte Formulierungen, die im Gespräch mit dem Patienten verwendet bzw. vermieden werden sollten, sowie auf den Umgang mit emotionalen Entgleisungen. Insgesamt ist die rasche Verfügbarkeit von Psychologen entscheidend für Qualität und Verlauf der gesamten Behandlung.
Pflegepersonen haben die wichtige Aufgabe, die Hinweise auf mögliche psychische Störungen zu erkennen und weiterzumelden. Sie stehen damit an der Schnittstelle zwischen medizinischer und psychologischer Behandlung. Ihre Hinweise und Informationen sind oft unverzichtbar, um die psychologische Behandlung optimal durchführen zu können. Gleichzeitig können Psychologen den Pflegenden wichtige Hinweise zum besseren Umgang mit dem Patienten geben.

Beispiel

Bei einem Ausflug mit dem Bus des Altersheimes verursacht Herr V. einen schweren Verkehrsunfall mit mehreren Toten und Schwerverletzten. Er selbst und die Insassen seines Busses, Heimbewohner zwischen 79 und 95 Jahren, bleiben unverletzt. In den folgenden Tagen wirken die betroffenen Bewohner körperlich erschöpft und zugleich emotional erregt. Die Pflegedirektorin und der ärztliche Leiter des Heimes führen Gespräche mit allen Betroffenen, zugleich wird notfallpsychologische Hilfe in die Wege geleitet. Zwei Psychologen führen mit den Businsassen ein spezielles Gruppengespräch zur psychischen Stabilisierung (Debriefing), eine weitere Psychologin betreut den Unfallverursacher. Die Pflegedirektorin informiert die Psychologen über alle relevanten Fakten und bespricht verschiedene Fragen bezüglich der nächsten Tage und Wochen im Heim. Dabei geht es u. a. um den nächsten geplanten Ausflug von Heimbewohnern, an dem Herr V. ursprünglich teilnehmen wollte, die Information der anderen Bewohner, die von dem Unfall nur durch die Medien erfahren haben, mögliche Verhaltensänderungen bei Herrn V. sowie Tipps zum Umgang mit diesen.

16.6 Unterstützung von Angehörigen

Notfälle und die mögliche vitale Bedrohung des Opfers stellen auch für die Angehörigen eine schwere psychische Belastung dar. Wenn sie gerade erst vom Notfall erfahren haben, benötigen sie möglicherweise psychologische Akuthilfe. Vielfach fällt es zunächst den Pflegepersonen zu, sich um die Angehörigen „zu kümmern". Die wichtigste Unterstützung für Angehörige besteht darin, sie mit ihren Fragen und Sorgen nicht allein zu lassen. Im Optimalfall bleibt ein psychosozialer Helfer (Psychologe, Seelsorger) so lange bei ihnen, wie sie das möchten. Wenn das nicht möglich ist, sollte auf jeden Fall eine Auskunftsperson (Arzt, Pflegeperson) regelmäßig zu den Angehörigen gehen und ihnen den aktuellen Informationsstand mitteilen. Das gilt auch, wenn es nichts Neues zu berichten gibt (in diesem Fall die bisherigen Informationen zusammenfassen). Darüber hinaus sind viele dringende Bedürfnisse (z. B. etwas trinken, sich ausruhen können, telefonieren) von Pflegepersonen relativ einfach zu organisieren.
Das Ziel von Angehörigengesprächen ist es, die innerfamiliäre Unterstützung zu fördern. Keineswegs sollten den Angehörigen die Dinge aus der Hand und wichtige Entscheidungen abgenommen werden.

Zur Angehörigenunterstützung zählt insbesondere

- **die Situation strukturieren:** Informationen darüber, was gerade passiert, wie es mit der Behandlung weitergehen wird, wer die behandelnden Personen sind, wozu bestimmte Untersuchungen und Geräte dienen usw.,
- **Informationen filtern:** fehlende Informationen ergänzen, irrationale Interpretationen aufgrund falscher Informationen korrigieren. Wichtig sind dabei Formulierungen, die die Abwehrkräfte der Angehörigen schonen.
- **Vorschläge und Hilfsangebote machen:** praktische Fragen klären (z. B. Telefonate ermöglichen), Hinweise geben, wie die Angehörigen mit dem Notfallopfer umgehen und worüber sie mit ihm sprechen sollen,
- **Rückmeldungen einholen:** offene Fragen klären, Möglichkeiten für weitere Gespräche schaffen (auch in den folgenden Tagen, mit anderen Personen etc.).

Die umfassende Aufklärung des Patienten und der Angehörigen über den aktuellen Zustand und die weiteren Schritte ist in jedem Fall zentral. Auf alle Fragen eine Antwort zu bekommen, fördert das Kohärenzerleben, eine der wichtigsten Ressourcen in der Bewältigung von traumatischen Ereignissen, und zugleich die Beziehung zwischen Patienten, Ärzten und Pflegepersonen.

Sofern die Angehörigen und Freunde der Betroffenen dazu in der Lage sind, sollten sie in die Unterstützung der traumatisierten Person aktiv mit einbezogen werden. Bereits ihre bloße Anwesenheit kann eine stützende und entlastende Wirkung haben.
Die meisten Angehörigen und Freunde haben jedoch keine Erfahrung in der psychosozialen Unterstützung nach einem Notfall oder Trauma. Viele fühlen sich verunsichert und hilflos, wenn sie mit den Folgen des traumatischen Ereignisses im

Erleben und Verhalten der Betroffenen konfrontiert sind. Auf keinen Fall sollten Personen dazu gedrängt werden, Betroffene zu unterstützen. Auch sollten die Angehörigen und Freunde ihrerseits die Möglichkeit für Rückfragen und Unterstützung haben (siehe Kap. 26.5).

16.7 Zusammenfassung

Psychische Traumatisierung bedeutet eine Verletzung und nachhaltige Schädigung der Psyche durch zumeist plötzlich auftretende, extrem belastende Ereignisse. Die Traumatisierung kann kurz- und langfristig schwere psychische Folgen haben. Die wichtigste psychische Störung nach Notfällen ist die posttraumatische Belastungsstörung. Diese ist mit zahlreichen körperlichen Symptomen verbunden und tritt auch als Folge körperlicher Krankheiten auf. Besondere Beachtung gilt den Opfern von Verkehrsunfällen. Die psychologische Stabilisierung sollte bald nach dem Trauma einsetzen. Durch sie können der innere Ausnahmezustand beendet und hilfreiche Bewältigungsprozesse gefördert werden. Pflegepersonen stehen an der Schnittstelle zwischen medizinischer und psychologischer Behandlung der Opfer. In vielen Fällen brauchen auch die Angehörigen der Opfer vorübergehende psychosoziale Unterstützung.

17 Psychosoziale Unterstützung

Positive zwischenmenschliche Kontakte und tragfähige Beziehungen sind im Krankheitsfall noch wichtiger als im Alltag. Dabei ist vor allem die Qualität der erhaltenen sozialen Unterstützung ausschlaggebend. Nicht wie viele Angehörige und Helfer dem Patienten zur Seite stehen ist wichtig, sondern vor allem in welcher Form sie tatsächlich helfen können.

17.1 Die Bedeutung psychosozialer Unterstützung

Psychosoziale Unterstützung umfasst alle Formen von Hilfe, die einer Person durch Beziehungen und Kontakte mit seiner Umwelt zugänglich sind. Der Schwerpunkt liegt auf der Bewältigung der Probleme und Belastungen. Psychosoziale Unterstützung trägt dazu bei, Gesundheit zu erhalten bzw. Krankheiten zu vermeiden, psychische und körperliche Belastungen ohne Schaden für die Gesundheit zu überstehen und die Folgen von Krankheit zu bewältigen.
Folgende Formen psychosozialer Unterstützung lassen sich unterscheiden (nach Kaluza 2004):

- **materielle und praktische Unterstützung**: Dinge oder Geld zur Verfügung stellen, Besorgungen erledigen, Fahrten übernehmen, Haustier versorgen etc.;
- **beratende Unterstützung:** Informationen geben, die anstehenden Probleme besprechen, sachliche Lösungen finden, Tricks zeigen (z. B. bei Bewegungseinschränkung), Rückmeldungen geben;

- **emotionale Unterstützung:** durch Nähe, Vertrauen und Halt; den Betroffenen nicht allein lassen und ihm die Möglichkeit geben, alle Gefühle und Gedanken zu äußern; Ermutigung, die Dinge selbst in die Hand zu nehmen; Stärkung des Selbstwertes;
- **geistige Unterstützung:** ein positives Bild der allgemeinen weiteren Entwicklung entwerfen (soweit angemessen); über Werte, Grundannahmen und existenzielle Einsichten in Bezug auf das Leben als Ganzes sprechen;

Soziale Unterstützung wirkt wie eine Art Puffer gegen Stress und Belastungen. Sie hilft mit, die emotionale Stabilität aufrechtzuerhalten bzw. wiederherzustellen sowie Krankheit, Belastungen und kritische Lebensereignisse zu bewältigen. Sie fördert die individuelle Krankheitsverarbeitung des Patienten und kann die Genesung und Rehabilitation beschleunigen.
Wichtig ist, wie die Unterstützung wahrgenommen, sachlich eingeschätzt und emotional erlebt wird. Der Betroffene soll die vorhandenen Unterstützungsmöglichkeiten erkennen, für sich akzeptieren und in Anspruch nehmen. Das fällt nicht allen Menschen leicht. Für manche ist es schwierig, sich als hilfsbedürftig zu zeigen oder aktiv um Hilfe zu bitten.

Die angebotene Hilfe sollte bei den nötigen Coping- und Anpassungsleistungen unterstützen, nicht zusätzlich Stress verursachen.

Unsichere, fehlerhafte oder falsche Hilfe sollte ebenso vermieden werden wie emotionale Vernachlässigung, Freiheitsbeschränkung oder Zwangsbeglückung.

17.2 Unterstützung durch Angehörige

Angehörige, Verwandte und Freunde sind zumeist die wichtigsten Personen im Leben der Patienten. Von ihnen erwarten sie Hilfe während der Krankheit, Unterstützung während der Genesung, Rücksichtnahme bei chronischen Leiden, Verständnis und Nähe. Angehörige haben schon vor einer Erkrankung eine große Bedeutung im Leben der Patienten gehabt und bilden auch langfristig den größten Rückhalt in der Krankheitsbewältigung. In vielen Fällen sind sie subjektiv wichtiger als Ärzte, Pflegepersonen, Psychologen und andere Betreuer.

Angehörige und Bezugspersonen sollten wenn möglich von Anfang an in die Behandlung und Pflege mit einbezogen werden.

Angehörige spornen an, erinnern, helfen, entlasten und stabilisieren, materiell wie emotional. Die Verarbeitung der Krankheit und die Bewältigung der Folgen können durch ihre Unterstützung sehr gefördert werden. Dem Patienten ist es dadurch eher möglich, die notwendigen Anpassungsprozesse zu vollziehen und die emotionale Stabilität wiederzugewinnen. Besonders wichtig ist dies bei Kindern, vor allem wenn sie stationär im Krankenhaus behandelt werden. In einer

Partnerschaft ist für die Krankheitsverarbeitung vor allem die Qualität der Paarbeziehung ausschlaggebend.
Die Unterstützungs- und Betreuungsaufgaben können für Angehörige auch Probleme mit sich bringen. Den meisten Angehörigen fehlen tieferes medizinisch-pflegerisches Wissen und fachliche Objektivität. Viele schwingen emotional mit dem Kranken mit und können sich nur schwer distanzieren. Eigene persönliche und familiäre Bedürfnisse spielen ebenfalls eine Rolle (z. B. bei Änderungen im Familienalltag durch lange häusliche Pflege). Das kann zu Überforderung, Konflikten und Schuldgefühlen führen. Aufdringliche Verwandte und nörgelnde, Schuld zuweisende Partner können die Therapiemotivation ungünstig beeinflussen. Pflegepersonen und andere Betreuer sollten deshalb die Familienmitglieder für die Ursachen auffälligen Verhaltens sensibilisieren und sie bei der Entwicklung angemessener Reaktionsweisen unterstützen.

Angehörige sind darüber hinaus oft selbst Betroffene, die Unterstützung brauchen. Das ist unter anderem der Fall:

- bei Unfällen und plötzlich auftretenden Erkrankungen: Diese verursachen Sorgen und Ängste, was den weiteren Verlauf, die Diagnose, das Wohlbefinden und vielleicht Leben des Kranken betrifft.
- bei Entlassung eines pflegebedürftigen Patienten aus dem Krankenhaus: Der Haushalt ist zunächst oft nicht auf die Pflegebedürfnisse eingerichtet; die Übersiedlung in ein Heim als Alternative ist oft mit Schuldgefühlen verbunden; manche Angehörigen sind durch die anfallenden Pflegetätigkeiten schlicht überfordert.
- bei familiären Konflikten, finanziellen Belastungen etc.: Sie bestehen oft schon vor der aktuellen Situation und können durch Krankheit und Behinderung weiter verstärkt werden. Zugleich schränken sie die Unterstützungsmöglichkeiten für den Patienten ein.
- bei Rückfällen und Krisen im Krankheitsprozess, die z. T. sehr heftige Gefühle bewirken: Schwanken zwischen Hoffen und Bangen, Angst um den Patienten, Ärger, Vorwürfe, Schuldgefühle, Mutlosigkeit u. v. m.
- bei der Übermittlung der Todesnachricht.

Die genannten Belastungen können bei den Angehörigen eine Krise auslösen. Eine behutsame und angemessene Unterstützung durch Ärzte, Pflegepersonen, Psychologen und Seelsorger ist dann geboten.

17.3 Unterstützung durch Ärzte

Neben der medizinischen Diagnose und Behandlung kann jeder Arzt auch psychosoziale Unterstützung durch Beratung und ärztliches Gespräch leisten. Schon eine ausführliche Anamnese hat für viele Patienten einen positiven Effekt: Man fühlt sich verstanden und umfassend untersucht. Auch nonverbale Signale können eine große Wirkung haben, z. B. sich dem Patienten körperlich zuwenden oder ihm ins Gesicht sehen, wenn er von Symptomen berichtet. Die Einhaltung der allgemeinen Grundregeln der Gesprächsführung sowie die Vermeidung von spezifischen Kommunikationsfehlern tragen ebenfalls zu einer guten Atmosphäre bei (siehe Kap. 22). Je besser und tragfähiger die Arzt-Patienten- Beziehung ist, desto mehr Vertrauen bringt der Patient dem Arzt entgegen und desto kooperativer wird er sich verhalten.

Die Kooperationsbereitschaft des Patienten wird **Compliance** genannt. Auf der Verhaltensebene bedeutet Compliance die Befolgung ärztlicher Anordnungen durch den Patienten. Sie ist Teil der Krankenrolle.

Patienten zeigen vor allem dann Compliance, wenn für sie der Nutzen der Behandlung den subjektiven Aufwand übersteigt. Hier spielen die subjektive Krankheitstheorie und die Einstellungen zur Krankheit eine wesentliche Rolle (siehe Kap. 11). Große Bedeutung haben auch die gründliche Information des Patienten über seine Krankheit, die Untersuchungen und die einzelnen Behandlungsschritte sowie seine Einbindung in die Behandlung. Je mehr subjektive Kontrolle der Patient behält, desto geringer ist die Reaktanz und desto besser die Kooperation. Aber auch die Art der Krankheitssymptome sowie die Erfolgserwartung des Patienten spielen eine Rolle. Wichtig für eine gute Compliance ist weiters die Einbeziehung der Familie des Patienten. Bei längerfristigen Krankheiten geht die Compliance im Allgemeinen zurück. Sie sinkt auch, wenn der Arzt dem Patienten empfiehlt, seinen Lebensstil zu ändern (Ursache hierfür ist Reaktanz).

Mangelnde Compliance führt u. a. dazu, dass ambulante Untersuchungstermine nicht eingehalten, längere Untersuchungen oder Behandlungsreihen abgebrochen oder Medikamente vorzeitig abgesetzt werden. Das verlängert insgesamt die Behandlung, begünstigt Rückfälle und kann die Wiederaufnahme ins Krankenhaus notwendig machen. Allein im psychiatrischen Bereich wird geschätzt, dass ein Viertel der Behandlungskosten auf Non-Compliance zurückzuführen ist.

17.4 Unterstützung durch Pflegepersonen

Pflegepersonen verbringen von allen Betreuern die meiste Zeit mit Patienten. Oft leisten sie psychosoziale Unterstützung „nebenbei“, indem sie verschiedene Gelegenheiten nutzen, mit Patienten und Heimbewohnern ins Gespräch zu kommen. Die einfache Frage „Wie geht es Ihnen?“ kann dabei der Beginn eines scheinbar alltäglichen Gesprächs sein oder rasch zu tiefer liegenden Sorgen und Problemen führen. Oft äußern Patienten ihre Probleme nicht direkt, sondern deuten sie indirekt an oder machen durch nonverbale Signale darauf aufmerksam.

Die wesentlichen Ziele der psychosozialen Unterstützung sind Entlastung und Hilfestellung. Neben der praktischen Hilfe, die viele Pflegehandlungen von sich aus bieten, zählen dazu weiters:

- Zuwendung zeigen, dem Patienten zuhören: Gefühle, Bedürfnisse, Sorgen und Hoffnungen erkennen; dabei aufmerksam auf verborgene Hilferufe achten;
- allgemeine Situation einschätzen: körperlicher Zustand, Krankheitsphase, psychosoziale Belastungen; auf aktuelle psychische Situation eingehen;

- Ressourcen fördern (körperlich, psychisch, sozial); das soziale Netzwerk aktivieren;
- auf Einstellungen, subjektive Krankheitstheorie und Abwehrmechanismen achten; Verhaltensweisen des Patienten auch als Ausdruck des Selbstschutzes begreifen;
- hilfreiches Coping fördern; die Versuche des Patienten unterstützen, angemessen mit Angst, Unsicherheit, Hilflosigkeit sowie mit Belastungen und Krisen umzugehen und sie zu verarbeiten;
- Gesprächspausen aushalten, Schweigen nicht gleich überbrücken oder überspielen

Psychosoziale Unterstützung muss nicht unbedingt in langen Gesprächen erfolgen. Diese sind im Pflegealltag kaum zu verwirklichen. Oft genügen wiederholte kurze Gespräche über einzelne Fragen, Gefühle oder Gedanken. Wichtig ist die kontinuierliche Beobachtung des psychischen Zustandes im Hinblick auf Veränderungen und Reaktionen, vor allem in Krisenzeiten. Teambesprechungen und Dokumentation sind dabei eine wesentliche Hilfe.

17.5 Regression vermeiden

Besondere Bedeutung in der psychosozialen Unterstützung kommt der Vermeidung von Regression zu (siehe Kap. 8.4).
Regression ist das Zurückfallen in frühere, oft kindliche Verhaltensweisen (z. B. Abgabe von Verantwortung, sich gehen lassen, Vernachlässigung der Körperpflege). Sie tritt auf, wenn die Gegenwart oder die Zukunft für den Betroffenen unerträglich erscheinen und er keine Möglichkeit sieht, die anstehenden Probleme oder Belastungen zu bewältigen. Regression ist durch drei Faktoren bedingt:

- Die **situative Regression** wird durch die Krankheit und Behinderung selbst ausgelöst. Wenn Essen, Ausscheiden oder Körperpflege nur mehr mit Unterstützung von Pflegepersonen möglich sind, besteht eine Abhängigkeit und Hilflosigkeit ähnlich wie bei einem Kleinkind.
- Die **institutionelle Regression** entsteht in manchen Krankenhäusern oder Heimen durch die Struktur und den vorgegebenen Tagesablauf, dass Untersuchungen und Behandlungen ohne Rücksprache mit dem Patienten festgesetzt werden usw. Die Selbstverantwortung des Patienten bzw. Bewohners wird dadurch erheblich eingeschränkt. Manchmal werden erwachsene Menschen wie ein Kind angesprochen und behandelt (z. B. bei Demenz und Desorientierung, aber auch bei Schwerhörigkeit).
- Die **individuelle Regression** ist durch die Persönlichkeit und das Lebensschicksal, den Lebensweg und die Lebenserfahrungen des Patienten bedingt. Menschen, die grundsätzlich Verantwortung lieber an andere abschieben oder sich früher vernachlässigt gefühlt haben, können die Hilflosigkeit durch die Krankheit benützen, um sich rundum, eben wie ein Kind betreuen zu lassen.

Wichtig für die Betreuer und Pflegenden ist es, die emotionalen Bedürfnisse des Patienten zwar zu akzeptieren, regressive Verhaltensweisen aber keinesfalls zu bestärken. Die Hilfsbedürftigkeit soll auf keinen Fall vergrößert werden. Dazu gehört, dass der Patient so viele Tätigkeiten wie möglich selbst durchführt. Körperliche Mobilisation und Training, aber auch geistige Anregungen und Entscheidungsmöglichkeiten spielen dabei eine wichtige Rolle. Jeder Erwachsene hat ein Recht darauf, als Erwachsener (und nicht als Kind) angesprochen zu werden, unabhängig von seinem körperlichen oder geistigen Zustand. Das betrifft die Anrede (grundsätzlich „Sie", wenn man jemanden nicht persönlich kennt), den Tonfall sowie die Wortwahl (keine Babysprache verwenden). Wenn ein Patient Schwierigkeiten beim Sprechen hat oder nach Worten sucht, sollte man ihm Zeit geben, selbst zu sagen, was er meint (und ihm nicht vorformulieren).
Die Vermeidung bzw. der Abbau von Regression kann zunächst zeitintensiv und langwierig sein. Auf lange Sicht sinkt jedoch der Pflegeaufwand, wenn Patienten so selbstständig wie möglich sind. Gleichzeitig steigt ihre Lebensqualität: Gegenwart und Zukunft erscheinen wieder erträglich, das Leben bekommt wieder hellere, buntere Farben.

17.6 Grenzen der Unterstützung

Die Möglichkeiten psychosozialer Unterstützung durch Pflegepersonen sind groß. Dennoch gibt es Grenzen. Zu den häufigsten Einschränkungen in der Betreuung und Unterstützung von Patienten und Bewohnern zählen:

- Zeitmangel
- Personalengpässe
- Ablehnung der Hilfe durch den Patienten,
- Differenzen im Team, Konflikte mit Vorgesetzten,
- persönliche Betroffenheit, emotionale Belastung,
- Helfer- und Burnout-Syndrom

(siehe Kap. 24, 27, 29, 30).

Sobald eine Pflegeperson merkt, dass sie in der Betreuung an eine Grenze stößt, sollte sie weitere Kollegen hinzuziehen oder die Betreuung abgeben. Sich an erfahrene Kollegen zu wenden oder sich ablösen zu lassen ist ein wesentliches Element professionellen Helfens, kein Zeichen von Schwäche oder Inkompetenz.
Wenn ein Patient psychisch stark beeinträchtigt ist, eine akute Krise durchlebt oder wenn Hinweise auf eine psychische Störung vorliegen, ist für Pflegepersonen oft eine fachliche Grenze erreicht. In solchen Fällen sollte ein klinischer Psychologe in die Betreuung einbezogen werden.

Studie

Die Grenzen von ausschließlich psychosozialer Unterstützung wurden in einer Untersuchung an Unfall-Intensivpatienten aufgezeigt (Schnyder/Mörgeli 2001). Patienten, die psychosozial nicht überdurchschnittlich belastet und ins berufliche und private Leben gut integriert waren, erlitten durch ihren Unfall gravierende, mehrheitlich lebensbedrohliche Verletzungen, die eine intensivmedizinische Behandlung notwendig machten. Auf der Intensivstation erhielten sie gezielte fachliche und persönliche Unterstützung durch Ärzte und Pflegepersonen. Es wurde besonders darauf geachtet, dass die Patienten möglichst rasch möglichst viel Selbstkontrolle und Regulierbarkeit wiedererlangen konnten. – Unter diesen optimalen Betreuungsbedingungen (geringe Vorbelastung, starke psychosoziale Unterstützung) konnten die Häufigkeit von posttraumatischer Belastungsstörung mehr als halbiert und die Schwere der Symptome deutlich verringert werden. Dennoch war kurz nach dem Unfall rund ein Viertel der Patienten von starken PTBS-Symptomen betroffen. Nach einem Jahr litten immer noch rund 15 % unter starken Symptomen. Psychosoziale Unterstützung kann also einen wichtigen Beitrag zur psychischen Entlastung und Stabilisierung leisten. Bei gravierenden Belastungen reicht sie allein aber nicht aus und muss durch weitere klinisch-psychologische Maßnahmen ergänzt werden.

17.7 Seelsorger

Seelsorger gehen auf das grundsätzliche spirituelle Bedürfnis ein, das viele Menschen in Krisensituationen äußern. Krankheit, Leid und Trauer können für Patienten und Angehörige eine existenzielle Herausforderung darstellen. Seelsorger stellen dieser die Möglichkeit einer inhaltlichen, religiös-spirituellen Antwort entgegen. Zu den Schwerpunkten der seelsorgerischen Betreuung von Patienten und Angehörigen zahlen:

- Begleiten: den Patienten besuchen, zuhören, stützen, Zuwendung vermitteln;
- Glaubensfragen ansprechen: die gegenwärtige Situation in einen übergeordneten Bezugsrahmen einordnen helfen, auf religiöse Deutungen und Fragen eingehen;
- Ritualisieren: gemeinsam beten, Sakramente spenden, zeichenhafte Handlungen und Rituale gestalten.

In der säkularisierten und pluralistischen Gegenwart stehen unterschiedlichste Sinnentwürfe und religiöse Anschauungen nebeneinander. Selbstverständlich dürfen niemandem bestimmte religiöse Vorstellungen aufgezwungen werden. Es sind immer die Betroffenen, die zu verstehen geben, was sie brauchen.

Pflegepersonen können Seelsorger auf vielfältige Weise unterstützen. Regelmäßiger Informationsaustausch ist dabei besonders wichtig. Der Prozess der Lebens-, Sterbe- und Trauerbegleitung von Patienten und Angehörigen kann gemeinsam koordiniert und professionsspezifisch durchgeführt werden. Darüber hinaus sollten Krankenhausseelsorger aktiv in die zeitlichen, räumlichen und organisatorischen Strukturen auf der Station eingegliedert werden.

Seelsorgerische Begleitung kann allerdings spezifisch psychologische oder therapeutische Interventionen nicht ersetzen. Dies gilt insbesondere, wenn massive psychische Symptome oder Störungen auftreten oder für jene Fälle, die in einer anderen Weise die Intervention von Psychologen, Psychotherapeuten oder Psychiatern erfordern.

17.8 Zusammenfassung

Soziale Unterstützung von Patienten fördert die psychische Stabilität sowie die Krankheitsverarbeitung des Patienten und kann materiell, begleitend, emotional oder geistig erfolgen. Die Unterstützung durch Angehörige ist für den Patienten oft sehr hilfreich, birgt aber auch Gefahren in sich, die sich u. a. aus mangelnder Erfahrung und Ausbildung sowie großer emotionaler Nähe ergeben. Viele Angehörige sind selbst Betroffene, die Unterstützung brauchen. Ärzte können durch Information und Beachtung der Arzt-Patienten-Beziehung viel zur Verbesserung der Kooperationsbereitschaft des Patienten (Compliance) beitragen. Pflegepersonen leisten psychosoziale Unterstützung oft während anderer Pflegehandlungen. Der situativen, institutionellen und individuellen Regression sollte dabei entschieden entgegengewirkt werden. Psychosozialer Unterstützung sind im Pflegealltag verschiedene Grenzen gesetzt. Das Hinzuziehen anderer Helfer ist ein wesentliches Element professionellen Handelns. Seelsorgerische Unterstützung kann für Patienten mit religiös-spirituellen Bedürfnissen eine große Rolle spielen.

18 Psychologische Beratung und Behandlung

„Was machen Sie eigentlich, wenn Sie mit einem Patienten sprechen?" – Diese Frage wird klinischen Psychologen immer wieder gestellt. Auch Ärzte und Pflegepersonen wissen oft nicht genau, wie die konkreten Tätigkeiten klinischer Psychologen aussehen, worin sich psychologische Beratung und Behandlung von anderen Formen des Gesprächs unterscheiden und welche Methoden dabei angewandt werden.

18.1 Was ist psychologische Behandlung?

Psychologische Behandlung ist die gezielte Veränderung von gestörtem Erleben und Verhalten mittels spezieller psychologischer Verfahren. Diese sind wissenschaftlich fundiert und in ihrer Wirksamkeit überprüft. Die Behandlung erfolgt durch psychologische Experten in einem professionellen Rahmen. Die Interventionen gehen über bloße Therapie weit hinaus (Baumann/Perrez 2006).
In der psychologischen Behandlung pflegebedürftiger Menschen kann das ganze Spektrum klinisch-psychologischer Interventionen zum Einsatz kommen:

	psychische Funktionen (Gedächtnis, Emotion, Motivation etc.)	psychische Störungen und Syndrome (Depression, Angststörung, Burnout-Syndrom	zwischenmenschliche Systeme (Paarbeziehung, Familie, Schule, Betrieb etc.)
Entfaltungs- und Gesundheitsförderung			
Prävention			
Behandlung		Psychotherapie	
Rehabilitation			

Abb. 10: Bereiche der klinisch-psychologischen Interventionen

Psychotherapie als Behandlung von psychischen Störungen stellt einen begrenzten, wenngleich sehr wichtigen Teil der Interventionen dar. Im Krankenhaus ist aufgrund der immer kürzer werdenden Verweildauer der Patienten die Durchführung einer „klassischen" Psychotherapie nur selten möglich. Die meisten Patienten werden von klinischen PsychologInnen betreut, wobei der Schwerpunkt auf der fokussierten Behandlung bestimmter Probleme und Störungen liegt. Ziel sind eine rasche Klärung und Entlastung sowie, falls notwendig, die Vorbereitung einer ambulanten Weiterbehandlung bei einem niedergelassenen klinischen Psychologen oder Psychotherapeuten.

Man unterscheidet zwischen Beratung und Behandlung:

- Im Rahmen psychologischer Beratung werden lebenspraktische Probleme aus psychologischer Sicht besprochen und Vorschläge zur Lösung gemacht (z. B. bei Lernschwierigkeiten, Schulproblemen, Paarkonflikten, Erziehungsproblemen). Die Durchführung bleibt dem Patienten/Klienten überlassen.
- In der psychologischen Behandlung wird das Erleben und Verhalten durch den behandelnden Psychologen gezielt verändert. Auf Basis einer genauen Diagnostik werden verschiedene spezifische Methoden und Behandlungstechniken angewandt.

Klinisch-psychologische Interventionen sind wesentlich mehr als „nur reden". Gleichzeitig unterscheiden sie sich in mehreren Punkten von anderen Formen psychosozialer Unterstützung.

Psychologische Behandlung ist charakterisiert durch

- gezielten Einsatz psychologischer Methoden
- klar umschriebene Einsatzgebiete
- klar definierte Behandlungsziele
- theoretisch-wissenschaftliche Fundierung
- empirische Überprüfung der Wirksamkeit
- professionelles Handeln aufgrund spezieller Ausbildung

Die **Methoden** der psychologischen Behandlung beziehen sich auf das Erleben und Verhalten des Patienten/Klienten. Häufig werden psychologische Methoden im Rahmen von Gesprächen und Übungen eingesetzt. Dabei kommt der zwischenmenschlichen Beziehung eine entscheidende Rolle zu.
Die wichtigsten Einsatzgebiete sind:

- Gesundheitsförderung: Sie dient der umfassenden gesundheitlichen Entfaltung in psychischer, körperlicher und sozialer Hinsicht (z. B. durch Supervision, Selbsterfahrung).
- Prävention hat die Verhinderung von Störungen zum Ziel (z. B. Burnout-Prophylaxe, Suchtprävention).
- Psychologische Behandlung im engeren Sinn betrifft die Therapie bestehender Störungen und ihrer Begleitsymptome.
- Rehabilitation zielt auf dauerhafte Wiedereingliederung (nach einer Erkrankung, bei Behinderung) in Familie, Arbeitswelt und Gesellschaft.

Die **Ziele der Behandlung** sind für jede Methode klar umschrieben. Dabei kann es um die Veränderung psychischer Symptome und Prozesse gehen (z. B. Ängstlichkeit, Selbstbeschuldigungen), um die Beseitigung der zugrunde liegenden Ursachen (z. B. Depression), aber auch um die Veränderung somatischer Zustände (z. B. Entspannungstraining zur Verminderung des Herzinfarktrisikos). Selbst genetisch bedingte Verhaltensauffälligkeiten können einer psychologischen Behandlung zugänglich sein (z. B. spezielles Training mit geistig Behinderten).

Theoretische Fundierung bedeutet, dass die angewandten Methoden auf wissenschaftliche Erkenntnisse der Psychologie und ihrer Nachbarwissenschaften (Medizin, Biologie, Soziologie etc.) zurückgehen. Die zugrunde liegenden Theorien, Hypothesen, Methoden und empirischen Befunde werden von der Scientific Community diskutiert und anerkannt. Die wissenschaftliche Grundlage unterscheidet die psychologische Behandlung von zahlreichen anderen Methoden, die auf Intuition, Alltagsverstand oder unwissenschaftlichen Vorstellungen beruhen.

Durch die **empirische Überprüfung** der psychologischen Behandlung ist gewährleistet, dass die eingesetzten Methoden tatsächlich wirksam sind. Unwirksame Verfahren, die bei einem Patienten nicht die erwartete Wirkung zeigen, können so durch andere ersetzt werden. Dadurch wird den wissenschaftlichen, ethischen und ökonomischen Anforderungen an die Behandlung Rechnung getragen.

Die **Ausübung** des psychologischen Berufes ist in Österreich gesetzlich geregelt (Psychologengesetz 1990). Psychologische Behandlung wird von speziell ausgebildeten Experten in einem professionellen Rahmen durchgeführt. Die dafür nötigen Kompetenzen werden in Ausbildungen (Universitätsstudium, Ausbildung zum klinischen Psychologen) und speziellen Weiterbildungen erworben und auf dem aktuellen Stand gehalten.

18.2 Behandlungsschwerpunkte und Methoden

Die klinische Psychologie beschäftigt sich mit Störungen im menschlichen Erleben und Verhalten. Sie behandelt drei große Bereiche:

1. psychische Aspekte körperlicher Krankheiten (z. B. bei Krebserkrankungen, koronaren Herzerkrankungen, chronischem Schmerz, Seh-, Hör- und Sprechbehinderungen, nach Unfällen, Schlaganfällen etc.)
2. psychische Krisen, die durch besondere Lebensumstände ausgelöst werden (z. B. durch plötzliche Krankheit, unerwartete Diagnose, Verlust eines nahe stehenden Menschen, nach einem Suizidversuch)
3. psychische Störungen (z. B. Angststörungen, Depression, Zwangsstörungen, Sucht, PTBS)

Die allgemeinen Ziele klinisch-psychologischer Interventionen sind:
- emotionale Entlastung
- Symptomlinderung
- gedankliche Klärung
- Bewältigung von Belastungen
- Entwicklung neuer Verhaltensweisen

Die wichtigsten Störungsbilder, bei denen klinisch-psychologische Behandlung erfolgreich durchgeführt wird, sind in Tabelle 2 zusammengefasst.

Vor Beginn der eigentlichen Behandlung erfolgt eine möglichst genaue Diagnosestellung. In Gesprächen mit dem Patienten, manchmal auch mit Angehörigen und anderen Betreuern, werden wichtige Hinweise und Symptome erfasst, die eine bestimmte Störung nahelegen oder ausschließen. Dabei können auch Checklisten, Fragebögen und psychologische Tests eingesetzt werden.

Die Methoden der klinisch-psychologischen Behandlung setzen auf verschiedenen Ebenen an:
- **Gefühle:** emotionale Entlastung und Klärung, erlebnisaktivierende Verfahren (z. B. bei Depression, Alkoholismus, Schmerzstörungen), Angst- und Stressbewältigungstraining (z. B. bei Angststörungen, Nikotinsucht)
- **Gedanken:** Veränderung von problematischen Gedanken und Einstellungen, kognitive Umstrukturierung (z. B. bei Alkoholismus, Depression, Ess-Störungen), Hirnleistungstraining (bei Demenz), Arbeit mit inneren Bildern und Metaphern (z. B. bei Angststörungen, somatoformen Störungen, Schlafstörungen)
- **Verhalten:** Erlernen von Selbstkontrolltechniken, Training von Situations- und Reaktionskontrolle (z. B. bei Sucht, Störungen der Impulskontrolle, Zwängen), Training von situationsangemessenem Verhalten und Abbau von Vermeidungsverhalten (z. B. bei Angststörungen, posttraumatischer Belastungsstörung, somatoformen Störungen)

Tab. 2: Störungen und ihre klinisch-psychologische Behandlung (nach Beiglböck/Feselmayer/Honemann 2006)

Störung	wichtige Behandlungsziele
Demenz	• Eindämmen der psychischen Symptome • Erhalten der Alltagskompetenz
Persönlichkeits- und Verhaltensstörung durch Erkrankung oder Schädigung des Gehirns	• Training von Kompensationsmöglichkeiten • Training sozialer Kompetenzen
Alkoholismus	• Behandlung der individuellen Ursachen • Abstinenz
Nikotinsucht	• Beendigung des Nikotinkonsums • Situations- und Reaktionskontrolle
Drogenabhängigkeit	• Behandlung der individuellen Ursachen • Beendigung des Drogenkonsums
Depression	• Aktivierung, Entspannung • Veränderung der Grundüberzeugungen
Angststörungen	• Angstabbau • Angst- und Stressbewältigung
Zwangsstörungen	• Reduktion der Zwangssymptomatik • Training von Alltagshandlungen
posttraumatische Belastungsstörung	• Abbau der kognitiven und emotionalen Folgen sowie des Vermeidungsverhaltens
somatoforme Störungen	• Aufbau eines positiven Körperempfindens • Kontrollierbarkeit der Schmerzen
Ess-Störungen	• Entwicklung eines normalen Essverhaltens • Aufbau eines angemessenen Körperbildes
nichtorganische Schlafstörungen	• psychophysiologische Entspannung • regelmäßiger Schlaf-Wach-Rhythmus
Abnorme Gewohnheiten und Störungen der Impulskontrolle	• Erhöhung der Selbstkontrolle • Behandlung psychischer Begleitstörungen
Schizophrenie	• Förderung der Alltagsbewältigung • Rückfallprävention
psychische Faktoren bei körperlichen Krankheiten und Störungen	• Förderung der Krankheitsverarbeitung • Aufrechterhalten bzw. Wiedergewinnen der Lebensqualität

- **Körper:** Schmerzkontrolle, Entspannungstechniken (z. B. bei Angststörungen, Depression, nichtorganischen Schlafstörungen), Biofeedback (für Entspannungstraining, Schmerzkontrolle und Hirnleistungstraining), Förderung des positiven Körpererlebens
- **Soziale Ebene:** soziales Kompetenztraining (z. B. bei Depression, Störungen der Impulskontrolle), Konfliktmanagement, Problemlöse- und Kommunikationstraining (z. B. bei Störungen durch Schädigung des Gehirns, Sucht, Depression), Training von Alltagskompetenzen (z. B. bei Demenz, Schizophrenie)

Bei vielen Störungen gibt es spezielle Behandlungsprogramme, die auf möglichst allen genannten Ebenen ansetzen (z. B. Depression, PTBS, Sucht). Dadurch ist eine umfassende Behandlung gewährleistet, die auf die individuelle Situation des Patienten/Klienten gut abgestimmt werden kann.

18.3 Unterstützung bei der Krankheitsverarbeitung

Klinische Psychologen sind in die Akutversorgung ebenso eingebunden wie in die Rehabilitation und die Betreuung chronisch Kranker. Ein Schwerpunkt liegt in der gezielten Förderung der Krankheitsverarbeitung (siehe Kap. 13). Diese umfasst:
- Aktivierung der Ressourcen des Patienten,
- Beseitigung von psychischen Hindernissen, die der Krankheitsverarbeitung im Wege stehen (Ängste, starre Abwehrmechanismen, Grübeln, Konflikte etc.),
- Abbau von unangemessenem Schonverhalten,
- Aufbau positiver Erwartungen und Einstellungen,
- Aufbau positiver Aktivitäten,
- Entwicklung neuer und Training bereits bestehender Fähigkeiten.

Besondere Bedeutung hat die **Ressourcenorientierung**. Das soziale Netz des Patienten ist ebenso wichtig wie seine Hobbys und persönlichen Interessen. Im Verlauf der Behandlung werden die speziellen Fähigkeiten und Stärken des Patienten herausgearbeitet, im Leistungs- ebenso wie im Gefühlsbereich (z. B. handwerkliche, sportliche, geistige Fähigkeiten; sich wohl fühlen und Spaß haben können; sich Freude verschaffen und angenehme Dinge tun können). Hilfreiche Gedanken und Einstellungen sind weitere wichtige Ressourcen zur Krankheitsverarbeitung („Ich hab schon so viel überstanden", „Das bringt mich nicht um", „Ich will es, also schaffe ich es" usw.), ebenso wie Gedanken über die eigene Identität („Ich bin ein Stehaufmännchen") sowie religiös-spirituelle Überzeugungen. Entspannungsübungen (Progressive Muskelentspannung nach Jacobson, autogenes Training) und Visualisierungen (z. B. das Gesundheitsbild nach Merl) unterstützen die medizinische Behandlung und können die Wirkung von Medikamenten und Pflegemaßnahmen verstärken. Positive Erfahrungen in der Bewältigung früherer Krisen motivieren den Patienten zusätzlich, sich mit seiner Krankheit und ihren Folgen angemessen auseinander zu setzen. Bei verschiedenen somatischen Krankheitsbildern gibt es detaillierte psychologische Interventionskonzepte (z. B. Herzinfarkt,

Krebs, chronischer Schmerz, Tinnitus, Asthma), mit denen die Krankheitsbewältigung gefördert und die Lebensqualität der Patienten erhöht wird. Die Einbeziehung der Angehörigen in die Behandlung ist dabei ebenso wichtig wie die gute interdisziplinäre Zusammenarbeit im multiprofessionellen Team (Psychologen, Ärzte, Pflegepersonen).

Beispiel

Oliver ist 17 Jahre alt und seit seinem neunten Lebensjahr Diabetiker. Seit Jahren durchbricht er immer wieder die Regeln seiner Diät, wodurch der Zuckerspiegel gefährlich ansteigt oder sinkt. In der letzten Zeit kommt starker Alkoholmissbrauch hinzu. Vor allem mit seinen Freunden trinkt Oliver große Mengen Bier und Wein, sodass er immer wieder betrunken und mit Hyperglykämie nach Hause kommt. Mehrmals fällt er in ein diabetisches Koma, woraufhin er stationär im Krankenhaus behandelt werden muss.

Inzwischen sind erste körperliche Schäden, vor allem an der Netzhaut, feststellbar. Eindringlich wird Oliver vom Primar gewarnt, dass er in wenigen Jahren blind sein werde, wenn er sich nicht an die Diät halte. Oliver sieht das ein und verspricht, sich ab jetzt an alle Vorschriften zu halten. Er wisse aber nicht, wie er das schaffen soll. Der Primar schlägt eine psychologische Unterstützung vor, der Oliver sofort zustimmt. Es wird vereinbart, diese parallel zur medizinischen Kontrolle durchzuführen. Oliver kommt einmal pro Woche ins Spital, zuerst zur ärztlichen Untersuchung und dann zu einem Gespräch mit dem Psychologen.

Die psychologische Behandlung beginnt mit Verhaltenstraining. Der Psychologe geht mit Oliver die konkreten Situationen durch, in denen er sich verführen lässt, mehr zu essen oder zu trinken als er darf. Für jede Situation erarbeiten sie alternative Verhaltensweisen, die dann in Rollenspielen geübt werden. Oliver lernt, nein zu sagen und seine eigenen Wünsche und Bedürfnisse auch in sozial schwierigen Situationen auszudrücken.

Als sich die neuen Verhaltensweisen im Alltag bewähren, wendet sich die Behandlung der Familiendynamik zu. Olivers Vater ist selbst Alkoholiker und hatte in alkoholisiertem Zustand bereits mehrere Arbeitsunfälle. (Manchmal waren Vater und Sohn gleichzeitig im Krankenhaus.) Olivers Verhältnis zu seinem Vater ist sehr problematisch. Einerseits will er für ihn „ein guter Sohn" sein, wie er sich ausdrückt, andererseits hat er Angst vor ihm, wenn er betrunken ist. In der Behandlung geht es darum, die Identifikation mit dem Vater („Ich möchte so werden wie du"), was das Trinken betrifft, aufzulösen, sodass Oliver ihm in diesem Punkt nicht nachfolgt.

Nach einem halben Jahr ändert sich der Schwerpunkt der Behandlung nochmals. Oliver hat keine klaren Berufsvorstellungen und die Suche nach einer geeigneten Lehrstelle wird immer drängender. Nachdem er seine aktuellen Probleme zusehends in den Griff bekommt, wendet er sich jetzt der Zukunft zu. Daneben wird das Verhältnis zu den Freunden und den Eltern weiter besprochen, wenn sich Konflikte ergeben. Als Oliver ein konstant angemessenes Krankheitsverhalten entwickelt hat, den Zuckerspiegel selbstständig stabil halten kann und schließlich auch eine geeignete Lehrstelle findet, endet die Behandlung mit einer sehr günstigen Prognose.

18.4 Krisenintervention

Viele Patienten und pflegebedürftige Menschen durchleben während ihrer Krankheit oder im Heim eine psychische Krise. Manche haben eine traumatische, das heißt plötzliche und massiv bedrohliche Erfahrung gemacht (z. B. einen schweren Unfall, die Diagnose einer lebensbedrohenden Krankheit, den Tod des Ehepartners). Andere sind mit kritischen Lebensereignissen konfrontiert, die eine erhebliche Anpassung an neue Lebensumstände erfordern (z. B. Stoma aufgrund eines Darmverschlusses, Invalidität nach einem Schlaganfall, Umzug in ein Pflegeheim). Wieder andere müssen mit sozialen Problemen und chronischen Belastungen fertig werden (z. B. Arbeitslosigkeit aufgrund langer Krankenstände, finanzielle Probleme, Einsamkeit und Isolation im Heim, Ausgrenzung aufgrund sichtbarer Behinderung). Auch drastische Verschlechterungen des Gesundheitszustandes und die Konfrontation mit dem eigenen Sterben lösen bei vielen Menschen zumindest vorübergehend eine Krise aus. Patienten, die nach einem Suizidversuch ins Krankenhaus gebracht werden, befinden sich ebenfalls in einer akuten psychischen Krise.

In der Folge treten häufig Gefühle der Hilflosigkeit und des Versagens auf, weiters Angstzustände, Depression und psychophysiologische Störungen sowie möglicherweise Suchtverhalten und Suizidversuche. Andere psychische Störungen, die durch belastende Lebensereignisse ausgelöst werden können, sind akute Belastungsreaktion, posttraumatische Belastungsstörung und Anpassungsstörung. Alle diese Störungen sind nach ICD-10 diagnostizierbar und somit behandlungsbedürftig.

Krisenintervention erfolgt möglichst rasch und ist flexibel in den Methoden. Alles, was dem Betroffenen Entlastung, Stützung und Orientierung verschafft, kann dazu herangezogen werden. Der Psychologe oder Therapeut handelt aktiv und bezieht das soziale Umfeld des Betroffenen (Familie, Angehörige, Freunde) so weit wie möglich ein. Das Hauptaugenmerk liegt dabei auf der aktuellen Situation. Krisenintervention ist keine Psychotherapie, sondern unterstützt den Betroffenen, sein Leben bald selbst wieder in den Griff zu bekommen (Sonneck 2000). Eine weitere Aufgabe des Psychologen besteht im Abschätzen der Suizidalität des Betroffenen. Wenn die notwendige psychologische Unterstützung vor Ort nicht ausreichend gewährleistet ist, kann der Patient an eine geeignete Institution (z. B. Kriseninterventionsstelle) überwiesen werden. Bei akuter Selbst- oder Fremdgefährdung kann die Überstellung in eine psychiatrische Anstalt eingeleitet werden. Eine sehr wichtige Aufgabe für das Pflegepersonal besteht darin, Anzeichen einer psychischen Krise bei Patienten zu erkennen und rasch weiterzumelden (siehe Kap. 25). Menschen in Krisen sind einem starken inneren Druck ausgesetzt und neigen zu unüberlegtem oder chaotischem Handeln. Je früher ein Psychologe bei einer Krise beigezogen wird, desto leichter kann dem Betroffenen geholfen und desto eher können psychische, körperliche, soziale und materielle Folgeschäden verhindert werden.

Psychologen sollten immer beigezogen werden bei Patienten bzw. Angehörigen
- die eine unheilvolle Diagnose erfahren haben,
- die Opfer von Gewalttaten oder eines Verbrechens geworden sind,
- die ein Kind verloren haben,
- nach einem Suizidversuch,
- nach einem Unfall mit Schwerverletzten oder Toten,
- nach einer Naturkatastrophe oder einem schweren Unglück,
- mit massiven Ängsten oder Aggressionen,
- die völlig verzweifelt oder apathisch wirken.

Der Psychologe entscheidet nach einem ersten Gespräch mit dem Patienten und in Abstimmung mit den behandelnden Ärzten über die weitere psychologische Betreuung.

Beispiel

Frau S. verursacht in der Nacht zu ihrem 21. Geburtstag einen Verkehrsunfall, bei dem ein älteres Ehepaar schwer verletzt wird. Sie selbst erleidet mehrere Prellungen an den Beinen und im Brustbereich. Im Krankenhaus liegt Frau S. auf der gleichen Station wie die andere verletzte Frau. Als sie das erfährt, will sie nicht mehr aus ihrem Bett und auf keinen Fall das Zimmer verlassen. Sie erlebt heftige Schuldgefühle, Angst wegen der juristischen Folgen, Wut auf sich, aber auch auf den Fahrer des anderen Autos, fühlt sich völlig hilflos und möchte sich am liebsten irgendwo verkriechen. Der behandelnde Arzt informiert eine Psychologin des Krankenhauses. Diese führt ein erstes Gespräch mit Frau S. und stellt eine akute traumatische Krise fest. Auch die beiden anderen Verletzten sind von dem Unfall psychisch traumatisiert, wenn auch nicht so stark wie Frau S. Die Psychologin führt in der Folge die Krisenintervention parallel bei allen drei Patienten durch. Nach vier Tagen kommt es mit Einverständnis aller Beteiligten zu einer ersten kurzen Begegnung des Ehepaares mit Frau S. Es folgen weitere, längere Gespräche, die zum Teil sehr emotional verlaufen, insgesamt aber zu einer Verbesserung des psychischen Zustandes aller beitragen. Die Krisenintervention endet mit der Entlassung der Patienten aus dem Krankenhaus. In der ambulanten psychologischen Nachbetreuung, die parallel zur medizinischen verläuft, liegt der Schwerpunkt auf der Verhinderung einer posttraumatischen Belastungsstörung.

18.5 Behandlung psychischer Störungen

Viele Verhaltensauffälligkeiten pflegebedürftiger Menschen gehen nicht auf eine psychische Störung im engeren Sinn zurück, sondern sind eine Folge der körperlichen Beeinträchtigungen und Symptome (z. B. Aggressivität bei Schmerz, Angst vor einer Untersuchung oder Behandlung, Stimmungsschwankungen). Wenn diese Auffälligkeiten nicht als primäre Störungen diagnostiziert werden, erfolgt ihre psychologische Behandlung im Zuge der Krankheitsverarbeitung. Wenn ihre Ursachen erkannt und bearbeitet werden, gehen sie meist bald zurück.

Ausgeprägte psychische Störungen hingegen (z. B. Depression, Panikattacken, Magersucht) sind krankheitswertig und müssen als solche behandelt werden. Im Klinik- und Heimalltag sind es oft Pflegepersonen, die als erste Anzeichen einer psychischen Störung wahrnehmen und weiterleiten. Wenn ein klinischer Psychologe zugezogen wird, stellt dieser die Diagnose und sichert die weitere Behandlung. Entweder führt er sie selbst durch oder er überweist den Patienten an eine spezialisierte Versorgungseinrichtung (z. B. Kindertherapie-, Suchtstation, psychosomatische Ambulanz) bzw. an einen niedergelassenen klinischen Psychologen, Psychotherapeuten oder Psychiater.

Beispiel

Herr. B, 58, ist seit fast 40 Jahren wegen psychotischer Zustände in psychiatrischer Behandlung. Die meiste Zeit lebt er selbstständig in seinem Elternhaus in einer kleinen Gemeinde. Wegen starker Magenbeschwerden kommt er in das regionale Krankenhaus. Dort gibt er sich freundlich, zeigt aber große Angst vor allen medizinischen Untersuchungen. Besonders intensive Angst hat er, wenn er von weiß gekleideten Personen zu einer Untersuchung abgeholt wird. Er will dann das Bett nicht verlassen, versteckt sich unter der Bettdecke und schreit, sobald man ihn berührt. Der Psychologe des Krankenhauses stellt fest, dass Herr B. keine akuten psychotischen Symptome hat. Die ungewöhnliche Angst rührt vielmehr von sehr negativen Erlebnissen her, die der Patient vor Jahrzehnten in einer psychiatrischen Anstalt gemacht hat. Damals wurde er mittels Elektrokrampftherapie („Elektroschock") behandelt, was für ihn eine traumatische Erfahrung gewesen ist. Noch jetzt befürchtet Herr B., zu einer Schockbehandlung abgeholt zu werden. Der Psychologe versichert Herrn B., dass in diesem Krankenhaus diese Behandlung nicht durchgeführt wird. Der Patient glaubt ihm erst nach mehrmaliger Versicherung. Für den Rest seines Aufenthaltes bleibt er misstrauisch, kooperiert aber letztlich bei den Untersuchungen und der Behandlung. Der Psychologe informiert nach Rücksprache mit Herrn B. den behandelnden Arzt über die Ängste des Patienten, damit sie in der weiteren Behandlung berücksichtigt werden.

18.6 Aufgaben der Pflegepersonen – Vermittlung psychologischer Unterstützung

Immer wieder scheuen sich Patienten und Angehörige, psychologische Hilfe in Anspruch zu nehmen. Manche glauben, „nur Verrückte brauchen einen Psychologen", andere wollen grundsätzlich nicht über ihre Gedanken und Gefühle sprechen oder haben Angst, „analysiert" oder als „gestört" eingestuft zu werden. Dahinter stecken meist Unwissenheit und Vorurteile bezüglich der Ziele und Möglichkeiten psychologischer Unterstützung. Pflegepersonen haben die wichtige Aufgabe, entsprechende Informationen und Angebote so zu vermitteln, dass Patienten und Angehörige genau die Unterstützung erhalten, die sie benötigen. Dazu zählt auch das Angebot psychologischer Gespräche.

Die Information beginnt bereits beim Aufnahmegespräch im Krankenhaus, wenn die verschiedenen Dienste des Hauses erwähnt werden. Das psychologische Angebot sollte dabei als normal und hilfreich dargestellt werden, z. B.: „Es gibt in unserem Haus auch die Möglichkeit einer psychologischen Unterstützung. Sie wird von vielen Patienten in Anspruch genommen." Wichtig ist, die Besonderheiten eines psychologischen Gesprächs hervorzuheben:

- Psychologen nehmen sich Zeit für ein längeres Gespräch.
- Reden hilft. Wenn man über Gedanken und Sorgen spricht, gehen sie einem nicht ständig im Kopf herum.
- Psychologen geben Hinweise zur besseren Krankheitsverarbeitung und zeigen Möglichkeiten sich zu entspannen und Symptome zu kontrollieren.
- Psychologen helfen bei schweren Belastungen und Krankheiten: „Nicht weil Sie verrückt wären, sondern weil die Belastungen so groß sind."
- Psychologen helfen den Angehörigen, mit der Situation möglichst gut umzugehen und den Patienten wirksam zu unterstützen.

Diese Informationen können zu einem späteren Zeitpunkt wiederholt werden und sollten auch in der schriftlichen Patienteninformation (Broschüre des Krankenhauses, Website etc.) enthalten sein.

18.7 Zusammenfassung

Psychologische Behandlung ist die gezielte Veränderung von gestörtem Erleben und Verhalten mittels spezieller psychologischer Verfahren. Ihre allgemeinen Ziele sind emotionale Entlastung, Symptomlinderung, gedankliche Klärung, Bewältigung von Belastungen und Entwicklung neuer Verhaltensweisen. Die Methoden setzen auf der emotionalen, kognitiven, sozialen, körperlichen und der Verhaltensebene an. Die Unterstützung bei der Krankheitsverarbeitung erfolgt vor allem über die gezielte Förderung von Copingprozessen und die Aktivierung der Ressourcen des Patienten. Krisenintervention hat die rasche Stabilisierung des psychischen Zustandes und die Hilfe zur Selbsthilfe zum Ziel. Die Zusammenarbeit mit Ärzten und Pflegepersonen ist dabei besonders wichtig. Die Behandlung psychischer Störungen erfolgt aufgrund einer genauen Diagnose entweder durch den klinischen Psychologen vor Ort oder durch spezialisierte Psychologen, Psychotherapeuten bzw. Psychiater. Pflegepersonen spielen in der Vermittlung psychologischer Unterstützung eine zentrale Rolle.

19 Körperliche Behinderungen

Unfälle, akute und chronische Krankheiten, Entwicklungsstörungen, körperliche Fehlbildungen u. a. m. können zu dauerhaften organischen Schädigungen führen. Für viele Menschen bedeutet es einen großen qualitativen Unterschied, ob sie von Krankheitsfolgen oder körperlichen Behinderungen sprechen und als „Kranke" oder als „Behinderte" angesprochen und behandelt werden.

19.1 Funktionale Gesundheit und Behinderung

Die Weltgesundheitsorganisation WHO hat verschiedene Klassifikationen erarbeitet, um Gesundheit, Krankheit, Störungen und Behinderungen allgemeinverbindlich zu kennzeichnen und damit Prävention und Behandlung zu erleichtern. Die erste Klassifikation der WHO für den Bereich der Krankheitsfolgen und Behinderungen (ICIDH, 1980) unterschied zwischen Schaden (impairment), individueller Behinderung (diability) und sozialer Beeinträchtigung (handicap). Die neue *Internationale Klassifikation der Funktionsfähigkeit, Behinderung und Gesundheit (ICF)* liegt seit 2001 vor. Grundlage der ICF ist der Begriff der „funktionalen Gesundheit".

Funktionsfähigkeit umfasst alle Körperfunktionen und Aktivitäten eines Menschen sowie Teilhabe (Partizipation) an wichtigen Lebensbereichen. Das bedeutet,

1. dass die körperlichen Funktionen und Körperstrukturen denen eines gesunden Menschen entsprechen (keine Schädigung);
2. dass man alles tun kann, was von einem Menschen ohne Gesundheitsproblem erwartet wird (Aktivität);
3. dass man das eigene Leben in allen persönlich wichtigen Bereichen, in der Weise und dem Umfang entfalten kann, wie es von einem Menschen ohne gesundheitsbedingte Beeinträchtigung erwartet wird (Teilhabe).

Behinderung ist die Beeinträchtigung der Funktionsfähigkeit und umfasst körperliche Schädigungen (Verlust eine Organs, wesentliche Abweichung) sowie Beeinträchtigungen der Aktivität und der Teilhabe (Partizipation) an wichtigen Lebensbereichen. Sie verursachen Schwierigkeiten, bestimmte Handlungen auszuführen, Aufgaben zu erledigen und in das allgemeine Leben einbezogen zu sein. Umweltfaktoren und personenbezogene Faktoren können die Funktionsfähigkeit bzw. den Grad der Behinderung erheblich beeinflussen.

19.2 Schädigung von Körperfunktionen und -strukturen

Schädigungen können ein Verlust, Defekt, eine Anomalie oder andere wesentliche Abweichungen einer Körperfunktion oder -struktur sein. Die ICF unterscheidet folgende Bereiche:

- Nervensystem, mentale Funktionen
- Auge, Ohr, Sinnesfunktionen und Schmerz
- Stimme, Sprechen
- Kardiovaskuläres, hämatologisches, Immun- und Atmungssystem
- Verdauung, Stoffwechsel und endokrines System
- Urogenital- und reproduktives Systems
- Muskeln, Skelett, Bewegung
- Haut, Haare, Nägel

Schädigung ist ein weiter gefasster Begriff als Störung oder Krankheit. Beispielsweise ist der Verlust eines Auges eine Schädigung, aber keine Krankheit im engeren Sinn. Die Diagnostik, Therapie und Rehabilitation körperlicher Schädigungen wird von Ärzten angeordnet und in Zusammenarbeit mit anderen Spezialisten und Betreuern durchgeführt.
Schädigungen können weitere Schädigungen nach sich ziehen. Defizite der Herzfunktionen können im Zusammenhang mit Schädigungen der Atmungsorgane stehen, eingeschränkte Muskelkraft kann die Beweglichkeit verringern, Schädigungen des Nervensystems können die Wahrnehmung beeinflussen etc. Die psychischen und sozialen Folgen fallen je nach vorhandenen Ressourcen bzw. Belastungen sehr unterschiedlich aus.

19.3 Beeinträchtigung von Aktivitäten und Teilhabe

Körperliche Schädigungen stehen in enger Wechselwirkung mit wichtigen Lebensbereichen des Betroffenen. Aktivitäten bezeichnen die Durchführung von Handlungen und die Bewältigung von Aufgaben. Unter Teilhabe versteht man das Einbezogensein in eine Lebenssituation oder einen Lebensbereich. Die ICF klassifiziert folgende Lebensbereiche:

- Lernen und Wissensanwendung (Lesen, Schreiben, Rechnen etc.)
- Allgemeine Aufgaben und Anforderungen (Einzelaufgaben, Routineabläufe, Stress bewältigen)
- Kommunikation (als Empfänger, als Sender, im Gespräch, mittels Geräten)
- Mobilität (Körperposition ändern, Heben, Tragen, Gehen, Fahren etc.)
- Selbstversorgung (Waschen, Kleiden, Essen, Trinken, Ausscheiden etc.)
- Häusliches Leben (Einkaufen, Kochen, Haushalt führen etc.)
- Interpersonelle Interaktion und Beziehungen (mit Angehörigen, Freunden, Kollegen, Fremden etc. umgehen)
- Bedeutende Lebensbereiche (Erziehung und Bildung, Arbeit und Beschäftigung, wirtschaftliches Leben etc.)
- Gemeinschafts-, soziales und staatsbürgerliches Leben (Erholung und Freizeit, Religion und Spiritualität, Gemeinschafts- und politisches Leben etc.)

Bei den verschiedenen Lebensbereichen unterscheidet man weiter, ob der Betroffene darin aktiv werden kann (Kapazität, Leistungsfähigkeit) und wie weit er tatsächlich aktiv ist (gelebte Erfahrung, Leistung). Beeinträchtigungen werden vor dem Hintergrund allgemein anerkannter Lebensstandards beurteilt. Die Lebensbereiche hängen eng zusammen und bedingen sich oft gegenseitig.

Beispiel

Herr M., Leiter einer kleinen Firma, erleidet mit 49 Jahren einen Schlaganfall. Trotz rascher Behandlung und Rehabilitation bleiben erhebliche motorische Behinderungen zurück. So ist u. a. seine Handschrift kaum mehr zu lesen. Herr M. kehrt zunächst in die Firma zurück, unterschreibt aber aus Angst, dass seine Unterschrift zu „auffällig“

wäre, keine Dokumente mehr. Auch an Besprechungen nimmt er nur noch ungern teil, da sein Händedruck kraftlos und die Konzentration bald erschöpft ist. Routinearbeiten erledigt Herr M. ohne Probleme, unter Stress wird er aber rasch nervös und verliert die Übersicht. Hinter seinem Rücken wird viel über ihn geredet. Er fühlt sich ausgegrenzt und nicht ernst genommen. Seine Frau rät ihn, die Firma an die Tochter zu übergeben.

19.4 Einfluss von Umweltfaktoren

Die Lebensumstände eines Menschen können den Umgang mit einer körperlichen Behinderung sowohl positiv als auch negativ beeinflussen. Schädigungen werden durch psychische, soziale und Umweltfaktoren oft kompensiert bzw. verringert, manchmal aber auch verstärkt und vergrößert. Auch die Einstellungen der Bezugspersonen und der Gesellschaft als ganze können sich auf die individuelle Leistungsfähigkeit, die Aktivitäten und Teilhabe und indirekt auch auf Körperfunktionen und -strukturen auswirken.
Die ICF teilt die Umweltfaktoren in folgende Gruppen:

- Produkte und Technologien (zur Unterstützung im Alltag sowie von Mobilität, Kommunikation, Ausbildung, Beruf, Freizeit etc.)
- Natürliche und von Menschen veränderte Umwelt (Klima, Luftqualität, Wohn- und Lichtverhältnisse etc.)
- Unterstützung und Beziehungen (Familie, Freunde, Nachbarn, Kollegen, Pflege- und Betreuungspersonen etc.)
- Einstellungen (der Angehörigen, Freunde, Kollegen, Fachleute in Gesundheitsberufen, gesellschaftliche Normen etc.)
- Dienste, Systeme und Handlungsgrundsätze (Gesundheitswesen, Ausbildung, Arbeitsmarkt etc.)

In der persönlichen Umwelt und den allgemeinen sozialen Strukturen und Verhältnissen können die verschiedenen Faktoren entweder als Förderfaktoren oder als Barrieren wirksam werden. Barrieren beeinträchtigen insbesondere Aktivitäten und die Teilhabe an wichtigen Lebensbereichen, z. B. durch fehlende behindertengerechte Rampen, Aufzüge, Toiletten etc., durch ablehnende oder feindselige Haltung Behinderten gegenüber usw.

Beispiel

Sechs Mitglieder eines Behinderten-Sportvereins besuchen ein öffentliches Hallenbad. Als Rollstuhlfahrer sind Schwimmen und Wassergymnastik für sie von besonderer Bedeutung. Ihr Besuch an einem Dienstagvormittag ist angemeldet, es herrscht wenig Betrieb. Als sie beim Eingang eine schwere Glastüre nur mit Mühe öffnen, sieht ihnen ein Badebediensteter mit verschränkten Armen zu. Ein Rollstuhlfahrer fragt ihn, ob er nicht die Türe aufhalten könne. Der Mann sagt, er müsse seine Monitore überwachen und wendet sich ab.

Faktoren, die die Teilhabe an wichtigen Lebensbereichen fördern oder begünstigen, heißen Förderfaktoren. Dazu zählen soziale Unterstützung, behindertengerechte Wohnung, angemessener Arbeitsplatz, technische Hilfsmittel, Aufgaben (das Gefühl, gebraucht zu werden), finanzielle Unterstützung, professionelle Beratung und Behandlung u. v. m.
Behinderung ist mehr als nur ein persönliches Problem, das von einer Krankheit, einem Unfall etc. verursacht wird und durch Fachleute behandelt werden sollte. Behinderung ergibt sich auch aus dem persönlichen und gesellschaftlichen Umfeld und erfordert soziales Handeln und gemeinschaftliche Verantwortung, um die volle Teilhabe der Betroffenen an allen Bereichen des sozialen Lebens zu ermöglichen.

Behinderte Menschen sind nicht nur behindert. Sie werden auch behindert.

19.5 Individuelle Bewältigung

Die Auswirkungen der körperlichen Behinderung und der Einfluss der Umweltfaktoren werden durch das individuelle Krankheitsverhalten und die Krankheitsbewältigung (Coping) erheblich modifiziert (siehe Kap. 11 und 13). Durch angemessenes Krankheitsverhalten und effektives Coping können die negativen Folgen minimiert und ein hohes Ausmaß an Normalität erreicht werden. Normales Leben bedeutet Funktionsfähigkeit im Sinne der ICF. Die körperliche Schädigung ist dann so weit wie möglich kompensiert, Aktivitäten und Teilhabe (Partizipation) an allen wichtigen Lebensbereichen sind gewährleistet wie bei anderen (nicht behinderten) Menschen auch.
Folgende individuelle Faktoren können die notwendigen Anpassungs- und Coping-Prozesse erschweren oder behindern:

- Verleugnung
- Regression
- problematisches Krankheitsverhalten
- Depression
- Traumafolgestörungen (PTBS)
- akute oder chronifizierte psychische Krise

Verleugnung und Regression sind zwei Abwehrmechanismen, die eine aktive Auseinandersetzung mit der Behinderung hinauszögern oder blockieren. Zugleich bleiben die Ressourcen und Potentiale ungenutzt, durch die die negativen Folgen aufgefangen oder kompensiert werden könnten. Regression vergrößert die Hilfsbedürftigkeit und Abhängigkeit von anderen. Als vorübergehende Reaktion sind Verleugnung und Regression zumeist unproblematisch, sollten aber im Sinne eines realistischen Copings möglichst rasch abgebaut werden (siehe Kap. 8.4).
Problematisches Krankheitsverhalten wirkt sich auf die Bewältigung von Behinderungen aus, die sich aus einer chronischen Krankheit ergeben können. Passivität, Vermeidungsverhalten und fehlende Veränderungsmotivation begünstigen den

Abbau der verbliebenen Ressourcen. Gezielte psychosoziale Unterstützung ist in diesen Fällen besonders wichtig (siehe Kap. 14.5).
Unfälle, die eine körperliche Behinderung nach sich ziehen, bewirken zugleich oft eine psychische Traumatisierung. Die psychischen Folgen reichen von kurzfristigen Reaktionen über posttraumatische Belastungsstörung bis hin zu verstärkten körperlichen Symptomen und Schmerzstörungen. Die Möglichkeit einer PTBS oder anderen psychischen Störung sollte nach Unfällen und plötzlichen Erkrankungen stets mitbedacht werden (siehe Kap. 16.2). Eine klinisch-psychologische Behandlung oder Psychotherapie ist in diesen Fällen notwendig.
Die körperlichen, psychischen und sozialen Belastungen aufgrund der Behinderung können zu Phasen der Niedergeschlagenheit und Hoffnungslosigkeit führen, die sich in manchen Fällen zu einer Depression ausweiten. Je geringer die Beeinträchtigungen und Barrieren für die Betroffenen sind und je früher Erfolgserlebnisse in der Bewältigung schwieriger Situationen vermittelt werden, desto besser kann auch ein emotionales Gleichgewicht wieder hergestellt und gehalten werden.
Bei manchen Betroffenen geht die körperliche Behinderung einher mit einer akuten oder chronifizierten psychischen Krise. Anhaltende Krisensymptome wie emotionale Labilität, Gereiztheit, sozialer Rückzug, Vermeidungsverhalten u. a. m. sind für die Betroffenen sehr belastend und verzögern oder blockieren die notwendige Bewältigung und Anpassung. Sie sollten deshalb vorrangig behandelt werden (siehe Kap. 25).

19.6 Rehabilitation

Körperliche Behinderungen gehen einher mit Fähigkeitsstörungen und Beeinträchtigungen, die den Alltag des Patienten betreffen. Sie schränken seine Selbständigkeit und Gestaltungsmöglichkeit in wesentlichen Bereichen ein, z. B. Essen und Trinken, persönliche Hygiene, Mobilität, Kommunikation, angemessene Beschäftigung sowie Gestaltung und Aufrechterhaltung der sozialen Integration.
Eine Wiederherstellung des Zustandes vor der Krankheit ist bei körperlichen Behinderungen oft nur in Einzelbereichen möglich. Rehabilitation bedeutet hier vor allem professionelle Hilfestellung, um die Behinderung und die dadurch bedingte Beeinträchtigungen auszugleichen bzw. zu bewältigen und möglichst aktiv und selbständig am normalen Leben in Familie, Beruf und Gesellschaft teilnehmen zu können. Ziel ist die dauerhafte Wiedergewinnung, Verbesserung oder Erhaltung der Selbständigkeit bei alltäglichen Verrichtungen, damit ein langfristiges Verbleiben in der gewünschten Umgebung möglich wird.

Zur Rehabilitation gehört u. a.
- möglichst frühzeitige Beseitigung oder Verringerung von Fähigkeitsstörungen und Beeinträchtigungen
- Verbesserung der Mobilität
- Training von Kompensationsmöglichkeiten zur Alltagsbewältigung

- Nutzung vorhandener Anpassungsmöglichkeiten und Unterstützungsangebote
- Verbesserung der Selbsthilfefähigkeit
- Verbesserung der sozialen Integration
- Vermeidung/Verringerung der Abhängigkeit von Pflegepersonen, Therapeuten und anderen Betreuern
- Verhütung von Abbauprozessen und Verschlimmerung

Die individuellen Ziele werden zusammen mit dem Patienten in Bezug auf seine Lebensbereiche erarbeitet.

Psychosoziale Unterstützung durch Pflegepersonen
bezieht sich in der Rehabilitation v. a. auf
- Motivation der Patienten
- Information und Beratung von Patienten und Angehörigen
- interdisziplinäre Zusammenarbeit mit Ärzten, Therapeuten und Psychologen

Die psychosoziale Unterstützung ist ein wichtiger Bestandteil der Pflege und Betreuung von Menschen mit Behinderung. Art und Ausmaß richten sich nach ihren individuellen Bedürfnissen.

19.7 Zusammenfassung

Die Internationale Klassifikation der Funktionsfähigkeit, Behinderung und Gesundheit (ICF) definiert Behinderung als Beeinträchtigung der Funktionsfähigkeit und umfasst körperliche Schädigungen (Verlust eines Organs, wesentliche Abweichung) sowie Beeinträchtigungen der Aktivität und der Teilhabe (Partizipation) an wichtigen Lebensbereichen. Umweltfaktoren können entweder als Förderfaktoren oder als Barrieren wirksam werden. Angemessenes Krankheitsverhalten und individuelle Bewältigung können negative Folgen der Behinderung minimieren und ein hohes Maß an Normalität und Funktionsfähigkeit sichern. Rehabilitation zielt auf die dauerhafte Wiedergewinnung, Verbesserung oder Erhaltung der Selbständigkeit im Alltag.

20 Geistige Behinderung

Das zentrale Merkmal geistiger Behinderung ist eine stark unterdurchschnittliche allgemeine Intelligenz, die seit der Kindheit und Jugend feststellbar ist und die Fähigkeit zur selbständigen Lebensbewältigung beeinträchtigt. Darüber hinaus zeigen geistig behinderte Menschen verschiedene Verhaltensauffälligkeiten, die eine kontinuierliche Unterstützung bzw. Betreuung und Pflege notwendig machen.

20.1 Formen und Ursachen geistiger Behinderung

Intelligenz ist die Fähigkeit, schnell und fehlerfrei zu denken, d. h. möglichst rasch und korrekt Wahrnehmungen zu verstehen, Begriffe zu bilden, Wissensinhalte zu kombinieren, Schlüsse aus ihnen zu ziehen und Probleme zu lösen. Intelligenz bezieht sich sowohl auf abstrakte Denkaufgaben wie auf alltägliche Probleme und Situationen. Jeder Mensch verfügt über ein gewisses Ausmaß an Intelligenz. Sie kann mit Hilfe von Tests bestimmt werden. Der so genannte Intelligenzquotient (IQ) zeigt an, wie hoch die Intelligenz einer Person ist. IQ-Werte zwischen 90 und 110 gelten als durchschnittlich.
Bei Werten unter 70 spricht man von Intelligenzminderung (geistiger Behinderung). Eine Intelligenzminderung ist eine stehen gebliebene oder unvollständige Entwicklung der geistigen Fähigkeiten, insbesondere der kognitiven Fähigkeiten, der Sprache sowie motorischer und sozialer Fähigkeiten. Man unterscheidet vier Schweregrade: leichte (IQ 70–50), mittelgradige (IQ 49–35), schwere (IQ 34–20) und schwerste geistige Behinderung (IQ unter 20). Für die schulische und sozialrechtliche Beurteilung eines Menschen als geistig behindert sind darüber hinaus auch seine sozialen und praktischen Fähigkeiten sowie das Ausmaß an Selbständigkeit in verschiedenen Lebensbereichen von Bedeutung.
Internationale Feldstudien ergeben, dass bei insgesamt 1–3 % der Bevölkerung eine geistige Behinderung besteht. Leichte geistige Behinderung ist dabei häufig mit sozioökonomischer Belastung bzw. sozialer Benachteiligung verbunden (geringe Bildung und Sprachkenntnisse der Eltern, Armut, Leben in sozialer Randgruppe etc.). Mittelgradige bis schwerste geistige Behinderung (IQ unter 50) ist bei 0,3–0,5 % der Bevölkerung feststellbar; sie wird von der sozialen Schichtzugehörigkeit kaum beeinflusst (Steinhausen 2000).

Verschiedene Ursachen können entweder vor der Geburt (pränatal), während der Geburt (perinatal) oder nach der Geburt (postnatal) zu einer geistigen Behinderung führen.

- Pränatale Ursachen sind Genmutationen, Stoffwechselstörungen (z. B. Phenylketonurie), Fehlbildungen des Nervensystems, Chromosomenanomalien (z. B. Down-Syndrom), Entwicklungsstörungen aufgrund von Infektionskrankheiten, Alkohol- oder Tablettenmissbrauch der Mutter, Strahlung u. a. m.

- Zu den perinatalen Komplikationen zählen u. a. eine Unterbrechung der Sauerstoffversorgung des Gehirns, Frühgeburt und Erkrankungen des Neugeborenen.
- Postnatale Ursachen geistiger Behinderung sind entzündliche Erkrankungen des Zentralnervensystems (z. B. FSME), Schädel-Hirn-Trauma, Hirntumoren, Hirnschädigungen durch Vergiftung, Schlaganfall, Stoffwechselkrisen u. a. m.

Demenz ist eine später erworbene hirnorganische Intelligenzstörung. Sie unterscheidet sich von geistiger Behinderung vor allem dadurch, dass Reste der früheren Intelligenz, Teile des Wissens und der differenzierten Persönlichkeit erhalten bleiben. Bei geistiger Behinderung sind die Entwicklung der Intelligenzfunktionen, der Erwerb von Wissen und die umfassende Entfaltung der Persönlichkeit seit der Kindheit beeinträchtigt.

20.2 Verhaltensauffälligkeiten

Gefühle, Bedürfnisse und Ausdrucksweisen sind bei geistig behinderten Menschen so verschieden und individuell wie bei nicht behinderten. Die eingeschränkten kognitiven Fähigkeiten wirken sich jedoch auf die Aufnahme und Verarbeitung von Informationen sowie auf die Kontrolle von Reaktionen und Kommunikation aus. Zahlreiche Verhaltensauffälligkeiten ergeben sich auch aus mangelnder heilpädagogischer Förderung sowie sozialer Ablehnung und Isolierung. Die Auswirkungen geistiger Behinderung können die verschiedensten Lebensbereiche betreffen:

- Die realistische Einschätzung der sozialen Situationen ist oft mangelhaft, was zu unangemessenem und distanzlosem Verhalten führen kann.
- Impulskontrolle und Beherrschung von Gefühlen sind oft beeinträchtigt, ungebremste emotionale Reaktionen häufig.
- In Konflikten kann es zu Wutausbrüchen, verbalen und physischen Attacken sowie selbstverletzendem Verhalten kommen.
- Der Umgang mit Verlusten und kritischen Lebensereignissen wird durch die geringen Bewältigungsmöglichkeiten erschwert.
- Verstimmungszustände treten oft episodisch auf. Bei schwerer geistiger Behinderung sind Antriebslosigkeit und erhöhte Reizbarkeit häufig zu beobachten.
- Sexuelle Bedürfnisse bleiben oft unbefriedigt, zugleich fehlt es vielfach an angemessener Aufklärung.

Geistig behinderte Kinder bewegen sich im Spiel oft wenig, ungesteuert oder ziellos. Dadurch können sie nur unzureichend Material- und Bewegungserfahrung sammeln. Auch die Folgen ihrer Handlungen und Gesetzmäßigkeiten, Regeln etc. zu verstehen, fällt oft schwer. Das Mitmachen bei Kontruktions-, Rollen- und Regelspielen ist dadurch erschwert, die Möglichkeit angemessenes Verhalten zu üben oft eingeschränkt. Schuleintritt, Pubertät, Eintritt ins Erwachsenenalter und Probleme des Älterwerdens stellen für geistige Behinderte ebenso Einschnitte in ihrem Leben dar wie für Nichtbehinderte. Durch die eingeschränkten Auffas-

sungs- und Bewältigungsmöglichkeiten bleiben viele Lebensträume (eine eigene Wohnung haben, heiraten, Kinder großziehen etc.) unerfüllt.
Andere psychiatrische Störungen treten bei Menschen mit geistiger Behinderung drei- bis viermal so häufig wie in der Gesamtbevölkerung auf. Weiters besteht ein größeres Risiko, ausgenutzt sowie körperlich oder sexuell missbraucht zu werden. Auto- und fremdaggressives Verhalten stellt für die Betreuer eine große Herausforderung dar.

20.3 Betreuungseinrichtungen

Zu einer völlig selbständigen und eigenverantwortlichen Lebensführung sind geistig behinderte Menschen kaum in der Lage. Sie brauchen Hilfe von Menschen, die ihre vorhandenen Ressourcen und Potentiale fördern, sie in alltäglichen Dingen unterstützen und ihnen auch eine emotionale Stütze sein können. Die Betreuung zielt darauf ab, im Rahmen des Möglichen die Teilhabe am normalen Leben zu fördern und eine gewisse Selbstständigkeit zu erreichen.

Verschiedene Betreuungseinrichtungen helfen den behinderten Menschen und ihren Familien:
Frühförderung richtet sich an Familien mit Säuglingen und Kleinkindern, bei denen die Entwicklung deutlich verzögert oder bereits eine Behinderung diagnostiziert worden ist. Die Entwicklung und Fähigkeiten des Kindes sollen so früh wie möglich unterstützt, die Kompetenz und Initiative der Eltern gestärkt werden.
Im **Integrationskindergarten** begegnen einander Kinder mit und ohne Behinderung. Sie können miteinander spielen, Erfahrungen sammeln und ganz selbstverständlich voneinander lernen. Die gegenseitige Anerkennung bildet die Basis für das Miteinanderleben und -wachsen, im Kindergarten selbst und in der Zeit danach. Die Förderung von Interesse und Ausdauer, Sprachaufbau sowie die Gewöhnung an Ordnung und Regeln in der Gemeinschaft stehen im Vordergrund.
Integrationsklassen ermöglichen Kindern mit sonderpädagogischem Förderbedarf den Besuch einer Regelschule. Sie werden gemeinsam mit nichtbehinderten Schülern unterrichtet, wobei eine Sonderpädagogin für die Kinder mit Behinderung zur Verfügung steht. Alle Schüler arbeiten weitestgehend am selben Thema, allerdings wird der Stoff je nach den individuellen Fähigkeiten mit unterschiedlichen Methoden vermittelt. Die Leistungsbeurteilung orientiert sich an der jeweiligen „Lernausgangslage“. Auf das soziale Klima in der Klasse und gegenseitige Akzeptanz der unterschiedlichen Voraussetzungen, Bedürfnisse und Kommunikationsfähigkeiten wird besonders geachtet.
Sonderschulen werden von Schülern besucht, die aufgrund ihres großen Förderbedarfes oder einer ausgeprägten geistigen Behinderung nicht in Integrationsklassen unterrichtet werden können. Die Vermittlung von Erfahrungswissen, das Lernen von Lesen und Schreiben sowie die Förderung sozialen Verhaltens und kreativen Ausdrucks stehen dabei im Vordergrund. Es werden alle Entwicklungen

unterstützt, die zu einem möglichen Wechsel in eine allgemeine Schule oder weitere Ausbildung führen können.

Tagesheimstätten bieten einen strukturierten Tagesablauf sowie vielfältige Anregungen zur Beschäftigung, Arbeitserprobung und persönlichen Weiterentwicklung. Arbeit und selbstbestimmte Tätigkeiten wirken aktivierend und helfen die Konzentration, das Selbstvertrauen und die kommunikativen Fähigkeiten zu verbessern. Einfache handwerkliche und hauswirtschaftliche Tätigkeiten werden ebenso angeboten wie der kreative Ausdruck im Malen, Töpfern oder Basteln. Leistung und Produktion spielen dabei eine untergeordnete Rolle; wichtig sind vor allem Aufmerksamkeit, Anerkennung und Lob für eine nützliche Tätigkeit.

Geschützte Werkstätten sind wirtschaftlich geführte Betriebe zur Integration behinderter Menschen in das Arbeitsleben. Die angebotenen Tätigkeiten entsprechen den unterschiedlichen Fähigkeiten, wobei die Stärken jedes einzelnen unterstützt und weiterentwickelt werden sollen. Der Arbeitstag ist klar geregelt und bietet auch Kontakt mit Menschen außerhalb der Familie, der Wohngruppe oder Betreuungseinrichtung. Die neuen Beziehungen orientieren sich an den Regeln der Werkstatt und vermitteln so ein wichtiges Stück Normalität. Kulturtechniken wie Lesen und Schreiben werden regelmäßig geübt, spezielle Förderung und Therapie kommen bei Bedarf hinzu.

Betreutes Wohnen ermöglicht ein eigenständiges Leben außerhalb der Familie in einem Zuhause, das Geborgenheit, Erholung, Rückzug und Selbstbestimmung vermittelt. Die Wohnungen befinden sich in Wohngegenden mit kompletter Infrastruktur (Geschäfte, Lokale, Bank etc.). Die Betreuung orientiert sich an den Fähigkeiten und Bedürfnissen des Einzelnen und nimmt mit steigender Alltagskompetenz und Eigenverantwortung ab.

Heime bieten vollständige oder teilweise Betreuungs- und Hilfeleistungen in Bezug auf alle Funktionsdefizite. Betreut werden vor allem Menschen mit geistiger Behinderung und Mehrfachbehinderung, die den Anforderungen der beruflichen Eingliederung nicht gewachsen sind, besonderer Pflege bedürfen und/oder in der Familie nicht angemessen versorgt und gefördert werden können (z. B. wegen Krankheit oder Tod der Bezugspersonen). Kognitive, manuelle, soziale und kreative Kompetenzen werden gefördert und die Selbständigkeit soweit wie möglich gestärkt, um die Hilfeleistungen so gering wie nötig zu halten.

Die wachsende Lebenserwartung geistig behinderter Menschen stellt eine große Herausforderung für Gesundheits- und Sozialsystem dar, da spezielle Einrichtungen und Betreuungsplätze für ältere geistig Behinderte vielerorts noch fehlen.

20.4 Soziale Integration und Empowerment

Geistig behinderte Menschen, ihre Angehörigen und Betreuer sind mit vielen Schwierigkeiten konfrontiert, die sich auch aus sozialer Ausgrenzung, Benachteiligung und Ungleichbehandlung ergeben. Viele Betroffene fühlen sich bevormundet, entfremdet und zur reibungslosen Anpassung verpflichtet. Dem entgegen wirken Integration der Behinderten in die Gesellschaft und Stärkung der individuellen Fähigkeiten und Ressourcen, um am Leben der Gemeinschaft teilzuhaben. Die Förderung der Eigenständigkeit und Selbstbestimmung wird Empowerment genannt (Theunissen/Plaute, 2002).

Empowerment (engl.) = wörtl.: Ermächtigung, Unterstützung zur Selbsthilfe

Die Betroffenen werden als Experten in eigener Sache gesehen, die ihre Angelegenheiten so weit wie möglich selbst in die Hand nehmen, sich ihrer eigenen Fähigkeiten bewusst werden, eigene Kräfte entwickeln und soziale Ressourcen nutzen. Die bereitgestellte Unterstützung und Hilfe soll die selbstbestimmte Bewältigung und Gestaltung des eigenen Lebens fördern und die persönlichen Kompetenzen stärken. Das Ziel ist weitestgehende Gleichstellung in allen Lebensbereichen. Dazu gehören u. a. folgende Punkte:

Aufwertung der persönlichen Kompetenz
- Training von Basisfunktionen (selbständig essen, kleiden, Körperpflege)
- Lernen sozial erwünschter Fähigkeiten (Nähe/Distanz, Höflichkeit)
- Respektieren persönlicher Bedürfnisse, Hobbys etc.

Aufwertung des sozialen Ansehens
- Kleidung (Alltags-, Anstaltskleidung)
- Erscheinung (Pflegezustand, Haarschnitt, als Mann / Frau / Kind)
- Form der Anrede („du“ – „Sie“?)

Alltagsgestaltung
- normaler Tagesrhythmus
- Trennung von Arbeit und Freizeit
- sinnvolle Tätigkeiten, angemessene Entlohnung
- angemessener Kontakt zwischen den Geschlechtern

Soziale Integration in der persönlichen Umgebung (Familie, Nachbarn, Heim)
- Wohnung in normalem Haus, normaler Wohngegend
- soziale Erfahrungen mit nichtbehinderten Menschen ermöglichen
- Nachbarschaftskontakte halten
- Teilnahme am Leben der Gemeinde

Integration in der Gesellschaft
- gesetzlicher Schutz vor Diskriminierung
- niederschwellige, durchlässige Unterstützungs- und Betreuungseinrichtungen (kein „Getto“)
- angemessene Wohn- und Arbeitsplätze
- öffentliche Ereignisse (Behindertensportfeste, Ausstellungen etc.)
- Medienberichterstattung über die Normalität bei behinderten Menschen

20.5 Unterstützung der Angehörigen

Rund die Hälfte der geistig behinderten Menschen werden in der Familie bzw. von Angehörigen betreut und versorgt. Die Familie ist der stabilste Faktor in der Förderung von behinderten Menschen. Zugleich stellen Betreuung und Pflege eines geistig behinderten Familienmitgliedes häufig eine große Belastung dar.
Eltern und Geschwister eines geistig behinderten Kindes sind in Beruf und Freizeit oft einschränkt. Meist ist es die Mutter, die die praktische Pflege und Betreuung zu Hause übernimmt und dafür oft ihren Beruf aufgibt. Spannungen in der Partnerschaft ergeben sich aus der oft ungleichen Verteilung der Belastungen sowie den eingeschränkten Möglichkeiten, Ausgleich zu finden, sich zu erholen und zu entspannen. Auch unausgesprochene Vorwürfe und Schuldzuweisungen können eine Rolle spielen. Hinzu kommt die finanzielle Belastung durch medizinische, pädagogische und psychologische Sondermaßnahmen, die nur zum Teil von Krankenkassen und Versicherungen abgedeckt werden.
Viele Angehörige sind durch die Betreuungsaufgaben überfordert oder gehen von falschen Annahmen aus. Manche neigen zu Überbehütung und vermeiden Risiken, damit aber auch neue Erfahrungsquellen und Aktivitäten. Andere Angehörige schieben ein geistig behindertes Familienmitglied in eine Langzeiteinrichtung ab und halten nur sporadischen Kontakt. Eltern behinderter Kinder machen sich oft große Sorgen, wer sich um ihren Sohn bzw. ihre Tochter kümmern wird, wenn sie selbst einmal alt und pflegebedürftig sind.

Psychosoziale Unterstützung der Angehörigen:

- bei der Verarbeitung der Diagnose helfen
- begleitende Beratung, die Behinderung als Tatsache akzeptieren
- zur Mitarbeit motivieren, Handlungsmöglichkeiten aufzuzeigen
- konkrete Anregungen und Hilfestellungen zur eigenständigen Unterstützung des behinderten Familienmitglieds geben
- Lösungsmöglichkeiten für die Familie erarbeiten, damit das emotionale Gleichgewicht und eine optimale Entwicklung aller Familienmitglieder möglich wird
- Kontakt aufnehmen mit sozialen Netzwerken, Elterngruppen, Selbsthilfegruppen etc.
- Möglichkeiten der Psychohygiene und des eigenen psychischen Ausgleichs anwenden

Bei Eltern behinderter und chronisch kranker Kinder sind verschiedene Bewältigungsformen hilfreich: emotionale Unterstützung, Suche nach Information, Erfahrungsaustausch mit anderen Betroffenen, Berufstätigkeit der Mutter, Intensivierung der Partnerschaft, Stärkung des Familienzusammenhalts, Selbstachtung/Selbstaufmerksamkeit und aktives Coping. Hinderlich sind Vermeidungsverhalten, Grübeln und Fokussierung ganz auf das behinderte Kind (Trilk, 2001). Hilfreiche Bewältigungsformen können von Ärzten, Pflegepersonen und Psychologen gefördert werden.

20.6 Zusammenfassung

Geistige Behinderung ist gekennzeichnet durch stark unterdurchschnittliche allgemeine Intelligenz, die eine selbständige Lebensbewältigung beeinträchtigt. Sie kann zu zahlreichen Verhaltensauffälligkeiten führen, die durch fehlende Unterstützung und soziale Ablehnung noch verstärkt werden. Verschiedene Betreuungseinrichtungen stehen von den ersten Lebensjahren an zur Verfügung, um die Teilhabe am normalen Leben zu fördern und eine gewisse Selbständigkeit zu erreichen. Zur sozialen Integration gehören Aufwertung der persönlichen Kompetenz und des sozialen Ansehens, Gestaltung des Alltags sowie Einbindung in die persönliche Umgebung und in das gesellschaftliche Leben. Die Unterstützung zur Selbsthilfe wird Empowerment genannt. Viele Angehörige profitieren von psychosozialer Unterstützung, was Verarbeitung und Akzeptieren der Diagnose, praktische Hilfestellungen, das innerfamiliäre Gleichgewicht und Psychohygiene betrifft.

Teil III

Kommunikation in der Praxis

21 Grundlagen der Kommunikation

Wann immer Menschen aufeinander treffen, kommunizieren sie. Das gilt insbesondere für die Pflege. Gute Kommunikation hilft, andere Menschen zu verstehen und sich selbst verständlich zu machen; sie bewirkt, dass Patienten und Heimbewohner in Behandlung und Pflege aktiv einbezogen werden; sie dient der effektiven und zielgerichteten Zusammenarbeit im Team; sie verbessert die Kooperation verschiedener Abteilungen und Berufsgruppen.

21.1 Kommunikation und Pflege

Kommunikation ist ein wesentliches Element der Pflege. Es gibt keine Pflegehandlung, die nicht zugleich eine kommunikative Handlung wäre.

Kommunikation ist der Austausch von Botschaften. Durch Worte, Gesten, Zeichen usw. werden Informationen mitgeteilt, Meinungen, Gefühle und Empfindungen ausgedrückt, Wünsche und Forderungen gestellt, es wird Wissen erworben und weitergegeben. Kommunikation dient damit der Aufnahme und Aufrechterhaltung zwischenmenschlicher Beziehungen.
Der Prozess der Nachrichtenübermittlung braucht zumindest drei Elemente:

1. einen Sender (jemanden, der etwas spricht, ausdrückt oder mitteilen möchte)
2. die Botschaft (was mitgeteilt wird)
3. den Empfänger (jemanden, der zuhört, beobachtet, aufpasst und die Botschaft versteht)

Eine Nachricht oder Botschaft enthält nicht nur Sachinformation. Oft werden auch indirekt Gefühle und Wünsche ausgedrückt, und es schwingt etwas von der Beziehung mit, die zwischen Sender und Empfänger besteht:

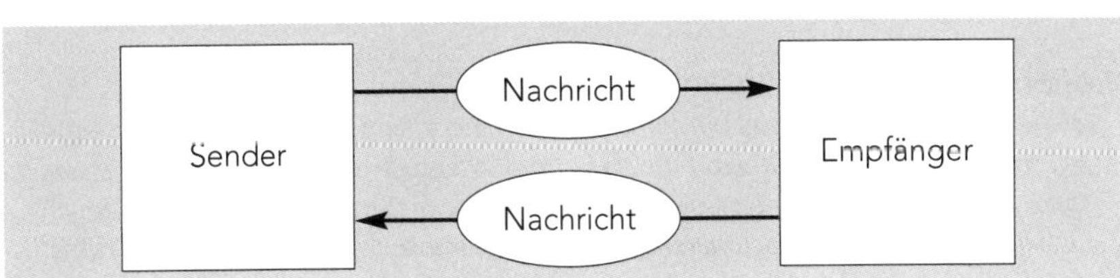

Abb. 11: Sender – Nachricht – Empfänger

Der Prozess der Kommunikation ist fehleranfällig. Was eine Person mitteilen will, drückt sie mehr oder weniger deutlich aus. Die Botschaft kann vollständig oder auch unvollständig (z. B. aufgrund von Hörfehlern) zum Empfänger gelangen. Dieser interpretiert und verarbeitet sie gemäß seinen Fähigkeiten und Bedürfnissen.

Nicht alles wird vom Sender so ausgedrückt, wie er es gemeint hat. Zugleich wird nicht alles vom Empfänger so verstanden, wie es gemeint war. Immer wieder passiert es, dass eine Person ganz anders auf eine Mitteilung reagiert als erwartet.

Gemeint	ist nicht gleich	gesagt.
Gesagt	ist nicht gleich	gehört.
Gehört	ist nicht gleich	verstanden.
Verstanden	ist nicht gleich	einverstanden.
Einverstanden	ist nicht gleich	umgesetzt.

21.2 Verbal und nonverbal kommunizieren

Kommunikation kann mithilfe von Worten (verbal) oder ohne Worte (nonverbal) erfolgen. Pflegepersonen kommunizieren verbal, wenn sie Patienten über den Tagesablauf informieren, den Einsatz von Pflegemitteln erklären, Angehörige in Bezug auf häusliche Pflege beraten etc. Nonverbale Kommunikation liegt im Blickkontakt, in der Art, wie ein Bewohner bei der Körperpflege unterstützt wird, wie geduldig man beim Verbandwechsel vorgeht usw. (siehe Abb. 12).

Verbale Kommunikation
Verbale Kommunikation umfasst alle Mitteilungen, die gesprochene oder geschriebene Worte verwenden. Fragen und Antworten, Bitten und Aufforderungen, Erklärungen und Informationen zählen ebenso dazu wie Berichte, Befunde, Dienstanweisungen und die Pflegedokumentation.
Die Fakten, Fragen, Aufforderungen etc. können auf sehr unterschiedliche Weise „verpackt und transportiert" werden. Wörter und Formulierungen können beruhigen oder irritieren, eine Situation bedrohlich erscheinen lassen oder stabilisieren. Gute Formulierungen unterstützen den gewünschten Effekt.

Beispiel

In die Notaufnahme kommt ein Patient mit offenem Beinbruch. Er hat starke Schmerzen und große Angst. Während die Ärzte und Pflegepersonen seine Wunde versorgen, sprechen sie mit ihm. Einige Sätze behält er im Gedächtnis: „Ich bleibe bei Ihnen." – „Ich gebe Ihnen jetzt ein Schmerzmittel. Es wirkt rasch.." – „Bleiben Sie bitte ruhig liegen. Legen Sie die Hand auf Ihre Brust und spüren Sie, wie Sie atmen."

Das *Wie* der sprachlichen Mitteilung, die Art und Weise, wie etwas ausgesprochen wird, unterstützt und verdeutlicht die Worte und Formulierungen: schnell oder langsam, laut oder leise, monoton oder lebhaft, flüssig oder mit Pausen usw.
Verbale Kommunikation setzt voraus, dass alle Beteiligten dieselbe Sprache sprechen bzw. verstehen. Das ist in der Pflege nicht immer der Fall. Gegenüber Patienten oder Angehörigen, die nur gebrochen Deutsch sprechen, sollte man in jedem

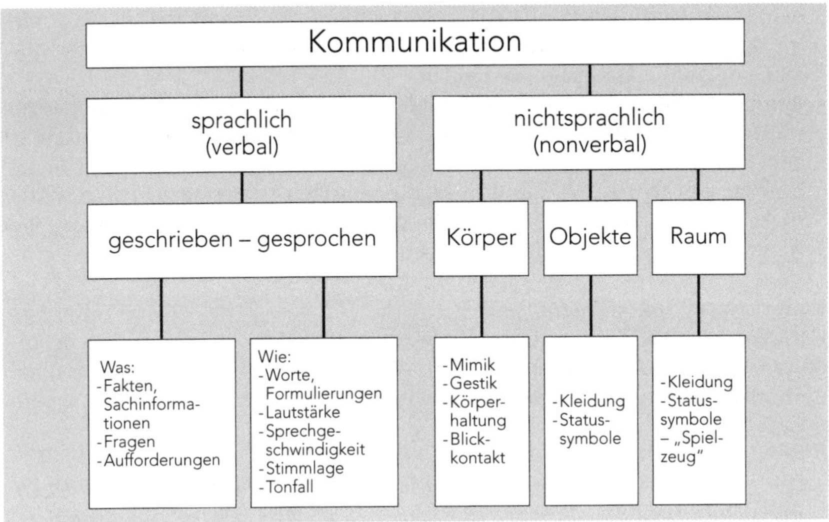

Abb. 12: Bereiche der Kommunikation

Fall klar und einfach formulieren, keinesfalls aber die eigene Sprache verstümmeln.

Nonverbale Kommunikation

Die nonverbale Kommunikation ist die elementare Ausdrucksform des Menschen. Sie steht in ihren Grundzügen jedem Menschen von Geburt an zur Verfügung und wird noch vor dem Erwerb der Wortsprache angewandt und erweitert. Ausdrucksmittel der nonverbalen Kommunikation sind der eigene Körper (Körpersprache), Objekte (z. B. Statussymbole) und das Verhalten im Raum (Nähe – Distanz etc.). Dazu gehören u. a.:

- **Mimik:** Die Ausdrucksbewegungen des Gesichts erfolgen großteils unbewusst. Die Kommunikation wird durch die Mimik bereichert, kann aber auch Fehlinformationen liefern. Verschiedene Krankheiten beeinträchtigen die Mimik (z. B. Halbseitenlähmung, Morbus Parkinson).
- **Gestik:** Die Bewegungen der Hände unterstützen die gesprochenen Worte und drücken Gefühle und Gemütsbewegungen aus. Manche Gesten haben eine kulturell festgelegte Bedeutung. Die Gebärdensprache ist ein wichtiges Kommunikationsmittel von Gehörlosen.
- **Körperhaltung, -bewegungen** mit Kopf, Schultern, Oberkörper, Armen, Beinen usw. liefern Hinweise auf die momentane seelische und körperliche Verfassung. Sie sind oft sehr charakteristisch für bestimmte Menschen und Situationen (Entspannung, Angst, Aggression, Freude, Schmerz etc.).
- **Blickkontakt:** Menschen, die einander in die Augen sehen, stehen in starkem Kontakt zueinander. Das kann sehr positiv erlebt werden (z. B. von Hilfesuchen-

den, beim „wortlosen Verstehen") oder auch bedrohlich wirken (z. B. im Streit). Im Gespräch wird fehlender Blickkontakt oft als Desinteresse, Langeweile oder fehlende Aufmerksamkeit interpretiert.

- **Räumliche Distanz:** Man unterscheidet zwischen körperlichem Intimbereich (ca. 20 cm), persönlichem Bereich (ca. 1 m) und offiziellem Bereich. Je nach Art des Gespräches sind verschiedene Distanzen angemessen. Wenn jemand zu nah oder zu weit weg ist, versucht man, die richtige Distanz herzustellen (näher rücken, ausweichen). Viele Pflegehandlungen finden bei großer räumlicher Nähe im persönlichen und im Intimbereich statt.

Kongruent vs. inkongruent
Kongruenz ist die Übereinstimmung zwischen verbalem und nonverbalem Ausdruck (z. B. „Ja" sagen und dabei nicken). Wenn verbal vermittelte Information und nonverbaler Ausdruck nicht zusammenpassen, ist die Kommunikation inkongruent.

Beispiel

Herr M. ist vor zwei Wochen ins Altersheim übersiedelt. Eine Pflegehelferin fragt ihn, wie es ihm hier gefalle und ob er sich schon eingelebt habe. „Danke", sagt Herr M. mit traurigem Gesicht, „es ist alles in Ordnung". Dazu seufzt er.

Bei inkongruenten Botschaften weiß der Empfänger nicht, was der Sprecher eigentlich meint und auf welchen Aspekt der Botschaft (den verbalen oder den nonverbalen) er antworten soll. Die Aussage von Herrn M. kann völlig gegensätzlich interpretiert werden: „Lassen Sie mich in Ruhe" oder „Kümmern Sie sich um mich". Durch inkongruente Botschaften entstehen oft erhebliche Missverständnisse. In Konflikten können sich sachliche Auseinandersetzungen bis zum Streit zuspitzen.

21.3 Einflussfaktoren

Kommunikation unterliegt vielen Einflüssen. Biologische und psychische Faktoren spielen ebenso eine Rolle wie soziale und kulturelle Bedingungen sowie die unmittelbare Umgebung. Sie können die Kommunikation mitunter erheblich behindern oder verzerren. Dazu einige Beispiele (siehe auch Abb. 13).

Biologische Faktoren:

- Entwicklung und Alter: Junge Menschen verfügen über einen anderen Wortschatz als ältere, sprechen schneller und folgen zum Teil anderen Vorbildern (z. B. in Bezug auf Höflichkeit, Respekt, selbstbewusstes Auftreten).
- Sinnesorgane: Seh- und hörbehinderte Menschen haben nur begrenzt Zugang zu bestimmten Informationen und Kommunikationsmitteln. Sie sind oft auf technische Hilfsmittel angewiesen (z. B. Texte in Brailleschrift, Hörgeräte, E-Mail statt Telefon).
- Sprechorgane: Bei erkrankten, fehlgebildeten oder operativ entfernten Sprechorganen ist die Artikulationsfähigkeit oft stark eingeschränkt. Durch Rehabilitati-

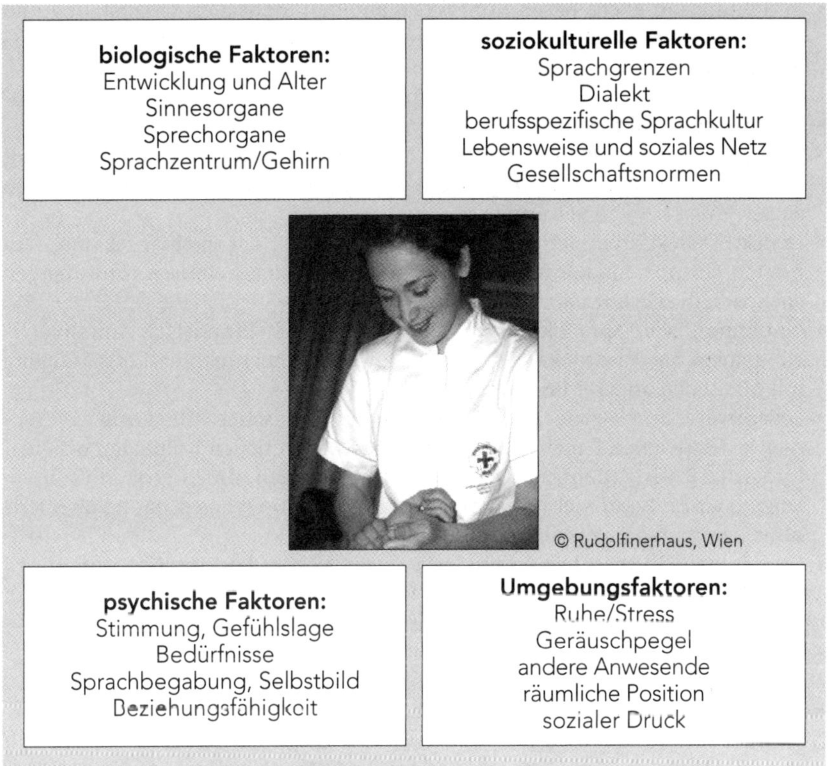

Abb. 13: Einflussfaktoren auf die Kommunikation

on und Training können viele dieser Defizite ausgeglichen werden (z. B. Ösophagus-Ersatzsprache).
- Sprachzentrum/Gehirn: Schädigungen im Gehirn (z. B. durch Schlaganfall, Tumor) sowie Abbauprozesse (Demenz) können die Kommunikationsfähigkeit der Patienten nachhaltig beeinträchtigen.

Psychische Faktoren:
- Stimmung, Gefühlslage: Depressive Menschen sprechen oft leise und wenig, ängstliche fragen oft viel oder sprechen hastig. Gereizte Menschen sprechen oft laut und verwenden aggressive Ausdrücke.
- Bedürfnisse: Im Stress fehlt den meisten die Ruhe für ein längeres Gespräch; Menschen, die eine Diät halten, reden häufig über das Essen etc.
- Sprachbegabung: Manche Menschen können erfahrungsgemäß besser Kontakt aufnehmen, einen Bericht schreiben, vor anderen reden etc. als andere. Neben der reinen Fähigkeit spielt dabei auch das Selbstbild eine große Rolle („Das kann ich/Das kann ich nicht").

- Beziehungsfähigkeit: Rasch Kontakt zu anderen Menschen herzustellen und eine Beziehung aufzubauen ist in sozialen Berufen und insbesondere in der Pflege sehr wichtig.

Soziokulturelle Faktoren:
- Sprachgrenzen: Bei Patienten, die nicht Deutsch sprechen, muss ein Dolmetscher oder Angehöriger hinzugezogen werden, um notwendige Informationen zu gewinnen bzw. zu vermitteln.
- Dialekt: Dialektfärbungen signalisieren die Zugehörigkeit zu einer regional definierten Gruppe. Sie können bewirken, dass man sich heimisch fühlt, bergen aber auch die Gefahr von Vorurteilen.
- Berufsspezifische Sprachkultur: Abkürzungen, „Fachchinesisch", Amtssprache etc. prägen die Ausdrucksweise und erschweren manchmal die Verständigung mit Menschen anderer Berufsgruppen.
- Lebensweise und soziales Netz: Alleinstehende Menschen, die wenig Gelegenheit zu Gesprächen haben, fühlen sich bei zu vielen neuen Kontakten oft überfordert (z. B. als Patient im Krankenhaus); Menschen, die in großen Familien leben oder im Beruf viel mit anderen zu tun haben, verfügen häufig über eine hohe kommunikative Kompetenz.
- Gesellschaftsnormen legen nahe, wie „man" sich in bestimmten Situationen verhalten soll, z. B. wie viel Gefühle Männer/Frauen zeigen dürfen, wann man um Hilfe bitten soll und wann nicht usw.

Umgebungsfaktoren:
- Ruhe/Stress: Für Gespräche über ernste, intime oder emotional bewegende Themen ist eine ruhige Umgebung besonders wichtig. Unterbrechungen (durch andere Menschen, Telefon etc.), Stress und Hektik können tiefer gehende Gespräche behindern oder unmöglich machen.
- Geräuschpegel: Bei schwerhörigen oder leise sprechenden Personen können Umgebungsgeräusche (durch andere Menschen, Geräte, Verkehr etc.) die gegenseitige Verständigung sehr beeinträchtigen.
- Andere Anwesende: Über manche Dinge will man lieber unter vier Augen und nicht in der Gegenwart Dritter sprechen. Neugierige Mitpatienten können als ebenso störend empfunden werden wie zu viele Ärzte und Pflegepersonen (z. B. bei einer Visite).
- Räumliche Position: Ob beide Gesprächspartner auf gleicher Augenhöhe miteinander sprechen, ob und wie sie an einem Tisch sitzen etc., hat großen Einfluss auf die Gesprächsatmosphäre und damit auf den Verlauf des Gesprächs.
- Sozialer Druck: Verschiedene soziale Rollen oder Situationen sind mit Erwartungen verbunden, in einer bestimmten Weise zu kommunizieren, z. B. sich Schmerzen nicht anmerken zu lassen, als Helfer freundlich und ruhig zu bleiben etc.

21.4 Sachebene – Beziehungsebene

Jede Kommunikation läuft auf zwei Ebenen ab, die sich wechselseitig beeinflussen:

1. Auf der **Sachebene** werden Fakten, Daten und Sachfragen besprochen, Irrtümer korrigiert, Probleme analysiert etc. (*Was* wird gesagt?)
2. Auf der **Beziehungsebene** werden Gefühle, Empfindungen und Stimmungen vermittelt, Sympathie und Ablehnung, emotionale Nähe und Distanz, Anerkennung und Vorwürfe, Spannungen und Konflikte, Vertrauen und Harmonie ausgedrückt. (*Wie* wird etwas gesagt?)

Auf der Sachebene werden Fakten besprochen und Argumente gegeneinander abgewogen, um Fragen zu klären und sachliche Probleme zu lösen. Eine gute Beziehungsebene trägt das Gespräch und wird als „angenehmes Arbeitsklima", „vertrauensvolle Atmosphäre" usw. wahrgenommen.

Keine Kommunikation verläuft nur auf der Sachebene. Auch wenn über Fakten gesprochen wird, schwingen Gefühle etc. auf der Beziehungsebene mit.

Störungen auf der Sach- und Beziehungsebene hängen eng zusammen.

- Missverständnisse auf der Sachebene können zu Ärger, Vorwürfen und Fehleinschätzungen auf der Beziehungsebene führen.
- Störungen auf der Beziehungsebene können eine sachliche Klärung von Problemen sehr behindern oder überhaupt unmöglich machen, wenn z. B. Sachfragen wie Beziehungsangelegenheiten angegangen werden. Das ist vor allem bei unterschwelligen oder nicht ausgetragen Konflikten der Fall.

Die Wirkung dieser Störungen wird erheblich reduziert, wenn man folgende Punkte berücksichtigt:

auf der Sachebene

- sich klar und einfach ausdrücken
- beim Thema bleiben
- sich kurz fassen
- flexibel auf den Gesprächspartner eingehen

auf der Beziehungsebene

- bei Erstkontakt sich deutlich mit Namen und Funktion vorstellen, die Hand geben
- möglichst auf die gleiche Augenhöhe gehen, Blickkontakt halten
- Stimmlage, Lautstärke und Sprechgeschwindigkeit angleichen
- den Gesprächspartners mit Namen ansprechen

21.5 Die vier Seiten einer Nachricht

Wenn man sprachliche Mitteilungen genauer analysiert, kann man in jeder Nachricht vier verschiedene Aussagen entdecken (Schulz von Thun 1981):

1. einen **Sachinhalt** (das „offizielle Thema“)
2. eine **Selbstoffenbarung** (was der Sprecher über sich selbst ausdrückt)
3. einen **Appell** (Aufforderung, was der Sprecher vom Zuhörer will)
4. Informationen über die **Beziehung** des Sprechers zum Zuhörer (was der eine vom anderen hält, wie sie zueinander stehen).

Jede Nachricht ist sprachlich auf einer der vier Ebenen formuliert (als Aussage, Frage, Aufforderung etc.) und wird nonverbal „eingefärbt“.

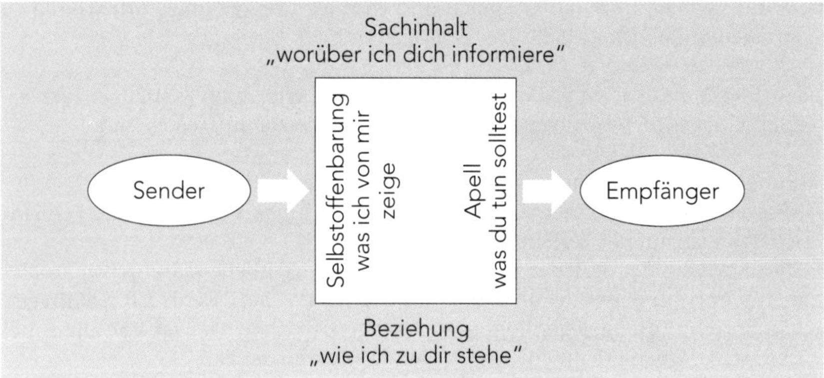

Abb. 14: Die vier Seiten einer Botschaft (nach Schulz von Thun 1981)

Beispiele

Schwester A. seufzend zu Pflegeschülerin B.: „Draußen wartet schon der nächste Patient.“
Sachinhalt: „Ein neuer Patient ist da.“
Selbstoffenbarung (durch Gesichtsausdruck und Stimme): „Ich bin müde.“
Appell: „Geh hinaus und kümmere dich um ihn.“
Beziehung (durch Körpersprache und Stimme): „Ich traue dir zu, dass du mit ihm zurechtkommst.“

Heimbewohner im Zimmer zu Pflegeperson, leise: „Schön, dass Sie da sind“
Sachinhalt: „Wenn Sie da sind, ist es besser, als wenn Sie nicht da sind.“
Selbstoffenbarung: „Ich habe schlecht geschlafen und fühle mich allein.“
Appell: „Bleiben Sie, kümmern Sie sich um mich.“
Beziehung: „Schön, dass Sie es sind und nicht ihre Kollegin. Ich mag Sie.“

Eine Patientin weint.
Sachinhalt: „Das Auge tränt."
Selbstoffenbarung: „Ich bin traurig."
Appell: „Schone mich, tröste mich."
Beziehung: „Alles nur wegen dir." oder: „Nur du kannst mir helfen."

Nachrichten können grundsätzlich auf jeder der vier Ebenen verstanden werden. Es liegt beim Empfänger (d. h. seiner Erfahrung, seinen Gewohnheiten, seiner momentanen Stimmung etc.), mit welchem „Ohr" er eine Nachricht hört. Je nachdem stellt er sich unterschiedliche Fragen:

- auf der Sachebene: Worum geht es? Was sind die Fakten?
- auf der Ebene der Selbstoffenbarung des Sprechers: Was teilt er mir über sich selber mit? Wie geht es ihm?
- auf der Appellebene: Was will er von mir? Was soll ich tun?
- auf der Beziehungsebene: Wie steht er zu mir? Mag er mich?

Die Antworten beziehen sich auf die wahrgenommene Ebene. Das ist nicht unbedingt die vom Sprecher gemeinte.

Beispiel
Ein Patient sagt: „Mir tut der Arm weh."
Antworten auf den vier Ebenen:
„Das kommt von der Schwellung. Es geht in ein paar Stunden zurück." (Annahme: Der Patient berichtet eine Körperwahrnehmung.)
„Das braucht Sie nicht zu beunruhigen." (Annahme: Der Patient macht sich Sorgen.)
„Ich hole gleich einen Arzt." (Annahme: Der Patient will noch ein Schmerzmittel.)
„Wir tun, was wir können." (Annahme: Der Patient misstraut dem Personal.)

Dass eine Nachricht auf so verschiedene Arten verstanden werden kann, führt immer wieder zu Missverständnissen, Irritationen und Konflikten. Unklare Formulierungen des Sprechers und ungeprüfte Annahmen des Empfängers können sich gegenseitig verstärken und den Konflikt hochschaukeln.

Missverständnisse ergeben sich vor allem,

- wenn eine Nachricht anders formuliert wird, als sie gemeint ist (z. B. „Wann kommt die Visite?" im Sinne von „Ich bin nervös", mit der Antwort auf der Sachebene: „In zehn Minuten.").
- wenn eine Nachricht auf einer anderen Ebene verstanden wird, als sie gemeint war (z. B. die Selbstaussage: „Mir ist kalt" verstanden als Aufforderung „Schließen Sie doch das Fenster!", mit der Antwort „Ich kann jetzt nicht").
- wenn hinter einer „offiziellen" Aussage eine andere Aussage gemeint, aber eine dritte verstanden wird (z. B. „Interessenten bitte hier eintragen", gemeint als: „Das ist verbindlich", verstanden als „Die wollen uns kontrollieren").

Viele Probleme und Missverständnisse können vermieden werden, wenn man möglichst deutlich sagt, was man meint:

- Informationen als solche kennzeichnen: „Folgendes ist sehr wichtig ..."
- Appelle deutlich machen: „Bitte halten Sie die Bettruhe ein."
- eigene Gefühle und Meinungen in der Ich-Form formulieren: „Ich sehe das anders als Sie ..."
- nachfragen: „Wie meinen Sie das?", „Habe ich das richtig verstanden ...", „Heißt das, Sie würden gerne ...?"

21.6 Zusammenfassung

Kommunikation ist ein zentrales Element der Pflege. Verbal und nonverbal werden ständig Botschaften ausgetauscht. Die Kommunikation wird von verschiedenen biologischen, psychischen, soziokulturellen und Umgebungsfaktoren beeinflusst. Jede Kommunikation läuft zugleich auf der Sachebene und auf der Beziehungsebene ab, die sich gegenseitig beeinflussen. Bei Mitteilungen lassen sich Sachinhalt, Selbstoffenbarung, Appell und Beziehungsaspekte unterscheiden. Jede Nachricht kann auf einer dieser Ebenen gemeint bzw. verstanden werden, was häufig eine Quelle von Missverständnissen ist.

22 Gesprächsführung

Gespräche geben Sicherheit und können die Beziehung zwischen Patienten, Angehörigen und Betreuern wesentlich verbessern. Manuelle Tätigkeiten sprachlich zu „begleiten" gehört ebenso dazu wie Informationen zu gewinnen und zu vermitteln, den Patienten zu beraten, zu motivieren und emotional zu unterstützen. Gespräche zu führen ist keine „Zusatzleistung", sondern zählt zu den zentralen Aufgaben einer Pflegeperson (vgl. Luderer/Behrens 2005, Geißner/Heintz 2004).

22.1 Gespräche als Pflegehandlung

Gesprächsführung ist die bewusste Planung und Durchführung eines Gesprächs mit einem klaren Ziel und in mehreren Schritten. Das bedeutet insbesondere:

- Ziel oder Absicht des Gesprächs bestimmen,
- Gesprächsverlauf planen und steuern,
- für eine angemessene Umgebung sorgen und Störungen beseitigen,
- Anfang und Ende des Gesprächs markieren.

Pflegepersonen haben täglich viele Gelegenheiten, Gespräche mit Patienten und Heimbewohnern zu führen. Die einfachste Möglichkeit bieten handlungsbegleitende Gespräche, die scheinbar nebenbei, während pflegerischer Handlungen geführt werden können, z. B. bei der Körperpflege, beim Ankleiden etc.

Pflegepersonen helfen Patienten oft intuitiv, wenn sie Gespräche benötigen. Für gezielte Unterstützung ist jedoch auch fundiertes Wissen nötig (Marquard et al. 2004). Je genauer man weiß, worauf in einem Gespräch zu achten ist und welche Schritte man setzen sollte, desto wirksamer ist die angebotene Unterstützung.

Das Grundprinzip der Gesprächsführung lautet: den Gesprächspartner dort abholen, wo er ist, d. h. womit er sich beschäftigt, bei seinen Gedanken, Gefühlen, Bedürfnissen und Fragen.
Dazu gehört u. a.:

- dem Gesprächspartner Zeit lassen und es ihm erleichtern, sich auszudrücken;
- dem Gesprächspartner vermitteln, dass seine Gedanken und Gefühle verstanden und ernst genommen werden;
- Fragen und Einwände ernst nehmen, nicht wegwischen oder ignorieren; zeigen, dass man sich damit auseinander setzt;
- den eigenen Standpunkt klar, verständlich und überzeugend darlegen.

Im Folgenden einige Beispiele für pflegerische Gespräche:

Informieren
Der Patient erhält Informationen über den Ablauf von Untersuchungen und Behandlungen, über Wirkung und Bedeutung von Pflegemaßnahmen und viele andere Bereiche. Diese Informationen sollen dem Patienten Orientierung und Sicherheit geben, die Krankheitsverarbeitung erleichtern und die Kooperation mit den Betreuern fördern.

Zuhören, Entlasten
Der Patient kann seine Gefühle, Sorgen und Anliegen äußern, ohne dass sie verharmlost oder abgewertet werden. Das Aussprechen von Gefühlen und Benennen von Problemen bewirkt oft eine deutliche emotionale Entlastung („Mitgeteiltes Leid ist halbes Leid.").

Psychosoziale Unterstützung
Dem Patienten wird verbal und nonverbal vermittelt: „Wir kümmern uns um Sie. Wir gehen auf Sie ein. Für uns sind Sie keine Nummer." In Krisensituationen (nach einer plötzlichen Einweisung, bei Verschlechterung des körperlichen Zustandes, im Sterben) können bereits die bloße Anwesenheit einer Pflegeperson oder eine Berührung der Hand beruhigend wirken. Wichtig für den Patienten ist es zu merken, dass er nicht allein gelassen, sondern verstanden und akzeptiert wird. Neben der akuten emotionalen Entlastung (Dampf ablassen, Ausweinen) kann es weiter hilfreich sein, mit jemandem über die eigenen Wertvorstellungen, über Sinnfragen und über religiöse Vorstellungen zu sprechen.

Beraten
Für die Lösung lebenspraktischer Probleme (z. B. Selbstständigkeit nach der Entlassung aus dem Krankenhaus) sind Tricks oft sehr hilfreich. Diese können im Gespräch mit dem Patienten herausgearbeitet und vielleicht auch praktisch geübt werden.

22.2 Basiskompetenzen

Ein Gespräch mit einem bestimmten Ziel zu beginnen, dabei auf den Gesprächspartner einzugehen, mit Störungen und Problemen umzugehen und das Gespräch auf angemessene Weise zu beenden, kann manchmal ganz einfach, manchmal aber auch schwierig sein: Weil man unter Zeitdruck steht, weil der Gesprächspartner umständlich erzählt oder unklare Ausdrücke verwendet, weil man wiederholt unterbrochen wird oder weil auf der Station große Hektik herrscht.

Basiskompetenzen der Gesprächsführung:

1. Kontakt herstellen und ein positives Gesprächsklima schaffen
2. Gespräch strukturieren
3. aktiv zuhören
4. sich verständlich ausdrücken und sachlich argumentieren
5. loben
6. Probleme erkennen und ansprechen
7. Kommunikationsfehler vermeiden

Diese Basiskompetenzen werden anhand von positiven Vorbildern erworben und können in der Ausbildung weiter trainiert und verbessert werden. Im Einzelnen gehören dazu folgende Punkte:

Kontakt herstellen und positives Gesprächsklima schaffen

- aktiv auf den Gesprächspartner zugehen
- sich ins Blickfeld des Patienten stellen/setzen
- auf gleiche Augenhöhe gehen
- sich beim ersten Kontakt mit Namen und Funktion vorstellen
- Hand geben, eventuell vorsichtig Körperkontakt aufnehmen (Hand, Arm)

Gespräch strukturieren

- sich vor Beginn des Gesprächs überlegen, was das Ergebnis sein soll (z. B. Informationsgewinnung, Motivierung, Entlastung, Aufheiterung, Wartezeit überbrücken etc.)
- Einleitung und Abschluss bewusst gestalten
- Informationen gliedern; die wichtigsten Informationen im ersten Drittel des Gesprächs vermitteln
- Themen hervorheben, gliedern („Es ist wichtig, dass wir darüber reden" – „Das sollten wir später besprechen")

aktiv zuhören

- den Äußerungen des Gesprächspartners über Sachverhalte, Einschätzungen, Gedanken, Gefühle und Bedürfnisse aufmerksam folgen
- den Gesprächspartner ausreden lassen
- Blickkontakt halten, keine andere Tätigkeit nebenbei ausführen

- nachfragen bei unklaren Aussagen („irgendwie …"), abstrakten Begriffen (z. B. „Ich habe die Hoffnung verloren"), Widersprüchen (z. B. „Mir geht's gut, nur geschlafen habe ich schlecht"), nonverbalen Signalen (z. B. schmerzverzerrtes Gesicht) etc.
- Namen oder Formulierungen wiederholen, die wichtige Hinweise enthalten können (z. B. auf Personen, die eine Ressource darstellen, Einstellungen zur Krankheit)
- indirekt geäußerte bzw. vermutete Interessen, Wünsche und Gefühle der Person ansprechen

sich verständlich ausdrücken und sachlich argumentieren
- klare Aussagen treffen, schwierige Fachausdrücke vermeiden
- Aussagen begründen, Beispiele nennen
- Fakten und Vermutungen deutlich voneinander abgrenzen
- auf Fragen klar antworten, sachlich bleiben
- nachfragen, ob der Gesprächspartner alles verstanden hat

loben
- Fortschritte und gelungene Leistungen aktiv ansprechen
- konkret benennen, was gut gemacht wurde (nicht allgemein-überschwänglich)
- frühzeitig loben (nicht tagelang warten)
- öfter loben als kritisieren

Probleme erkennen und ansprechen
- Schwierigkeiten offen benennen
- eigene Meinung in der Ich-Form formulieren: „Ich habe den Eindruck, dass …"
- Gefühle und Probleme beim Gegenüber belassen, nicht zu den eigenen machen
- Konflikte und zwischenmenschliche Spannungen direkt ansprechen, nicht hinter dem Rücken des Betroffenen schimpfen o. Ä.
- auf Vorwürfe, Schuldzuweisungen, Abwertungen etc. mit Fragen antworten, z. B. „Wie meinen Sie das? Was genau …? Wer …? Wann zuletzt …?"
- beim Thema bleiben

Kommunikationsfehler vermeiden
- automatische Fragen ohne spürbares Interesse am Gesprächspartner
- Blick vor allem auf schriftliche Unterlagen oder Bildschirm gerichtet
- bedrängendes Fragen („Inquisition") und Nachbohren, während sich der Gesprächspartner verschließt
- Missachtung oder Fehldeutung von Äußerungen und nonverbalen Signalen
- Kritik und sachliche Rückmeldungen persönlich nehmen
- Tätigkeiten nebenbei

Grundhaltung in helfenden Gesprächen (Rogers 1957):
- Wertschätzung (Achtung, Wärme, Rücksichtnahme)
- Einfühlungsvermögen (Empathie)
- Ehrlichkeit (Echtheit)

In einem einfühlenden, nicht wertenden Gespräch kann der Patient Zuwendung, Respekt und emotionale Wärme erfahren. Er merkt, dass ihm jemand zuhört, und fühlt sich in seiner Situation, mit seinen Sorgen und Bedürfnissen verstanden. Das entlastet ihn emotional und fördert seine Auseinandersetzung mit der Krankheit und ihren Folgen. Durch die Ehrlichkeit im Gespräch steigt auch die Kooperation mit den Betreuern.

Ein helfendes Gespräch kann nicht erzwungen, sondern immer nur angeboten werden. Entscheidend ist die Bereitschaft des Patienten, über ein bestimmtes Thema mit einer bestimmten Pflegeperson zu sprechen. Wenn ein Patient das Gesprächsangebot ablehnt, sollte man ihn nicht bedrängen, sondern warten und beobachten, ob er zu einem anderen Zeitpunkt dazu bereit ist. In manchen Fällen möchte der Patient nur mit einer bestimmten Person sprechen. Auch diese Entscheidung ist selbstverständlich zu akzeptieren.

Auch auf Seiten der Pflegepersonen braucht es die Bereitschaft und Offenheit, ein Gespräch zu führen. Unter Zeitdruck oder wenn ein Thema „zu heiß“ erscheint, sollte man kein tiefer gehendes Gespräch beginnen. Man muss auch nicht jedes Gespräch selbst führen. Bei guter Zusammenarbeit im Team können andere Betreuer (Pflegepersonen, Arzt, Psychologe) diese Aufgabe übernehmen. Dies dient dem Patienten ebenso wie der eigenen Psychohygiene.

22.3 Techniken der Gesprächsführung

Verschiedene allgemeine Kommunikationstechniken werden sehr häufig in Gesprächen angewandt. Sie bilden das „Handwerkszeug“ der Gesprächsführung. Tabelle 3 gibt eine Übersicht.

Offene Fragen stellen

Auf offene Fragen sind viele und lange Antworten möglich. Sie regen zum Erzählen an und bringen oft Informationen, an die man selbst gar nicht gedacht hat, z. B. „Wie geht es Ihnen?“, „Wie war das eigentlich ...?“, „Was möchten Sie ...?“, „Beschreiben Sie ...“, „Erzählen Sie mir bitte mehr davon.“ etc. Offene Fragen eignen sich als Gesprächseinstieg und helfen weiter, wenn das Gespräch stecken bleibt.

Geschlossene Fragen stellen

Geschlossene Fragen beschränken die Antwortmöglichkeiten und lenken die Aufmerksamkeit auf einen Punkt oder in eine bestimmte Richtung. Sie liefern rasche und präzise Informationen, können aber auch kalt und distanziert wirken. Im Extremfall kann eine geschlossene Frage nur mit einem Wort, z. B. „ja“ oder „nein“ beantwortet werden: „Haben Sie Schmerzen?“, „Haben Sie noch Fragen?“, „Möchten Sie ...?“, „Können Sie ...?“, „Wo sind ...?“ etc.

Tab. 3: Techniken der Gesprächsführung

Technik	Ziel	Anmerkungen
offene Fragen stellen	• allgemeine Informationen gewinnen • Themen vertiefen • auf Aspekte kommen, an die man nicht gedacht hat	• zum Gesprächseinstieg • wenn das Gespräch „stecken bleibt“ • verlangt Zeit und echtes Interesse
geschlossene Fragen stellen	• Datenerfassung • Antworten auf einen Punkt oder in eine Richtung lenken • Struktur bieten	• bringt rasch und präzise Informationen • gut, um ein bestimmtes Ziel zu verfolgen • Achtung: kann kalt und distanziert wirken
verbal und nonverbal verstärken	• fortlaufendes, ungehindertes Reden fördern • Interesse zeigen	• durch Kopfnicken, mimischen Ausdruck, „ja“, „mhm“ etc.
wiederholen	• zeigen, dass man zuhört • Fakten festhalten	• Vorsicht! Wenn man es zu häufig einsetzt, kann man wie ein hirnloser Papagei wirken
in eigenen Worten zusammenfassen	• Interesse, Verständnis, Empathie vermitteln • Bedeutung klären (das Gesagte als Frage wiederholen) • den Sprecher die eigenen Gedanken „hören“ lassen	• gut, um mehrdeutige Ausdrücke zu klären • öfter einsetzen als das Wiederholen
Gefühle ansprechen	• Gefühle des Sprechers aufgrund verbaler und/ oder nonverbaler Hinweise benennen • Ausdruck von Gefühlen fördern und emotionale Blockaden in der Kommunikation beseitigen	• Vorsicht: Nur punktuell einsetzen! • nicht unter Zeitdruck • nicht bei überschwemmenden Gefühlen (besser: Sachfragen stellen)
schweigen	• dem Gesagten Raum geben, es wirken lassen • zeigen, dass man den Sprecher nicht alleine lässt, vor dem Thema keine Angst hat	• wichtig, um den anderen nicht „niederzureden“ • Vorsicht! Kann unbeabsichtigterweise Teilnahmslosigkeit und mangelndes Interesse ausdrücken

Verbal und nonverbal verstärken
Blickkontakt und interessierter Gesichtsausdruck, Nicken, „Ja“ und „Mhm“ zeigen dem Gesprächspartner, dass man ihm aufmerksam zuhört. Dadurch wird er zum Weiterreden angeregt und das Gespräch wird in Gang gehalten.

Wiederholen
Wichtige Aussagen oder Schlüsselwörter, die der Gesprächspartner formuliert, werden wörtlich wiederholt. Auf diese Weise können die Genauigkeit des Zuhörens überprüft und mehrdeutige Ausdrücke geklärt werden.

In eigenen Worten zusammenfassen (Paraphrasieren)
Aussagen und Reaktionen des Gesprächspartners werden in eigenen Worten zusammengefasst. Man kann dadurch Verständnis und Einfühlungsvermögen zeigen, den Gesprächspartner seine eigenen Gedanken „hören“ lassen und das Gesagte weiter klären und verdeutlichen: „Mit anderen Worten …“, „Das heißt also …“, „Habe ich das richtig verstanden …“. Im Gespräch sollte man öfter paraphrasieren als die Worte einfach wiederholen.

Gefühle ansprechen
Die beobachteten oder vermuteten Gefühle des Gesprächspartners werden angesprochen und ihm als eigene Eindrücke zurückgespiegelt: „Sie sehen wütend aus“, „Sie wirken traurig“. Das kann helfen, über Gefühle zu sprechen, die man sonst nur zögernd geäußert hätte. Es erfordert zugleich Fingerspitzengefühl und eine gute Gesprächsbasis auf der Beziehungsebene.

Schweigen
Schweigen kann ein sehr wirkungsvolles Mittel der Kommunikation sein. Es lässt dem Gesagten Raum, um zu wirken; Probleme und Schwierigkeiten werden nicht einfach weggeredet. Im Schweigen kann man weiters zeigen, dass man den Gesprächspartner in einer Krise nicht allein lässt und seine Schwierigkeiten mit ihm aushält. Es kann jedoch auch kalt wirken und den Eindruck von Verwirrung oder mangelndem Interesse wecken.

22.4 Feedback

Feedback spielt in der Kommunikation eine besondere Rolle. Wir geben und empfangen laufend Rückmeldungen darüber, wie etwas wahrgenommen, verstanden und erlebt wird. Feedback hilft den Informationsaustausch zu verbessern, die Wirkung der eigenen Handlungen und Maßnahmen zu überprüfen sowie das eigene Verhalten genauer auf den Gesprächspartner abzustimmen.

Feedback geben
Patienten und Angehörige, aber auch KollegInnen und PraktikantInnen benötigen immer wieder Rückmeldungen, Lob und Verbesserungsvorschläge, z. B. was

die Vermeidung eines Dekubitus oder das richtige Mobilisieren nach einem Schlaganfall betrifft. Feedback kann Verhaltensweisen bestätigen und fördern, korrigieren oder stoppen (Was kann ich beibehalten, was soll ich verändern, wo liegen meine Grenzen?). Es kann zu neuen Schritten anregen und Dinge klären, die für die Zusammenarbeit wichtig sind.
Feedback erfolgt immer auf der Sach- und der Beziehungsebene. Sachlich richtige, aber beziehungslos mitgeteilte Informationen sind ebenso problematisch wie gut gemeinte, aber unklare Gefühlsäußerungen.
Bevor man jemandem eine Rückmeldung gibt, sollte man kurz überprüfen: Ist der andere bereit dazu? Ist meine Unterstützung erwünscht? Ist jetzt der richtige Zeitpunkt? Ist das Feedback jetzt effektiv?

Gutes Feedback enthält drei Elemente:
1. **Wahrnehmungen**, möglichst konkret und korrekt: „Mir fällt auf, dass …“, „Ich habe beobachtet, wie …“. Defizite und Fehler sollten auf der Sachebene und immer anhand eines Beispiels angesprochen werden. Dabei ist es wichtig, den anderen nicht zu analysieren, sondern sein Verhalten genau zu beschreiben, möglichst in Ich-Botschaften (nicht „man sollte“, „es muss“ etc.).
2. **Lob:** „Gut gemacht hast du …“, „Das ist ein Fortschritt …“ usw. Lob wirkt motivierend, schafft ein Gegengewicht zur Kritik und erleichtert es, sich Defizite einzugestehen. Es sollte sobald als möglich ausgesprochen werden (nicht erst nach Tagen oder Wochen).
3. **Vorschläge zur Verbesserung:** „Anders machen sollten Sie …“, „Verbessern könntest du noch …“, „Versuchen Sie das nächste Mal …“ Je genauer der andere weiß, was er ändern soll, und je konkreter die Vorschläge sind, desto eher wird er darauf eingehen. Die Vorschläge sollten anhand eines praktischen Beispiels erläutert werden.

Zusätzlich sollte man immer überprüfen, ob der Gesprächspartner verstanden hat, was man meint bzw. worauf man hinzielt.
Nicht zum Feedback gehören abwertende Formulierungen, Mehrdeutigkeiten, Hänseleien, und Verallgemeinerungen (immer, alle, nie, laufend …). Unangemessenes Feedback wäre: „Du bist einfach unmöglich!“, „Das machst du immer falsch“, „So ein Schwachsinn“ usw.

Feedback empfangen
Pflegepersonen erhalten von KollegInnen und Vorgesetzten, Patienten und Angehörigen Rückmeldungen, wie diese die geleistete Arbeit oder bestimmte Verhaltensweisen erleben und was sie sich weiter wünschen. Feedback zu empfangen bedeutet:
- die Rückmeldungen des Gesprächspartners genau anhören,
- Lob akzeptieren, nicht „wegreden“,
- bei Kritik nachfragen, wie sie gemeint ist, welche Vorschläge sich daran knüpfen etc.,
- sich nicht verteidigen oder rechtfertigen,

- auch in konfliktträchtigen Situationen die Meinung des anderen als seine Meinung akzeptieren.

Häufig ist das Ergebnis eine Vereinbarung, was in Zukunft geändert bzw. beibehalten werden soll. Wenn das nicht möglich ist, weil z. B. Wünsche und Möglichkeiten zu weit auseinander liegen, bedarf es zumeist weiterer Gespräche, um zu einer Lösung zu finden.

22.5 Zusammenfassung

Gesprächsführung ist die bewusste Planung und Durchführung eines Gesprächs und eine wichtige Pflegehandlung. Zu den wesentlichen Grundhaltungen zählen Wertschätzung, Einfühlungsvermögen und Ehrlichkeit. Kommunikative Basiskompetenzen sind: Kontakt herstellen und ein positives Gesprächsklima schaffen, Gespräch strukturieren, aktiv zuhören, sich verständlich ausdrücken und sachlich argumentieren, loben, Probleme erkennen und ansprechen sowie Fehler vermeiden. Verschiedene Techniken helfen, das Gespräch gezielt zu führen. Durch Feedback kann der Informationsaustausch verbessert, die Wirkung der eigenen Handlungen überprüft und das Verhalten auf den Gesprächspartner abgestimmt werden.

23 Spezielle Gesprächssituationen

Verschiedene Gesprächssituationen kommen in der Pflege häufig vor, enthalten aber dennoch besondere Herausforderungen. Die folgende Darstellung orientiert sich u. a. an Koch-Straube (2008), Luderer/Behrens (2005), Geißner/Heintz (2004), Schnabel/Krämer (2004), und Meichenbaum/Turk (1994).

23.1 Einschätzen

Zur Gesprächsführung gehört, sich auf den Gesprächspartner einzustellen. Dazu ist es wichtig, den körperlichen und psychischen Zustand des Gesprächspartners einzuschätzen und die Wirkung des Gesprächs sowie mögliche Störungen und Ressourcen zu erkennen. Die einfachste Frage in diesem Zusammenhang ist: „Wie geht es Ihnen?" Hinzu kommen aufmerksame Beobachtung und genaues, aktives Zuhören. Viele Bedürfnisse, Gefühle und Gedanken werden vom Gesprächspartner direkt ausgedrückt. Andere können aus Andeutungen und nonverbalen Signalen erschlossen werden. Auf folgende Punkte sollte speziell geachtet werden:

Zu Beginn des Gesprächs:
- körperliches Befinden
- Orientierung (zeitlich, räumlich, personell, situativ)

- Bereitschaft zu einem Gespräch
- mögliche dringende Bedürfnisse
- belastende Gefühle, Sorgen

Während des Gesprächs:
- psychosoziale Belastungen
- Ressourcen
- Einstellungen, Bewältigungsformen
- Abwehrmechanismen
- offene Fragen

Geübten Pflegepersonen fällt es zumeist leicht, während des Gesprächs auf die genannten Punkte zu achten. Wichtig ist, dass keine wesentlichen Auffälligkeiten übersehen werden.

23.2 Fragen

Informationen zu gewinnen ist ein kommunikativer Prozess, in dem neben der Sachebene auch die Beziehungsebene zwischen Pflegeperson und Patient angesprochen wird.

Fragen stellen
Viele Fragen, die Patienten gestellt werden, berühren zentrale Aspekte ihres Lebens und sind nicht ohne Weiteres zu beantworten. Für wichtige Fragen sollte man sich genügend Zeit nehmen und eine ruhige, angenehme Gesprächsatmosphäre schaffen. Vorgegebene Fragen einfach abzulesen, kann ebenso problematisch sein, wie schnell etwas „zwischen Tür und Angel" zu fragen. Manche Fragen dringen in den Intimbereich des Patienten ein und können Scham, vielleicht auch Traurigkeit oder Schuldgefühle auslösen. Es ist wichtig, während des Gespräches auf solche Gefühlsreaktionen zu achten und behutsam darauf zu reagieren. Keinesfalls darf das Gespräch zu einem Verhör werden.

In der Praxis haben sich folgende Punkte bewährt:
- klar sagen, worum es sich handelt;
- begründen, warum die Informationen für das Pflegeteam wichtig sind;
- den Patienten bitten, die Fragen zu beantworten;
- auch bei einzelnen Fragen begründen, warum der Patient darauf Auskunft geben soll;
- versichern, dass die Antworten nur für den internen Gebrauch bestimmt sind und unter die Schweigepflicht fallen;
- den Patienten fragen, ob er noch etwas wissen möchte.

Fragemuster

Fragen können entweder offen oder geschlossen formuliert sein. Offene Fragen lassen dem Gesprächspartner viel Raum, geschlossene Fragen liefern präzise Informationen (siehe Kap. 22.3). Es empfiehlt sich, offene und geschlossene Fragen zu kombinieren.

Man kann z. B. mit einer geschlossenen Frage beginnen, um eine Tatsache festzuhalten und einen Ausgangspunkt zu haben, von dem aus eine weitere Verdeutlichung und Vertiefung möglich ist.

Beispiel

Geschlossene Frage: Sind bei Ihnen Allergien bekannt?
Antwort: Ja.
Geschlossene Frage: Welche?
Antwort: Ich habe Heuschnupfen.
Offene Frage: Wie kommen Sie damit zurecht?

In anderen Situationen kann man zuerst eine offene Frage und dann eine geschlossene Frage stellen, um die Antwort auf einen bestimmten Punkt zu lenken.

Beispiel

Offene Frage: Wie geht es Ihnen?
Antwort: Ich mache mir Sorgen. Mein Bein tut immer noch weh.
Geschlossene Frage: Haben Sie darüber schon mit dem Arzt gesprochen?
Antwort: Ja, schon.
Geschlossene Frage: Was sagt er?
Antwort: Na ja.
Geschlossene Frage: Hat er das Bein untersucht?
Antwort: Ja.
Geschlossene Frage: Und? Wie lautet seine Diagnose?

Nachfragen

Bei unklaren Ausdrücken und Formulierungen kann es notwendig sein, genauer nachzufragen, was der Patient meint. Die Unklarheiten ergeben sich u. a. aus folgenden Gründen:

- Andeutungen: „Gestern war ein ganz schlechter Tag." – Mögliche Fragen: Was war gestern? Was ist passiert? Erzählen Sie.
- Auslassung: „Ich fürchte mich." – Wovor? Wann? Wie lange schon? „Sie verstehen mich nicht" – Was verstehe ich nicht?
- Fehlender Bezug: „Hier ist es besser." – Besser als wo? In Bezug worauf? „Das dauert länger als ich geglaubt habe" – Womit haben Sie gerechnet?
- Verallgemeinerung: „Niemand kommt zu mir auf Besuch." – Wirklich niemand? Wann war zuletzt jemand bei Ihnen?
- Zwang: „Ich darf nicht krank werden." – Wer sagt das? Weshalb dürfen Sie nicht krank werden? „Ich muss mich um alles selber kümmern." – Gibt es wirklich niemanden, der Ihnen helfen würde?

- Gedankenlesen: „Meinem Mann ist doch egal, wie es mir geht." – Hat er das selbst so gesagt? Woher wissen Sie das?

Entscheidend ist, dass die Fragen in freundlicher Art und Weise gestellt werden. Keinesfalls dürfen sie kalt oder mechanisch wirken, da sonst die Gefahr besteht, dass sich der Gesprächspartner verschließt.

23.3 Informieren

Krankheiten und ihre äußeren Begleitumstände verunsichern Patienten wie Angehörige: Welche Krankheit habe ich genau? Welche Belastungen kommen auf uns zu? Wie werden die Untersuchungen und Behandlungen ablaufen? Wann komme ich wieder nach Hause? Diese Unsicherheit kann durch geeignete Informationen verkleinert oder beseitigt werden.
Informationen spielen in jeder Phase der Krankheitsverarbeitung eine wichtige Rolle. Sie geben Sicherheit, verringern Angst, Schuld- und Schamgefühle und bilden die Basis für ein klares Bild von der Zukunft. Informationen dienen der Vorbereitung auf Untersuchungen, Operationen und Pflegemaßnahmen und fördern Verstehbarkeit, Sinnhaftigkeit und Handlungsspielraum im Sinne des Kohärenzerlebens (siehe Kap. 13.5). Sie unterstützen damit auf vielfältige Weise den Heilungsverlauf sowie Kooperation und Compliance.
Pflegepersonen informieren über den Tagesablauf, über Ablauf und Sinn von Pflegemaßnahmen, das Verhalten vor Operationen und Untersuchungen (nüchtern bleiben etc.), über Namen, Pflegeprodukte, Hilfsmittel u. v. m. (Für medizinische Fragen ist immer der behandelnde Arzt zuständig, alle diesbezüglichen Informationen werden von ihm gegeben. Die notwendigen Verhaltensweisen können auch von Pflegepersonen erklärt werden.)

Alle Fragen des Patienten sollten beantwortet werden.
(Dazu braucht man nicht alles erklären, was man weiß.)

Die Vermittlung von Information ist ein sehr fehleranfälliger Prozess. Selten werden Informationen genau so verstanden, wie sie gemeint waren (siehe Kap. 21.1). Bei Informationsgesprächen reicht es nicht, die Information einfach „irgendwie" mitzuteilen. Die Gefahr wäre groß, dass der Gesprächspartner sie nicht oder teilweise falsch versteht, daraus die falschen Schlüsse zieht usw.

Ein Informationsgespräch gliedert sich in mehrere Schritte:

1. **Einleiten:** geeignete Gesprächsatmosphäre schaffen, auf Blickkontakt und nonverbale Signale achten; das Thema nennen, worüber der Patient informiert werden soll; evtl. begründen, warum das wichtig ist;
2. **Information mitteilen:** strukturiert, klar, in kurzen Sätzen; das Wichtige hervorheben, an den Beginn stellen; die Information veranschaulichen (anhand

von Beispielen, Bildern etc.); wichtige Punkte wiederholen; Fremdwörter, unklare Begriffe und lange Sätze vermeiden;
3. **Nachfragen:** sich vergewissern, dass der Patient die Information verstanden hat; Zeit geben, Fragen, Bedenken oder Sorgen zu äußern; mindestens 10 Sekunden warten, wenn der Patient schweigt.

Damit der Gesprächspartner die Informationen gut aufnehmen kann, sollten folgende Punkte besonders beachtet werden:
- **Aufnahmefähigkeit:** nicht zu viele Informationen auf einmal geben; Tempo vom Patienten bestimmen lassen (je nach Alter, Auffassungsgabe, emotionaler Betroffenheit etc.);
- **Vorwissen des Patienten:** Beispiele und Ausdrucksweise der Sprache bzw. Erfahrungswelt des Gesprächspartners anpassen; falsche Informationen korrigieren;
- **Bedürfnisse:** Schmerzen und dringende Bedürfnisse können die Aufmerksamkeit erheblich einschränken oder ablenken.

Nicht alle Patienten wollen alles wissen, was man ihnen mitteilt. Viele stehen in einer Spannung zwischen großem Informationsbedürfnis (alles wissen wollen) und Abwehr (nichts wissen wollen). Informationsbedürfnis und Abwehrmechanismen sollten gleichermaßen respektiert werden (siehe Kap. 8.4).

Informationsdefizite erkennen
Ärzte, Pflegepersonen, Psychologen, Physiotherapeuten, Diätologinnen und andere Betreuer bemühen sich, alle wichtigen Informationen so gut wie möglich zu vermitteln. Dennoch ist bei Patienten immer wieder ein Informationsdefizit festzustellen. Mögliche Gründe sind:
- Die Informationen sind zu kompliziert, oder detailreich formuliert.
- Die Informationen sind zu unkonkret oder unstrukturiert, sodass kein roter Faden erkennbar ist.
- Die Informationen werden zum falschen Zeitpunkt (verminderte Aufnahmefähigkeit oder -bereitschaft) bzw. auf unangemessene Weise vermittelt (zu schnell, zu kompliziert etc.).
- Der Patient hat einzelne Informationen nicht verstanden.
- Der Patient will nicht zeigen, dass er nichts verstanden hat und verhält sich still.
- Der Patient kann nicht zwischen wichtigen und unwichtigen Informationen unterscheiden. Er weiß nicht, welche Frage sinnvoll ist und welche nicht.
- Dem Patienten sind die Informationen jetzt zu viel; er sagt das direkt oder zeigt es aber nonverbal (Blick, Mimik, Atmung).

Informationsdefizite sollten unbedingt vermieden werden. Häufig sind es Pflegepersonen, die auf wichtige offene Fragen des Patienten aufmerksam werden. Sobald ein Informationsdefizit festgestellt wird, sollte man dafür sorgen, dass der Patient die notwendigen Informationen erhält. Manche Fragen kann man nicht selbst beantworten. In diesen Fällen geht es darum, jene Person zu finden, die die Antworten geben kann (z. B. eine andere Pflegeperson, einen Arzt). Wenn diese

Person nicht gleich verfügbar ist, sollte man dem Patienten dies mitteilen und den Zeitpunkt nennen, zu dem die Person wiederkommt bzw. die Fragen beantwortet werden können.

23.4 Beraten

In der Pflege gibt es viele Beratungsanlässe und -themen: auf die Entlasssung oder die Übersiedlung ins Heim vorbereiten, Unterstützung zu Hause, Wahl und Einsatz bestimmter Hilfsmittel, gesunde Lebensführung, Kontakt zu einer Selbsthilfegruppe etc. Für verschiedene pflegerische Bereiche gibt es eigene Beratungsexperten, z. B. in der Diabetes-Schulung, Inkontinenzberatung, Stomapflege, Übergangspflege usw.

Beratung ist die gezielte Unterstützung bei Entscheidungen und bei der Bewältigung von schwierigen Lebenssituationen. Professionelle Beratung hilft dabei, eine gute Wahl zu treffen und die richtigen Schritte zu setzen. Verantwortung und Durchführung der besprochenen Schritte liegen beim Betroffenen.

In der Pflegeberatung besteht eine klare Rollenaufteilung: Der Patient ist der Experte für seine Situation. Seine Fragen und Bedürfnisse stehen im Zentrum. Die Pflegeperson hilft bei der Erarbeitung von Lösungen. Sie geht von den Wünschen und Erfahrungen des Patienten aus, hilft bei der Klärung aller Fragen, gibt Empfehlungen, die für den Patienten hilfreich sein könnten, und belässt alle Entscheidungen beim Patienten. Auch die Durchführung bzw. Ablehnung einer Maßnahme liegt allein beim Patienten.

Der Beratungsprozess verläuft in Anlehnung an den Pflegeprozess in sechs Schritten:

1. **Informationssammlung:** beim bisherigen Wissen und Verhalten des Patienten beginnen; den Ist-Zustand erheben, Informationen über die Situation, das Problem und die vorhandenen Ressourcen sammeln; die Informationen ordnen und gewichten; wichtige Punkte von nebensächlichen unterscheiden; den Patienten erzählen lassen;
2. **Problemdefinition:** den Patienten auffordern, seine Fragen und mögliche Schwierigkeiten zu formulieren; genaue Formulierung des Problems bzw. der Fragestellung: Was genau ist belastend? Was sollte geändert werden? Worauf kommt es an?
3. **Zieldefinition:** genaue Formulierung des angestrebten Zieles: Was soll erreicht werden? Wann oder womit wäre der Patient zufrieden? Dabei sollten realistische Ziele formuliert werden, die in kleinen Schritten erreicht werden können. Abstrakte Aussagen sollten durch konkrete Aussagen ersetzt werden.
4. **Planung der Maßnahmen:** konkrete Schritte besprechen, verschiedene Möglichkeiten abwägen; zu jedem Problem eine Lösung erarbeiten; Vor- und Nachteile einander gegenüberstellen; Zeitrahmen, Motivation bezüglich einzelner Schritte sowie die Rolle anderer Personen klären; eigene Ressourcen und Fähig-

keiten optimal einbeziehen; keine Patentrezepte geben, sondern individuelle Lösungen finden; Entscheidungen dem Patienten überlassen;
5. **Durchführung der Maßnahmen:** den gewählten Lösungsweg in die Praxis umsetzen; wenn nötig den Patienten dabei unterstützen, anleiten, mit ihm üben; verschiedene Hilfsmittel ausprobieren lassen; offene Fragen klären; die eigenständige Durchführung dem Patienten überlassen;
6. **Evaluation:** Ergebnis und Zufriedenheit des Patienten bewerten; eventuell weiteren Handlungs- oder Verbesserungsbedarf abklären; als Berater die eigene Rolle reflektieren.

Die besprochenen Themen sind oft sehr persönlich, manchmal mit Scham oder innerem Widerstand verknüpft (z. B. bei Inkontinenzberatung). Ein ruhiger, ungestörter Raum und ausreichend Zeit sind unverzichtbar, um auf alle Fragen eingehen und brauchbare Lösungen besprechen zu können.
Angehörige sollten in die Beratung mit einbezogen werden, wenn der Patient das wünscht bzw. zulässt. Besonders wichtig ist die Einbeziehung von Familienmitgliedern bei Kindern und Jugendlichen sowie bei älteren oder vergesslichen Patienten.
An ihre Grenzen stößt die Beratung bei mangelndem Vertrauen bzw. fehlender Offenheit und Bereitschaft, Gedanken und Gefühle auszutauschen. Auch ein eingeschränkter Entscheidungs- und Handlungsfreiraum (z. B. aufgrund einer Behinderung), schwere kognitive Defizite, emotionale Barrieren oder eine psychische Störung können die Beratung beeinträchtigen. Auf Seiten der Berater sind Arbeitsüberlastung, ungenügender Respekt vor anderen Einstellungen und fachliche Überforderung die Haupthindernisse für eine zufriedenstellende Beratung.

23.5 Motivieren

Es gehört zu den wesentlichen Aufgaben von Pflegepersonen, Patienten und Heimbewohner zur Durchführung bzw. Einhaltung von Präventions-, Behandlungs- und Rehabilitationsmaßnahmen zu motivieren. Patienten sind vor allem dann bereit, sich auf neue Umstände, eine Diät, längere Behandlungsdauer, Nebenwirkungen, Umstellungen in der Lebensführung etc. einzustellen, wenn dadurch wichtige Bedürfnisse angesprochen bzw. befriedigt werden (siehe Kap. 5). Viele Maßnahmen werden von Patienten jedoch nur kurzfristig eingehalten, Empfehlungen nur vorübergehend befolgt oder umgesetzt.

> Motivieren heißt Bedürfnisse ansprechen. Die Motivation ist umso größer, je stärker die angesprochenen Bedürfnisse sind und je realistischer der vorgeschlagene Weg erscheint.

Voraussetzung für ein Motivationsgespräch ist, dass der Gesprächspartner dazu bereit ist. Es ist nicht möglich, jemanden gegen seinen Willen zu motivieren. Ein Motivationsgespräch umfasst folgende Schritte:

1. **Beschwerden und Bedürfnisse ansprechen:** nach den Sorgen und Problemen des Patienten fragen; den Leidensdruck erfragen (Was ist besonders belastend, wann, wie oft? etc.); Wünsche und Bedürfnisse benennen („Sie möchten also …, Würden Sie gerne …?"); die subjektive Krankheitstheorie berücksichtigen; Ja-Haltung aufbauen;
2. **Über Abhilfen und Maßnahmen informieren, begründen:** dem Patienten mitteilen, welche Maßnahmen möglich, vorgeschlagen oder geplant sind („Folgendes können wir machen …, sollte geschehen …, ist hier möglich …" etc.); klare Ziele und klare Vorstellung vom Weg dorthin vermitteln; Sinn und Nutzen der Maßnahmen hervorheben („Das ist wichtig, um …");
3. **Vorschläge mit Bedürfnissen des Patienten verknüpfen:** Maßnahmen mit den Werten, Bedürfnissen und Zielen des Patienten verknüpfen („Damit können Sie …"); konkrete Situationen ansprechen; mögliche Probleme besprechen; auf Fragen, Einwände und Befürchtungen des Patienten eingehen; Ressourcen ansprechen, Zuversicht und Selbstvertrauen fördern;
4. **Vereinbarung treffen:** konkrete nächste Schritte vereinbaren; wichtige Bezugspersonen integrieren; positives Zukunftsbild entwerfen („In zwei Wochen …"); überprüfen, ob noch etwas unklar ist (bei einzelnen Punkten oder insgesamt); die Vereinbarung nochmals wiederholen, den nächsten Schritt nennen.

Geringe Motivation ergibt sich teils aus der Besonderheit des Patienten, aus den sozialen Umständen und der Krankheit, teils aus der Behandlung und dem Verhalten des Personals. Viele dieser Motivationshemmer sind grundsätzlich vermeidbar. Ursachen für mangelnde Motivation sind u. a.

- beim Patienten: Vergesslichkeit, Einschränkung der Wahrnehmungsfähigkeit, fehlende Krankheitseinsicht, problematische Krankheitstheorie, erlernte Hilflosigkeit, Reaktanz, subjektiver Krankheitsgewinn, psychische Störung;
- in der Umgebung: starke berufliche Anforderungen, mangelnde soziale Unterstützung, familiäre oder berufliche Konflikte, finanzielle Probleme, unsichere Wohnverhältnisse, Arbeitslosigkeit;
- aufgrund der Krankheit: komplexe oder chronische Erkrankung, keine Heilung oder zufrieden stellende Verbesserung der Symptome;
- aufgrund der Behandlung: lange Wartezeiten, lange Behandlungsdauer, wiederholte Änderungen oder Unterbrechungen der Behandlung, starke Nebenwirkungen, mehrere Medikamente oder Therapien gleichzeitig, große Umstellungen im Lebensstil, hohe Kosten, schlechte Organisation, mangelhafte Infrastruktur, zweifelhafter Ruf der Behandlung oder Klinik;
- durch das Personal: mangelnde Information und Aufklärung, unklare Anweisungen und Richtlinien, unfreundliches Personal, unbeholfene Fragen und Angebote, Nichtbeachten von Fragen und Bedürfnissen des Patienten, Vernachlässigung der Beziehungsebene.

Nicht alle der genannten Motivationshemmer können vom Pflegepersonal aufgefangen oder bearbeitet werden. In manchen Fällen wird es nötig sein, andere

Betreuungspersonen (Ärzte, Psychologen, Sozialarbeiter) bzw. Angehörige in die Motivationsgespräche mit einzubeziehen.

23.6 Am Telefon

Telefonate dienen im beruflichen Kontext vor allem der Informationsvermittlung und der Klärung von Fragen. Die Beziehungsebene wird dabei nicht durch die Körpersprache, sondern über Wortwahl, Lautstärke, Pausen etc. vermittelt.
Bei beruflichen Telefonaten ist die Zeit oft knapp bemessen. Umso wichtiger ist es, rasch einen guten Zugang zum Anrufer zu finden und in kurzer Zeit ein effizientes Gespräch zu führen, das einen positiven Eindruck hinterlässt.

> Von einer Pflegeperson wird am Telefon erwartet, dass sie sich anhört, was der Anrufer will und mit wem er sprechen will; dass sie aktiv nachfragt, wenn sich der Anrufer nicht klar ausdrücken kann; dass sie auf alle Fragen kompetent antwortet und sich Mühe gibt, dem Anrufer zu helfen; dass sie den Anrufer fragt, ob er warten möchte, ob etwas ausgerichtet oder zurückgerufen werden soll (falls möglich); dass sie informiert, wann der gewünschte Gesprächspartner voraussichtlich erreichbar ist; dass sie während des gesamten Gesprächs freundlich bleibt.

Auch am Telefon kann man bewusst für ein gutes Gesprächsklima sorgen. Hilfreich ist dabei ein kleiner Trick: sich selber körperlich aufzurichten und zu lächeln. Dadurch kann man sich selbst in eine eher freundliche Stimmung versetzen, die der Gesprächspartner bewusst oder unbewusst registriert. – Störgeräusche sollten wenn möglich abgestellt werden. Wichtig ist weiters, klar und deutlich sowie etwas langsamer zu sprechen als im direkten Gespräch.
Nach dem Abheben sollte man sich mit folgenden Informationen vorstellen: Station/Abteilung; Funktionsname; Name, mit dem man angesprochen werden möchte: z. B. „Chirurgie 2. Stock, Stationsschwester Claudia“. Keinesfalls genügt ein „Hallo“ oder „Ja?“
Für das weitere Telefonat gelten folgende Grundsätze:

- Anliegen des Anrufers klären, Fragen stellen zur Verdeutlichung, was der Anrufer möchte;
- das Anliegen des Anrufers ernst nehmen, sich gedanklich in seine Lage versetzen;
- aktiv Interesse am Gespräch zeigen, Antworten geben, Lösungen anbieten;
- Entscheidungsmöglichkeiten überlassen („Möchten Sie, dass ich Sie weiterverbinde? Soll ich etwas ausrichten?“);
- erhaltene Informationen und getroffene Vereinbarungen am Ende des Gesprächs zusammenfassen (z. B. Termine, Vereinbarungen);
- für Anruf danken und sich verabschieden.

Weiterverbinden sollte man den Anrufer nur, wenn klar ist, mit wem er sprechen möchte (nicht einfach „auf Verdacht" umleiten). Wenn möglich sollte zuerst überprüft werden, ob die gewünschte Zielperson erreichbar ist. Die meisten Anrufer wollen höchstens zwei Mal weiterverbunden werden.
Eine Sonderstellung nehmen emotional belastende Informationen ein. Diese sollten nach Möglichkeit nicht am Telefon übermittelt werden. In solchen Fällen ist es in der Regel das Beste, den Gesprächspartner zu einem persönliches Gespräch herzubitten.
Wenn nach Informationen gefragt wird, die am Telefon nicht bzw. nur von einem Arzt gegeben werden dürfen (z. B. Diagnosen, Interpretation von Befunden, Prognosen), empfiehlt sich für Pflegepersonen folgendes Vorgehen:

- genau zuhören und erfassen, was der Anrufer eigentlich will;
- Verständnis für den Wunsch des Anrufers ausdrücken;
- begründen, wieso dem Wunsch jetzt nicht entsprochen werden kann;
- erklären, wann und wie der Anrufer die gewünschte Information erhalten kann;
- anbieten, den Wunsch weiterzuleiten, den Arzt zu informieren etc. (der Anrufer soll merken, dass man sich um sein Anliegen kümmert);
- abklären, ob der Anrufer sonst noch Fragen hat.

Bei aggressiven, vorwurfsvollen Anrufern ist es in jedem Fall notwendig, ruhig und sachlich zu bleiben, damit die Situation nicht eskaliert.

23.7 Zusammenfassung

Zu Beginn und während eines Gesprächs ist es wichtig, den körperlichen und psychischen Zustand des Gesprächspartners einzuschätzen und sich darauf einzustellen. Fragen und die Art der Informationsgewinnung haben großen Einfluss auf die Beziehung zwischen Patienten, Angehörigen und Pflegepersonen. Die Vermittlung von Information sollte sorgfältig und in mehreren Schritten erfolgen (Einleiten, Mitteilen, Nachfragen). Wichtig ist, dass Patienten und Angehörige auf alle Fragen eine klare Antwort erhalten. Beratung ist die gezielte Unterstützung bei Entscheidungen und bei der Bewältigung von schwierigen Lebenssituationen. In Motivationsgesprächen können Patienten und Heimbewohner zur Durchführung bzw. Einhaltung von Präventions-, Behandlungs- und Rehabilitationsmaßnahmen angeregt sowie Motivationshemmer erkannt und weitergeleitet werden. Auch am Telefon kann man bewusst für ein gutes Gesprächsklima sorgen und die Gespräche zugleich effizient und freundlich gestalten.

24 Spannungsgeladene Situationen

In der Kommunikation mit Patienten und Heimbewohnern kann es immer wieder zu konfliktträchtigen Situationen kommen. Häufig beginnen die Spannungen aufgrund von Missverständnissen und Fehlinterpretationen oder ergeben sich aus der psychischen Situation des Betroffenen. Wichtig ist, dass Pflegepersonen, Ärzte und andere Betreuer sie rasch erkennen und angemessen darauf reagieren.

24.1 Es gibt keine „schwierigen" Patienten

Für den angemessenen Umgang mit Spannungen ist es hilfreich, zwischen Ursachen, Auslösern, Handlungen und Folgen gespannter Situationen zu unterscheiden:

- Die **Ursachen** sind grundlegende, oft nur schwer veränderbare Faktoren, aus denen sich die spannungsgeladene Situation ergibt. Dazu zählen chronische Krankheiten und Symptome, psychische Störungen, Krisen, Demenz, Sucht, psychische Traumatisierung, allgemeine psychosoziale Belastungen, Persönlichkeitseigenschaften u. a. m.
- Die **Auslöser** sind der sprichwörtliche Tropfen, der ein Fass zum Überlaufen bringt: akuter Schmerz, starre Vorschriften, eine falsche Berührung, eine persönliche Enttäuschung oder Kränkung usw.
- Die **Handlungen** und alles, was ein Mensch in gespannten Situationen tut und sagt, können sehr unterschiedlich ausfallen: Sie reichen von mangelnder Kooperation über Rückzug und Gesprächsverweigerung bis hin zu offener Ablehnung, Provokation, verbaler oder physischer Aggression.
- Die **Folgen** sind für Patienten und Heimbewohner weitaus unangenehmer als für Pflegende und Betreuer. Die Kommunikation wird oft auf ein Minimum reduziert, die Bereitschaft auf Patienten einzugehen sinkt. Die Patienten erhalten nur mehr die notwendige, nicht immer die optimale Pflege. Aus Angst vor einem Absinken der Betreuungsqualität vermeiden oder unterdrücken viele Patienten und Angehörige Beschwerden oder offene Kritik.

Der Umgang mit Patienten, Bewohnern und Angehörigen ist nicht immer einfach. Die richtige Einschätzung der Situation geht einher mit einer klaren, neutralen Bezeichnung der Verhaltensweisen, Auslöser und Ursachen. Grundsätzlich gilt:

> Patienten sind nicht „lästig", „schwierig" oder „nervig" – sondern verhalten sich manchmal fordernd, ängstlich, distanzlos, unkooperativ, misstrauisch, verschlossen, gereizt, aggressiv, unmotiviert, passiv usw.

Spannungsgeladene Situationen entstehen, wenn

- ängstliche, fordernde, distanzlose etc. ... Patienten auf
- schwierige Umstände und
- gestresstes Personal treffen.

Zu den schwierigen Umständen zählen u. a. ein problematischer körperlicher Zustand und fehlendes psychisches Gleichgewicht des Patienten, Stress auf der Station und Konflikte im Team.

24.2 Spannungen erkennen und abbauen

Um mit spannungsgeladenen Situationen gut umzugehen, ist es wichtig, den eigenen Handlungsspielraum sowie geeignete Mittel und Wege zur Entschärfung zu kennen. Pflegepersonen können manchmal bei den Ursachen und fast immer bei den Auslösern ansetzen, um Spannungen zu erkennen und abzubauen:

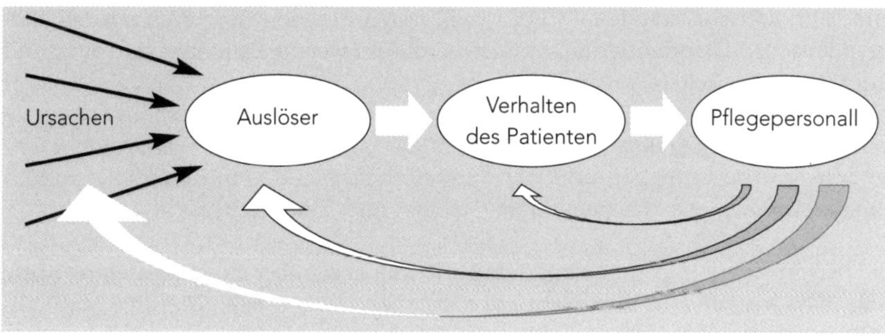

Abb. 15: Entschärfen spannungsgeladener Situationen

Die wichtigsten Handlungsmöglichkeiten zur Entschärfung angespannter Situationen sind:

- klar und ausreichend informieren,
- Missverständnisse aufklären, genau nachfragen,
- Bedürfnisse ansprechen, motivieren,
- Wahlmöglichkeiten lassen,
- Selbstständigkeit fördern,
- Kommunikationsfehler vermeiden,
- psychosoziale Unterstützung bereithalten.

(siehe Kap. 5, 19, 21, 23).

Manche Patienten verhalten sich sehr egozentrisch. Ihr Ich wird zum Maß aller Dinge. Das Denken engt sich auf die eigenen Bedürfnisse und die unmittelbare Situation ein. Pflegekräfte würden sie am liebsten ganz für sich beanspruchen. Dieses Verhalten belastet die Beziehung zu den Betreuern wie zu den Mitpatienten. Für Pflegepersonen ist es wichtig, egozentrischen Patienten einerseits die nötige Unterstützung und Zuwendung zu geben, andererseits aber auch genügend innere Distanz zu wahren, um die Bedürfnisse der anderen Patienten nicht aus den Augen zu verlieren und sich selbst nicht „auffressen" zu lassen.

24.3 Aggressive Patienten

Verbale und physische Aggression stellt für Pflegende eine besondere Herausforderung dar. Sie kann sich in Form von allgemeiner Unzufriedenheit, Misstrauen, Feindseligkeit, Vorwürfen, Schimpfen oder auch physischen Drohungen und Angriffen äußern.
Bei Patienten ist aggressives Verhalten zumeist ein Symptom. Es kann u. a. durch unbewältigte Angst oder Hilflosigkeit ausgelöst werden, durch Schmerzen, Reaktanz aufgrund subjektiver Freiheitseinschränkungen sowie durch Verschiebung von Zorn und Wut, die sich eigentlich auf andere Personen oder Umstände bezieht. Bei manchen Patienten kann auch eine neurologische oder psychiatrische Störung vorliegen (Demenz, Psychose etc.). Weitere mögliche Gründe für Aggressivität sind Rauschzustände und Delir (z. B. durch Alkohol, Drogen) sowie bei älteren Menschen Desorientierung und Demenz. Nur wenige Patienten sind aufgrund ihrer Persönlichkeit aggressiv.

Angemessener Umgang mit aggressiven Patienten bedeutet, die Ursache der Aggression zu erkennen und wenn möglich zu beseitigen. Keinesfalls sollte man selbst aggressiv reagieren oder Gleiches mit Gleichem vergelten.

Bei persönlichen Angriffen kann dem Patienten gegenüber eine Klarstellung nötig sein, dass man so von ihm nicht angesprochen werden will. Wichtige Maßnahmen bei akuter Aggression von Seiten eines Patienten sind:

- Selbstschutz, eventuell Unterstützung holen;
- Selbst- und Fremdgefährdung durch den Patienten verhindern;
- ruhig bleiben, Provokationen vermeiden;
- Aggression auslösende Handlungen unterbrechen;
- weitere Auslöser von Aggression und Spannungen identifizieren;
- Erregungszustand und Bedürfnisse des Patienten erkennen und ansprechen;
- klar die eigenen Wünsche an den Patienten vermitteln, verbindliche Regeln ansprechen.

Wichtige Ziele sind Verlangsamung und Entspannung der Situation. Dabei geht es nicht darum, Recht zu haben oder Machtkämpfe auszutragen. Vielmehr sollten Lösungen gesucht werden, die für alle akzeptabel bzw. erträglich sind und mit dem Patienten vereinbart werden können. Wichtig ist, die Aggression nicht persönlich zu nehmen, sondern als Ausdruck einer besonderen Lage zu sehen, in der sich der Patient befindet, bzw. als Symptom, mit dem angemessen umgegangen werden kann.

24.4 Sexuelle Belästigung

Durch die physische und emotionale Nähe zu Patienten und Bewohnern sind Pflegepersonen häufiger sexuellen Übergriffen ausgesetzt als andere Berufsgruppen. Als sexuelle Belästigung zählen verbale und nonverbale, offene und heimliche Übergriffe, wie auf das Gesäß oder die Brust greifen, die Hand zu den eigenen Geschlechtsorganen ziehen, anzügliche Bemerkungen, sexistische Witze, „ausziehende“ Blicke, Hinterherpfeifen u. a. m. Manche dieser Handlungen werden als „Späße“ verstanden und können mit einer einfachen Reaktion quittiert werden. Andere überschreiten jedoch die Grenze, ab der sich der Spaß aufhört. Wo diese Grenze des Lustigen oder Erträglichen liegt, bestimmt immer die/der Betroffene.

Sexuelle Belästigungen sollten rasch und entschieden gestoppt werden. Wichtig ist, ein klares und unmissverständliches NEIN zu vermitteln:
- verbal: mit fester Stimme auffordern „Lassen Sie das!“, „Nehmen Sie Ihre Hand weg!“, „Lassen Sie meine Hand los!“;
- nonverbal: dem Angreifer direkt in die Augen sehen, Abstand gewinnen, direkt konfrontieren und nicht lächeln.

Zu undeutlich sind meistens stumme Reaktionen oder verschämtes Abwehren wie „Gehn S'“ oder „Nicht“. Sprechen Sie auch nicht über Ihre eigenen Gefühle („Ich mag das nicht“), sondern geben Sie eine klare Anweisung: „Hören Sie auf!“ Bei sexueller Belästigung keinesfalls lächeln – auch nicht aus Verlegenheit. Ein Lächeln könnte vom Angreifer als Bestätigung aufgefasst werden („Das gefällt ihr ja“). Sexuelle Übergriffe in der Pflege sollten umgehend dokumentiert und im Team angesprochen werden. Sie können als Symptome oder als Ausdruck der aktuellen Situation des Patienten verstanden werden. Der Umgang mit den Übergriffen steht im Kontext der allgemeinen Betreuung und Behandlung. Für besonders betroffene Mitarbeiter sollte die Möglichkeit bestehen, sich in der Betreuung ablösen zu lassen.

24.5 Gesprächskiller vermeiden

Spannungen und Konflikte können durch eigenes Verhalten verstärkt oder überhaupt erst verursacht werden. Durch verschiedene, oft unbewusste Handlungen oder Formulierungen fühlen sich Gesprächspartner nicht ernst genommen, missachtet, zurückgesetzt, gekränkt, überfordert, als Nummer behandelt u. v. m. Diese „Gesprächskiller“ sollten unbedingt vermieden werden.

Häufige Gesprächskiller:

Problematische innere Haltung
- schlecht über den anderen denken
- eine unfreundliche, argwöhnische, ablehnende, feindselige Haltung zeigen
- sich distanziert, desinteressiert, unnahbar und unpersönlich verhalten
- sich dem Gesprächspartner aufdrängen, distanzlos, überfürsorglich sein
- eine nicht einfühlsame, moralisierende Haltung zeigen
- die Krankheit behandeln, nicht den Patienten

Problematisches Gesprächsverhalten
- den anderen „überfallen“
- hektisch oder nervös sein
- den Gesprächspartner einschüchtern (verbal, nonverbal)
- keinen Blickkontakt halten, nicht auf gleiche Augenhöhe gehen
- sich hinter einem Tisch oder Bildschirm verschanzen
- ungeduldig auf die Uhr sehen, gelangweilt dreinschauen
- undeutlich sprechen
- ständig das Thema wechseln

Mangelndes Eingehen auf den Gesprächspartner
- nicht zuhören
- nicht ausreden lassen
- nur Ja-Nein-Fragen stellen
- dem Patienten das Wort aus dem Mund nehmen oder für ihn sprechen
- Fragen ignorieren
- Gedanken, Sorgen und Gefühle herunterspielen („Anderen geht es genauso“, „Stellen Sie sich nicht so an“)
- über die Gefühle des Patienten hinwegreden (z. B. durch Themenwechsel)
- auf Rückmeldungen des Patienten nicht eingehen

Problematische Formulierungen und Gesprächsinhalte
- umständlich reden, nicht zum Punkt kommen
- komplizierte Ausdrücke verwenden, rein technisch formulieren
- wesentliche Informationen weglassen
- nicht nachfragen, ob die Informationen verstanden wurden
- Banalitäten oder Gemeinplätze äußern („Es wird schon wieder“, „So ist halt das Leben“)
- ungefragt Ratschläge erteilen
- Patentlösungen anpreisen
- sich selbst beweihräuchern

24.6 Zusammenfassung

Bei gespannten Situationen ist zwischen Ursachen, Auslösern, Handlungen und Folgen zu unterscheiden. Als „schwierig“ sollten immer nur Situationen, nicht Personen bezeichnet werden. Spannungen können u. a. dadurch abgebaut werden, dass klar und ausreichend informiert wird, dass Missverständnisse aufgeklärt, Bedürfnisse angesprochen und Wahlmöglichkeiten offen gelassen werden, die Selbstständigkeit gefördert, Kommunikationsfehler vermieden und psychosoziale Unterstützung bereitgehalten wird. Aggression und sexuelle Belästigung sind zumeist Symptome bzw. Ausdruck einer besonderen Lage, in der sich der Patient befindet. Der angemessene Umgang damit steht im Kontext der allgemeinen Pflege und Behandlung, wobei Selbstschutz eine wichtige Rolle spielt. Gesprächskiller können die Beziehungsebene erheblich belasten und sollten unbedingt vermieden werden.

25 Umgang mit Krisen

Verschiedene Ereignisse und Lebensveränderungen können pflegebedürftige Menschen und ihre Angehörigen in eine psychosoziale Krise bringen, aus der sie zunächst nicht wieder herausfinden. Eine angemessene Unterstützung der Betroffenen gehört zu den Aufgaben der Pflegepersonen, Ärzte, Psychologen, Seelsorger und anderen Betreuer (Sonneck 2000; Hausmann 2006).

25.1 Arten von Krisen

Eine psychosoziale Krise bedeutet den Verlust des seelischen Gleichgewichts, wenn Ereignisse oder Lebensumstände nicht bewältigt werden können. Art und Ausmaß der Ereignisse und Umstände überfordern den Betroffenen. Die zur Verfügung stehenden Möglichkeiten und Ressourcen reichen zur Bewältigung der neuen Situation nicht mehr aus. Früher erworbene Fähigkeiten und bisher bewährte Hilfsmittel versagen. Man unterscheidet zwei Arten von Krisen (siehe Tab. 4):

Tab. 4: Phasen von traumatischer Krise und Veränderungskrise

Traumatische Krise	**Veränderungskrise**
1. Schock: Zustand der Betäubung oder chaotisch ungesteuerter Aktivitäten	1. Konfrontation mit der Veränderung
2. Reaktion: Konfrontation mit der Realität, Versuche, sie zu integrieren; Gefahren: Fixierung, Chronifizierung, Krankheit, Sucht, Suizidalität	2. Lösung misslingt – Gefühl des Versagens
3. Bearbeitung: Klärung und Verstehen der Ereignisse, ihrer Vorgeschichte und Folgen; dadurch allmähliche Lösung von Trauma und Vergangenheitsfixierung	3. Mobilisierung aller Bewältigungsmöglichkeiten führt zu a. Lösung, Bewältigung oder b. Rückzug, Resignation: Gefahr der Chronifizierung
4. Neuorientierung: Selbstwertgefühl wiedergewinnen, neue Beziehungen aufbauen	4. Vollbild der Krise mit innerer „Lähmung“ oder ziellosen Aktivitäten Gefahren: Fixierung, Chronifizierung, Krankheit, Sucht, Suizidalität
	5. Bearbeitung der krisenauslösenden Veränderungen und ihrer Konsequenzen
	6. Neuanpassung an die veränderten Lebensumstände

- **Traumatische Krisen** werden ausgelöst durch ein plötzlich auftretendes Ereignis, das allgemein als schmerzlich angesehen wird. Die psychische Existenz, die soziale Identität und Sicherheit und/oder die fundamentalen Befriedigungsmög-

lichkeiten sind dadurch bedroht. Solche traumatischen Ereignisse sind u. a. unerwartet schlimme Diagnose, plötzliche Verschlechterung des körperlichen Zustandes, Unfall, Verlust oder Tod eines nahe stehenden Menschen, schwere soziale Kränkung, Gewalt und sexueller Missbrauch, Großschadensereignisse und Naturkatastrophen.
- **Veränderungskrisen** ergeben sich, wenn allgemeine Lebensveränderungen größere Umstellungen (sozial, körperlich, psychisch) erfordern, die für den Betroffenen zu schwierig oder zu umfangreich sind, sodass sie nicht bewältigt werden können. Kritische Übergangszeiten sind u. a. Pubertät, Verlassen des Elternhauses, Schwangerschaft, Berufswechsel, Entwicklungsstillstand (Midlife-Crisis), Pensionierung, Konfrontation mit dem eigenen Sterben.

Krisen sind keine Krankheit. Sie stellen vielmehr ein aktuelles Zustandsbild dar, das auch als akute Ausprägung im Verlauf verschiedener Krankheiten auftreten kann. Insofern bergen sie nicht nur die Gefahr des Scheiterns, sondern auch eine Chance für positive Veränderung und Neugestaltung.

25.2 Krisenanzeichen bei Patienten und Heimbewohnern

Eine Krise ist begleitet von Gefühlen der Hilflosigkeit und des Versagens, starker innerer Gespanntheit sowie von Bedrohung und Gefahr. Die Spannung führt häufig zu Angst bis hin zu Panik oder zu depressiver Verstimmung. Weder wirkungsvolles Handeln noch Rückzug scheinen möglich. Der Selbstwert sinkt, ein psychischer Zusammenbruch ist möglich.

Akute („heiße") Krisen
Der subjektive Druck kann in akuten Krisen (Reaktionsphase einer traumatischen Krise, Vollbild einer Veränderungskrise) enorm sein. Die Betroffenen haben ein starkes Bedürfnis nach Entlastung. Zu den großen Gefahren, die mit psychischen Krisen verknüpft sind, gehören deshalb Kurzschlusshandlungen (z. B. Kündigung, „alles hinschmeißen") sowie Gewalt- und Aggressionshandlungen, die möglicherweise nicht mehr umzukehren sind (Suizid-, Mordversuch). Weitere negative Folgen können Alkohol- und Medikamentenmissbrauch, Somatisierungen, psychische Erkrankungen sowie eine allgemeine Chronifizierung der Symptome sein. Körperliche Symptome in akuten Krisen sind u. a.
- **von Spannung ausgelöst:** Kopfschmerzen, Kreislaufbeschwerden, Verdauungsstörungen, Einschlafstörungen, Zittern;
- **von Angst ausgelöst:** motorische Unruhe, Schweißausbrüche, Herzrasen, Atemnot, Erstickungsanfälle;
- **von Depression ausgelöst:** Verlangsamung der Motorik, Appetitverminderung, Gewichtsverlust, Durchschlafstörungen, Erschöpfung.

Chronifizierte Krise
Wenn die Krisenbewältigung stecken bleibt und es zu keiner Bearbeitung der Ursachen und Neuorientierung kommt, kann sich die Krise chronifizieren. Während die Betroffenen in akuten Krisen meist sehr motiviert sind, Hilfe zu suchen bzw. anzunehmen, zeigen sie in chronifizierten Krisen oft ein ausgeprägtes Vermeidungsverhalten. Sie ziehen sich von anderen Menschen zurück, klagen über verschiedene diffuse Beschwerden und sind oft misstrauisch, vermeiden aber Anstrengungen, die zu einer Veränderung ihrer Lage führen könnten. Für Hilfsangebote und professionelle Unterstützung sind sie kaum erreichbar. Ihr Verhalten ähnelt dem von chronisch Kranken (siehe Kap. 14).

25.3 Krisenbewältigung

Krise bedeutet, dass der Betroffene überfordert und psychisch sehr instabil ist. Die Hilfe durch andere Menschen und das **soziale Netz** des Betroffenen ist für die Krisenbewältigung zentral. Partner und Familie, Freunde, Kollegen, Nachbarn sowie professionelle Helfer können die Unterstützung bieten, die zur Bewältigung der akuten Probleme notwendig ist.
Zur Krisenbewältigung zählen alle Handlungen und Aktivitäten, die dem Betroffenen bei der Bewältigung seiner aktuellen Schwierigkeiten helfen und seine innere Anspannung verringern. Professionelle Krisenintervention kann durch Psychologen, Psychiater, Psychotherapeuten oder speziell geschulte Ärzte erfolgen. Auch Pflegepersonen und Angehörige spielen dabei eine wichtige Rolle.

Die übergeordneten Ziele der **Krisenintervention** lauten:
- körperlich: Überleben sichern, Gesundheit erhalten bzw. wiederherstellen
- emotional: entlasten, Gefühle ausdrücken
- gedanklich: die Ereignisse, ihre Ursachen und Folgen verstehen und einordnen
- verhaltensbezogen: Verhalten und Beziehungen an die veränderte Situation anpassen
- sozial: die sozialen Systeme (Familie, Schule, Firma) wieder funktionsfähig machen

Krisenintervention erfolgt als flexibler Einsatz angemessener Methoden im Rahmen eines klaren Interventionskonzepts und aufgrund fundierter Ausbildung. Das Vorgehen ist aktiv und auch direktiv, wobei der Fokus auf dem Hier und Jetzt sowie auf den sozialen Ressourcen des Betroffenen liegt. Ihr Ziel ist die rasche Stabilisierung und Besserung des psychischen Zustandes. Kurzschluss- und Aggressionshandlungen sollen verhindert, Sucht- und Vermeidungsverhalten sowie eine Chronifizierung der Krisensymptome vermieden werden. Wichtig ist eine rasch einsetzende erste Entlastung. Schritt für Schritt soll der Betroffene die Situation und sein Leben wieder in den Griff bekommen.
Die konkreten Maßnahmen orientieren sich an der jeweiligen Bewältigungsphase und den Möglichkeiten und Bedürfnissen des Betroffenen (Patient, Anghöri-

ger, ...) Der häufigste Fehler in der psychosozialen Krisenintervention ist, bestimmte Schritte zu früh zu setzen und die Betroffenen damit zu überfordern. Genaues Beobachten und Einschätzen des psychischen Zustandes sind die Voraussetzung für die jeweils angemessene Hilfe.

Psychosoziale Unterstützung in traumatischen Krisen

- **Schockphase – den Betroffenen nicht alleine lassen:** Sicherheit vermitteln, den Kontakt zu halten, auch wenn der Betroffene teilnahmslos oder passiv wirkt; für unmittelbare Bedürfnisse zu sorgen, die nächsten Schritte nennen. Keinesfalls sollte man jetzt schon versuchen, die Ursachen oder Konsequenzen des traumatischen Ereignisses zu diskutieren: Für eine rationale Bearbeitung ist es zu diesem Zeitpunkt noch zu früh.
- **Reaktionsphase – zuhören:** die Betroffenen so viel sie möchten über das Ereignis, die Diagnose etc. sowie über ihre Reaktionen erzählen lassen; Angst, Verzweiflung und Wut ernst nehmen und nicht wegreden; Wünsche, Sorgen und Hoffnungen des Betroffenen sind zumeist Ausdruck für chaotische und verwirrende Gefühle. Gleichzeitig durch Informationen eine behutsame Orientierungshilfe geben, sodass der Betroffene allmählich zu einer realistischen Einschätzung der Lage kommen kann.
- **Bearbeitungsphase – besprechen, beraten:** Erst in dieser Phase wird es möglich, die Ereignisse, die Diagnose etc. in ihrer ganzen Tragweite zu erfassen und zu verstehen. Der Betroffene kann die Ereignisse und ihre Folgen in Ruhe besprechen und braucht weitere Information und Beratung, um die weiterführenden Entscheidungen zu treffen, Fragen nach den Ursachen und der Verantwortung oder Schuld zu klären usw. Diese Phase beginnt zumeist einige Tage bis Wochen nach dem Ereignis, das die Krise ausgelöst hat. Die Betroffenen signalisieren selbst, wenn sie zu einer rationalen Auseinandersetzung bereit und in der Lage sind. Keinesfalls sollten sie gedrängt werden, sich mit den Fragen dieser Phase frühzeitig auseinander zu setzen.

Krisenintervention ist keine Psychotherapie. Nicht in den Bereich der Krisenintervention gehören weiters der Ersatz des Verlorenen, die Verleugnung der schmerzlichen Realität (Ablenken, vorschnelles Trösten etc.) sowie die Aufarbeitung früherer Erlebnisse oder tief verwurzelter Verhaltensmuster (z. B. Alkoholismus).

25.4 Krisengespräch

Ein Krisengespräch zielt darauf ab, eine rasche Entlastung des Betroffenen zu erreichen und seine Bewältigungsmöglichkeiten so bald und so angemessen wie möglich zu aktivieren. In Akutfällen ist es äußerst wichtig, eine Art „Leitfaden" im Hinterkopf zu haben, an dem man sich vor und während des Gesprächs orientieren kann. Ein Krisengespräch beginnt immer in der Gegenwart (aktuelle Situati-

on), geht ein Stück in die Vergangenheit (Krisenauslöser, Vorgeschichte kurz), dann ein Stück in die Zukunft (dringende Wünsche) und endet mit einer konkreten Vereinbarung (nächste Schritte). Ein Krisengespräch ist beendet, wenn der Betroffene weiß, was er selbst als nächstes tun wird bzw. wer für ihn als nächstes tätig wird.
Die Schritte des Krisengesprächs orientieren sich an den jeweiligen Bedürfnissen des Betroffenen. Die Vorgangsweise sollte so direktiv wie nötig und so zurückhaltend wie möglich sein.

1. **Beziehung aufbauen:** mit Namen ansprechen, Blickkontakt, eventuell vorsichtige Berührung; Sicherheit vermitteln, zeigen, dass man Zeit hat; auf den aktuellen Zustand und die momentane Situation eingehen; z. B. „Was ist los? Wie geht es Ihnen?“
2. **Krisenanlass erkunden:** den Betroffenen zum Erzählen bringen, Auslöser der Krise erkennen, Ereignisse zeitlich strukturieren; durch erzählen lassen; z. B. „Seit wann ist das so? Was war dann? Erzählen Sie.“
3. **kurzfristige Entlastung:** dringende Bedürfnisse feststellen, Bezugspersonen erfragen (Namen, Telefonnummern), Wünsche für die nächsten Stunden besprechen, informieren und klären, was davon durchführbar sind; z. B. „Was würde Ihnen jetzt als Erstes helfen?“
4. **Vereinbarung treffen:** die konkreten Schritte besprechen; einen Plan für die nächsten Stunden/Tage entwerfen; die nötige Unterstützung bereitstellen (durch Angehörige, Pflegepersonen, Ärzte, Psychologen etc.); den weiteren Kontakt klären.

Lassen Sie einen Menschen in einer akuten Krise niemals allein! Schicken Sie ihn nie alleine irgendwo hin.

Tabelle 5 fasst die Schritte im Krisengespräch, konkrete Maßnahmen und mögliche Fehler zusammen.

Tab. 5: Maßnahmen und mögliche Fehler im Krisengespräch

Schritt/Thema	Maßnahmen	mögliche Fehler
1. Beziehungsaufbau, momentane Situation	• sich Zeit nehmen • genau zuhören • Sicherheit vermitteln • Gefährdung einschätzen	• hektisch-gestresst agieren • Fakten oder Gefühle übergehen • vorschnell urteilen oder Partei ergreifen • Gefahrenzeichen übersehen
2. Krisenanlass	• nach Fakten fragen • wiederholt offene Fragen stellen • den Betroffenen bitten, konkret zu bleiben	• nur geschlossene Fragen stellen, • bei Unklarheiten nicht nachfragen, • bei heftigen Gefühlen weiterbohren, • „eigene Geschichten“ erzählen

Schritt/Thema	Maßnahmen	mögliche Fehler
3. kurzfristige Entlastung	• nach konkreten Wünschen und Bedürfnissen fragen • nach Bezugspersonen fragen • Prioritäten bei den Bedürfnissen setzen • zu eigenen Lösungsvorschlägen ermutigen	• beim „Tunnelblick“ auf das Problem bleiben, • Unklarheit in Bezug auf die Bedürfnisse zulassen • soziales Netz ignorieren • den Betroffenen nichts tun lassen
4. Vereinbarung	• wichtige Informationen geben/einholen • einen konkreten Plan machen • mögliche Schwierigkeiten konkret durchbesprechen, • einen Schritt nach dem anderen machen • ein weiteres Gespräch vereinbaren	• annehmen, dass der Betroffene schon alleine weiterkommen wird, • Details ungeklärt lassen • versuchen, alles auf einmal zu lösen • keine weitere Kontaktmöglichkeit vereinbaren

Krisengespräche sollten im Rahmen der Ausbildung immer wieder geübt und in der Praxis reflektiert werden. Teambesprechungen, Schulungen und Supervision helfen, die eigenen Stärken auszubauen und Fehler im Gespräch zu vermeiden.

25.5 Suizidale Krise

Eine Krise kann Anstoß zu Veränderung und Wachstum sein oder zur persönlichen Katastrophe werden. Sie kann damit auch zum Suizid führen. Freiwillig aus dem Leben zu scheiden und so allen Belastungen ein Ende zu setzen, erscheint manchen Menschen in akuten Krisen als realistischer Ausweg.

Suizid wird oft als endgültige Lösung für ein zumeist vorübergehendes Problem gesehen.

Als suizidgefährdet gelten Menschen, die direkte oder indirekte Suizidhinweise äußern, ihren Suizid offen ankündigen, Suiziddrohungen aussprechen bzw. einen Suizidversuch unternehmen (egal wie lebensbedrohlich die Handlungen tatsächlich sind). Darüber hinaus unterscheidet man verschiedene Risikogruppen, in denen Suizide gehäuft auftreten. Viele Pflegebedürftige fallen in eine oder mehrere dieser Gruppen:

- alkohol-, medikamenten-, drogenabhängige Personen,
- depressive Personen,
- alte und vereinsamte Personen,
- Personen, die Suizidankündigungen machen,
- Personen, die bereits einen Suizidversuch unternommen haben,
- Patienten in psychiatrischer Behandlung.

50 % aller Suizide werden von depressiven Menschen oder Menschen mit gedrücktem Gefühlszustand unternommen, rund 40 % von Menschen, die über 60 Jahre alt sind (Tendenz steigend). Ein weiteres Drittel der Suizide wird von Alkohol-, Medikamenten- oder Drogenabhängigen unternommen. Wenn jemand in mehrere Risikogruppen fällt, erhöht sich sein Suizidrisiko dementsprechend. Nach einem Suizidversuch nehmen rund 50 % der Überlebenden eine positive psychosoziale Entwicklung, bei den anderen besteht längerfristiger Betreuungsbedarf. Rund 10 % werden in den nächsten 10 Jahren bei einem weiteren Suizidversuch sterben. Die höchste Suizidgefahr besteht im ersten halben Jahr nach dem Suizidversuch (Sonneck 2000).

Suizidalen Handlungen geht in der Regel eine suizidale Entwicklung voraus:
1. **Erwägung:** Der Suizid wird als Möglichkeit überlegt, die eigenen Probleme endgültig zu lösen.
2. **Abwägung:** Man überlegt, ob ein Suizid wirklich die einzige Lösung ist oder welche anderen Möglichkeiten es noch gäbe, oft verbunden mit Suizidankündigungen und (indirekten) Hilferufen.
3. **Entschluss:** Die Überlegungen sind beendet, übrig bleibt der Wunsch, sich selbst zu töten. Nach außen tritt oft eine Beruhigung ein, die von der Umwelt als „Besserung" missverstanden wird.

Manchmal werden Suizidankündigungen oder -hinweise von den Betroffenen direkt geäußert. In vielen Fällen bleibt es aber bei Umschreibungen oder versteckten Andeutungen. Auch bewusste Selbstgefährdung und provozierte Unfälle können als Suizidhinweise gewertet werden ebenso wie eine plötzliche „Ruhe vor dem Sturm" oder letzte Verfügungen.

Wenn Sie den Eindruck haben, Ihr Gegenüber könnte daran denken, sich das Leben zu nehmen,
- dokumentieren Sie ihre Beobachtung und melden Sie sie umgehend an einen Arzt oder Psychologen weiter,
- sprechen Sie Ihren Gesprächspartner darauf an, sofern Sie sich dazu in der Lage fühlen.

Einen möglicherweise Suizidgefährdeten auf sein Vorhaben anzusprechen ist unter Umständen besonders schwierig. Ein solches Gespräch erfordert viel Zeit und innere Festigkeit. Niemand kann dazu gezwungen werden. Auf jeden Fall jedoch müssen die Ankündigungen, Äußerungen und Hinweise festgehalten und weitergemeldet werden. Nur so ist gewährleistet, dass der Betroffene rasch die notwendige Hilfe erhält.
Das übergeordnete Ziel ist nicht allein, den Betroffenen daran zu hindern, sich das Leben zu nehmen. Letztlich geht es darum, mit ihm jene guten Gründe zu finden, warum sich ein Weiterleben für ihn lohnt. Dieses langfristige Ziel sollte vom ersten Gespräch an im Auge behalten werden. Wie auch immer die Umstände sind: Die Helfer stehen auf der Seite des Lebens.

Die wichtigsten Schritte im Umgang mit akut Suizidgefährdeten lauten:
1. Die Person ansprechen, Kontakt herstellen
2. nicht alleine lassen, Beziehung halten
3. Psychologen oder Arzt verständigen

Der größte Verbündete im Umgang mit suizidgefährdeten Menschen ist die Umwelt des Betroffenen. Die Reaktionen der Umwelt sind nach einem Notfall für die Bewältigung der Krise von entscheidender Bedeutung. Für Suizidgefährdete gibt es deshalb keine größere Gefahr als die Isolation. Aus diesem Grund sollte immer versucht werden, mit suizidgefährdeten Menschen den Kontakt bzw. ein Gespräch aufrechtzuerhalten. Überhaupt ein Gespräch zu führen ist sozusagen die Basisintervention. Solange ein Suizidgefährdeter spricht, besteht zumindest eine minimale Beziehung zu einem anderen Menschen, und Beziehungen sind es, die uns im Leben halten.
Beziehung und Gespräch können gefährdet werden, wenn der Gesprächspartner falsch oder unvorsichtig handelt. Zu den Gefahren im Umgang mit Suizidgefährdeten zählen insbesondere:
- vorschnelles Trösten („Wird schon wieder"),
- Ermahnungen („Reißen Sie sich zusammen"),
- Verallgemeinerungen („So ist das Leben"),
- Ratschläge („Warum machen Sie nicht einfach ..."),
- Belehrungen („Also generell gilt ..."),
- Herunterspielen des Problems („Ist ja alles nicht so tragisch"),
- Beurteilen und Kommentieren („Du siehst das völlig falsch"),
- Nachforschen, Ausfragen, Analysieren,
- vorschnelle Aktivitäten.

Diese Gefahren sollten im Gespräch unbedingt vermieden werden. Hilfreich ist hingegen alles, das die Beziehung zum Betroffenen hält.
Die Betreuung von Menschen in einer suizidalen Krise erstreckt sich über einen längeren Zeitraum. Pflegepersonen sind in die interdisziplinäre Behandlung auf vielfältige Weise eingebunden.

25.6 Zusammenfassung

Krisen bedeuten den Verlust des seelischen Gleichgewichts und eine starke psychische Belastung. Traumatische Krisen werden durch extreme Einzelereignisse ausgelöst, Veränderungskrisen ergeben sich aus allgemein belastenden Lebensveränderungen. In einer akuten Krise stehen die Betroffenen unter großem inneren Druck, der nur begrenzte Zeit auszuhalten ist; chronifizierte Krisen sind oft durch Vermeidungsverhalten geprägt. In die Krisenbewältigung können auch Pflegepersonen eingebunden sein. Krisengespräche bieten rasche Entlastung und aktivieren die Bewältigungsmöglichkeiten des Betroffenen. Bei Verdacht auf eine suizidale Krise sollte umgehend ein Arzt oder Psychologe verständigt werden.

26 Kommunikation in Notfallsituationen

Viele Menschen denken beim Wort „Notfall" zuerst an Blaulicht und Einsatzkräfte. Aber auch Pflegepersonen sind immer wieder mit Notfällen und ihren psychischen Folgen konfrontiert. Ein rasches und sicheres Vorgehen kann die Verarbeitung des Notfalls fördern und die psychische Stabilität nachhaltig sichern.

26.1 Notfall als psychischer Ausnahmezustand

Notfälle sind zumeist sehr intensiv (es kann sehr laut/heiß/hell sein und stark riechen), unvorhergesehen („von einer Sekunde auf die andere"), unausweichlich (man kann nicht „umschalten" wie bei einem Fernsehfilm) und bedrohlich (es kann zum Schlimmsten kommen). Das ist bei Unfällen ebenso der Fall wie bei Herzinfarkten, extremen Verletzungen oder plötzlichem Tod eines nahe stehenden Menschen. Ein Notfall kann bei den betroffenen Personen oder Gruppen eine traumatische Krise auslösen und zu gravierenden Folgestörungen führen (siehe Kap. 16.1).

Ein plötzlich auftretendes, bedrohliches Ereignis bewirkt eine massive Beanspruchung der individuellen Verarbeitungs- und Bewältigungsmechanismen. Die psychische Stabilität ist akut gefährdet, ein Zusammenbruch des psychischen Systems möglich.

Notfälle sind Ausnahmezustände. Der übliche Ablauf der Dinge ist unterbrochen, zentrale Bereiche des Alltags sind außer Kraft gesetzt. Das Erleben und Verhalten ändert sich auf mehreren Ebenen z. T. radikal:

- **Wahrnehmungen:** extreme Eindrücke während des Notfalls, z. B. Schmerzen, Schreie, große Zerstörung, Einsatzkräfte in Alltagsumgebung;
- **Zeiterleben:** Sekunden können „ewig dauern", Vergangenheit und Zukunft scheinen abgeschnitten, die Zeit erstreckt sich als „unendliche Gegenwart";
- **Handlungen, Pläne:** Vorhaben für die nächsten Stunden oder Tage können nicht fortgesetzt werden, „nichts ist mehr so, wie es einmal war";
- **Kontrollierbarkeit:** schlimme Ereignisse können nicht aufgehalten werden, Bewältigungsversuche scheitern. Auch die eigenen Reaktionen können außer Kontrolle geraten (Weinen, Schwäche, Schreien, Apathie).
- **Selbstbild:** Unversehrtheit, Handlungsfähigkeit und Eigenständigkeit gehen verloren, soziale Rollen können nicht mehr erfüllt werden;
- **Soziale Ordnung:** asymmetrische Beziehungskonstellation, d. h. „schwachen" Menschen wird von „starken" geholfen, Betroffene haben keinen Einfluss auf wichtige Entscheidungen.

Die kurzfristigen psychischen Reaktionen reichen von Schock und emotionaler Taubheit über Angst, Wut und Niedergeschlagenheit bis zu Scham und Schuldgefühlen. Oft fällt es den Betroffenen schwer, einen klaren Gedanken zu fassen oder Informationen aufzunehmen (z. B. von Ärzten und Pflegepersonen). Die Verhaltensweisen sind zumeist ein Abbild des momentanen emotionalen Zustandes. Apathisches Dasitzen und Schweigen sind ebenso möglich wie Reden und wiederholtes Fragen oder auch Weinen, Schreien und aggressive Ausbrüche.

Beispiel

Eine junge Frau wird nach einer Vergewaltigung stationär im Krankenhaus aufgenommen. Während der medizinischen Erstuntersuchung wirkt sie sehr verschlossen. Danach soll eine Pflegeschülerin mit ihr die Pflegeanamnese durchführen. Die Schülerin bemüht sich um kurze, sachliche Fragen. Nach wenigen Minuten bricht die Patientin in Tränen aus.

Nicht jeder Notfall bewirkt eine dauerhafte psychische Krise. Tatsächlich kann ein Großteil der Betroffenen – mit Unterstützung – den Notfall und seine Folgen verarbeiten und mittelfristig überwinden. Nach dem anfänglichen Schock beginnen die individuellen Bewältigungsmechanismen zu greifen. Der Betroffene kann die Ereignisse rund um den Notfall einordnen und innerlich verarbeiten sowie die verschiedenen Folgeprobleme nach und nach bewältigen.

Bei Notfällen, die die Bewältigungsmöglichkeiten des Betroffenen überfordern, kann es jedoch zu psychischer Dekompensation („Nervenzusammenbruch") und zu psychischen Störungen kommen. Das gleiche gilt, wenn die Bewältigungsmechanismen aufgrund anderer Belastungen bereits geschwächt oder bisher nur ungenügend ausgebildet waren. Die Symptome können während oder unmittelbar nach dem Notfall, aber auch erst Tage, Wochen oder gar Monate später auftreten (siehe Kap. 16.1). Das oberste Ziel der psychosozialen Notfallhilfe ist es, den psychischen Zustand der Betroffenen zu stabilisieren und dem Auftreten von psychischen Störungen und anderen negativen Folgen vorzubeugen.

26.2 Zeitliche Gliederung der Hilfe nach Notfällen

Notfallpsychologie ist mehr als nur Akutpsychologie und Krisenintervention (Hausmann 2005). Viele Betroffene brauchen über die ersten Stunden hinaus psychologische Unterstützung oder Behandlung. Der notfallpsychologische Interventionsbereich gliedert sich in mehrere Phasen. In jeder dieser Phasen gelten andere Rahmenbedingungen. Die Betroffenen brauchen jeweils unterschiedliche Formen der Unterstützung und Betreuung. Demgemäß werden die Interventionsschwerpunkte unterschiedlich gesetzt. Zum Teil werden auch speziell für die einzelnen Phasen entwickelte Methoden angewandt.

1. **Notfallpsychologische Akuthilfe** in den ersten Stunden bis Tagen nach dem Notfall: Vorrangiges Ziel ist es, eine psychische Dekompensation der Betroffenen zu verhindern und ihre individuelle Bewältigung des Notfalls zu fördern. Das geschieht im Rahmen psychologischer erster Hilfe bzw. akuter Krisenintervention.
2. **Psychologische Stabilisierung** in den ersten Tage und Wochen nach dem Notfall: Sie umfasst die psychologische Unterstützung von Verletzten und Angehörigen im Krankenhaus oder zu Hause; von Zeugen, Nachbarn, Anrainern in den

Tagen und Wochen nach dem Unglück; sowie von beteiligten Helfern und Einsatzkräften bei der Verarbeitung kritischer, d. h. besonders belastender Situationen beim Einsatz. Die Interventionen sollen die Entstehung von psychischen Folgestörungen (z. B. PTBS) verhindern.

3. **Weiterbetreuung und Therapie** in den Monaten bis Jahren nach dem Notfall: Besonders betroffene oder traumatisierte Personen brauchen langfristige Hilfe, wenn aufgetretene Symptome bestehen bleiben oder sich zu psychischen Störungen verfestigen. Die Behandlung erfolgt häufig in Form von spezieller Traumatherapie.
4. **Laufende Information und Schulung** vor zu erwartenden Notfällen und Einsätzen: Pflegepersonen, Ärzte und andere Einsatzkräfte, die immer wieder mit Krisen und Notfällen konfrontiert sind (Sanitäter, Feuerwehrleute, Polizisten, Soldaten etc.), können durch Information oder Schulung auf kritische Situationen und mögliche psychische Belastungen vorbereitet werden, damit sie im Ernstfall besser damit umgehen können. Die Interventionen in den einzelnen Phasen greifen wie die Glieder einer Kette ineinander (siehe Abb. 16).

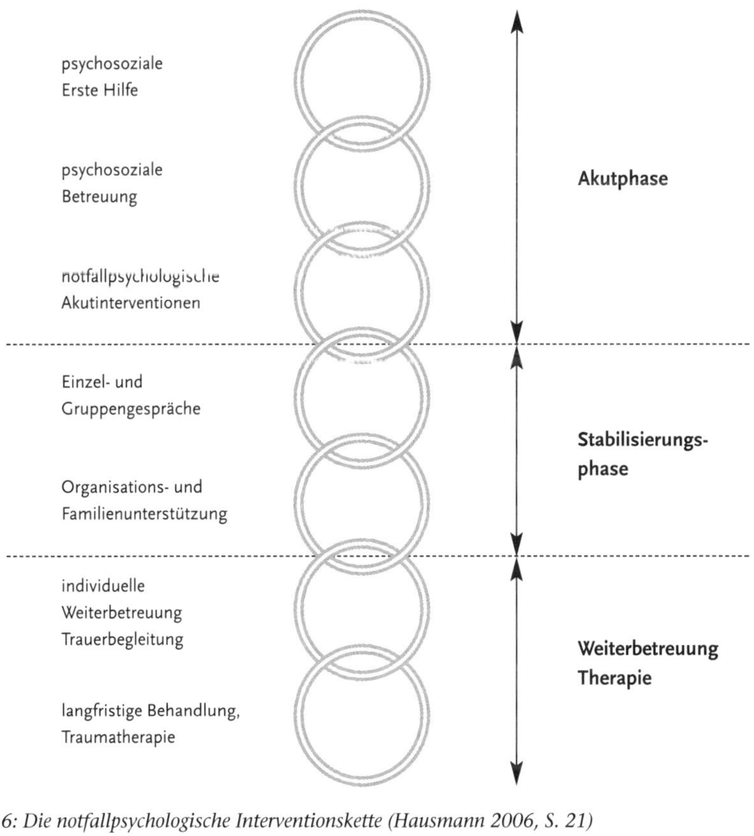

Abb. 16: Die notfallpsychologische Interventionskette (Hausmann 2006, S. 21)

Akuthilfe wird am Ort des Ereignisses, manchmal auch im Krankenhaus oder im Heim geleistet (Gespräche mit Betroffenen, Angehörigen, Zeugen). Die psychische Stabilisierung kann von klinischen Psychologen durch gezielte Gespräche gefördert werden (siehe Kap. 18.4). Weiterbetreuung und Traumatherapie erfolgt meist durch niedergelassenen Psychotherapeuten oder in speziellen Traumazentren und -abteilungen.

26.3 Ebenen der psychosozialen Notfallhilfe – Die Rolle von Pflegepersonen

Die psychosoziale Unterstützung von Betroffenen während und nach Notfällen kann auf drei Ebenen erfolgen (siehe Abb. 17):

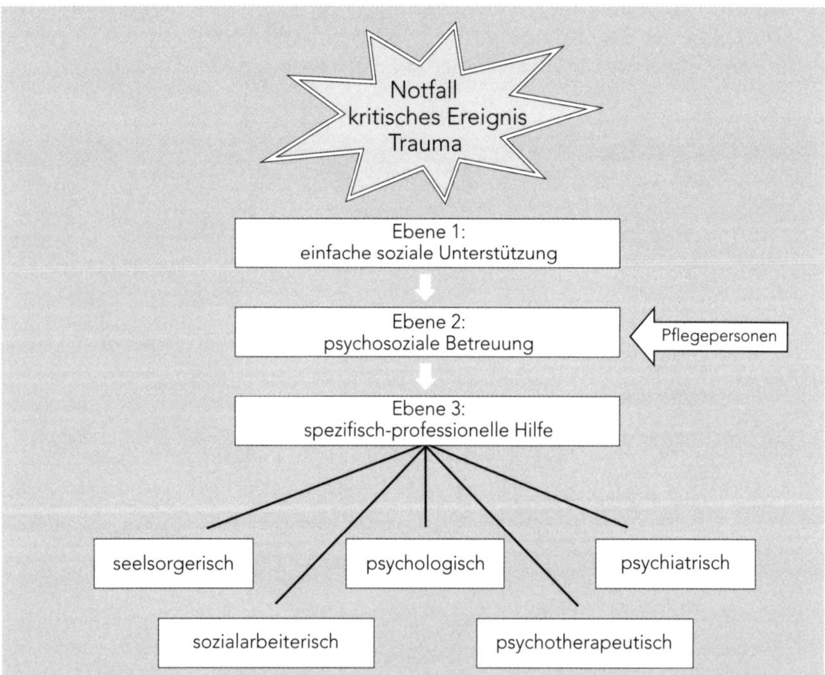

Abb. 17: Ebenen der Unterstützung während und nach Notfällen (Hausmann 2005, S. 115)

Ebene 1: Einfache soziale Unterstützung
Mit einfacher sozialer Unterstützung ist zunächst die bloße Anwesenheit eines Menschen gemeint, das allgemein menschliche Da-Sein: beim Betroffenen bleiben, neben ihm sitzen, ihm zuhören, ihm Tee oder eine Decke besorgen etc. Der Ausdruck „Händchenhalten" spiegelt die erlebte Bedeutung dieser Unterstützung

für den Betroffenen in keiner Weise wider. Es handelt sich dabei um die einfachste und allgemeinste Form der sozialen Unterstützung. Sie kann von praktisch jedem Menschen geleistet werden.

Ebene 2: Psychosoziale Betreuung
Psychosoziale Betreuung erfolgt durch Personen, die im Führen hilfreicher Gespräche geschult sind und über die dafür notwendige Erfahrung verfügen (Psychologen, Ärzte, Pflegepersonen, Seelsorger, Lehrer, Sozialarbeiter, speziell geschulte Einsatzkräfte etc.). Die Gespräche sollen vor allem Sicherheit vermitteln, beruhigen, Orientierung geben und stützen. Dazu sollte man sich Zeit nehmen und zuhören, behutsam nachfragen, Probleme benennen, Ressourcen ansprechen, das soziale Netzwerk aktivieren und auf eventuelle psychische Störungen achten.

Ebene 3: Spezifisch-professionelle Hilfe
Auf der dritten Ebene differenzieren sich die Tätigkeiten der einzelnen Berufsgruppen. Zu den spezifisch notfallpsychologischen Tätigkeiten zählen die diagnostische Einschätzung des psychischen Zustandes und psychologisches Screening, akute Krisenintervention bei stark Betroffenen, emotionale Entlastung und Stabilisierung, Vermittlung von Hinweisen und Tipps für die nächsten Tage, Leitung von psychologischen Einzel- und Gruppengesprächen, klinisch-psychologische Behandlung von Traumafolgen und psychischen Störungen, strukturierte Trauerbegleitung sowie die psychologische Schulung von Helfern und Einsatzkräften.

Je näher beim Ereignis, desto ähnlicher sind die Tätigkeiten und Interventionen der Helfer. Mit zunehmender zeitlicher Distanz zum Ereignis differenzieren sich die verschiedenen Professionen zunehmend. Pflegepersonen können einfache soziale Unterstützung und psychosoziale Unterstützung leisten (Stufen 1 und 2). In manchen Fällen ist weitere spezifische Hilfe notwendig. Diese kann durch Pflegepersonen eingeleitet und vermittelt werden.

26.4 Psychosoziale Akuthilfe – Grundregeln und erste Schritte

Psychosoziale Akuthilfe beginnt mit der Kontaktaufnahme, der Überprüfung des aktuellen Zustandes und der Befriedigung dringender Bedürfnisse

Kontakt
- aktiv auf Betroffene zugehen
- sich ins Blickfeld des Betroffenen stellen/setzen, auf gleiche Augenhöhe gehen
- sich mit Name und Funktion vorstellen
- Sicherheit vermitteln, Hilfe anbieten
- eventuell vorsichtigen Körperkontakt aufnehmen

Aktueller Zustand
- Wie geht es Ihnen körperlich?
- Tut Ihnen etwas weh? Sind Sie verletzt?
- Wie lange sind Sie schon hier?
- Erzählen Sie.

Dringende Bedürfnisse
- aktuelle Bedürfnisse feststellen
- einen sicheren Rahmen schaffen
- für Bequemlichkeit sorgen
- Getränk, Sitzplatz, eventuell Decke anbieten

Grundsätze der psychologischen Akuthilfe
1. Struktur hilft gegen Chaos.
2. Ruhiges und sicheres Auftreten hilft gegen Angst.
3. Verlangsamung hilft gegen Übererregung.
4. Rationales Denken hilft gegen überschwemmende Gefühle.
5. Information hilft gegen Kontrollverlust.
6. Handeln hilft gegen Hilflosigkeit.

Bei Unfällen, aber auch bei anderen Notfällen gelten die vier Regeln der psychsozialen ersten Hilfe (Lasogga/Gasch 2002):

1. Sag, dass du da bist, wer du bist und was geschieht!
Der Verletzte soll spüren, dass er in seiner Situation nicht alleine ist. Gehen Sie zum Betroffenen hin und sprechen Sie mit ihm. Einfache Sätze wie „Ich bleibe bei Ihnen" wirken entlastend und beruhigend. Sagen Sie, wer Sie sind, dass Sie in einem Krankenhaus arbeiten etc. Informieren Sie den Verletzten über die Hilfsmaßnahmen („Ich lege Ihnen jetzt eine Decke unter den Kopf", „Der Notarzt ist auf dem Weg").

2. Schirme den Verletzten vor Zuschauern ab!
Neugierige Blicke sind dem Verletzten unangenehm. Weisen Sie Schaulustige freundlich, aber bestimmt zurück (z. B. „Bitte gehen Sie zwei Meter zurück"). Wenn Zuschauer stören, weil sie unnötige Ratschläge geben oder von eigenen Erlebnissen berichten, geben Sie ihnen einen Auftrag. Sagen Sie z. B. „Schauen Sie, ob die Unfallstelle abgesichert ist", „Bitte warten Sie unten und weisen Sie die Rettung ein, wenn sie kommt". Zu besonders Aufdringlichen kann auch gesagt werden: „Halten Sie bitte die Zuschauer auf Distanz und sorgen Sie für Ruhe."

3. Suche/biete vorsichtig Körperkontakt!
Leichter körperlicher Kontakt wird von Verletzten zumeist als angenehm und beruhigend empfunden. Begeben Sie sich auf gleiche Höhe wie der Verletzte, knien Sie neben ihm oder beugen Sie sich hinunter. Halten Sie die Hand oder die Schulter des Notfallopfers. Halten ist dabei besser als Streicheln. Bieten Sie an, dass

der Verletzte sich bei Ihnen anhält. Wenn der Verletzte durch die Kleidung eingeengt wird, friert, unbequem liegt oder wenn Kleidungsstücke zerrissen sind, decken Sie ihn mit einer Decke zu.

4. Sprich und hör zu!
Sprechen kann für den Verletzten wohltuend sein. Wenn der Verletzte redet, hören Sie geduldig zu. Fragen Sie nach Schmerzen und Bedürfnissen. Sprechen Sie auch von sich aus, möglichst in ruhigem Tonfall. Sprechen Sie auch zu Bewusstlosen und zu Personen, die die deutsche Sprache nicht verstehen. Vermeiden Sie Vorwürfe und Schuldzuweisungen. Stellen Sie keine Furcht erregenden Diagnosen oder Vermutungen an. Sagen Sie gegebenenfalls: „Die Rettung ist unterwegs", „Bewegen Sie sich nicht", „Der Arzt wird das genau untersuchen". Fragen Sie das Notfallopfer: „Soll jemand benachrichtigt werden?" Geben Sie diese Informationen an die anderen Helfer weiter. Wenn möglich, sollte der Ersthelfer während der gesamten Betreuungszeit beim Notfallopfer bleiben.

Keinesfalls:
Vorwürfe machen, Beschuldigungen aussprechen, Furcht erregende Einschätzungen äußern.

Diese Basisregeln der psychosozialen ersten Hilfe sind eigentlich Selbstverständlichkeiten, die von vielen Menschen in Notfällen intuitiv richtig angewandt werden. Sie sollten allen professionellen Helfern (Pflegepersonen, Ärzten, Einsatzkräften etc.), aber auch jedem Verkehrsteilnehmer bekannt sein und in allgemeinen Erste-Hilfe-Kursen vermittelt und geübt werden.

26.5 Tipps für Angehörige und Freunde

Nach Notfällen sind oft auch Angehörige und Freunde in einem psychischen Ausnahmezustand. Viele wollen für den primär Betroffenen etwas tun, wissen aber nicht was oder haben Angst, etwas Falsches zu sagen. Die folgenden Hinweise wenden sich direkt an die Familienmitglieder, Freunde und Angehörigen. Es sind Empfehlungen, die an die jeweilige Situation abgepasst werden können. Den Angehörigen sollten sie genau erklärt und in schriftlicher Form (z. B. als Informationsblatt) zur Verfügung gestellt werden.

Folgendes können Sie tun, um in den nächsten Tagen Ihrem betroffenen Familienmitglied/Ihrem Freund/Ihrer Freundin zu helfen:
- Bleiben Sie bei ihm/ihr. Verbringen Sie viel Zeit mit ihm/ihr oder in seiner/ ihrer Nähe.
- Hören Sie aufmerksam zu.
- Bieten Sie Ihre Unterstützung und ein offenes Ohr an, wenn Sie nicht von selbst um Hilfe gebeten werden.
- Versichern Sie ihm/ihr, dass er/sie in Sicherheit ist.

- Helfen Sie bei täglichen Aufgaben wie Kochen, Einkaufen, Versorgung der Kinder etc.
- Lassen Sie ihn/sie so viel wie möglich selbst tun.
- Nehmen Sie Ärger oder ähnliche Gefühle nicht persönlich.
- Betonen Sie, dass Sie ihn/sie unterstützen und verstehen wollen.

Verwenden Sie Ausdrücke wie ...
- Ja.
- Es ist schlimm, was passiert ist.
- Ich bin froh, dass du jetzt hier bei mir bist.
- Du bist jetzt in Sicherheit (wenn das zutrifft).
- Es ist gut, dass wir darüber reden.
- Es ist okay, wenn du zuerst einmal gar nichts sagst.
- Es ist okay, wenn du weinst, nervös bist etc.
- Es ist verständlich, dass du dich jetzt so fühlst.
- Das sind normale Reaktionen, wenn so etwas passiert ist.
- Du wirst nicht verrückt.
- Ich bleibe bei dir.

Sagen Sie auf keinen Fall ...
- Nein, ...
  du darfst dich nicht aufregen.
  du musst deinen Schmerz unterdrücken.
  so etwas darfst du gar nicht denken.
- Ich weiß, wie du dich fühlst.
- Du hast Glück, ...
  dass du lebst.
  dass du noch etwas retten konntest.
  dass du dein Leben weiterleben kannst.
  dass du noch andere Kinder hast.
- Er/sie hat es jetzt besser, ist in einer besseren Welt.
- Ich bin sicher, es war Gottes Wille.
- Du wirst darüber hinwegkommen.
- Du wirst jemand anderen finden.
- Wer weiß, ob es nicht sein Gutes hat.
- Die Zeit heilt alle Wunden.
- Das Leben geht weiter.

26.6 Psychohygiene nach Notfällen

Nicht nur Patienten und Angehörige können durch Notfälle belastet oder traumatisiert werden. Auch Pflegepersonen erleben im Berufsalltag manchmal extreme Situationen, die zunächst schockierend oder kaum erträglich scheinen. Man spricht dabei von „kritischen Ereignissen“ (die wie ein Hochwasser eine gewisse

„kritische Marke“ überschreiten; Everly/Mitchell 2002). Dazu zählen extrem entstellende Verletzungen, Tod während einer Pflegehandlung, Suizid eines Patienten/Bewohners, persönliche Bekanntschaft mit einem Schwerkranken/Verletzten, Ähnlichkeit zu einer nahe stehenden Person, persönliche Gefährdung durch Patienten u. v. m.

Nach einem kritischen Ereignis berichten auch professionelle Helfer (Pflegepersonen, Ärzte, Psychologen, Seelsorger) über Konzentrationsschwierigkeiten, Gereiztheit, Nervosität, Gefühlsarmut, ungewöhnliche körperliche Erschöpfung, Schlafstörungen, Schuldgefühle und andere Reaktionen.

Beispiel

Eine Pflegehelferin mobilisiert morgens einen 83-jährigen Heimbewohner. Sie hilft ihm bei der Körperpflege und beim Anziehen. Als sie eine halbe Stunde später mit dem Frühstück in sein Zimmer kommt, findet sie ihn tot: Er hat sich mit dem Gürtel am Fenster stranguliert. Die Pflegehelferin macht sich schwere Vorwürfe, nicht früher ins Zimmer gekommen zu sein oder beim Anziehen etwas übersehen oder falsch gemacht zu haben. Sie gibt sich selbst die Schuld am Tod des Bewohners. Ihre Kolleginnen versuchen sie zu beruhigen, aber es gelingt ihnen nicht.

Den vielfältigen psychischen und körperlichen Anforderungen auch in Extremsituationen gerecht zu werden, handlungsfähig zu bleiben und gleichzeitig das innere Gleichgewicht zu wahren, ist eine Sache der beruflichen Kompetenzen, der Organisation und der Psychohygiene. Ohne Psychohygiene wäre die Gefahr der Überforderung, des Ausbrennens und einer sekundären Traumatisierung (durch Arbeit mit primär betroffenen Traumaopfern) sehr hoch.
Kein Mensch ist vor Überlastung gefeit. Manche Ereignisse sind zu extrem, als dass man ohne weiteres damit fertig werden könnte. Das gilt auch für Angehörige helfender Berufe, die sonst gewohnt sind, für andere da zu sein und „weiterzuhelfen, wenn andere nicht mehr können“.
Die psychische Unterstützung für Pflegende nach kritischen Ereignissen folgt den Prinzipien für Patienten und Angehörige:

- Darüber reden ist besser als zu schweigen.
- Je früher darüber gesprochen wird, desto besser.
- Mit KollegInnen zu reden ist gut, mit Außenstehenden zu reden manchmal notwendig.
- Sich Unterstützung zu holen ist ein Zeichen von Klugheit, nicht von Schwäche.

Entlastungsgespräch unter Kollegen

Ein erstes Gespräch zur Entlastung und Stabilisierung sollte bereits in den ersten Stunden nach dem kritischen Ereignis stattfinden. Die meisten betroffenen Helfer möchten am liebsten mit einer erfahrenen Kollegin oder einer vertrauenswürdigen Person der eigenen Berufsgruppe sprechen. Ein Gespräch mit einem Psychologen wird von vielen als „zu groß“, möglicherweise auch als stigmatisierend abgelehnt („So schlimm war es ja auch nicht“, „Ich bin ja nicht verrückt“). Das

Entlastungsgespräch soll helfen, emotional und gedanklich wieder „auf den Boden" zu kommen und die berufliche Routine wieder aufzunehmen. Die individuellen Reaktionen werden normalisiert und das soziale Netzwerk aktiviert. Das Gespräch sollte an einem ungestörten Ort stattfinden. Es gliedert sich in drei Teile (kurz: fragen – zuhören – besprechen):

1. **Exploration der Fakten**: „Was ist passiert? Erzähl mir." – so lange fragen, bis man selbst ein Bild der Ereignisse und des Ablaufs hat. Wichtig ist, dass die/der Betroffene das kritische Ereignis in Worte fasst und zeitlich einordnet.
2. **Exploration der Reaktionen**: „Wie geht es dir jetzt? Was geht dir im Kopf herum?" – Ärger, Ängste, Schuldgefühle usw. ausdrücken lassen; dabei nicht bohren, nicht diskutieren, nur zuhören.
3. **Normalisierung, nächste Schritte**: „Diese Reaktionen sind normal nach so einem Ereignis." – das Besondere an der Situation hervorheben. Dann die nächsten Stunden besprechen: „Was hättest du jetzt gerne?"; hilfreiche Bewältigungsmöglichkeiten besprechen, weitere Unterstützung anbieten.

Pflegepersonen sind es gewohnt, viel auszuhalten und stellen auch entsprechende Ansprüche an sich selbst. Die Betonung des Besonderen an dem Ereignis ist deshalb sehr wichtig: Auch anderen mit vergleichbarer Ausbildung und Erfahrung könnte es so ergehen. Das Gespräch hilft, zur rational-kognitiven Informationsverarbeitung zurückzukehren und die eigenen Reaktionen mit dem beruflichen Selbstbild in Einklang zu bringen. Die Auswirkung eines kritischen Ereignisses können einige Tage spürbar sein. Sie klingen von selbst ab, wobei der/die Betroffene durch geeignete Bewältigungsstrategien viel dazu beitragen kann. Wichtig ist, im weiteren Tagesverlauf und möglicherweise auch in den nächsten Tagen weitere starke Belastungen zu vermeiden. Andererseits sollte niemand ohne medizinische Indikation (Verletzung etc.) vom Dienst freigestellt werden. Eine baldige Rückkehr zu Routinetätigkeiten ist den meisten am liebsten. Bei anhaltender psychischer Belastung kann weiterführende professionelle Hilfe (spezielles Stressmanagement nach kritischen Ereignissen) angezeigt sein (siehe Kap. 31.3).

26.7 Zusammenfassung

Notfälle bewirken einen psychischen Ausnahmezustand, durch den sich das Erleben und Verhalten radikal ändern kann. Die notfallpsychologische Hilfe gliedert sich zeitlich in vier Phasen. Pflegepersonen können dabei wichtige psychosoziale Unterstützung leisten. Die ersten Schritte der psychosozialen Akuthilfe lauten Kontakt herstellen, aktuellen Zustand erfassen und dringende Bedürfnisse abklären. Die Regeln der psychosozialen Hilfe sollten von allen Pflegepersonen angewandt und anderen Helfern weitervermittelt werden. Angehörige und Freunde der Betroffenen können durch spezielle Tipps für den richtigen Umgang mit den Betroffenen unterstützt werden. Der Psychohygiene nach Notfällen und kritischen Ereignissen kommt besondere Bedeutung zu. Ein Entlastungsgespräch unter KollegInnen kann viel zur psychischen Stabilisierung beitragen.

27 Konflikte im Team

Konflikte gehören zum Leben. Wo immer Menschen zusammenkommen, gibt es unterschiedliche Meinungen, Absichten, Handlungen, Ziele, Gefühle, Bedürfnisse usw. Die meisten Konflikte des privaten und beruflichen Alltags lösen sich auf, bevor sie zu einem wirklichen Problem werden. Ungelöste Konflikte jedoch können anstrengend und gefährlich sein. Sie binden Kraft und Aufmerksamkeit, führen zu Streit oder schwelen lange Zeit dahin. Im Extremfall können sie zu Feindschaften, Krankheiten oder Kündigung führen.
Im Zusammenleben und am Arbeitsplatz können Konflikte nicht völlig verhindert werden. Die Frage ist, wie man sie erlebt und wie man mit ihnen umgeht (vgl. Glasl 2008, Hausmann 2004).

27.1 Entstehung von Konflikten

Unterschiede, sich gegenseitig widersprechende oder ausschließende Meinungen etc. können oft lange nebeneinander bestehen, ohne dass sie zu Konflikten führen. Erst wenn einer der Beteiligten etwas tut, das den anderen stört, kommt es zu einem Konflikt (siehe Abb. 18).

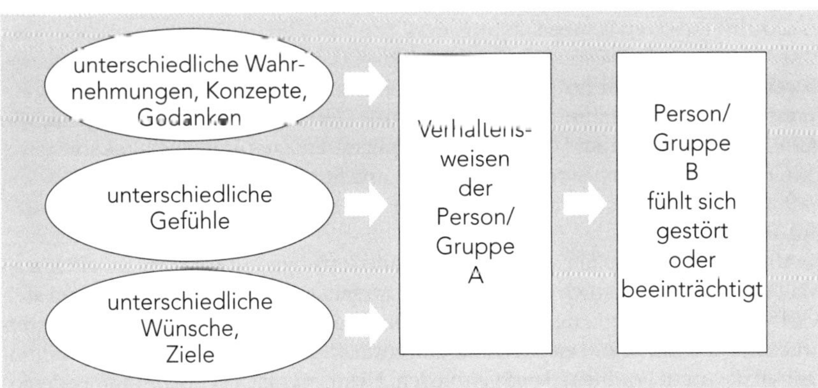

Abb. 18: Entstehung eines Konflikts

Äußere Rahmenbedingungen tragen wesentlich dazu bei, dass aus zwischenmenschlichen Differenzen Konflikte entstehen. Häufig beginnt es mit Meinungsverschiedenheiten oder Missverständnissen. Bei steigendem Stress wird es schwierig, darauf einzugehen und sie zu lösen. Wenn sich die Probleme verstärken, muss gehandelt werden, oft ohne Rücksicht auf die Interessen anderer. Ein Konflikt ist damit vorprogrammiert. Die häufigsten Ursachen für Konflikte am Arbeitsplatz sind:

- Zeitdruck und Stress,
- Informationsmangel,
- unklare oder nicht erfüllbare Aufgaben,
- Konkurrenz, fehlende Kooperation,
- mangelnde Anerkennung, Abwertung,
- Rücksichtslosigkeit und grobe Umgangsformen,
- veränderte Grundeinstellungen,
- Führungsmängel.

Bestehende Konflikte haben vielfältige Auswirkungen: Die Aufmerksamkeit wird selektiv, Bedrohliches und Ärgerliches wird besonders scharf gesehen. Ereignisse werden zunehmend verzerrt oder verdreht wahrgenommen, bestehende Vorurteile scheinen sich zu bestätigen oder verfestigen sich. Die emotionale Spannung führt in manchen Bereichen zu besonderer Empfindlichkeit, zugleich geht oft das Einfühlungsvermögen verloren. Die Konfliktparteien kapseln sich emotional voneinander ab und werden zu Gefangenen ihrer eigenen Gemütsverfassung. Man beharrt auf den eigenen Vorstellungen und Zielen, anderen oder abweichenden Meinungen begegnet man mit Ablehnung und Widerstand. Das Verhalten ist oft gereizt und widersprüchlich, der Tonfall mürrisch, unangemessen und überzogen.

27.2 Konfliktscheu – Streitlust

Konflikte können sehr unterschiedlich erlebt werden. Menschen, Teams und ganze Organisationen nehmen ihnen gegenüber eine bestimmte Haltung ein, die vom Wunsch nach einer Lösung bis zur völligen Verleugnung reichen kann. Zwei extreme Ausprägungen sind Konfliktscheu und Streitlust.

Konfliktscheu ...
Konfliktscheue Menschen wollen Auseinandersetzungen so weit wie möglich ausweichen. Sie sind ängstlich und vorsichtig, neigen zu Rückzug und Flucht und stellen keine direkten Forderungen. Ärger und andere Gefühle werden möglichst unterdrückt oder verdrängt. Den Konflikt „öffentlich" zu machen (d. h. unbeteiligten Dritten davon zu erzählen), wird vermieden. Niemand sagt frei heraus, was er denkt. In einem konfliktscheuen Team herrscht ein formeller Umgang miteinander. Die Einhaltung von Vorschriften und Gesetzen steht im Vordergrund, private Dinge werden den anderen nicht mitgeteilt. Vorgesetzte berufen sich oft auf ihre Position (nicht ihre fachliche Kompetenz).
Die Folge sind **kalte Konflikte**: Die Spannung des nicht ausgetragenen Konfliktes ist für alle zu spüren, aber niemand spricht sie an. Vorwürfe werden nur hinter dem Rücken der Betroffenen besprochen. Die Beteiligten versuchen sich zu schüt-

zen und „bunkern“ sich ein. Dadurch kommt es zur Lähmung aller Energie, die Arbeit wird immer schwerfälliger und kommt zuletzt gar nicht mehr voran.

Beispiel

In einer Teambesprechung sollen die Auswirkungen eines neuen Gesetzes auf die Pflegeabläufe der Station geklärt werden. Die Stationsleiterin spricht bereits die einleitenden Worte mit zittriger, gepresster Stimme, während zwei Mitarbeiterinnen die Augen verdrehen. Mühsam fährt die Leiterin fort. Als sie um Fragen und Stellungnahmen bittet, schweigen alle. Die Leiterin redet gegen den Eindruck an, dass niemand ihr zuhört. Schließlich gibt es eine Frage zu einem Nebenaspekt des bisher Gesagten. Es beginnt eine zähe Diskussion, die von impliziten Vorwürfen und Rechtfertigungen geprägt ist. Zuletzt sind von acht Tagesordnungspunkten zwei geklärt, die Leiterin setzt eine weitere Teambesprechung an. Alle Teammitglieder sind unzufrieden, keiner spricht jedoch die Spannungen an. – Die Leiterin ist erst seit drei Monaten in dieser Position. Sie wird von mehreren Mitarbeitern, die selbst gerne Stationsleiterin geworden wären, fachlich und menschlich abgelehnt.

Streitlust ...

Streitlustige Menschen haben Spaß an der Auseinandersetzung. Sie gehen bald in die Offensive und wirken fordernd, aggressiv und dominant. Ihre Gefühle leben sie unmittelbar aus und machen aus Ärger, Zorn oder Triumph kein Geheimnis. Wenn der Konflikt nicht rasch gelöst wird, tragen sie ihn nach außen (bis in die Medien).

Im Team ist der Umgang ungezwungen, informell, alle sind rasch per du und erzählen aus ihrem Privatleben. Vorgesetzte und Mitarbeiter kehren ihre persönlichen Stärken hervor und wollen sich im offenen Streit gegenüber den anderen durchsetzen. Der Ton ist dabei oft rau und direkt.

Streitlustige Menschen führen **heiße Konflikte**. Sie können andere niederwalzen, verletzen und beleidigen. Die Arbeit wird dadurch hektisch und überdynamisch und, weil alle versuchen einander zu übertrumpfen, unstetig und oberflächlich. Im Extremfall wird dadurch die Zusammenarbeit gesprengt.

Beispiel

Ein Diplompfleger kommt neu auf die Abteilung. Er verfügt über langjährige Berufserfahrung und ist mit den Zuständen, die auf der Station herrschen, unzufrieden. Obwohl selbst in keiner Leitungsfunktion, hält er sich mit seiner Meinung nicht zurück. Dabei greift er wiederholt zu scharfen Worten („gefährlich“, „Zumutung“, „inkompetent“). Schon bald hat er den Ruf eines „Streithansels“, der sich auch mit Ärzten und der Pflegedirektorin anlegt, wenn sie sich seiner Meinung nach falsch oder zögerlich verhalten. Er kann mit seiner cholerischen Art einige Verbesserungen für die Station erreichen. Teamintern wird der persönliche Kontakt mit ihm vermieden.

... in der Pflege

In sozialen Berufen und insbesondere in der Pflege ist in Bezug auf Konflikte oft ein eigenartiges Mischverhalten zu beobachten. Einerseits ist der Umgang im

Team oft sehr ungezwungen. Man ist rasch per du, tauscht Neuigkeiten aus dem Privatleben aus, hierarchische Grenzen (z. B. zwischen Stationsleiterin und Praktikanten) werden verwischt usw. Auf der anderen Seite fällt das offene Ansprechen von internen Konflikten vielen sehr schwer. Stattdessen werden Differenzen und Konflikte häufig „hinten herum" beredet. Man kritisiert Abwesende, zählt Fehler und Missstände auf, spricht die Verantwortlichen aber nicht persönlich darauf an. Die direkte Konfrontation wird oft lange vermieden.

Diese Vermeidung von direkter Konfrontation in der Pflege geht möglicherweise auf ein unbewusstes berufsspezifisches „Verletzungsverbot" zurück. Pflegepersonen, Psychologen, Sozialarbeiter, Ärzte usw. wollen ihren Patienten und Klienten dabei helfen, Belastungen möglichst gut zu bewältigen. Diese helfende Haltung kann sich jedoch verselbstständigen: Sie wird so weit generalisiert, dass man andere Menschen generell von zusätzlichen Belastungen möglichst fern halten möchte. Dazu gehört auch, zwischenmenschliche Probleme zu benennen, Konflikte aufzugreifen, Klartext zu reden usw. Zugrunde liegt die Angst, andere mit der eigenen Meinung zu verletzen. Auch die spezifische Sozialisation von Frauen („verstehen, nicht streiten") spielt in diesem Bereich eine Rolle.

Spannungen bestehen aber weiter, auch wenn sie nicht angesprochen werden. Ärger lässt sich nicht auf Dauer unterdrücken, Konflikte wirken auch „unter dem Teppich" weiter. Ein häufig benutztes Ventil ist dann, hinter dem Rücken der Betroffenen zu schimpfen. Dieses Klima begünstigt kalte Konflikte. Wenn sich die Spannung steigert, verschärft sich das Arbeitsklima und ist zunehmend von Vorwürfen, Gereiztheit und scharfen Wortwechseln gekennzeichnet. Die plötzliche Heftigkeit der Auseinandersetzungen ist für Außenstehende oft schwer nachvollziehbar. In anderen Fällen wird der Konflikt weiter indirekt ausgetragen. Dadurch wird Mobbing am Arbeitsplatz begünstigt (siehe Kap. 28).

Die Mischung aus Konfliktscheu, kalten und plötzlich eskalierenden Konflikten wird von den Mitarbeitern wie von den Vorgesetzten getragen. Eine gleichgültige oder ängstliche Führung vergrößert die Probleme zusätzlich. Für eine akzeptable Lösung werden gleichermaßen Konfliktfähigkeit der einzelnen Beteiligten, Kooperation im Team und eine klare Führung benötigt.

27.3 Konfliktfähig sein

Konfliktfähigkeit ist die Voraussetzung, um mit zwischenmenschlichen Spannungen und Konflikten gut umgehen und eine Eskalation möglichst vermeiden zu können.

Als Person konfliktfähig zu sein heißt:

1. Differenzen und Spannungen früh und deutlich erkennen,
2. selber wissen, was man in der Sache und vom anderen will,
3. das eigene Anliegen zum Ausdruck bringen, ohne die Situation zu verschlimmern,
4. Standpunkte klären, Missverständnisse auflösen können,

5. Eskalationsschritte kennen und stoppen,
6. erkennen, ab wann man sich um Hilfe von außen bemühen sollte.

Differenzen und Spannungen erkennen
In Konflikten ist es wichtig, sich selbst und die Mitmenschen realistisch einzuschätzen: Wo stimmen wir überein, wo gibt es Unterschiede? Gibt es etwas, das mich am anderen/den anderen an mir wirklich stört? Wie gehen wir damit um? Bleibt etwas zurück? – Blinde Flecken und Verzerrungen der sozialen Wahrnehmung können diesen Aspekt der Konfliktfähigkeit beeinträchtigen (siehe Kap. 3.4).

Wissen, was man will
In Konflikten ist es wichtig, möglichst genau zu wissen, was man in der Sache erreichen möchte und was der andere tun soll. Dazu sollte man sich u. a. folgende Fragen beantworten: Was ist mir wichtig (z. B. genaues Arbeiten, Einhaltung von Pflegestandards, freundliche Atmosphäre)? Was soll der andere tun (z. B. sich an die Regeln halten, mich respektieren, nachgeben, mir helfen ...)? Wann bin ich zufrieden?

Das eigene Anliegen ausdrücken
Das eigene Anliegen sollte so ausgedrückt werden, dass der andere es möglichst gut aufnehmen kann. Ein geeigneter Rahmen ist dabei ebenso wichtig wie die richtige Wortwahl. Missverständliche Ausdrücke und Gesprächskiller sollten unbedingt vermieden werden (siehe Kap. 24.5).

Standpunkte klären
In Konfliktsituationen fällt es oft schwer, den Standpunkt des anderen rasch und ohne Verzerrungen zu verstehen. Mit Missverständnissen ist auf beiden Seiten zu rechnen. Verschiedene Fragen können helfen, die Standpunkte zu klären: „Was genau meinen Sie damit? Bitte geben Sie ein Beispiel.“, „Das sehe ich anders.“, „Bitte lassen Sie mich das erklären.“, „Verstehen Sie, was ich meine?“ – Wichtig ist, dass zuerst die verschiedenen Standpunkte geklärt werden und erst dann die Gesprächspartner in eine Diskussion darüber eintreten. In manchen Fällen kann ein Diskussionsleiter oder Vermittler die Klärung durch gezielte Fragen fördern.

Eskalation vermeiden
Es ist wichtig zu verstehen, wodurch ein Konflikt angeheizt und zugespitzt werden kann. Nur wenn man diese Mechanismen kennt, kann man entsprechende Verhaltensweisen selber unterlassen und beim Konfliktpartner rasch unterbinden. Verschiedene Methoden der Gesprächsführung in Konflikten helfen, die notwendigen Regeln einzuhalten und zu einer Deeskalation und möglichen Lösung des Konflikts beizutragen.

Grenzen erkennen
Jeder Konflikt stellt das eigene Wissen und Können auf eine Probe. Wenn die eigenen Grenzen erreicht sind, ist Hilfe von dritter Seite nötig, um nicht in eine immer tiefere Verstrickung zu geraten. Die entscheidende Frage lautet in diesem Zusammenhang: Habe ich einen Konflikt – oder hat der Konflikt mich?

27.4 Kooperation

Im Idealfall verhalten sich alle Beteiligten an einem Konflikt kooperativ, d. h. sie sind bereit, auf die Meinung der anderen einzugehen und eine Lösung zu finden, mit der möglichst alle leben können. Das erleichtert sowohl die Bewältigung des aktuellen Konflikts wie die weitere Zusammenarbeit.
Kooperatives Verhalten in Konflikten umfasst u. a. folgende Punkte:

- Konflikte ohne Vorwurf benennen,
- die eigene Meinung vertreten,
- die Meinung und Sichtweise der anderen verstehen können,
- Leistungen und Fähigkeiten der anderen wertschätzen,
- Spielraum anbieten, nachgeben können,
- flexible Lösungen finden,
- gemeinsame Entscheidungen treffen können,
- die Überlegenheit eines gemeinsamen Ergebnisses anerkennen.

Kooperation bedeutet Verständnis für die Sicht des anderen zeigen *und* ihn mit der eigenen Meinung konfrontieren. Verständnisbereitschaft und Konfrontationsfähigkeit gehen Hand in Hand. Kooperation bedeutet nicht, immer nachzugeben.

Wenn sich in einer Spannungs- oder Konfliktsituation beide Seiten kooperativ verhalten, können die Differenzen zumeist relativ einfach überwunden und eine zufrieden stellende Lösung gefunden werden. Ist das nicht der Fall, sind weitere Schritte nötig, um den Konflikt nicht zu einer Belastung für einzelne Mitarbeiter oder das Team werden zu lassen und ein kooperatives Arbeitsklima wiederherzustellen.

27.5 Mögliche Lösungen

Konflikte können auf verschiedene Weise gelöst werden. Keine Lösung ist von vornherein besser als die anderen. Es hängt vielmehr von den konkreten Umständen, Werten und Zielen sowie von den beteiligten Personen ab, ob Nachgeben oder Kämpfen, Verhandeln oder Ausweichen vorzuziehen ist (siehe Abb. 19).

Kämpfen
In Situationen, in denen man seine eigenen Ziele, Wünsche und Bedürfnisse gegen alle Widerstände durchsetzen will, ist man bereit zu kämpfen und seinen

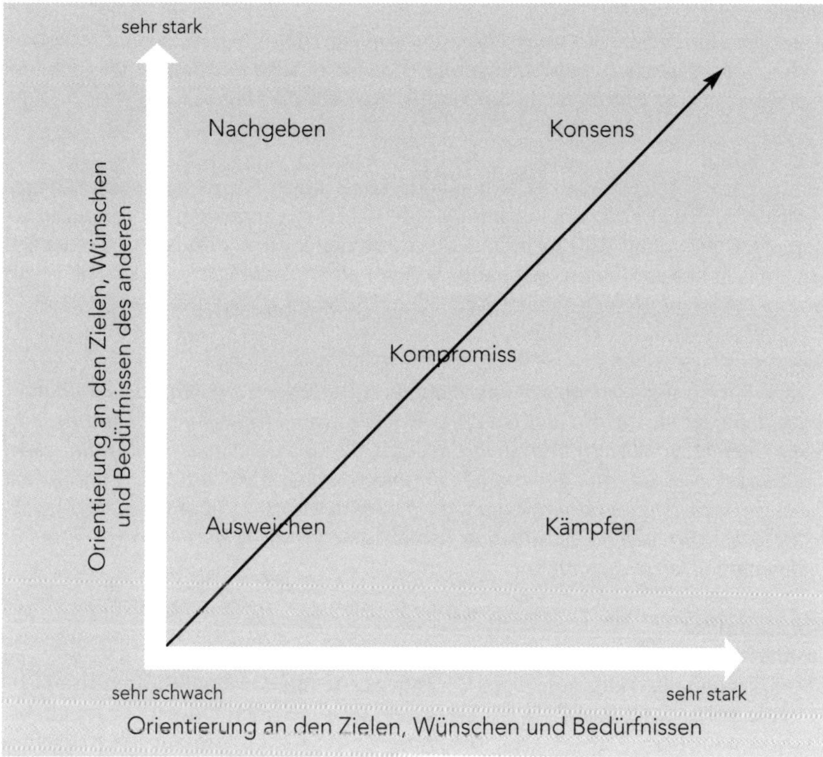

Abb. 19: Mögliche Konfliktlösungen

Standpunkt wenn nötig zu erzwingen. Wenn beide Konfliktparteien Recht behalten und keiner auf den anderen eingeht, dauert der Kampf so lange, bis ein Sieger feststeht oder alle Beteiligten erschöpft sind. In manchen Fällen ist es notwendig, um seine Rechte zu kämpfen, z. B. bei persönlichen Angriffen oder ungerechtfertigen schweren Beschuldigungen.

Beispiel

Pflegeschülerin Anita wird beschuldigt, Medikamente aus der Apotheke gestohlen zu haben. Sie bestreitet die Vorwürfe vehement und fordert eine polizeiliche Untersuchung, um ihre Unschuld zu beweisen.

Nachgeben

Den Zielen, Wünschen und Bedürfnissen des anderen nachzugeben bedeutet, sich unterzuordnen und die eigenen Vorstellungen unberücksichtigt zu lassen. Das kann sinnvoll sein, wenn z. B. der andere sehr mächtig ist, wenn man selbst einen schweren Fehler begangen hat oder wenn die Sache, um die es geht, von geringer Bedeutung ist.

Beispiel

Auf der Station wird ein neuer Pflegestandard eingeführt, dessen Sinnhaftigkeit von einigen Pflegepersonen bezweifelt wird. Pflegedienstleiterin und Stationspfleger bestehen aber auf der Durchsetzung. Schließlich fügen sich die Mitarbeiter.

Ausweichen

In manchen Fällen ist es besser, einem konfliktträchtigen Thema oder Gespräch auszuweichen, den Kontakt mit bestimmten Menschen zu vermeiden, sich zurückzuziehen etc. Der Konflikt wird nicht angerührt und besteht fort, ohne dass eine der Seiten ihre Interessen durchsetzen kann. Befürchtete Verletzungen und Schäden bzw. irrationale Streitereien werden so vermieden. Die Spannungen bestehen aber fort.

Beispiel

Zwei Pflegehelferinnen, die seit Jahren auf derselben Station arbeiten, können einander nicht ausstehen. Von den anderen Pflegepersonen kennt niemand die genauen Gründe, die Differenzen scheinen aber unüberbrückbar. Sie halten sich praktisch nie im selben Raum auf, wenn die eine kommt, geht die andere hinaus. Die Stationsschwester achtet bei der Dienstplangestaltung darauf, die beiden möglichst nicht gemeinsam einzuteilen. Alle haben sich an die Situation gewöhnt und ziehen sie einer offenen Konfrontation mit unklarem Ausgang vor.

Kompromiss

Immer wieder versucht man durch Verhandeln zumindest einige Interessen zu verwirklichen. Ein Kompromiss ist umso besser, je mehr eigene Wünsche und Ziele beide Seiten durchsetzen. Es wird eine Lösung angestrebt, mit der alle möglichst gut leben können. Dabei ist es notwendig, in einzelnen Punkten nachzugeben bzw. zu verzichten, um die wesentlichen Ziele zu erreichen.

Beispiel

Weil zu Weihnachten und Neujahr nicht alle gleichzeitig auf Urlaub gehen können, einigen sich die KollegInnen untereinander auf einen Kompromiss. Einige nehmen sich am 24./25. Dezember frei und arbeiten über Silvester, andere machen es umgekehrt. Auf Eltern mit schulpflichtigen Kindern wird bezüglich der Ferienzeiten Rücksicht genommen. Niemand kann alle Urlaubswünsche verwirklichen, aber alle sind mit den erzielten Kompromissen zufrieden.

Konsens

In einigen zentralen Fragen ist es wichtig, dass alle Beteiligten in ihren Meinungen und Werten übereinstimmen. Es besteht Konsens über gemeinsame Ziele und idealerweise über den gemeinsamen Weg dorthin.

Beispiel

Auf einer Palliativstation sind sich alle Mitarbeiter einig, dass Lebensqualität vor Lebenszeitverlängerung geht. Optimale Schmerzbehandlung, Kommunikation bis zuletzt und die Einbeziehung der Angehörigen werden von allen ohne Vorbehalt mitgetragen.

27.6 Eskalation eines Konflikts

Konflikte können sich scheinbar wie von selbst verschärfen. Spannungen und Stress machen die Beteiligten oft ungeduldig und bewirken neuen Ärger, der die Spannungen weiter verstärkt. Der Konflikt gewinnt an Eigendynamik und schaukelt sich hoch. Ein Wort ergibt das andere, Handlungen folgen immer rascher aufeinander, bis die Situation nur noch schwer kontrollierbar ist.
Um eine unerwünschte Eskalation zu verhindern, ist es wichtig die Mechanismen zu kennen, die einen Konflikt vorantreiben. Nur so kann man sie unterlassen und bei anderen so rasch wie möglich abstoppen.

Ein Konflikt eskaliert u. a. durch:

- **Missglückte Wortwahl:** unpassende Ausdrücke, extreme Vergleiche etc. vergiften das Gesprächsklima: „Saustall", „idiotischer Vorschlag", „Hast du das jetzt kapiert?"
- **Persönliche Angriffe, Drohungen**: Sachfragen werden auf eine persönliche Ebene gezogen, offene oder versteckte Drohungen ausgesprochen: „Du hast eine negative Ausstrahlung", „Du regst mich auf", „Das wird Ihnen leid tun"
- **Unterstellungen, Vorwürfe:** negative Eigenschaften oder Motive werden unterstellt, Fehler nur beim anderen gesehen: „Du bist ja bloß ...", „Sie sind also nicht bereit ..."
- **Verallgemeinerungen:** Konkrete Anlässe werden als allgemeine Probleme dargestellt: „Das ist ein völliger Blödsinn", „Auf dich ist nie Verlass" etc.
- **Wachsende Streitpunktlawine:** Immer mehr Streitpunkte werden in die Auseinandersetzung geworfen: „Und weil wir schon davon reden ..." Alte Konflikte werden wieder ausgegraben: „Wie damals, als ...".
- **Ausweitung der Arena:** Immer mehr Personen werden in den Streit hineingezogen: „Ich gehe jetzt zum Chef", „Das kommt in die Zeitung". Immer mehr Menschen/Gruppen sehen dadurch ihre Interessen gefährdet.
- **100%-Haltung:** Der eigene Standpunkt soll ohne Abstriche durchgesetzt werden: „immer/nie", „alle/keiner", „auf jeden Fall/auf keinen Fall", „müssen", „unbedingt" , „sofort" usw.
- **Vereinfachung und Personifizierung:** Die Themen und Absichten werden allzu einfach dargestellt: „Alle xy sind doch nur ..." Personen oder Gruppen werden als die Wurzel allen Übels angesehen: „Seit der bei uns ist ..."
- **Pessimistische Erwartungen:** Man sieht keine Chance, den Konflikt zu klären oder zu regeln; stattdessen werden sich selbst erfüllende Prophezeiungen geäußert: „Das Gespräch geht sicher schief", „ein abgekartetes Spiel ...", „Das hat doch alles keinen Sinn mehr".

Weiters gibt es Floskeln und Phrasen, die zwar zu keiner Eskalation führen, die Suche nach einer brauchbaren Lösung aber erheblich behindern: „Ja aber ...", „Das war schon immer so ...", „Früher haben wir ...", „Aber in der Praxis sieht das ganz anders aus ...".

Verschiedene Punkte helfen, einen Konflikt am Arbeitsplatz zu entschärfen und eine Eskalation zu verhindern.

Tab. 6: Entschärfung und Verschärfung einer Situation

Entschärfung	**Verschärfung**
das Tempo verlangsamen	... statt immer schneller und hektischer zu agieren
Themen und Ziele klar benennen	... statt Vorwürfe zu machen
Probleme auseinander halten und einzeln behandeln	... statt von einem Streitfall zum nächsten zu springen
beim gegenwärtigen Problem bleiben	... statt alte Geschichten aufzuwärmen
den Sachinhalt hervorheben, gemeinsame Ziele ansprechen	... statt den anderen persönlich anzugreifen
Spielraum suchen, beweglich bleiben	... statt stur auf allen Forderungen zu beharren
das Gesicht wahren lassen	... statt den anderen bloßzustellen
Killerphrasen vermeiden	

27.7 Ein klärendes Gespräch führen

In Konfliktsituationen versuchen die Beteiligten oft, mittels Gesprächen zu einer Lösung zu kommen. Dabei ist es nicht hilfreich, einfach drauflos zu reden und alles zu sagen, was einem gerade in den Sinn kommt. In solchen spontanen, schlecht vorbereiteten Gesprächen besteht die Gefahr, rasch sehr emotional zu werden und den eigenen Standpunkt schlecht oder gar nicht angemessen ausdrücken zu können.

Für klärende Gespräche, in denen eine Lösung für einen bestehenden Konflikt gefunden und Spannungen ausgeräumt werden sollen, haben sich eine gute Vorbereitung und die Orientierung an einem inneren Leitfaden sehr bewährt. Die folgenden Schritte helfen, eine Gesprächsbasis herzustellen und nach und nach zu erweitern (Redlich 2004). Sie dienen der Orientierung, um den Konflikt zu versachlichen und nichts zu überstürzen.

1. Konflikt ansprechen

Ein Konflikt kann nur geklärt werden, wenn beide Seiten dazu bereit sind. Voraussetzung ist das Eingeständnis, dass ein Konflikt besteht:

- den Konfliktpartner darauf ansprechen, dass unterschiedliche Meinungen, Ziele usw. bestehen;
- vermitteln, dass man an einer Klärung der strittigen Themen interessiert ist. Wenn ein Beteiligter den Konflikt abstreitet, sollte man unterschiedliche Meinungen konkret benennen und betonen, dass man eine Klärung für wichtig hält.

2. Streitpunkte sammeln

Um zu einer Klärung zu kommen, werden die verschiedenen Streitpunkte gesammelt, um die es eigentlich geht. Alle Seiten nennen zunächst nur die „Überschriften". Die Beteiligten einigen sich auf eine Themenliste legen gemeinsam eine Reihenfolge fest. Dabei werden noch keine Details besprochen oder Lösungen gesucht. Ein neutraler Diskussionsleiter (Moderator, Mediator) kann dabei helfen, dass alle Beteiligten zu Wort kommen und sich kurz fassen.

3. Sichtweisen darlegen

Die Themenliste wird Punkt für Punkt besprochen: Beide Seiten beschreiben nacheinander ihre Sicht und nennen ihre Absichten und Ziele. Sie erklären den eigenen Standpunkt und hören dem anderen genau zu. Dabei filtern die Beteiligten (oder ein Moderator) die Sachinformationen aus den oft emotionalen Äußerungen heraus. Ziel ist eine neutrale Beschreibung der Streitpunkte, die von Emotionen und unsachlichen Verallgemeinerungen befreit ist. Sie ist die Grundlage für die weitere Lösung.

4. Lösung aushandeln

Zu den einzelnen Punkten wird nach Lösungen gesucht, die für alle akzeptabel sind. Die Vorschläge werden erst gesammelt, dann diskutiert. Anschließend werden Bedingungen ausgehandelt, unter denen alle Seiten zustimmen können. Je besser die Beschreibung der Ausgangslage ist, desto leichter fällt die Suche nach einer Lösung. Die Beweglichkeit der Konfliktparteien ist in dieser Phase des Gesprächs besonders wichtig. Kompromissbereitschaft sollte schon in Andeutungen erkannt und verstärkt werden.

5. Durchführung klären

Eine Lösung ist nur so gut wie ihre Umsetzung. Dazu werden konkrete Schritte festgelegt (Was ist im Einzelnen zu tun?), Personen und Zeitpunkte bestimmt (Wer macht was bis wann?) und mögliche Verzögerungen besprochen (Was soll geschehen, wenn ...?). Die Ergebnisse des Gesprächs und alle Umsetzungspunkte sollten schriftlich festgehalten und für alle Beteiligten verbindlich gemacht werden. Das Ende des Gesprächs kann so zum Beginn einer neuen Phase der Zusammenarbeit werden.

Je länger ein Konflikt besteht, desto mehr Streitpunkte sammeln sich an. Dadurch wird das Gespräch mühsamer und droht leichter abgebrochen zu werden. Ab einer gewissen Eskalationsstufe sind die Beteiligten nicht mehr in der Lage, selbst den Konflikt zu regeln; sie benötigen einen Moderator oder Mediator, um das Gespräch aufzunehmen, zu strukturieren und zu einem akzeptablen Ende zu führen. Rechtzeitige Interventionen sind deshalb sehr wichtig.

27.8 Zusammenfassung

Konflikte am Arbeitsplatz entstehen häufig aufgrund von Meinungsverschiedenheiten, Missverständnissen und Stress. Zwei extreme Haltungen Konflikten gegenüber sind Konfliktscheu und Streitlust. Konfliktfähigkeit ist die Voraussetzung, um mit Konflikten und Spannungen gut umgehen zu können und sie nicht eskalieren zu lassen. Das richtige Maß an Kooperation ist dabei entscheidend. Mögliche Konfliktlösungen sind Kampf, Nachgeben, Ausweichen, Kompromiss und Konsens. Durch verschiedene Mechanismen kann ein Konflikt eskalieren. Gut vorbereitete und strukturierte Gespräche können eine Klärung und Lösung des Konflikts bewirken. Den eigenen Standpunkt und Handlungsspielraum sollte man für sich selbst möglichst klar umrissen haben.

28 Mobbing

Konflikte am Arbeitsplatz können in einer Weise eskalieren, dass Einzelpersonen oder eine Gruppe systematisch Angriffen und feindseligen Handlungen ausgesetzt sind, die zu erheblichen individuellen, teaminternen und betrieblichen Schäden führen können.
Mobbing ist auch in der Pflege ein erheblicher Belastungsfaktor, der zu einem anhaltend schlechten Arbeitsklima, häufigem Personalwechsel, langen Krankenständen und rechtlichen Auseinandersetzungen führen kann. Für Pflegepersonen und Personalverantwortliche ist es wichtig, Mobbinghandlungen möglichst früh zu erkennen und die Ursachen und Hintergründe zu verstehen, um Mobbing wirkungsvoll abzuwehren und zu verhindern, dass es sich weiter fortsetzt oder gar ausbreitet.

28.1 Mobbing in Gesundheitsberufen

Mobbing umfasst gezielte und wiederholte Angriffe auf eine Person oder Gruppe, mit der Absicht, den Gemobbten zu ärgern, zu schikanieren, zu terrorisieren und aus der betrieblichen Gemeinschaft auszuschließen. Mobbing erstreckt sich über einen längeren Zeitraum, mindestens einmal pro Woche über ein halbes Jahr (bei intensiverem Mobbing dementsprechend kürzer).

Die Angriffe (direkt und indirekt) sollen den Betroffenen benachteiligen, seine Leistung herabsetzen, sein Ansehen schädigen, seinen Selbstwert untergraben, ihn zermürben und die Zusammenarbeit vergiften. Einzelne Angriffe, Beleidigungen oder Streitereien sind noch kein Mobbing; sie werden es erst durch ständige Wiederholung. Immer wieder werden Mobbinghandlungen auch als „Späße" bezeichnet. Wenn die Opfer nicht mitlachen, gelten sie als humorlos und werden erst recht gehänselt oder ausgegrenzt. Auch Späße können zu Mobbing werden. Das gilt insbesondere dann, wenn die Betroffenen klar sagen, dass sie den „Spaß" nicht lustig finden, und unmissverständlich fordern, dass damit aufgehört wird.

Wer dann noch weitermacht, fängt an zu mobben. Mobbing beginnt da, wo der Spaß aufhört. Repräsentative Untersuchungen (Meschkutat et al. 2002, Seydl 2007) haben ergeben, dass ca. 5,5 % der Beschäftigen im Laufe eines Jahres von Mobbing betroffen sind. In einem Betrieb mit 500 Mitarbeitern ist mit 27 Mobbingfällen pro Jahr zu rechnen. Jeder Neunte wird ein Mal in seinem Berufsleben Ziel von Mobbinghandlungen.
Je besser die Arbeit strukturiert ist und Erfolge klar erkennbar sind, desto geringer ist die Mobbinggefahr. Bei nicht messbaren Arbeitserfolgen und betreuenden Aufgaben wie z. B. im Gesundheits- und Verwaltungsbereich kommt Mobbing überdurchschnittlich häufig vor. Durch die starke persönliche Einbindung in die Arbeit bieten sich außerdem mehr Angriffsflächen.

Im Gesundheitswesen besteht ein deutlich erhöhtes Mobbingrisiko.

Niemand ist vor Mobbing gefeit. Jeder Mensch hat „Besonderheiten“, die zum Anlass eines Mobbingangriffs werden können: Stärken (Beliebtheit, Wissen, Engagement), Schwächen (z. B. geringe Qualifikation, sprachliche Mängel) oder sonstige Eigenschaften (Alter, Aussehen, Dialekt usw.). Ein erhöhtes Mobbingrisiko besteht u. a. für

- Frauen generell (75 % erhöhtes Mobbingrisiko gegenüber Männern),
- Frauen speziell unter 25 Jahren und in traditionellen Männerpositionen oder -berufen,
- Praktikanten, Berufsanfänger, neu ins Team gekommene Kollegen,
- Menschen mit sichtbaren Behinderungen (z. B. starke Brille, Hörgerät, Gehbehelf),
- Männer über 50 Jahren

28.2 Mobbinghandlungen

Mobbing kann sich in sehr vielen verschiedenen Handlungen äußern. Viele sind nonverbal oder indirekt. Von Betroffenen werden folgende Angriffe besonders häufig genannt:

... auf die Möglichkeit, sich mitzuteilen
Man wird ständig unterbrochen; Arbeit und Leistung werden ständig kritisiert; Vorgesetzte und/oder Kollegen schränken die Möglichkeit ein sich zu äußern; man wird angeschrieen oder laut beschimpft; Kontakte werden durch abwertende Gesten und Blicke verweigert; Kritik am Privatleben; mündliche und/oder schriftliche Drohungen; Telefonterror.

... auf die sozialen Beziehungen
Der Betroffene wird nicht beachtet, wie Luft behandelt, nicht angesprochen, in einen Raum weitab von den Kollegen versetzt; man spricht nicht mit ihm und lässt sich nicht ansprechen.

… auf das soziale Ansehen
Hinter dem Rücken wird schlecht über den Betroffenen gesprochen; man verbreitet Gerüchte über Probleme, Schulden, Sucht, Ehekrisen etc.; Eigenheiten und Behinderungen werden imitiert und ins Lächerliche gezogen; man greift politische oder religiöse Einstellungen an oder macht sich über die Nationalität lustig; Entscheidungen werden in Frage gestellt und belächelt; man beurteilt den Arbeitseinsatz falsch und in kränkender Weise; man verdächtig den Betroffenen, psychisch gestört zu sein und will ihn zu einer psychiatrischen Untersuchung zwingen; obszöne Schimpfwörter und Gesten, körperliche oder sexuelle Angriffe.

… auf die Berufssituation
Man weist dem Betroffenen keine oder sinnlose Arbeiten zu; gibt ständig neue Aufträge; gibt dem Betroffenen Aufgaben, die weit unter seinem Können liegen oder ihn auf andere Weise kränken; gibt ihm Aufgaben, die seine Qualifikationen übersteigen, um ihn zu diskreditieren; droht mit Versetzung oder Kündigung.

… auf die Gesundheit
Der Betroffene wird zu gesundheitsschädlichen Arbeiten gezwungen; man richtet materiellen Schaden am Arbeitsplatz oder im Heim des Betroffenen an; Androhung körperlicher Gewalt; physischer „Denkzettel" und leichte körperliche Gewalt; sexuelle Übergriffe; körperliche Misshandlung.

Männer und Frauen mobben unterschiedlich. Frauen versuchen dabei eher das soziale Ansehen zu schädigen (hinter dem Rücken des Betroffenen schlecht über ihn reden, vor anderen lächerlich machen, Gerüchte verbreiten etc.), während Männer eher auf das berufliche Ansehen zielen (laufend unangenehme Aufgaben zuteilen, durch mündliche Drohungen Druck ausüben, den Betroffenen ständig unterbrechen etc.).

28.3 Der Verlauf von Mobbing

Es gibt kein Arbeitsfeld, das als „mobbingfreie Zone" bezeichnet werden könnte. Mobbing tritt in allen Berufsgruppen, Branchen und Betriebsgrößen sowie auf allen Hierarchiestufen und Tätigkeitsniveaus auf, unter ArbeitskollegInnen ebenso wie zwischen Vorgesetzten und Mitarbeitern. Mobbing ist ein längerer Prozess, der sich oft über Monate oder gar Jahre erstreckt. Er verläuft typischerweise in vier Phasen:

1. Mobbing entsteht nicht zufällig. Meistens ist es ein Ventil für schwer wiegende Probleme innerhalb eines Teams oder eines Betriebes. Am Beginn stehen Konflikte, die nicht konstruktiv gelöst werden. Sie bestehen meist schon längere Zeit zwischen einzelnen Kollegen oder Gruppen, zwischen Vorgesetzten und Mitarbeitern, manchmal auch im privaten Bereich. Sie werden geleugnet, verschleppt oder ohne eindeutige Lösung immer weiter fortgesetzt. Ärger wird hinuntergeschluckt oder äußert sich in Reibereien und Auseinandersetzungen zwischen Mitarbeitern.

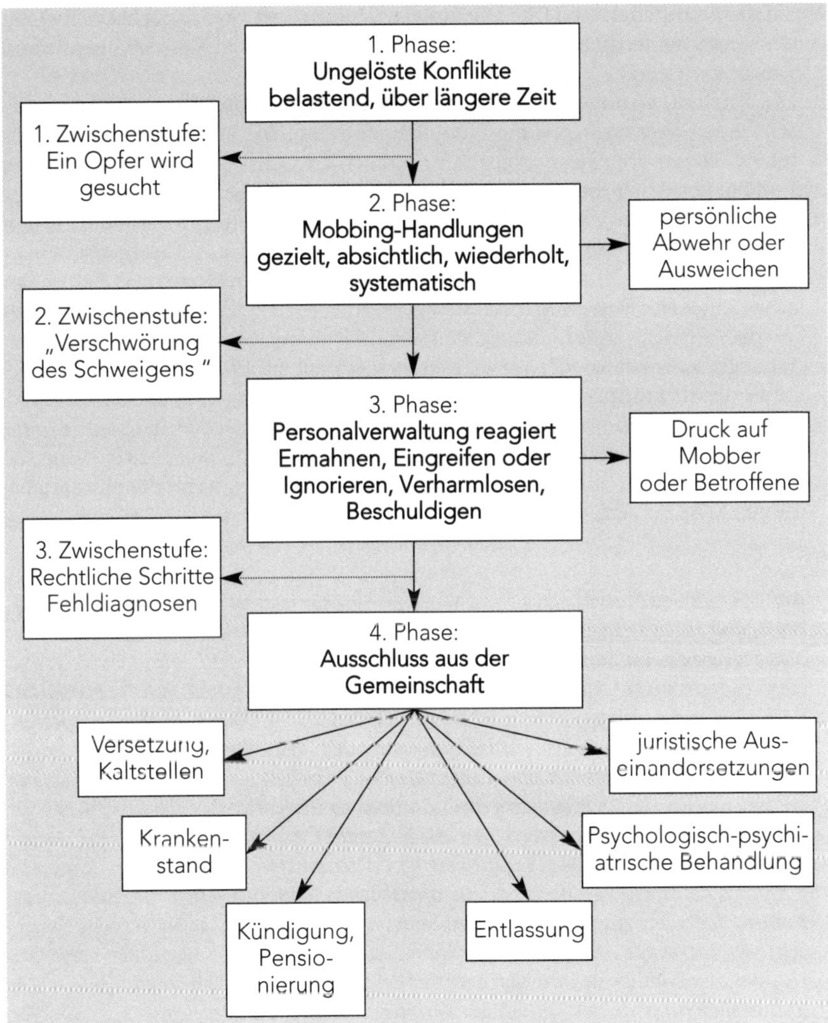

Abb. 20: Mobbing-Phasen (in Anlehnung an Kirchler/Hölzl 2008, S. 289)

2. Allmählich richten sich feindselige Handlungen gegen einzelne Personen, die wiederholt und immer gezielter schikaniert werden. Die Mobbingbetroffenen sind nicht unbedingt am ursprünglichen Konflikt beteiligt. Manchmal fungieren sie auch als Blitzableiter für die Spannungen im Team (z. B. Praktikanten, auf die teaminterne Vorwürfe und Aggressionen verschoben werden). Die Mobbinghandlungen werden von den anderen stillschweigend toleriert oder offen gutgeheißen (Kollegen lachen über „Späße" etc.). Mobbing wirkt sich negativ

auf die Betroffenen und ihre Leistung aus. Viele versuchen zunächst, selbst mit den Angriffen fertig zu werden, ignorieren sie oder hoffen, dass sie irgendwann wieder aufhören.

3. Die Personalleitung schaltet sich ein, entweder aufgrund persönlicher Beschwerden oder weil Leistungseinbußen auftreten. Die Reaktion der Vorgesetzten ist jedoch oft zwiespältig. Häufig werden zunächst die Betroffenen für die Vorfälle verantwortlich gemacht („Mit Ihnen gibt es also Probleme"), Betriebsärzte oder Psychologen sollen Gutachten abgeben etc. In manchen Fällen kommt es zu Rechtsbrüchen oder -verdrehungen.
4. Zuletzt wird der Gemobbte endgültig aus der innerbetrieblichen Gemeinschaft ausgeschlossen. Seine Versuche, sich gegen die Angriffe zu schützen oder ihnen auszuweichen, werden falsch gedeutet und ihm zur Last gelegt. Er wird abgeschoben, kaltgestellt oder versetzt, krankgeschrieben, in die Kündigung getrieben oder in Frühpension geschickt. Häufig sind die körperlichen und psychischen Mobbingfolgen so stark, dass eine längere medizinische und/oder psychologische Behandlung notwendig ist. Auch juristische Schritte gegen die Täter und/oder Arbeitgeber sind möglich. In Einzelfällen kann die mobbingbedingte Krise bis zum Suizid führen.

Beispiel

Auf einer großen Station gibt es seit Monaten Spannungen zwischen der Stationsleiterin F. und ihrer Stellvertreterin L. Sie gehen zurück auf fachliche Differenzen über Neuerungen auf der Station. Die Stationsleiterin wirft Schwester L. vor, sie befolge ihre Anweisungen nicht, erfinde Behauptungen, verweigere die Arbeit, mache Fehler und höre nicht auf Kritik, sei schnippisch usw. Schwester L. wiederum fühlt sich übergangen und falsch interpretiert, wichtige Informationen und Unterlagen erhält sie verspätet oder gar nicht. Zugleich findet sie, dass ihre Aussagen verdreht und gegen sie verwendet werden. Kolleginnen tragen ihr außerdem Gerüchte über ihr Privatleben zu, die auf der Station und im ganzen Krankenhaus im Umlauf seien. Schwester L. macht die Stationsleiterin dafür verantwortlich. Diese verweigert aber ein klärendes Gespräch. Schwester L. beginnt, alle dienstlichen Mitteilungen, Anweisungen und Informationen mitzuschreiben. Sie hat immer einen Notizblock dabei. Auch mehrdeutige oder kränkende Aussagen ihr gegenüber hält sie fest. Den KollegInnen verweigert sie aber den Einblick in ihre Notizen. Auf der Station ist sie zunehmend isoliert. Die Stationsleiterin berichtet schließlich der Pflegedienstleiterin über das „seltsame Verhalten" ihrer Stellvertreterin. Die Pflegedienstleiterin spricht nicht persönlich mit der Betroffenen. Stattdessen fragt sie den Psychologen des Krankenhauses, welche Psychose bei Schwester L. vorliege.

28.4 Ursachen und Folgen

Mobbing entsteht nicht aufgrund einer einzelnen Ursache, sondern in einem Geflecht aus ursprünglichen Konflikten, individuellen Verhaltensweisen, begünstigenden Rahmenbedingungen. Dazu zählen:

- Zeitdruck, Stress, Unterbesetzung;
- mangelnde Organisation: unklare Verantwortungsbereiche, widersprüchliche oder nicht erfüllbare Aufgaben, zu enger Handlungsspielraum, umständliche Dienstvorschriften;
- persönliche Gründe des Mobbers: Konkurrenz und Neid (auf Kompetenz, Qualifikation, Leistungsfähigkeit, Ansehen des Gemobbten), Frustration in der Arbeit, geringes Selbstwertgefühl, Überforderung, Ablenken von eigenen Fehlern und Ängsten, Egoismus, mangelnde Kommunikationsfähigkeit, geringes moralisches Niveau, private Probleme;
- im Team: Cliquenbildung („die Alten – die Neuen"), Gruppendruck, Konfliktvermeidung, fehlende Kritikfähigkeit, unglückliche soziale Zusammensetzung, Gleichgültigkeit, Langeweile;
- Defizite im Führungsverhalten: undurchschaubare Entscheidungen, keine Information über neue Ziele und Entwicklungen, fehlende Gesprächsbereitschaft, kein aktives Konfliktmanagement, ignorieren struktureller Probleme (Spannungen werden als Privatsache erklärt), Passivität des Vorgesetzten;
- Reorganisation und Neustrukturierung des Arbeitsbereiches oder Betriebes, Angst um den Arbeitsplatz; interne Verteilungskämpfe, um die eigene Position zu halten oder zu verbessern.

Vielen Tätern ist zunächst gar nicht bewusst, wie stark der Druck ist, den sie erzeugen. Wenn man sie mit den Folgen ihrer Handlungen konfrontiert (z. B. durch Vorgesetzte, über medizinische Gutachten), geben sie sich überrascht, dass sich jemand „diese Kleinigkeiten" so zu Herzen nehmen kann. Dahinter verbirgt sich oft ein weiterer Angriff, indem der Betroffene wegen seiner angeblichen „Schwäche" bloßgestellt werden soll. Auch die meisten Vorgesetzten weisen die Feststellung, dass in ihrem Team oder Betrieb gemobbt wird, zumeist vehement zurück („Bei uns gibt es so etwas nicht").

Häufig wird auch den Betroffenen Schuld an ihrer Situation gegeben, weil sie durch ihr auffälliges Verhalten oder ihre „Art" das Mobbing überhaupt erst verursacht hätten. Tatsächlich ist es zumeist umgekehrt.
Mobbing entsteht nicht aufgrund auffälliger Persönlichkeiten oder Verhaltensweisen, sondern: Mobbing treibt Personen immer mehr in die Enge, sodass sie am Ende auffällige Verhaltensweisen an den Tag legen. Gereiztheit, sozialer Rückzug, emotionale Labilität, Leistungsabfall etc. sind Folgen von Mobbing, nicht Ursache.

Mobbingbetroffene weisen keine Persönlichkeitseigenschaften auf, die Mobbing herausfordern würden. Sie sind nicht aggressiver, zwanghafter, egozentrischer, emotional instabiler etc. als andere Menschen. Sie zeigen sich allerdings nachgiebiger und versöhnlicher, aufrichtiger und freimütiger als vergleichbare Nichtbetroffene (Tasic 2007).

Diese positiven Eigenschaften sind in sozialen Berufen besonders wichtig. Zugleich bieten sie mehr Angriffsflächen als Nichtbetroffene. Sie können sicher nicht als aktive Provokation aufgefasst werden oder die Handlungen der Mobber entschuldigen.

Es gibt natürlich auch Mitarbeiter, die sich arrogant, taktlos, prahlerisch oder distanzlos verhalten, die aggressiv oder destruktiv kritisieren, sich nicht an die Gruppennormen halten usw. Manchmal werden sie selbst nach einiger Zeit von den KollegInnen gemobbt. Andere sind besonders empfindlich und leicht zu kränken, können ihre Anliegen schlecht ausdrücken oder zeigen insgesamt wenig soziale Kompetenz. Sie erscheinen wie „ideale Opfer" für Gehässigkeiten und Angriffe der anderen. Auch in solchen Fällen liegt jedoch die Ursache für Mobbing nicht in der Persönlichkeit des Betroffenen, sondern im mangelhaften Umgang mit problematischem Verhalten. Hier sind insbesondere die Vorgesetzten gefordert, alle Mitarbeiter zur Einhaltung der Regeln und Mindeststandards im sozialen Umgang zu verpflichten.

Die Auswirkungen von Mobbing sind erheblich (Meschkutat et al. 2002):

- Bei mehr als 98 % der Betroffenen ist das Arbeits- und Leistungsvermögen beeinträchtigt, verbunden mit Motivationsverlust, Misstrauen, Nervosität, Verunsicherung und sozialem Rückzug.
- Mehr als 40 % der Betroffenen erkranken infolge von Mobbing, davon rund die Hälfte für mehr als sechs Wochen.
- Rund 35 % der Betroffenen wechseln den Arbeitsplatz innerhalb des Betriebes.
- 20 % kündigen selbst, 15 % werden gekündigt, 7 % werden erwerbsunfähig oder gehen vorzeitig in Pension.
- Negative Folgen für den Betrieb sind u. a. krankheitsbedingte Ausfälle, Störungen im Arbeitsablauf, Qualitäts- und Produktionsrückgänge sowie Kosten für Aushilfskräfte, Kündigungen, Abfertigungen, Neueinstellungen und Einarbeitungszeiten.
- Allgemeinkosten ergeben sich durch Krankschreibungen, Arztbesuche, Medikamente, Klinik- und Kuraufenthalte, Psychotherapie, Arbeitslosigkeit, Berufs-/Erwerbsunfähigkeit, Frühpension.

Viele Betroffene glauben zunächst gar nicht, dass sie gemobbt werden, oft machen sie „gute Miene zum bösen Spiel". Dahinter steht die Hoffnung, dass die Angriffe irgendwann von selber aufhören. Viele suchen auch die Schuld für die Angriffe bei sich selbst: „Was mache ich bloß falsch, dass die anderen so gemein zu mir sind?" Oft sind es Außenstehende, Freunde oder Mitarbeiter einer Beratungsstelle, die den Betroffenen die tatsächliche Situation bewusst machen und Möglichkeiten aufzeigen, gegen die Angriffe etwas zu tun.
Mobbing kann zu regelrechtem Psychoterror werden. Die Verunsicherung der Betroffenen nimmt nach einiger Zeit so große Ausmaße an, dass sie kaum noch arbeitsfähig sind. Sie denken ständig an die Probleme in der Arbeit und können in der Freizeit nicht mehr abschalten oder sich erholen. Der psychische Stress verur-

sacht zahlreiche Symptome (Schlafstörungen, Magenbeschwerden, morgendliche Übelkeit, Weinen am Arbeitsplatz, Zittern u. a. m.). Auch psychische Störungen treten auf (vor allem Depression, Angst-, Anpassungs- und somatoforme Störungen). Mobbing überschattet immer mehr das Privatleben. Wenn Fachärzte aufgesucht werden, stellen diese häufig fest, dass den Betroffenen die Weiterarbeit unter den herrschenden Bedingungen nicht zumutbar ist. In einzelnen Fällen bleibt den Betroffenen nur noch der Rechtsweg, um mit Unterstützung eines Rechtsanwaltes bzw. vor Gericht die Angriffe und Belästigungen abzustellen und finanzielle Ansprüche (Schadenersatz, Entschädigungszahlungen) durchzusetzen.

Beispiel

Schwester B. möchte nach 7 Jahren auf einer Chirurgischen Abteilung in eine Ambulanz wechseln. Dort arbeitet nur noch eine weitere Diplomschwester. Die neue Arbeit gefällt Schwester B., rasch ist sie bei Ärzten und Patienten beliebt. Mit ihrer Vorgesetzten aber gibt es wiederholt Probleme. Diese ist jünger als Schwester B. und arbeitet langsamer; B. hält sie insgeheim für eifersüchtig und auch etwas faul. Bald vergeht kaum ein Tag ohne Reibereien. Schwester B. fühlt sich kontrolliert („Wo gehst du hin? Warum machst du das?") und ungerecht behandelt (Vorwürfe wegen falsch eingeräumter Pflegemittel, angeblich zu spät eingetragener Urlaubswünsche usw.). Schwester B. wendet sich an den Pflegedienstleiter. Dieser teilt ihr mit, dass er nichts für sie tun kann außer sie auf eine Bettenstation zu versetzen. Wegen der unregelmäßigen Dienstzeiten lehnt Schwester B. jedoch ab. In den folgenden Wochen geht es ihr zunehmend schlechter. Sie kann abends nicht einschlafen, in der Früh ist ihr wiederholt so übel, dass sie erbrechen muss. Ihr Hausarzt findet dafür keine organischen Ursachen und spricht von Stress. Schwester B. fühlt sich gefangen und hilflos und zweifelt immer mehr an ihren eigenen Fähigkeiten. Eine Freundin zeigt ihr schließlich die Broschüre einer Mobbingberatungsstelle. Sofort erkennt B. ihre Situation darin beschrieben. Nach neuerlichen aus der Luft gegriffenen Vorwürfen, sie habe den Dienstplan manipuliert und ihre Anwesenheitszeiten falsch eingetragen, wendet sie sich an die Beratungsstelle.

28.5 Mobbingabwehr

Abhilfe gegen Mobbing kann auf mehreren Ebenen erfolgen: auf individueller, auf Teamebene und auf betrieblicher Ebene.

Oberstes Ziel der persönlichen Mobbingabwehr ist es, aus der hilflosen Opferrolle heraus („Mobbingopfer") in die Rolle des aktiven „Betroffenen" zu gelangen. Die eigene Handlungsfähigkeit soll wiederhergestellt werden. Grundsätzlich gilt: Je früher man etwas unternimmt, desto leichter kann Mobbing abgestellt werden (Schwickerath et al. 2004, Wonnebauer 2008).

In der Mobbingabwehr kann man verschiedene Strategien anwenden:

Die **kooperative Variante** versucht, alle Interessen in einer Gesamtlösung zu berücksichtigen, solange man davon ausgehen kann, mit dem Angreifer zu einer Einigung zu kommen. Der Gemobbte wehrt sich ausdrücklich gegen diffamieren-

de Angriffe, berücksichtigt aber, dass es einen dahinter stehenden ungelösten Konflikt gibt, an dessen Lösung er bereit ist mitzuwirken.
Die **konfrontative Variante** wird gewählt, wenn die Grenzen des Zumutbaren überschritten wurden und Verhandlung nicht mehr möglich ist. Diese Variante zielt auf die Durchsetzung von Rechten. Oft werden juristische Maßnahmen gesetzt, entweder innerbetrieblich (Verwarnung des Mobbers) oder durch einen externen Rechtsbeistand.
Die **defensive Variante** ist sinnvoll, wenn die Bedrohung durch die Angriffe sehr groß ist (z. B. Verlust des Arbeits- oder Ausbildungsplatzes) und keine wirksame Unterstützung besteht (passive Kollegen, untätige Vorgesetzte). Der Betroffene versucht den Angriffen so weit wie möglich auszuweichen und hofft, dass sie von selbst aufhören (z. B. am Ende des Praktikums). Häufig ist ein Wechsel des Arbeitsplatzes die letzte Lösung.

Individuelle Mobbingabwehr

1. Bestandsaufnahme: Was passiert? Wer macht was?
2. eigene Schwachpunkte und mögliche Gefahren erkennen
3. Gesprächs- und Bündnispartner suchen
4. die Abhängigkeit vom Mobber verringern
5. den Mobber auf seine Handlungen ansprechen
6. selbstbewusst auftreten
7. persönliche Angriffe abwehren
8. keine weiteren Angriffsflächen bieten, Gruppennormen beachten
9. mit Vorgesetzten sprechen, Betriebsrat einschalten
10. Beratungsstelle aufsuchen, den Rechtsweg beschreiten

Wenn man den Verdacht oder den Eindruck hat, gemobbt zu werden, sollte man mit einer Bestandsaufnahme beginnen: Was genau passiert? Wer macht was, wie oft, wo usw. Die Absichten und Motive spielen dabei nur eine untergeordnete Rolle. Wichtig ist vor allem eine möglichst präzise Auflistung von Verhaltensweisen. Am besten ist ein Mobbingtagebuch, in das die verschiedenen Handlungen eingetragen werden:

Tab. 7: Mobbingtagebuch

Datum, Uhrzeit	Was ist passiert?	Beteiligte	Zeugen, Beweise	meine Reaktionen	weitere Folgen	Wen habe ich informiert?

Ein Mobbingtagebuch hat einen zweifachen Nutzen: Erstens sichert es Fakten und hilft so, im Fall einer Auseinandersetzung oder Konfrontation den eigenen Standpunkt zu untermauern. („Es war am 6. Mai um 8.30 Uhr" ist wesentlich präziser und glaubwürdiger als „irgendwann im Frühling".) Zweitens hilft das Tagebuch, inneren Abstand zu den Vorfällen zu gewinnen, indem man sie schriftlich festhält (und sich dann auch anderen Dingen zuwenden kann).

Wenn man weiß, wo die eigenen Schwachpunkte liegen, an denen man angreifbar oder gefährdet ist, kann man sich in diesen Punkten besonders gut schützen. Das betrifft private Dinge, über die während/nach Mobbing nicht mehr gesprochen werden sollte, Nachlässigkeiten in der Arbeit, die man sich nicht mehr erlauben darf usw. Zugleich steckt man seine eigenen Grenzen ab.

Mobbing greift das Selbstwertgefühl an. Aus diesem Grund sollte man unbedingt mit Freunden und außen stehenden KollegInnen über die Situation sprechen, sie um ihre Einschätzung bitten und auch am Arbeitsplatz nach Verbündeten suchen. Der Blick von außen relativiert viele Dinge, die man in der Arbeit erlebt. Auch die eigenen Stärken werden einem wieder bewusst. Der Ausgleich in der Freizeit hilft, von den Problemen in der Arbeit nicht aufgefressen zu werden. Zugleich erhält man von Freunden wichtige Rückendeckung und emotionale Unterstützung, die man in der Mobbingabwehr und in der „Wiederaufbauphase" danach benötigt. Ein weiterer wichtiger Schritt ist, die reale Abhängigkeit vom Mobber zu verringern und innerlich so weit wie möglich auf Distanz zu gehen (z. B. Arbeitsbereiche trennen, keine Freundlichkeiten mehr erwarten). Bei schwerem und/oder lang anhaltendem Mobbing stellt sich immer auch die Frage, ob man an dieser Arbeitsstelle bleiben oder lieber gehen möchte. Manchmal ist ein Wechsel innerhalb des Betriebes möglich, manchmal muss man sich überhaupt um einen neuen Arbeitsplatz umsehen.

Um Mobbing wirkungsvoll zu beenden, kann es sinnvoll sein, den Mobber auf seine Handlungen anzusprechen. Zeitpunkt, Ort und die richtigen Worte sind dabei wie bei allen Konfliktgesprächen entscheidend. Der eigene Standpunkt sollte knapp und sehr deutlich vermittelt werden (siehe Kap. 28.6). Diskussionen über verschiedene Ansichten, Relativierung etc. können später erfolgen. Das primäre Ziel ist, dass die Mobbinghandlungen aufhören. Ein selbstbewusstes Auftreten nimmt vielen Mobbern von vornherein den Wind aus den Segeln. Das wird unter anderem über die Körpersprache vermittelt: Aufrechte Haltung, feste Stimme und klarer Blick signalisieren: „Das lasse ich mir nicht gefallen. Du trampelst nicht auf mir herum. Wenn du nicht aufhörst, weiß ich, was zu tun ist."

Persönliche Angriffe, Beleidigungen, Unterstellungen, ungerechtfertigte Beschuldigungen etc. sollten umgehend zurückgewiesen werden. Wenn Fehler passieren, sollte man natürlich dazu stehen. Unsachliche oder überzogene Reaktionen sind aber nicht zu akzeptieren. Zugleich ist es wichtig, keine weiteren Angriffsflächen zu bieten. Das ist insbesondere in der Einarbeitungsphase wichtig. Gruppennormen sollten unbedingt beachtet werden (z. B. eine „Einstandsjause" spendieren). Geschwätz über das Privatleben kann man stoppen, indem man deutlich vermittelt: „Darüber spreche ich nicht."

Wenn die Mobbinghandlungen nicht nachlassen, ist es oft notwendig, sich an den Vorgesetzten bzw. die Personalstelle zu wenden und auch den Betriebsrat einzuschalten. Die persönliche Verstrickung (z. B. durch Freundschaft mit dem Mobber) und das Engagement dieser Personen können sehr unterschiedlich sein. Wenn auch hier keine Lösung in Sicht ist, gibt es die Möglichkeit, eine Beratungsstelle aufzusuchen und gegebenenfalls den Rechtsweg zu beschreiten.

Beispiel

Pflegehelferin A. erfährt, dass eine ältere Kollegin behauptet, sie wäre Alkoholikerin und könne ihre Arbeit nicht mehr ordentlich erledigen. A. stellt sie zur Rede. Diese wiederholt ihre Behauptung vor den Kolleginnen und fügt hinzu, sie wisse, dass A. lesbisch sei. Als Begründung nennt sie A.s Verhalten während der letzten Weihnachtsfeier. Entrüstet wendet sich A. an ihre Vorgesetzte. Die Stationsschwester hört A. aufmerksam zu, weiß aber nicht, was sie gegen die Pflegehelferin tun soll: Die sei schon immer schwierig gewesen, die könne man nicht ändern. A. kann sich damit nicht zufrieden geben. Die Stationsschwester verspricht, die beiden nicht mehr gemeinsam einzuteilen. Dadurch kommt es zwar zu keinen offenen Auseinandersetzungen mehr, die Gerüchte über A.s angebliches Privatleben machen aber weiter die Runde. Von den Kolleginnen im Team will sich niemand offen mit der älteren Pflegehelferin anlegen. Schließlich überlegt A. zu kündigen. Weil sie eine fachlich gute und bei den Patienten beliebte Pflegekraft ist, möchte die Stationsschwester sie aber unbedingt halten. Gemeinsam suchen sie eine Mobbingberatungsstelle auf. Dort werden die Möglichkeiten besprochen, das Verhalten der Pflegehelferin zu stoppen: durch A. selbst, durch die Stationsschwester und durch die Leitung des Hauses. Der Pflegehelferin wird unmissverständlich erklärt, dass ihr Verhalten nicht erwünscht ist und umgehend aufzuhören hat. Im Extremfall droht ihr die Kündigung bzw. eine gerichtliche Klage.

28.6 Selbstbehauptung

Es genügen oft einige Sätze, um einen Angriff zu stoppen oder ins Leere laufen zu lassen und sich zugleich Respekt zu verschaffen. Folgende Strategien haben sich bewährt (nach Berckhan 2001):

Bei beleidigenden oder sehr ärgerlichen Äußerungen:
Der Angreifer wird aufgefordert, sein Verhalten sofort zu ändern oder den Konflikt offen auszutragen. Man zieht eine klare Grenze und macht deutlich, dass man sich so nicht behandeln lassen will.

- Konfrontation: Die Beleidigung klar benennen und eine Entschuldigung fordern.
- Klartext sprechen: kurz und präzise ansprechen, was einen ärgert oder verletzt.

Bei Angriffen, auf die man nicht näher eingehen muss:
Man reagiert gelassen, ohne auf den Inhalt des Angriffs näher einzugehen. Die eigene Haltung ist distanziert, keinesfalls provokant. Stimme und Körperhaltung bleiben freundlich-neutral.

- Stumme Gesten: durch wortloses Nicken, Ausatmen, Schulterzucken, Notizen machen usw. den Gegner ins Leere laufen lassen und zur eigentlichen Arbeit zurückkehren.
- Zwei-Silben-Kommentar: eine Minimalantwort geben, z. B. „Aha“, „Na ja“, „Ach so“, „Na geh“, „So was“, und dann nichts mehr sagen.
- Thema wechseln: den Angriff ignorieren und ohne Begründung von etwas anderem sprechen, z. B.: „Übrigens, sind die Daten von Herrn P. schon eingetroffen?“
- Unpassendes Sprichwort: den Angreifer humorvoll verwirren, z. B. durch „Zwei Schwalben kommen selten allein“, danach keinen weiteren Kommentar abgeben.

Gegenüber wichtigen Personen und Vorgesetzten:
Vorgesetzte und wichtige Personen, mit denen man auch später zu tun haben wird, erwarten respektvolles Verhalten ihnen gegenüber. Die besondere Stellung des anderen anzuerkennen ist entscheidend für die weitere Zusammenarbeit.

- Entgiftende Gegenfrage: Bei aggressiven oder mehrdeutigen Ausdrücken nachfragen: „Was meinen Sie mit xy?“ und damit das Gespräch auf die Sachebene zurückholen.
- Zustimmung mit Beharrlichkeit: Verständnis für die zugrunde liegende Sichtweise des Angreifers zeigen und zugleich die eigenen Wünsche wiederholen: „Ich verstehe, dass dir das sehr wichtig ist. Und ich glaube, dass wir auch noch Folgendes überlegen sollten ...“
- Sachliche Feststellung: den Angriff nicht persönlich nehmen, den Zustand des Angreifers sachlich benennen: „Sie sind enttäuscht“, „Das ärgert dich“, „Sie haben sich etwas anderes erwartet“ etc.
- Spielregeln klären: Man schlägt einen konstruktiven Umgang miteinander vor, z. B. „Wir sollten das in Ruhe besprechen“, „Bitte lassen Sie mich ausreden“, „Kommen wir zum Thema zurück“.

Diese Strategien dienen der Verteidigung, nicht dem Angriff. Sie sollten immer so eingesetzt werden, dass dadurch die Situation beruhigt wird und nicht weiter eskaliert (siehe Kap. 27.6). Je nach Situation und persönlichen Vorlieben sind viele Varianten der genannten Strategien möglich. Wichtig ist, dass dabei die besonderen Rollen der Beteiligten (als KollegInnen, Vorgesetzte usw.) berücksichtigt werden.

28.7 Betroffenen KollegInnen helfen

In zwei Dritteln der Betriebe, in denen Mobbing auftritt, hat es zuvor bereits andere Mobbingfälle gegeben. Oft sehen die KollegInnen den Mobbinghandlungen tatenlos zu. Sie missbilligen zwar „irgendwie“, was passiert, schweigen aber doch. Typische Gründe für Schweigen sind: Gruppendruck, Angst, selber ins Schussfeld zu geraten, mangelnde Zivilcourage und Gleichgültigkeit. Manchmal erscheint

Mobbing „gerechtfertigt“, wenn es sich gegen unliebsame KollegInnen richtet, oder es hat sogar „Unterhaltungswert“.
Wenn unbeteiligte KollegInnen um Rat oder Hilfe gefragt werden, ist genaues und geduldiges Zuhören hilfreich. Bevor man einen Rat gibt, sollte man sich ein klares Bild von der Lage machen, nachfragen und dabei sachliche und persönliche Aspekte voneinander trennen.

Im Team sollte man klar zeigen, dass man Mobbing absolut missbilligt und beschämende Kritik, boshafte Gerüchte, Intrigen usw. nicht in Ordnung findet.

Stattdessen sollte man positive Werte des Zusammenarbeitens ansprechen: direkte Gespräche, konstruktive Zusammenarbeit, gegenseitige Anerkennung, Höflichkeit und Respekt sowie generell auf ein gewisses Niveau der Auseinandersetzung achten.

Konkret bedeutet das:
- den Betroffenen ansprechen, Mitgefühl signalisieren: „Ich finde das auch arg, was mit dir geschieht“;
- den Mobber auf sein Verhalten ansprechen: „Ich finde das nicht richtig, wie du …“
- Mitläufer ansprechen und für die Folgen ihrer Handlungen sensibilisieren;
- im Team bei abwertenden „Scherzen“ nicht mitlachen; deutlich sagen: „Ich finde das nicht lustig“;
- den Gemobbten in Sachfragen einbeziehen: „Was ist deine Meinung dazu?“; das einseitige Bild des Gemobbten zurechtrücken.

Wenn der Konflikt von den Betroffenen nicht selbst bewältigt werden kann, besteht die Möglichkeit weiterer Unterstützung: durch Vorgesetzte, den Betriebsrat, Beratungsstellen u. a. m. Dabei sollten jedoch keine Schritte ohne Einverständnis der Betroffenen unternommen werden.

28.8 Führungsverhalten, Mobbingprävention

Wenn Mobbinghandlungen bekannt werden, ist es wichtig, dass sich auch Vorgesetzte des Problems annehmen. Wegschauen oder Bagatellisieren („Macht das untereinander aus“, „Man muss die Vergangenheit hinter sich lassen“, „Kindereien“, „Weiberkram“ etc.) verschlimmern auf Dauer die Situation ebenso wie allgemeine moralische Appelle.

Führungsverhalten
Von Vorgesetzten wird erwartet, dass sie eindeutig gegen Mobbing Stellung beziehen. Sie erfüllen eine wichtige Vorbildfunktion, wenn sie zeigen, dass Mobbing absolut inakzeptabel ist und Respekt und Höflichkeit von allen und für alle gewünscht wird. Damit sorgen sie für ein gutes Arbeitsklima und konstruktive und

stabile Zusammenarbeit. Das übergeordnete Ziel ist es, das Team arbeitsfähig und die Belastung für die Mitarbeiter so gering wie möglich zu halten.
Mobbingvorwürfe sollten sich Vorgesetzte auf jeden Fall genau anhören und bei einem klaren Mobbingfall eindeutig Position beziehen:

- Mobber gezielt ansprechen, das zerstörerische Verhalten klar benennen,
- Verhaltensänderung fordern,
- Sanktionen androhen bzw. verhängen,
- möglichen Betroffenen Unterstützung anbieten,
- im Team Werte des Zusammenarbeitens besprechen.

Darüber hinaus kann es hilfreich sein, Supervision/Coaching und spezielle Fortbildungen zum Thema zu nutzen.

Mobbingprävention
Mobbing wird durch respektvollen Umgang miteinander eingegrenzt. Je stärker es missbilligt wird, desto seltener und kürzer tritt es auf. In diesem Sinn wirken auch allgemeine präventive Maßnahmen. Es geht dabei darum, Mobbing aktiv zum Thema zu machen und von der Führungsspitze abwärts eine klare und eindeutige Gegenposition zu beziehen. Das kann u. a. durch folgende Maßnahmen geschehen:

- Mobbing als realistische Gefahr im Betrieb anerkennen,
- Infoveranstaltungen, Artikel in der Hauszeitung etc.,
- Sensibilisierung und Aufklärung im Team,
- Identifizierung von Mobbingauslösern und begünstigenden Faktoren,
- organisatorische Änderungen, Reduktion von Mobbing fördernden Strukturen,
- Supervision und Fortbildungen für gefährdete Gruppen,
- institutionalisierter Umgang mit Mobbing (Betriebsvereinbarungen, klarer Beschwerdeweg, Schlichtungsstelle etc.).

28.9 Zusammenfassung

Als Mobbing bezeichnet man systematische und wiederholte Schikanen und Angriffe auf eine Person oder Gruppe. Im Gesundheitswesen ist die Mobbinghäufigkeit deutlich erhöht. Die Angriffe beziehen sich auf die Möglichkeit, sich mitzuteilen, auf soziale Beziehungen, auf das Ansehen, die Berufssituation und die Gesundheit. Mobbing verläuft typischerweise in vier Phasen und endet mit dem Ausschluss aus der betrieblichen Gemeinschaft. Zu den häufigsten Folgen zählen Leistungsminderung, Krankenstände und Personalwechsel sowie indirekte Belastungen für das Team und den gesamten Betrieb. Auf der individuellen Ebene bedeutet Mobbingabwehr, sich vor weiteren Angriffen zu schützen und den Angreifer zu stoppen. Durch Strategien der Selbstbehauptung kann man sich nachhaltig Respekt verschaffen. Auch engagierte KollegInnen können den Betroffenen helfen. Von Vorgesetzten wird erwartet, dass sie sich dem Problem stellen und eindeutig gegen Mobbing Stellung beziehen.

Teil IV

Auf sich selber achten – Psychohygiene

29 Umgang mit beruflichen Belastungen

In helfenden Berufen ist man vielfältigen Belastungen ausgesetzt. Immer wieder stößt man dabei an seine Grenzen. Diese können organisatorischer, fachlicher, persönlicher und auch körperlicher Natur sein. Der angemessene Umgang mit berufsbedingten Belastungen ist notwendig, um die Qualität der Arbeit sowie die eigene Gesundheit zu erhalten.

29.1 Arbeitsbedingungen, Arbeitszufriedenheit

Von Pflegepersonen wird selbstverständlich erwartet, dass sie eine optimale Arbeitsleistung erbringen. Diese hängt von den Arbeitsbedingungen, aber auch den Fähigkeiten und der Motivation der Mitarbeiter ab.
Äußere Arbeitsbedingungen (Art der Beschäftigung, des Arbeitsplatzes, der einzelnen Tätigkeiten, der Kooperation und Kommunikation am Arbeitsplatz usw.) können die Qualität der Arbeit und die Zufriedenheit der Mitarbeiter direkt oder indirekt beeinflussen. Entscheidend ist, wie sie psychisch verarbeitet und bewertet werden. Kriterien zur Bewertung der Arbeit sind (Kirchler/Hölzl 2008):

1. **Ausführbarkeit:** Die gestellten Aufgaben sind in der vorgegebenen Zeit und mit den vorhandenen Mitteln ausführbar (z. B. Grundpflege, Verbandwechsel).
2. **Keine spezifische Schädigung:** Die Arbeit führt zu keinen Verletzungen, Unfällen, physischen und/oder psychischen Störungen, (davor schützen z. B. rückenschonendes Arbeiten, Hygienemaßnahmen, Supervision).
3. **Keine allgemeine Beeinträchtigung:** Die Arbeit stellt keine generelle Über- oder Unterforderung dar; Hetze, soziale Isolation durch Schichtarbeit etc. werden vermieden.
4. **Persönlichkeitsförderung:** Die Arbeit entspricht der Qualifikation und fördert die Kompetenzen, Leistungsmotivation und Selbstwert. Der Beruf wird als sinnvoll, anregend und befriedigend erlebt.

Arbeitszufriedenheit bedeutet, dass die persönlichen Erwartungen an die Arbeit mit den tatsächlichen Bedingungen im Wesentlichen übereinstimmen:

- Die Arbeit entspricht den physischen und geistigen Bedürfnissen des Mitarbeiters
- Die Arbeit vermittelt Erfolgserlebnisse.
- Die Leistung wird geschätzt, die Mitarbeiter werden geachtet.
- Es besteht ein angemessenes Entlohnungssystem.
- Der Führungsstil fördert Selbstverantwortung und Eigeninitiative.

Hohe Arbeitszufriedenheit führt zu mehr und besserer Leistung und fördert die Bindung an den Betrieb. Geringe Arbeitszufriedenheit steigert Personalwechsel und Kündigungen und führt zu Fehlzeiten am Arbeitsplatz, Krankenständen etc. Auch dem Betrieb bietet eine hohe Arbeitszufriedenheit Vorteile. Kosten können gesenkt, innere Kündigung und Gleichgültigkeit vermieden werden. Durch eine allgemein hohe Arbeitszufriedenheit können in schwierigen Zeiten die Fähigkeiten der Mitarbeiter besser mobilisiert und zur Bewältigung der Aufgaben eingesetzt werden.

29.2 Die Grenzen der Belastbarkeit

Wie alle Berufe bringt auch der Pflegeberuf zahlreiche spezifische Anforderungen und Belastungen mit sich. Diese entstehen vor allem

- durch die Berufsrolle (in der Ausbildung zusätzlich durch die Schülerrolle),
- durch die konkrete Arbeit mit Patienten,
- durch Konflikte unter KollegInnen und mit Vorgesetzten,
- durch Umgebungsfaktoren,
- durch die Organisation.

Die traditionelle Rollenerwartung an Pflegepersonen (vor allem an weibliche) hat u. a. jederzeitige Verfügbarkeit, nie nachlassende Einsatzbereitschaft, flinkes Tempo, gleichbleibende Freundlichkeit gegenüber allen Patienten und KollegInnen und vieles mehr verlangt. Es liegt auf der Hand, dass diese Erwartungen nicht alle zugleich und nicht vollständig erfüllt werden können. Manche widersprechen einander auch (z. B. Eingehen auf das Tempo des Patienten vs. zügiges Arbeiten). Wer trotzdem versucht, allen Rollenerwartungen bedingungslos zu entsprechen, verliert früher oder später das innere Gleichgewicht. Es besteht die Gefahr, sich über die Grenzen der körperlichen und psychischen Belastbarkeit hinaus zu verausgaben und damit langfristig auszubrennen.
Auch aus der konkreten Arbeit mit Patienten können verschiedene emotionale Probleme entstehen, z. B. was Aggression und Ablehnung der Hilfe durch den Patienten sowie das angemessene Verhältnis zwischen Nähe und Distanz betrifft. Eine weitere Belastung ergibt sich aus der unmittelbaren Konfrontation mit Leid, Schmerz und Tod. In Einzelfällen können kritische Ereignisse zu einer psychischen Traumatisierung mit gravierenden Folgeproblemen führen.
Konflikte unter KollegInnen und mit Vorgesetzten gehören auch nach Jahren im Beruf zu den größten Belastungsfaktoren. Mobbing tritt in sozialen Berufen und auch in der Pflege überdurchschnittlich häufig auf. Umgebungsfaktoren wie Lärm, fehlendes Tageslicht, Hantieren mit gefährlichen Substanzen und Unfallgefahr stellen unmittelbare physische Belastungen dar. Organisatorisch können unklare Kompetenzaufteilung und die Dienstplangestaltung zu Belastungen führen. Wochenend- und Nachtdienste sind wenig familienfreundlich, die Umstellung von Tag- auf Nachtdienst wird mit zunehmendem Alter auch körperlich anstrengender. In der Ausbildung kommt zu den Unterrichts- bzw. Praktikumsstunden das Lernen für z. T. umfangreiche Prüfungen hinzu.
Mit diesen vielfältigen Anforderungen sind Pflegende konfrontiert. Ihnen in angemessener Weise gerecht zu werden und dabei das innere Gleichgewicht zu wahren, ist eine Sache der beruflichen Kompetenzen, der Organisation und der Psychohygiene.

29.3 Stress und seine Folgen

Stress ist eine allgemeine Reaktion auf eine Störung des inneren und äußeren Gleichgewichts. Die dabei freigesetzten Energien können in vielfältigen Aktivitäten zur Bewältigung der Störung eingesetzt werden. Stress ist ein mehrstufiger Prozess (Lazarus 1991; siehe Abb. 21):

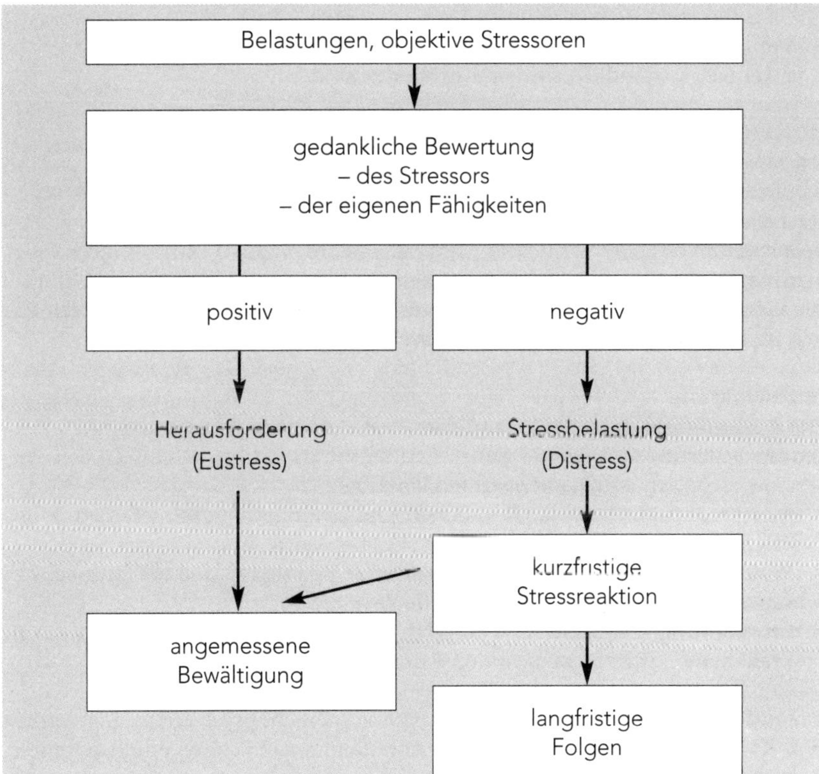

Abb. 21: Stressoren, Bewertung, Stressreaktion, Bewältigung

1. Verschiedene Stressoren wirken auf eine Person ein.
2. Die Person bewertet die Stressoren sowie die eigenen Möglichkeiten, damit umzugehen.
3. Bei positiver Bewertung werden die Stressoren als Herausforderung erlebt (Eustress), negative Bewertungen führen zu Stressbelastung (Distress).

Stressoren
Stressoren sind objektive, von außen auf die Person einwirkende Belastungen. Sie können körperlich (z. B. schweres Heben, Lärm), psychosozial (z. B. Verhalten von Patienten, Konflikte) oder im Bereich der Information (z. B. Menge der aufzunehmenden Information, Art der Darstellung) einwirken.
Stressoren lösen im Allgemeinen umso mehr Stress aus,

- je weniger man über sie weiß,
- je weniger man sie kontrollieren kann,
- je unvorhergesehener sie auftreten,
- je weniger verständlich sie dem Betroffenen sind.

Bewertungen
Die Stressoren sowie die eigenen Bewältigungsmöglichkeiten werden von der Person bewertet. Positive Bewertungen („Das geht sich aus", „Das schaffe ich schon irgendwie") fördern gezielte Handlungen zur Bewältigung und Anpassung. Negative Bewertungen („Das ist zu viel", „Das halte ich nicht aus") verstärken die Stresssymptome. Angst, Ärger und Hilflosigkeit führen zu unüberlegten Handlungen, die nicht immer das gewünschte Ziel erreichen. Langfristig ist mit negativen Folgen im körperlichen, psychischen und sozialen Bereich zu rechnen.

Stressreaktion
Die Stressreaktion dient der Veränderung bzw. Anpassung bei starken oder anhaltenden Belastungen. Dieses allgemeine Anpassungssyndrom verläuft in drei Phasen, die mehrfach durchlaufen werden können:

1. **Alarmreaktion:** Die ersten Reaktionen sind Überraschung/Schock, dann Mobilisierung starker körperlicher und psychischer Kräfte.
2. **Widerstand:** Man versucht, die Situation zu bewältigen und die Stressoren zu verringern, und mobilisiert zusätzliche Ressourcen.
3. **Erschöpfung:** Die Kräfte sind aufgebraucht; man wird anfällig für körperliche Krankheiten, psychische Symptome treten auf.

Die **individuelle Stressreaktion** äußert sich körperlich, psychisch und im Verhalten. Körperliche Reaktionen sind u. a. Adrenalinausschüttung, erhöhte Herzfrequenz und Blutdrucksteigerung. Stressbelastung führt weiters zu innerer Anspannung, Frustration, Ärger und Gereiztheit, Ängstlichkeit, Sättigungsgefühlen und Ermüdung. Im Verhalten zeigen sich Leistungsschwankungen, Fehler und manchmal Planlosigkeit, die Übersicht geht verloren, man streicht Pausen etc. Nach erfolgreicher Bewältigung oder Anpassung (Beseitigung der Stressoren) endet die Stressreaktion.

Bewältigung (Coping)
Herausforderungen (Eustress) sowie belastende Situationen (Distress) können Mithilfe verschiedener Strategien bewältigt werden. Die erfolgreiche Bewältigung Bewirkt ein Abklingen der Stresssymptome und eine Steigerung des Selbstwerts („Geschafft!").

Langfristige Folgen
Wenn schwere Belastungen weiter bestehen und die Bewältigung nicht auf Dauer gelingt, kommt es langfristig zu körperlicher und psychischer Erschöpfung. Lang anhaltende Stressbelastung schwächt das Immunsystem, führt zu Schlafstörungen, Verspannungen (Rücken-, Nackenschmerzen), psychosomatischen Beschwerden und Organschädigungen (Magengeschwür, Herzinfarkt u. a.). Im psychischen Bereich sind Stimmungsschwankungen, Angst, Resignation, Depressivität und Burnout-Symptome häufig. Gesundheitsschädigendes Verhalten (ungesunde Ernährung, Nikotin-, Alkohol-, Medikamentenkonsum) verstärkt sich, gleichzeitig kommt es vermehrt zu Konflikten am Arbeitsplatz, die sich auch auf Familie und Partnerschaft übertragen können. Krankheitsbedingt kann es zu Fehlzeiten am Arbeitsplatz kommen. Die negativen Folgen von Dauerstress werden durch Mehrfachbelastungen (beruflich/privat), chronische Überlastung (z. B. durch Personalmangel) und geschwächte Ressourcen (z. B. nach einer Krankheit) zusätzlich verstärkt.

29.4 Stressmanagement

Stressmanagement bedeutet, negative Belastungen in den Griff zu bekommen, die Bewältigungsmöglichkeiten zu steigern und negative Folgen möglichst zu verhindern. Dabei kann auf der Ebene der Stressoren, der Bewertungen und der Stressreaktion angesetzt werden (Kaluza 2007):

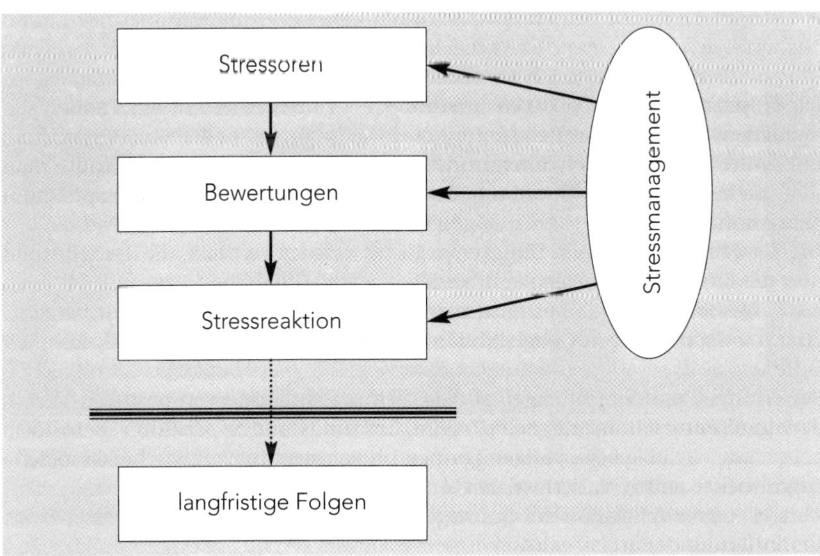

Abb. 22: Stressmanagement

Veränderungen der Stressoren

Ein erster Ansatzpunkt zur Verringerung berufsbedingter Belastungen liegt in der optimalen Gestaltung des Arbeitsplatzes, der Organisation der Arbeitsaufgaben, im Führungsverhalten und in der Mitarbeiterbeteiligung. Je eher sie den in Kapitel 29.1 beschrieben Kriterien entsprechen, desto geringer ist die Stressbelastung.

In manchen Fällen sind die Stressoren nicht völlig auszuschalten. Hier hilft zumindest,

- über sie informiert zu sein: In vertrauten Situationen fällt die Stressreaktion geringer aus.
- sie wenigstens minimal zu beeinflussen: Schon geringfügige Handlungsmöglichkeiten wirken dem Gefühl der Hilflosigkeit entgegen.
- zu wissen, wann sie auftreten: Je genauer man weiß, wann eine Belastung zu erwarten ist, desto besser kann man sich darauf vorbereiten.
- sie zu verstehen: Je besser man eine Situation in ihrer Ursache und Wirkung versteht, desto eher kann man auf die „richtige Gelegenheit" zur Verbesserung warten und schwere Fehler vermeiden.

Weitere Maßnahmen zur Verringerung von Stressoren sind: Setzen von Prioritäten, Delegation von Aufgaben, Überprüfung der eigenen Ansprüche, Zeitmanagement, Kommunikationstraining, Konfliktmanagement und Mobbingprävention.

Veränderung der Bewertungen

Stress ergibt sich häufig aus negativen Erwartungen und falschen Einschätzungen der realen Möglichkeiten. Die Bewertung der Stressoren und der eigenen Fähigkeiten erfolgt oft vorschnell, aufgrund lückenhafter Information oder nach alten Mustern („Ich darf keinen Fehler machen!", „Immer ich. Das ganze Wochenende ist verdorben", „Das kann ich sowieso nicht" etc.).

Zur Einschätzung der objektiven Situation ist es hilfreich, sie mit einer außen stehenden Person zu besprechen (unter KollegInnen, privat, in der Supervision etc.), um so die realen Möglichkeiten und Gefahren abzuwägen. Zugleich sollte man sich die bereitstehende Unterstützung sowie den eigenen Handlungsspielraum bewusst machen.

Die Bewertung der eigenen Fähigkeiten ist oft in Sätze verpackt, die das Selbstbild und die Einstellung zu sich selbst widerspiegeln. Hilfreiche Sätze sind z. B. „Ich weiß, was ich kann", „Eines nach dem andern", „Ich lasse mich nicht hetzen", „Ich habe schon Ärgeres überstanden", „Wenn ich nicht weiter weiß, hole ich Hilfe".

Bewertungen und Einstellungen ändern sich u. a. aufgrund von positiven Vorbildern und Berufserfahrung, Schulungen, Trainings und Supervision. Besonders belastende negative Bewertungen können im Rahmen psychologischer Gespräche aufgearbeitet und verändert werden.

Veränderung der Stressreaktion

Die kurzfristige Stressreaktion kann direkt durch Pausen, Selbstbelohnung und Entspannungsübungen beeinflusst werden. Darüber hinaus sind wiederkehrende

Phasen der Regeneration und Erholung wichtig, um längerfristige negative Folgen zu verhindern.
Die Stressreaktion kann u. a. durch folgende Maßnahmen reduziert werden:
- emotionale Entlastung (allein oder in Gesprächen),
- Entspannungstechniken (Atemübungen, innere Bilder, autogenes Training),
- Sport, Gymnastik, Rückenschule,
- bewusster Ausgleich in der Freizeit,
- sich selbst verwöhnen, Wellness.

Auf Dauer nicht geeignet sind alle Versuche, sich abzulenken, die Belastungen zu bagatellisieren, den Ärger hinunterzuschlucken oder sich zu betäuben (durch ungezügeltes Essen, Alkohol, Psychopharmaka etc.). Zur langfristigen Veränderung der Stressreaktion zählen deshalb auch Programme zur gesunden Ernährung, zur Alkoholprävention und Raucherentwöhnung.

29.5 Schutzfaktoren

Den vielfältigen beruflichen Belastungen steht eine Reihe von Schutzfaktoren gegenüber, die bei der Bewältigung und Anpassung helfen. Diese Ressourcen schützen vor Überlastung, erhalten die eigene Handlungsfähigkeit auch in schwierigen Situationen und unterstützen die Verarbeitung belastender Situationen. Sie sind keine Garantie, während und nach einzelnen Situationen oder Ereignissen keine Stressbelastung zu erleben. Die Intensität und Dauer der Belastung können sie jedoch erheblich verringern.

Allgemeine Schutzfaktoren:
- soziale Unterstützung durch KollegInnen und Freunde
- gutes Arbeitsklima, Teamarbeit
- gute Organisation der Arbeit
- Unterstützung durch Vorgesetzte

Persönliche Schutzfaktoren:
- fachspezifisches Wissen, Handlungskompetenz
- Erfahrung in der Bewältigung schwieriger Situationen
- realistische Einschätzung der eigenen Kompetenzen, Selbstvertrauen
- Kohärenzerleben, Optimismus
- außerberufliche Interessen

Soziale Unterstützung durch KollegInnen und Freunde
Die wichtigste Unterstützung bei der Bewältigung beruflicher Anforderungen kommt von KollegInnen und Freunden. Soziale Unterstützung schützt nachweislich gegen die negativen Auswirkungen von Stress, stärkt das Immunsystem und erhält die Lebensqualität. Das Gleichgewicht von Geben und Nehmen, das in hel-

fenden Berufen oft zu kippen droht, kann durch soziale Unterstützung wieder hergestellt bzw. gehalten werden.

Gutes Arbeitsklima, Teamarbeit
Die Zusammenarbeit im Team und zwischen verschiedenen Berufsgruppen entscheidet wesentlich über Tempo und Qualität der geleisteten Pflege und Behandlung. Hierarchie- und Kompetenzprobleme sowie mangelndes Vertrauen in die jeweils anderen werden dadurch reduziert, zusätzlicher Stress kann bereits im Vorfeld abgefangen werden.

Gute Organisation der Arbeit
Unklare Aufteilung von Arbeitsabläufen, Zuständigkeiten etc. sind die Quelle unzähliger Konflikte und Reibereien am Arbeitsplatz. Durch eine gute, d. h. für alle klare und zufrieden stellende Organisation können diese Probleme von vornherein vermieden werden. Je besser die Arbeit organisiert ist, desto besser können alle auch mit Ausnahmesituationen und Spitzenstress umgehen und sich danach rasch regenerieren.

Unterstützung durch Vorgesetzte
Es liegt im Interesse aller Vorgesetzten, ihre Mitarbeiter arbeitsfähig zu halten und nicht zu „verheizen". Neben klaren Regeln und guter Organisation ist dabei auch die aktive Unterstützung bei auftretenden Belastungen wichtig. Die Bereitstellung aller notwendigen Hilfsmittel und Ressourcen gehört ebenso dazu wie Anerkennung für die erbrachte Leistung und das Bewusstsein, in der Arbeit etwas Positives, Wichtiges und Notwendiges zu erbringen. Auftretende Konflikte sollten nicht ignoriert oder verschleppt, sondern aktiv geregelt werden. Bei wiederkehrenden oder außergewöhnlichen Belastungen sollten Vorgesetzte nicht zögern, externe professionelle Hilfe anzubieten und organisatorisch durchzusetzen.

Fachspezifisches Wissen, Handlungskompetenz
Aktuelles fachspezifisches Wissen und Übung sind Grundvoraussetzungen, um auch unter Stress richtig, geordnet und effektiv handeln zu können. Das in der Ausbildung erworbene Wissen sollte deshalb immer wieder aufgefrischt und ergänzt werden, um Weiterentwicklungen und wichtige neue Ansätze nicht zu verpassen. Das Besprechen möglicher Komplikationen und das Wissen um die dann notwendigen ersten Schritte geben Sicherheit und helfen, auch in schwierigen Situationen einen kühlen Kopf zu bewahren.

Erfahrung in der Bewältigung schwieriger Situationen
Praktische Erfahrung und gute Vorbilder helfen, Belastungen besser zu bewältigen und auch unter großem Stress kompetent und handlungsfähig zu bleiben. Berufserfahrung schützt aber nur dann vor Überlastung, wenn man aus den früheren Situationen gelernt und sie positiv bewältigt hat. Die positive Bewältigung ist dabei der entscheidende Punkt.

Realistische Einschätzung der eigenen Kompetenzen, Selbstvertrauen

Von Beginn der Ausbildung an sollte ein realistisches Bild über den Berufsalltag, die Möglichkeiten, Grenzen und Belastungen vermittelt werden, um angemessene Bewältigungsmöglichkeiten zu besprechen und den „Praxisschock" klein zu halten. Auch später sollte die Einschätzung der eigenen Fähigkeiten stets realistisch sein. Dabei geht es vor allem um die Balance zwischen Selbstvertrauen und dem Kennen der eigenen Grenzen. Selbstüberschätzung würde zum inneren Ausbrennen, zu körperlicher Erschöpfung sowie letztlich zur Gefährdung von Patienten, Bewohnern, Angehörigen und KollegInnen führen.

Kohärenzerleben, Optimismus

Gedanken, Einstellungen und Grundhaltungen können ein starker Schutzschild bei Stressbelastung und kritischen Situationen sein. Sie wirken wie sich selbst erfüllende Prophezeiungen: Je positiver die Möglichkeiten einer Bewältigung gesehen werden, desto mehr unternimmt man, um diese herbeizuführen. Kohärenzerleben (siehe Kap. 13.5) und Optimismus helfen, neuartige und schwierige Situationen als Herausforderung in Angriff zu nehmen und sich von Rückschlägen leichter zu erholen. Auf der körperlichen Ebene kann Optimismus die Immunabwehr verbessern und damit der Schwächung aufgrund der Arbeitsbelastung entgegenwirken.

Außerberufliche Interessen

In helfenden Berufen besteht ein gewisser Sog, sich emotional und persönlich in größerem Maße auf die Arbeit einzulassen als in anderen Berufen. Außerberufliche Interessen bilden dazu ein wichtiges Gegengewicht. Sie helfen, nach der Arbeit wirklich abzuschalten und nicht auch die Freizeit mit beruflichen Fragen oder Terminen zu verbringen. Besonders wichtig ist es, soziale Kontakte außerhalb des Berufsfeldes zu pflegen.

29.6 Das innere Gleichgewicht wahren

Psychohygiene bedeutet für die seelische Gesundheit dasselbe wie die allgemeine Hygiene für die körperliche Gesundheit. Sie schützt die Psyche vor akuter und chronischer Überlastung. Sie dient dazu, wichtige Warnsignale zu erkennen, geeignete Maßnahmen zum Stressmanagement zu ergreifen und die eigenen Kräfte rechtzeitig zu regenerieren, damit die beruflichen Verpflichtungen nicht das ganze Leben dominieren. Gerade in helfenden Berufen, in denen man sich so intensiv um die Belange anderer Menschen kümmert, ist es wichtig, sich der eigenen Werte und Bedürfnisse bewusst zu sein. Das hat nichts mit Egoismus zu tun, sondern ist ein notwendiges Besinnen auf sich selbst, ohne das ein helfender Beruf auf die Dauer nicht ausgeübt werden kann. Die individuellen Möglichkeiten der Psychohygiene sind vielfältig. Sie können auf der gedanklichen, emotionalen, körperlichen und auf der Verhaltensebene ansetzen.

Zur individuellen Psychohygiene gehört:
- psychische Belastungen erkennen,
- auf die eigenen Gedanken, Gefühle und Bedürfnisse achten,
- die eigenen Grenzen kennen, Ansprüche an sich selbst überprüfen,
- sich gegen unrealistische Erwartungen abgrenzen,
- psychohygienische Mindeststandards im Team etablieren,
- auf die Kommunikation im Team achten,
- emotionale Betroffenheit in geeigneter Form aufarbeiten,
- wirksamen Ausgleich im Privatleben finden,
- allgemeine Schutzfaktoren pflegen.

Psychische Belastungen erkennen
Je früher psychische Belastungen als solche erkannt werden, desto einfacher ist es, mit ihnen umzugehen. Die wichtigsten Stressoren können identifiziert werden, um möglichst genau zu bestimmen, was an einer Situation belastend ist (und was nicht). Dann erst ist es möglich, die geeigneten Schritte zur Reduktion von Stress und Belastung zu setzen.

Auf die eigenen Gedanken, Gefühle und Bedürfnisse achten
Pflegepersonen und andere Angehörige helfender Berufe sind geübt darin, auf die Situation von Patienten, Bewohnern, Angehörigen usw. einzugehen. Die eigenen Bedürfnisse, Gedanken und Gefühle geraten dabei leicht aus dem Blick. Auf lange Sicht sollten sie jedoch keinesfalls unterdrückt oder ignoriert werden. Zur Aufrechterhaltung des inneren Gleichgewichts ist es notwendig, auf sich selbst und die eigene „innere Stimme" zu achten, um nicht Warnsignale zu überhören, sich zu überfordern oder emotional auszubrennen.

Die eigenen Grenzen kennen, Ansprüche an sich selbst überprüfen
Kein Mensch ist endlos belastbar. Die Grenzen der eigenen körperlichen und psychischen Belastbarkeit sollten in jedem Fall respektiert werden. Dazu ist es nötig, auch die Ansprüche zu überprüfen, die man an sich selbst stellt: Wie viel will ich erreichen und um welchen Preis? Ab wann bin ich mit dem Erreichten zufrieden? Was kann ich gut und wo brauche ich Unterstützung? Wann kann ich nichts mehr für jemand anderen tun? Wann habe ich genug getan?

Sich gegen unrealistische Erwartungen abgrenzen
Unrealistische Erwartungen können von Patienten und Angehörigen ebenso gestellt werden wie von Kollegen und anderen Helfern. Sie beziehen sich auf den Krankheitsverlauf, die Behandlung, die Intensität der Betreuung, u. a. m. Es ist nicht alles machbar, was wünschenswert wäre und nicht alles sinnvoll, was gemacht werden könnte. Um professionelle Hilfe leisten zu können, sind realistische Betreuungsziele und ein angemessenes Selbstbild unerlässlich.

Psychohygienische Mindeststandards im Team etablieren

Im Team sollte Einigkeit darüber bestehen, ab wann Belastungen überdurchschnittlich sind und was in bestimmten Fällen zu tun ist. Wiederkehrende oder chronische Belastungen sowie extreme Einzelsituationen können Gespräche, organisatorische Umstellungen und besondere Maßnahmen im Sinne der Psychohygiene notwendig machen (siehe Kap. 31). Solche Maßnahmen sollten im Team und von den Vorgesetzten als Ausdruck beruflicher Professionalität explizit unterstützt und gefördert werden.

Auf die Kommunikation im Team achten

Psychische Stabilität und Gesundheit können durch andere Personen sehr gefördert, aber auch beeinträchtigt werden. Der Kommunikation mit KollegInnen kommt deshalb im Rahmen der Psychohygiene große Bedeutung zu. Lob und Anerkennung für erbrachte Leistungen spielen ebenso eine Rolle wie ein angemessener Umgang mit Meinungsverschiedenheiten, Spannungen und Konflikten. Stress wirkt sich oft negativ auf die Kommunikation aus. Deshalb sollte auf einen geordneten, möglichst stressfreien Rahmen bei Teambesprechungen sowie auf klare Informationsweitergabe und Dokumentation geachtet werden.

Emotionale Betroffenheit in geeigneter Form aufarbeiten

Pflege steht im Spannungsfeld zwischen emotionaler Nähe und professioneller Distanz. Vor allem in der langfristigen Betreuung schwer und unheilbar kranker Personen kann zu viel Nähe belastend wirken. Emotionale Betroffenheit (z. B. nach dem Tod eines kranken Kindes) sollte in Gesprächen mit Kollegen oder in der berufsbegleitenden Supervision geäußert und aufgearbeitet werden. Verschiedenen berufsbedingten psychischen Gefahren (Helfer-Syndrom, Burnout-Syndrom, Traumatisierung) kann dadurch wirksam gegengesteuert werden.

Wirksamen Ausgleich im Privatleben finden

Abschalten nach der Arbeit fällt nicht immer leicht. Einige Rituale können das unterstützen, wie z. B. sich nach Dienstschluss umziehen oder den Heimweg als reale „Distanzierung" sehen („Die Arbeit lasse ich jetzt hinter mir"). Hilfreich ist weiters, im Privatleben nicht ständig über Arbeitsthemen zu sprechen und sich nicht uneingeschränkt von KollegInnen in Arbeitsfragen anrufen zu lassen (z. B. im Urlaub). Körperlicher Ausgleich (z. B. Laufen, Radfahren, Wandern) unterstützt den Stressabbau zusätzlich. Geistig-emotionalen Ausgleich bieten Hobbys oder die Beschäftigung mit Interessensgebieten, die mit dem Beruf nichts zu tun haben. Gespräche und Freundschaften mit Menschen außerhalb des Berufsfeldes sind dabei besonders förderlich.

Allgemeine Schutzfaktoren pflegen

Psychosoziale Ressourcen und Schutzfaktoren bilden die Basis dafür, starke berufliche Belastungen positiv zu bewältigen. Psychohygiene bedeutet deshalb immer auch, diese Schutzfaktoren zu pflegen und auf soziale Unterstützung, gutes Arbeitsklima, Unterstützung durch Vorgesetzte, gute Arbeitsorganisation, aktuelles Fachwissen, Berufserfahrung, realistische Selbsteinschätzung, Kohärenzerleben und außerberufliche Interessen zu achten.

29.7 Zusammenfassung

Arbeitszufriedenheit bedeutet, dass sich die persönlichen Erwartungen an die Arbeit mit den tatsächlichen Bedingungen decken. Im Pflegeberuf entstehen Belastungen vor allem durch die Berufsrolle, Patientenkontakte, Konflikte, Umgebungsfaktoren und Organisation. Die daraus resultierende Stressbelastung läuft als dreistufiger Prozess ab: objektive Stressoren werden subjektiv bewertet und führen zu einer individuellen Stressreaktion. Stressmanagement dient der Verhütung von negativen Stressfolgen und kann bei den Stressoren, den Bewertungen und der Stressreaktion ansetzen. Verschiedene Schutzfaktoren helfen bei der Bewältigung und schützen langfristig vor Überlastung. Psychohygiene bedeutet, wichtige Belastungssignale zu erkennen, geeignete Maßnahmen zum Stressmanagement zu ergreifen und die eigenen Kräfte rechtzeitig zu regenerieren. In helfenden Berufen ist sie zur Aufrechterhaltung des inneren Gleichgewichts und der Arbeitsfähigkeit unerlässlich.

30 Wenn es zu viel wird: Helfer- und Burnout-Syndrom

In helfenden Berufen ist man bestimmten Berufsgefahren ausgesetzt, die mit der Hilfeleistung selbst und ihren Grenzen zu tun haben. Helfer- und Burnout-Syndrom sind die Folgen beruflicher und persönlicher Überbeanspruchung.

30.1 Angemessene Hilfe und Helfersyndrom

Hilfsbereit zu sein, für andere Menschen da zu sein, wenn man gebraucht wird, anderen Menschen gern zu helfen, sind sehr positive, für jedes Zusammenleben notwendige Haltungen. „Gesundes Helferverhalten" bedeutet spontane Hilfsbereitschaft, geplante Hilfe in Erwartung einer Gegenleistung und professionelle Berufsausübung. Daneben gibt es jedoch problematische Verhaltensweisen, durch die über die geleistete Hilfe persönliche, selbstbezogene Ziele erfüllt werden sollen. Sie werden unter dem Begriff Helfersyndrom zusammengefasst (Schmidbauer 2007).

> Als Helfersyndrom bezeichnet man eine innere Haltung, in der Beziehungen zu anderen Menschen nach dem Muster Helfer-Hilfsbedürftiger gestaltet werden. Dadurch sollen Dankbarkeit, Ansehen und Aufwertung, formale Nähe und gleichzeitig Kontrolle über die Situation erlangt werden.

Das Helfersyndrom ist auch bei manchen Angehörigen helfender Berufe (Pflegepersonen, Ärzten, Psychologen, Sozialarbeitern usw.) zu beobachten: Scheinbar selbstlos opfern sie sich für Patienten, Angehörige und KollegInnen auf und „bemuttern" sie in überfürsorglicher Weise. Sie brauchen geradezu die Probleme und die Hilfsbedürftigkeit anderer Menschen und können nicht aufhören zu helfen. Immer wieder unterstützen sie jemand anderen – ob dieser ihre Hilfe will oder nicht. Eigene Hilfsbedürftigkeit und Schwächen können sie sich jedoch nicht eingestehen und ihre eigenen Gefühle und Bedürfnisse nicht äußern. Sie errichten eine soziale Fassade, die sie unangreifbar erscheinen lässt. Dahinter verbirgt sich oft mangelndes Einfühlungsvermögen und die Unfähigkeit zu echten Beziehungen, die auf Gegenseitigkeit beruhen.
Kennzeichnend für das Helfersyndrom sind:

- Wunsch der Stärkere, Gebende zu sein,
- Vermeidung von Gegenseitigkeit,
- unersättlicher Wunsch nach Bestätigung und Lob durch andere,
- Vermeidung von emotionaler Nähe,
- starre Werthaltungen,
- Verleugnung von Aggression,
- fehlendes Selbstlob, Abwertung der eigenen Leistung.

Die Gründe für dieses Verhalten liegen oft in der Kindheit. Meist haben die Betroffenen selbst ein tiefes, jedoch unerfülltes Bedürfnis nach Zuneigung und Geborgenheit. Dieses wird durch die Aufopferung für andere kompensiert. Menschen mit Helfersyndrom behandeln andere so liebevoll und selbstlos, wie sie selber gern behandelt worden wären. Die Wirkung für Patienten und Heimbewohner kann sehr negativ sein. Das überfürsorgliche Verhalten verstärkt bei Patienten und Heimbewohnern die **Regression**. Sie werden passiv und abhängig vom überfürsorglichen Helfer („Was würde ich ohne Sie machen!") und freuen sich über kleine Vergünstigungen, die sie für ihre Rolle als „brave Patienten" erhalten. Durch ihre Hilfsbedürftigkeit und Passivität vermitteln sie dem Helfer das Gefühl, unentbehrlich zu sein. In manchen Fällen wird er so zur wichtigsten Bezugsperson im Leben des Patienten oder Bewohners. Dem Ziel einer aktivierenden, Ressourcen fördernden Pflege steht diese Haltung diametral entgegen.
KollegInnen oder Angehörigen gegenüber, die diesen Allmachtsanspruch gefährden, treten Menschen mit Helfersyndrom meist gereizt bis aggressiv auf. Notwendigkeiten des Pflegeablaufes werden vorgeschoben, um sich den alleinigen Anspruch auf die Dankbarkeit des Patienten zu sichern. Misstrauisches, neidisches und eifersüchtiges Verhalten den KollegInnen gegenüber ist die Folge. Niemand soll den „eigenen" Patienten zu nahe kommen.
Neben dem massiven Helfersyndrom mit seinen Wurzeln in der Kindheit gibt es auch im alltäglichen Berufsleben immer wieder Situationen, die zur Entwicklung einer problematischen Helferhaltung verleiten können. Durch den realen Einfluss, den viele Pflegepersonen, Ärzte usw. in bestimmten Situationen haben, kann der Eindruck entstehen, selbst sehr wichtig und unersetzlich zu sein. „Ohne mich geht es nicht" – dieser Eindruck ist verführerisch und gefährlich. Er verleitet zu

unangemessenem Handeln und schraubt gleichzeitig den Anspruch an sich selbst in die Höhe. Niemand kann jedoch auf Dauer überhöhten und unrealistischen Idealen entsprechen.
Das Helfersyndrom ist keine „Einbahnstraße". Wer an sich selbst Anzeichen davon entdeckt, kann etwas dagegen unternehmen – und sollte es auch: zum Wohl der Patienten und KollegInnen ebenso wie für die eigene Psychohygiene.
Die eigenen unbefriedigten Bedürfnisse, die dem Helfersyndrom zugrunde liegen, haben genau genommen nichts mit der Arbeit zu tun. Sie sollten deshalb vor allem im Kontext des Privatlebens geäußert und umgesetzt werden. Ein verständnisvoller Partner kann dabei ebenso wichtig sein wie psychologische Unterstützung und Supervision.

30.2 Burnout in helfenden Berufen

Lang anhaltende berufliche und private Belastungen können zu einem Zustand angespannter, reizbarer Erschöpfung, Verstimmung und Leistungsunfähigkeit führen. Bei einer Chronifizierung dieser Symptome spricht man vom Burnout-Syndrom.
Das Burnout-Syndrom zählt zu den meistdiskutierten psychischen Beeinträchtigungen in helfenden Berufen. Pflegepersonen, Ärzte, Psychologen und Sozialarbeiter können ebenso davon betroffen sein wie Angehörige chronisch Kranker, Lehrer, Polizisten u. a. m. (Maslach & Leiter 2001)

Das Burnout-Syndrom ist gekennzeichnet durch:

1. emotionale Erschöpfung
2. Distanzierung von anderen Menschen (Depersonalisierung, Dehumanisierung)
3. verminderte Leistungsfähigkeit

Zur **emotionalen Erschöpfung** gehören gefühlsarme, abgestumpfte Reaktionen auf Patienten und Bewohner, Überdruss, chronische Müdigkeit oft schon beim Gedanken an die Arbeit, verbunden mit Schlaflosigkeit, Krankheitsanfälligkeit und diffusen körperlichen Beschwerden. Man erlebt sich selbst und andere zunehmend negativ.
Die **Distanzierung von anderen Menschen** geht einher mit negativen Gefühlen zu Patienten, verringertem Einfühlungsvermögen, zunehmender Rücksichtslosigkeit, negativer und zynischer Einstellung zu KollegInnen, aber auch Schuldgefühlen, Rückzug von anderen Menschen (beruflich und privat), Vermeidungsverhalten und Reduzierung der Arbeit auf das Allernötigste. Die Beziehungen zu anderen Menschen verkümmern. Umfang und Qualität der erbrachten Leistung nehmen ab.
Die **reduzierte persönliche Leistungsfähigkeit** ist verbunden mit Gefühlen der Macht- und Erfolglosigkeit, des persönlichen Ungenügens und der Überforderung sowie fehlender Anerkennung.

Bei Pflegepersonen äußert sich emotionale Erschöpfung häufig als Gefühl, nichts mehr geben zu können, Depersonalisierung als Rückzug von Patienten durch Abwehrhandlungen, reduzierte Leistungsfähigkeit als Verlust von Erfolgserlebnissen und als Gefühl beruflicher Inkompetenz.

Studien

Die weltweit umfassendste Erhebung beruflicher Belastungen und ihrer Folgen bei Pflegepersonen wurde im Rahmen der NEXT-Studie durchgeführt (Nurses' Early Exit Study, N = 39.898 aus 10 europäischen Ländern; Hasselhorn et al. 2005). Berufliche Ausstiegswünsche wurden dabei in Relation zu Arbeitsbelastungen (körperliche Belastung, Arbeitszeiten, Führung, Arbeitsplatzsicherheit, Arbeit-Familie-Konflikt) sowie Arbeitsbeanspruchung (Arbeitsfähigkeit, Burnout) untersucht. Die Burnout-Werte lagen in den einzelnen Ländern zwischen 1.7 und 2.9 auf einer Skala von 1–5 (Niederlande 1.7, Norwegen 1.8, Finnland 2.3, Belgien und Italien 2.4, Deutschland 2.5, Großbritannien und Polen 2.6, Slowakei 2.8, Frankreich 2.9). In Krankenhäusern und Pflegeheimen waren die Burnout-Werte signifikant höher als bei ambulanten Pflegediensten. Frauen erreichten in allen Ländern signifikant höhere Werte als Männer. Burnout-Werte waren weiters besonders hoch bei Pflegepersonen, die über Probleme mit den Arbeitsinhalten berichteten, insbesondere was zu geringe Möglichkeiten für die Durchführung angemessener Pflege betraf. Je höher die Werte für Burnout lagen, desto häufiger nannten die Pflegepersonen Gedanken, den Beruf zu verlassen.
In Österreich wurden im Rahmen des Österreichischen Pflegeberichts (ÖBIG 2006) N = 1.645 Pflegepersonen befragt. Es lassen sich folgende Werte berechnen (transponiert auf eine Skala 1-5): Diplompflegepersonen im Krankenhaus 2.06, in Alten-/Pflegeheimen 2.36, in der mobilen Pflege 2.01; Pflegehelfer im Krankenhaus 2.05, in Alten-/Pflegeheimen 2.13, in der mobilen Pflege 1.98. Damit kann die Burnoutbelastung österreichischer Pflegepersonen als im europäischen Bereich eher gering bezeichnet werden (Rang 9 von 11 untersuchten Ländern). Rund ein Drittel der Befragten denkt dennoch mehrmals im Jahr daran, den Beruf zu verlassen (in Deutschland rund die Hälfte).

30.3 Ursachen und Risikofaktoren

Bei der Entstehung von Burnout wirken individuelle, arbeits- und organisationsbezogene sowie gesellschaftliche Faktoren zusammen (Burisch 2006, Hausmann 2009), siehe Abb. 23.

Gesellschaftliche Faktoren

Verschiedene allgemeine Rahmenbedingungen begünstigen die Entstehung des Burnout-Syndroms. Sie beeinflussen die Regeln des Zusammenlebens, den Stellenwert der Erwerbsarbeit, die Werte in der Gesellschaft und die allgemeinen Möglichkeiten des Einzelnen. Burnout-Prozesse werden gegenwärtig insbesondere gefördert durch:

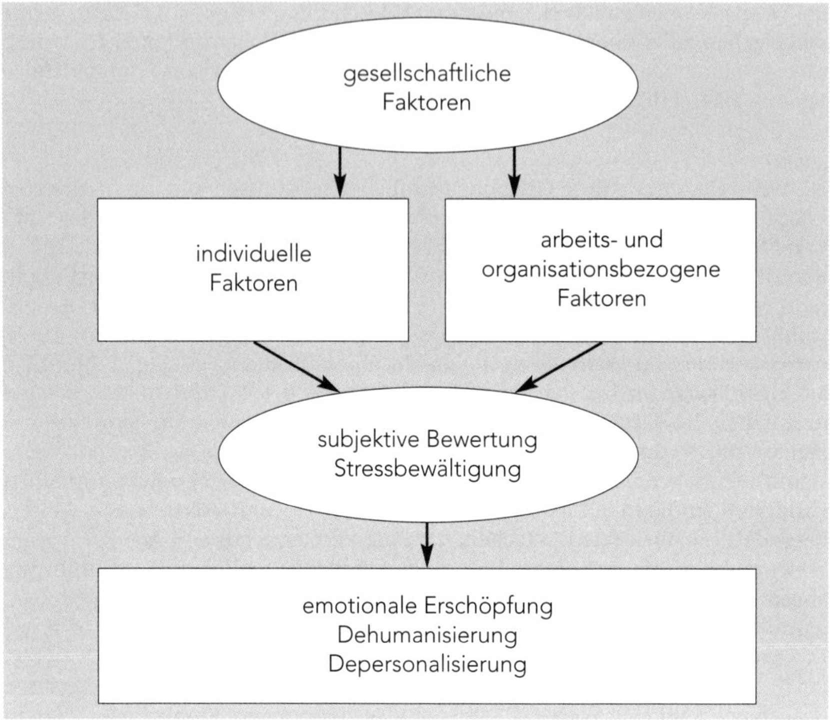

Abb. 23: Entstehung des Burnout-Syndroms

- allgemeine Zunahme von Hektik und Stress,
- zunehmende Technisierung der Arbeit,
- schlechtes Berufsimage, fehlende gesellschaftliche Anerkennung,
- widersprüchliche Werte (Spaß vs. Leistung, moralische Verpflichtung vs. Egoismus),
- oberflächliche Kontakte, gesellschaftliche Vereinsamung,
- unsichere Wirtschaftslage.

Individuelle Faktoren

Werte, Einstellungen, Verhaltensweisen und Persönlichkeitseigenschaften haben einen wesentlichen, jedoch nicht alleinigen Anteil an der Entstehung des Burnout-Syndroms. Kaum erfüllbare Ansprüche an sich selbst, mangelnde Abgrenzung und die Bereitschaft, die eigenen Bedürfnisse hinter die der anderen zu stellen, stehen oft am Beginn. Eine ängstlich-unsichere Haltung, verbunden mit einem starren Weltbild, das Veränderungen und Anpassung nicht zulässt, sowie ein übergroßer Stellenwert des Berufs („verheiratet mit der Arbeit") erhöhen das Burnout-Risiko weiter. Eine aktive Bewältigung von Problemen und Belastungen und ein Ausgleich abseits der Arbeit sind dadurch kaum möglich.

Die wichtigsten individuellen Faktoren sind:
- Perfektionismus,
- Idealismus, unkritisches Engagement,
- Verausgabungs-, Opferbereitschaft,
- mangelnde Abgrenzung zu Patienten/Klienten,
- Beruf als wichtigster Lebensbereich,
- wenig außerberufliche Interessen und Kontakte,
- passive, indirekte, defensive Bewältigungsstile,
- Unsicherheit/Ängstlichkeit,
- starres Weltbild.

Arbeits- und organisationsbezogene Faktoren
Art und Intensität der Arbeit, die Gestaltung der Arbeitsabläufe und das soziale Klima am Arbeitslatz sind weitere wichtige Einflussfaktoren. Intensive helfende Arbeit, die durch emotionale und oft belastende zwischenmenschliche Interaktion geprägt ist, spielt bei der Entstehung des Burnout-Syndroms eine zentrale Rolle. Der Arbeitsstress wird durch Zeitdruck, unklare oder widersprüchliche Aufgaben, Konflikte und schlechte Bezahlung weiter verschärft. Auch Vorgesetzte und die Organisation als Ganzes können das Ausbrennen begünstigen. Die häufigsten arbeits- und organisationsbezogenen Faktoren sind:
- häufige, lange, anstrengende Kontakte,
- häufige Konfrontation mit unmotivierten, aggressiven, Problem beladenen Personen,
- hohe Erwartungen von Seiten der Patienten, Vorgesetzten und KollegInnen,
- Zeitdruck,
- unzureichende Entlohnung,
- Rollenkonflikte, Rollenunsicherheit,
- keine Möglichkeit, Arbeiten abzugeben,
- häufige Konflikte am Arbeitsplatz,
- fehlende Anerkennung durch Vorgesetzte und KollegInnen,
- mangelnde Kontrolle/Mitbestimmung,
- mangelnde soziale Unterstützung.

Bewertung und Stressmanagement
Die verschiedenen Belastungsfaktoren und die eigenen Bewältigungsmöglichkeiten werden von der betroffenen Person individuell bewertet. Je nach subjektivem Handlungsspielraum und persönlichem Bewältigungsstil unternimmt sie verschiedene Versuche des Stressmanagements. Verschiedene Ressourcen und Schutzfaktoren helfen dabei. Wenn die Bewältigung dauerhaft gelingt, entsteht trotz vorhandener Belastung kein Burnout-Syndrom. Lang anhaltende, zermürbende und schwer zu kontrollierende Belastungen können jedoch die Kräfte aufzehren, die Fähigkeit zur Regeneration übersteigen und langfristig die psychische Stabilität gefährden. Individuelle Risikofaktoren beschleunigen diesen Prozess.

30.4 Der Verlauf des Burnout-Syndroms

Das Burnout-Syndrom entwickelt sich meist langsam über einige Jahre hinweg. Es kann zu jedem Zeitpunkt im Berufsleben auftreten, in Ansätzen auch schon während der Ausbildung. Entscheidend ist, welche Risiko- und Belastungsfaktoren bestehen und wie damit umgegangen wird. Ausgebrannte KollegInnen und Vorgesetzte erhöhen die Burnout-Gefahr.

Der Burnout-Zyklus
Am Beginn steht charakteristischerweise ein übergroßes Engagement. Man ist begeistert von einer Aufgabe oder Arbeit, leistet unbezahlte Mehrarbeit, fühlt sich unentbehrlich und hat für außerberufliche Bereiche kaum noch Zeit. Die arbeits- und organisationsbezogenen Stressoren werden individuell kompensiert. Aus intensivem Stress entsteht ein innerer Zwang, eine besondere Leistung zu erbringen, sich selbst oder anderen (den KollegInnen, Lehrern, Eltern) etwas beweisen zu müssen oder perfekt zu sein. Die Konsequenzen sind bedingungsloser Einsatz und in weiterer Folge Vernachlässigung der eigenen körperlichen und psychischen Bedürfnisse sowie der sozialen Beziehungen und Tätigkeiten, die nichts mit der Arbeit zu tun haben.
Die Konflikte, die daraus unweigerlich entstehen, werden verdrängt, bisherige Werte umgedeutet, Probleme verleugnet. Die hohen Ziele und Ideale, denen man anfangs genügen wollte, können jedoch nicht erreicht werden. Psychosomatische Symptome treten auf, ein Gefühl der Stagnation und Frustration macht sich breit. Die Folgen sind nacheinander innerer Rückzug, Verhaltensänderungen (Gereiztheit, Misstrauen, Suchtverhalten) und eine Art Verpuppung, bei der das Gefühl für die eigene Persönlichkeit verloren geht. Schließlich fühlt man sich ausgehöhlt, ausgezehrt, mutlos und leer, wird depressiv und verzweifelt, bis es zuletzt zur völligen geistigen, körperlichen und emotionalen Burnout-Erschöpfung kommt. In Stadium 11 und 12 besteht u. a. Suizidgefahr (siehe Abb. 24).

Warnsignale
Ein wichtiges Warnsignal ist übergroße Begeisterung und starrer Idealismus (nicht zu verwechseln mit Pflichtbewusstsein oder Freude an der Arbeit). Wer versucht, immer allen Erwartungen gerecht zu werden, brennt über kurz oder lang aus. Eine gute Einschätzung, ab wann die Begeisterung nicht mehr angemessen ist, geben zumeist Partner, Freunde und Familienangehörige.
Burnout-Gefährdete streben nach Perfektion und wollen um keinen Preis Fehler machen. Man erkennt sie an den Worten, die sie häufig verwenden: müssen, immer, alles, jederzeit, vollständig, keinerlei, nie usw. („Eine Krankenschwester muss immer einsatzbereit sein und jederzeit volle Leistung erbringen. Sie darf in der Arbeit keinerlei Fehler machen, denn schon die kleinste Nachlässigkeit kann schwere Folgen nach sich ziehen.“) Die Gefahr auszubrennen besteht weiters, wenn man sich mit Patienten identifiziert und ihre Probleme zu den eigenen macht, sowie wenn die Arbeit zum Ersatz für ein kaum vorhandenes Privatleben wird. Oberflächliche Beziehungen bieten wenig soziale Unterstützung.

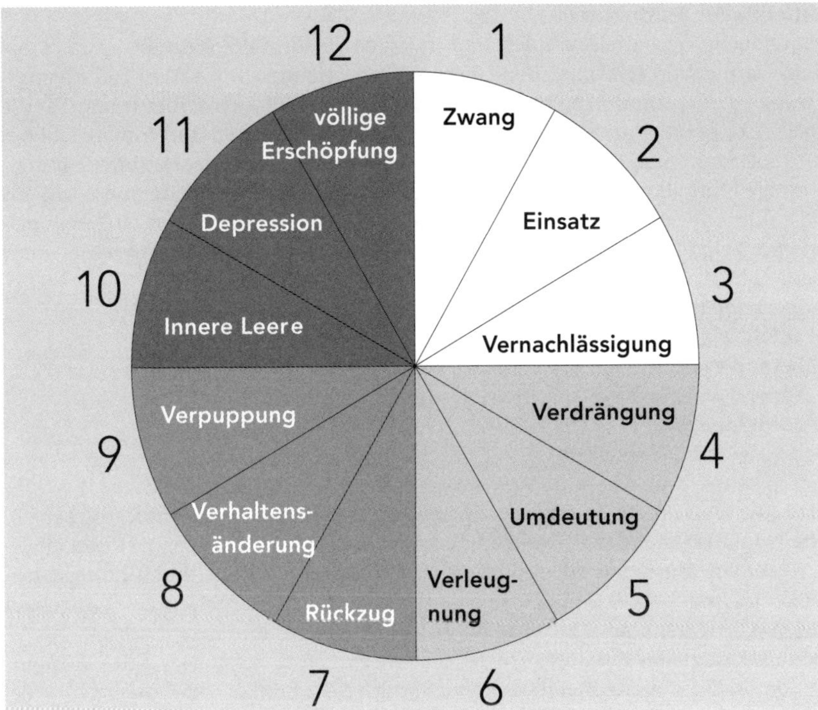

Abb. 24: Der Burnout-Zyklus (Freudenberger/North 1992, S. 259)

Einzelne der genannten Symptome, Verhaltensweisen, Gedanken oder Gefühle können bei vielen Menschen auftreten. Gereiztheit und Ärger, Niedergeschlagenheit, Erschöpfung und der Wunsch nach Ruhe sind normale Reaktionen, wenn die berufliche oder private Belastung einige Zeit sehr groß ist. Wichtig ist, sie bewusst wahrzunehmen und etwas dagegen zu tun, damit sie sich nicht chronifizieren.

30.5 Maßnahmen gegen das Burnout-Syndrom

Um die Symptome des Burnout-Syndroms zu verringern bzw. sein Auftreten möglichst zu verhindern, ist es notwendig, einerseits die Belastungs- und Risikofaktoren zu reduzieren bzw. auszuschalten und andererseits für ausreichend Erholung zu sorgen und die individuellen Bewältigungsmöglichkeiten zu stärken.
Die einzelnen Maßnahmen können auf der individuellen und der arbeits- und organisationsbezogenen Ebene ansetzen.

Individuelle Maßnahmen

Individuelle Gegenmaßnahmen sind in jedem Stadium des Burnout-Zyklus möglich. Dazu gehört zunächst, den Übergang von Leistungsmotivation zu Leistungszwang zu erkennen, Arbeiten abzugeben, sich Zeit für sich selber (nicht für die Arbeit) zu nehmen, körperliche Symptome ernst zu nehmen und frühere Hobbys und soziale Kontakte zu reaktivieren. Ab Stadium 6 braucht der Betroffene professionelle Hilfe (Supervision, psychologische Beratung, Psychotherapie), um aus dem Burnout-Zyklus auszusteigen und den Arbeitsplatz zu erhalten. Ab Stadium 9 ist eine Veränderung der Lebensgestaltung und eventuell ein Berufswechsel erforderlich.

Allgemeine Präventionsmaßnahmen sind:

- auf die eigenen Bedürfnisse achten,
- besonders belastende Arbeiten abgeben,
- Supervision,
- Fortbildungen,
- Ausgleich in der Freizeit.

Dadurch können die Ansprüche an sich selbst und andere überprüft, die berufliche Qualifikation erhöht, soziale Kompetenzen gefestigt und das Weltbild erweitert werden. Unsicherheit und Ängstlichkeit können weiters durch Erfolgserlebnisse, Gespräche mit KollegInnen und professionelle Unterstützung abgebaut werden. Je klarer man seine eigenen Bedürfnisse kennt und darauf achtet, dass sie berücksichtigt werden, desto besser schützt man sich selbst gegen das Burnout-Syndrom. Ein weiteres Ziel ist es, wieder positive, tragfähige Beziehungen zu anderen Menschen und zu sich selbst aufzubauen.

Arbeits- und organisationsbezogene Maßnahmen

Soziale Unterstützung und die Möglichkeit, die Arbeit selbst mitzugestalten, sind zwei wesentliche Faktoren zur Burnout-Prävention. Belastende Stressoren sollten möglichst abgebaut und ihre negativen Folgen eingeschränkt werden. Das geschieht u. a. durch folgende Maßnahmen:

- Zeitdruck abbauen, genügend Personal einstellen,
- Verantwortung im Team klar festlegen,
- konkrete und realistische Arbeitsziele setzen,
- fachliche und emotionale Unterstützung bei der Erledigung der Aufgaben bieten,
- Rückmeldung über die Arbeitsergebnisse, Lob und Feedback geben,
- auf regelmäßige Kommunikation und Information der Mitarbeiter achten,
- Konfliktmanagement,
- Führungskräftetraining,
- angemessene Entlohnung.

Diese Maßnahmen können z. T. von den Gefährdeten selbst eingeleitet werden, z. T. müssen sie mit den Vorgesetzten oder Auftraggebern abgesprochen werden. Verantwortungsvolle Vorgesetzte wissen um die Burnout-Gefahr in helfenden

Berufen und organisieren ihren Arbeitsbereich dementsprechend mitarbeiterfreundlich.

Beispiel

Christine arbeitet als Pflegehelferin in einem Altersheim. Die Arbeit gefällt ihr, obwohl manches nicht dem Standard entspricht, den sie in ihrer Ausbildung kennen gelernt hat. Von Kolleginnen, die häufig über die Bewohner, die Pflegedirektorin und die geringe Bezahlung schimpfen, hält sie sich fern. Sie nimmt sich vor, nicht so zu werden wie sie, und konzentriert sich ganz auf die Arbeit mit den Bewohnern.

Nach rund drei Jahren merkt Christine, dass sie immer öfter ungeduldig wird, wenn Bewohner nicht das tun, was sie von ihnen erwartet. Sie ärgert sich und schimpft bei Teambesprechungen, wie sie es früher nicht getan hat. Ihre Gereiztheit fällt auch ihrem Lebensgefährten auf. Schließlich kommt es zu einer folgenschweren Szene, als Christine einer Bewohnerin das Essen ins Zimmer bringt. Diese wirkt erregt und wiederholt ständig, dass gleich ihr Sohn zu Besuch komme und sie zum Essen ausführe. Christine erklärt ihr, dass der Sohn erst in einer Woche kommt und sie sich hinsetzen solle, aber die Bewohnerin reagiert nicht und will sie aus dem Zimmer drängen. Da stellt ihr Christine das Tablett so heftig auf den Tisch, dass die Suppe überschwappt. Wortlos verlässt sie das Zimmer. Kurz darauf entschuldigt sie sich bei der Bewohnerin, aber die Szene gibt ihr sehr zu denken. Sie glaubt, dass sie immer mehr so wird, wie sie nie werden wollte. Einige Monate später kündigt Christine und sucht eine Anstellung in einem Büro. Die Arbeit im Heim hätte sie auf Dauer aufgerieben. Ihr Lebensgefährte unterstützt sie bei ihrem Entschluss.

Nach weiteren zwei Jahren merkt Christine, dass die Büroarbeit sie nicht befriedigt. Sie überlegt verschiedene Alternativen und will es zuletzt noch einmal mit der Pflege versuchen, allerdings nicht mehr als Pflegehelferin und nicht in einem Heim. Schließlich erhält sie die Möglichkeit, in die Diplomausbildung einzusteigen, macht ihren Abschluss und arbeitet jetzt in einem Akutspital.

30.6 Zusammenfassung

Menschen mit Helfersyndrom versuchen über geleistete Hilfe Geltung, Macht, Ansehen und Kontrolle über Beziehungen zu erreichen. Dadurch werden Abhängigkeit und Passivität von Pflegebedürftigen verstärkt. Das Burnout-Syndrom ist eine der häufigsten und gefährlichsten psychischen Beeinträchtigungen in helfenden Berufen. Es ist gekennzeichnet durch emotionale Erschöpfung, Distanzierung zu anderen Menschen und verminderte Leistungsfähigkeit. Bei seiner Entstehung wirken individuelle, arbeits- und organisationsbezogene sowie gesellschaftliche Faktoren zusammen. Das Burnout-Syndrom verläuft über mehrere Stadien, wobei in jedem Stadium Gegenmaßnahmen möglich sind. Die Prävention kann sowohl auf der individuellen wie auf der arbeits- und organisationsbezogenen Ebene ansetzen.

31 Professionelle Hilfe

Neben den individuellen und teaminternen Möglichkeiten zur Verbesserung der Psychohygiene kann es in bestimmten Fällen notwendig sein, externe Hilfe von Supervisoren, Psychologen oder Beratern in Anspruch zu nehmen. Diese professionelle Hilfe von außen bietet eine neutrale Unterstützung in der Bewältigung schwieriger Situationen und Ereignisse.

31.1 Wann ist professionelle Hilfe notwendig?

Im Zuge ihrer Ausbildung sowie in der Praxis lernen Pflegepersonen, eine Fülle schwierigster Situationen zu bewältigen. Pflegepersonen und andere Angehörige helfender Berufe können mit außergewöhnlichen Situationen im Allgemeinen besser umgehen als der Durchschnitt der Bevölkerung. Das betrifft auch körperlich und emotional sehr belastende Arbeitsbereiche.

Zugleich erweitert sich dadurch der kognitive Bezugsrahmen, in dem Situationen und Belastungen verarbeitet werden. Dinge und Ereignisse werden normal, die für andere Menschen außerhalb ihres täglichen Erfahrungshorizontes liegen. Was Laien oder Anfängern als schier unbewältigbare Aufgabe erscheint, kann für die Helfer zum Routinefall werden.

Auch dieser erweiterte Rahmen des Normalen hat seine Grenzen. Dauerbelastungen und kritische Ereignisse können die Kräfte erschöpfen, die Bewältigungsmöglichkeiten überlasten oder den Rahmen überhaupt sprengen (siehe Abbildung 25). In solchen Fällen ist eine Neuausrichtung der beruflichen Ziele und eine Anpassung des Bezugsrahmens erforderlich. Externe Supervisoren, Psychologen und Berater können dabei wertvolle Hilfe leisten.

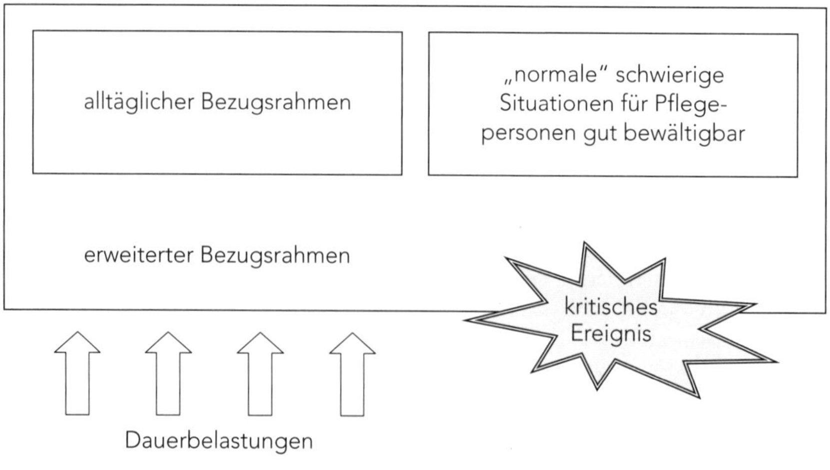

Abb. 25: Erweiterter Bezugsrahmen, Dauerbelastung und kritische Ereignisse für Helfer

Typische Anlässe für professionelle, externe Hilfe sind:
- komplizierte Fälle (z. B. auf Suchtstationen, in der Psychiatrie),
- wiederkehrende schwere Belastungen (z. B. im Palliativbereich),
- große organisatorische Umstellungen (z. B. Zusammenlegung von Stationen),
- kritische Ereignisse, traumatische Situationen (z. B. Tod eines nahe stehenden Menschen auf der Station),
- belastende, nicht aufzulösende Konflikte (z. B. zwischen Abteilungen oder Stationen),
- Mobbing (z. B. gegen einzelne Teammitglieder),
- Entwicklung neuer Ziele, Übertragung neuer, großer Aufgaben (z. B. durch neue Leitung).

Hilfe und Unterstützung, welcher Art auch immer, können nur wirksam werden, wenn die Betroffenen sie für sich akzeptieren. Gegen ihren Willen sind Supervision und psychologische Hilfe weder möglich noch sinnvoll. In starken Belastungssituationen fehlt den Betroffenen jedoch oft die Übersicht. Sie schätzen ihre Lage und die eigenen psychischen Bedürfnisse nicht immer realistisch ein. Deshalb ist es wichtig, in den genannten Bereichen professionelle Hilfe bereits präventiv bereit zu halten und in Anlassfällen aktiv und wiederholt anzubieten:

1. Supervision	bei wiederkehrenden Belastungen
2. CISM	nach kritischen Ereignissen
3. Mediation	bei komplizierten Konflikten
4. Coaching	in speziellen Situationen

Die Bereitstellung professioneller Hilfe in schwierigen Situationen wird häufig als „institutionelle Zuwendung“ aufgefasst. Die Mitarbeiter fühlen sich mit ihren Sorgen ernst genommen und empfinden es als positiv, wenn sich ihr Arbeitgeber auch um ihr seelisches Wohlergehen kümmert.
Darüber hinaus kann Psychohygiene auch durch berufliche Weiterbildung gefördert werden. Dazu gehören fachspezifische Veranstaltungen ebenso wie Seminare zu Stressmanagement, Kommunikation, Konfliktmanagement und Führungskräftetraining. Darin werden hilfreiche Verhaltensweisen und Einstellungen geübt und vertieft, die den Teilnehmern helfen, in schwierigen Situationen einen klaren Kopf zu bewahren und situationsgerecht zu handeln.

31.2 Supervision

Supervision (wörtl.: „Blick von oben“, Übersicht) bietet die Möglichkeit, über berufliche Probleme und Belastungen, aber auch Erfolge und Fortschritte in der Arbeit zu sprechen. Das professionelle Handeln soll damit zielgerichteter und zufriedenstellender gestaltet werden können. Der Schwerpunkt liegt in der Klärung komplexer Fälle sowie in der Förderung der Kommunikation und der

gemeinsamen Suche nach Lösungen zur Hebung der Arbeitszufriedenheit. Supervision bedeutet weder „Seelenstriptease“ noch Therapie, sondern ist ein professioneller Zugang zu berufsbedingten Belastungen, die dadurch bewältigt werden können (Scobel 2002; Möller 2001).
Supervision ist vor allem im psychosozialen und klinischen Bereich weit verbreitet. Sie wird u. a. von Fachkräften aus Sozialarbeit, Psychologie, Pädagogik, Medizin, Pflege, Seelsorge, Erwachsenenbildung, Justiz, Verwaltung, Medien und Wirtschaft in Anspruch genommen.
In bestimmten pflegerischen Bereichen, wo die emotionale Belastung konstant hoch ist, sollte Supervision routinemäßig durchgeführt werden (z. B. in der Onkologie, auf Suchtstationen, in der Psychiatrie). Weiters gibt es spezielle Umbruchzeiten, in denen Supervision sehr hilfreich sein kann (z. B. bei neuen Aufgabenbereichen für das Team, bei starkem personellen Wechsel im Team etc.). Darüber hinaus ist Supervision immer dann sinnvoll, wenn die Arbeitsfähigkeit des Teams oder einzelner Mitarbeiter stark beeinträchtigt ist (aufgrund häufiger Spannungen und Konflikte, nach dem Suizid eines Patienten usw.).

Die übergeordneten Ziele von Supervision sind Professionalität, Qualitätssicherung und Prävention.

Dazu zählen insbesondere:
- die Arbeit mit Patienten und Bewohnern reflektieren,
- den eigenen Handlungsspielraum erkennen,
- mögliche Handlungsalternativen besprechen,
- Rollen, Aufgaben und Funktionen der Teammitglieder klären,
- die eigene Rolle und die verschiedenen beruflichen Anforderungen reflektieren,
- mit Stressoren angemessen umgehen,
- berufliche Konflikte und außergewöhnliche Belastungen verstehen,
- gemeinsam nach Lösungsansätzen suchen,
- Arbeitsziele formulieren und mit anderen koordinieren,
- die eigenen Kompetenzen weiterentwickeln.

Dadurch werden der Einsatz der eigenen Fähigkeiten verbessert, Grenzen und Möglichkeiten realistisch eingeschätzt, blinde Flecken aufgelöst, eine sinnvolle Nähe/Distanz gefördert, persönliche Werte, Vorurteile, Normen, Einstellungen und Bedürfnisse bewusst gemacht, die teaminterne Kommunikation und Zusammenarbeit verbessert und dem Burnout-Syndrom vorgebeugt.
In der Pflege wird Supervision zumeist als **Teamsupervision** durchgeführt. Ihre spezielle Stärke liegt darin, gemeinsam von konkreten Fällen, Fragen oder Problemen auszugehen und dabei für die eigene berufliche Praxis zu lernen. Das ist für langjährig erfahrene KollegInnen zumeist ebenso aufschlussreich wie für Berufsanfänger. Es kann sich ein gesundes berufliches Selbstverständnis entwickeln und zugleich die Einbindung in die Berufs- und Arbeitswelt der KollegInnen gefördert werden.

Der Supervisor nimmt dabei eine beratende Grundhaltung ein. Er bietet Hilfe zur Selbsthilfe an, sodass die Teilnehmer ihre eigenen, oft übersehenen Möglichkeiten und nicht erkannten Grenzen erkennen und die beruflichen Fähigkeiten und Fertigkeiten aktivieren, weiterentwickeln und effizient einsetzen können.

Supervision sollte nicht nur eingesetzt werden, wenn es schon „brennt“, sondern auch präventiv zur „Brandverhütung“.

Beispiel

In einem Altersheim herrscht seit Jahren ein starker Wechsel des Personals. Viele Pflegepersonen verlassen bereits nach einigen Monaten, andere nach ein oder zwei Jahren das Haus. Das Problem ist allgemein bekannt. Eine engagierte Diplomschwester setzt schließlich durch, dass für das Pflegepersonal Supervision angeboten wird. Einige Kolleginnen haben zunächst große Vorbehalte. Bei den anderen, die an den monatlichen Terminen teilnehmen, entspannt sich das Arbeitsklima spürbar. Durch die Supervision haben sie einen Ort und die Zeit, wichtige Themen der Arbeit zu besprechen und gemeinsam Lösungen zu überlegen. Erste Ergebnisse der Supervision sind regelmäßige Dienstbesprechungen zu einzelnen Bewohnern sowie eine hausinterne Fortbildung zum besseren Umgang mit Alzheimer-Patienten. Die Geschäftsführung stellt fest, dass nach einem Jahr der Personalwechsel um die Hälfte zurückgegangen ist und bewilligt ein weiteres Jahr Supervision.

An ihre Grenzen stößt Supervision dann, wenn die Teilnehmer keine Bereitschaft zeigen, sich auf die Supervision einzulassen oder wenn die Kräfte des Teams nicht ausreichen, um Veränderungen zu bewirken. Dies ist etwa bei chronischer Unterbesetzung, starren hierarchischen Strukturen und Einmischung in die Supervision von außen (z. B. durch Vorgesetzte) der Fall.
Supervision findet zumeist regelmäßig über einen längeren Zeitraum hinweg statt (z. B. 14-tägig 2 Stunden). Die Teilnahme ist freiwillig, jedoch sollte von einem Team mindestens die Hälfte der KollegInnen an der Supervision mitwirken, um für gemeinsame Fragen möglichst tragfähige Lösungen zu finden. Die Kosten werden üblicherweise vom Dienstgeber übernommen und die Supervisionsstunden als Arbeitszeit anerkannt.
Nach außen hin ist der Supervisor absolut verschwiegen, was die besprochenen Themen betrifft. Das gilt insbesondere gegenüber Vorgesetzten, der Pflegedienstleitung, Geschäftsführung etc. Um die notwendige Neutralität zu wahren, darf der Supervisor nicht gleichzeitig auch Arbeitnehmer der betreffenden Institution sein.

31.3 Stressmanagement nach kritischen Ereignissen (CISM)

Pflegepersonen sind immer wieder mit Notfällen konfrontiert, in denen sie fachlich und psychisch stark gefordert sind. Durch Ausbildung, Berufserfahrung und Teamarbeit können die damit verbundenen Belastungen zumeist gut abgefangen werden. Manche Notfälle übersteigen jedoch die „kritische Marke“ der normalen

Verarbeitungskapazitäten. Solche kritischen Ereignisse beanspruchen in höchstem Maß die Verarbeitungs- und Anpassungsfähigkeit der Betroffenen. Sie liegen außerhalb dessen, was selbst im erweiterten beruflichen Bezugsrahmen normal ist. Kritische Ereignisse bewirken bei fast allen Betroffenen eine zumindest vorübergehende Beeinträchtigung der psychischen und biologischen Funktionsabläufe (siehe Kap. 26.6).

Bereits ein einzelnes kritisches Ereignis kann für die Betroffenen auf Tage und Wochen sehr belastend sein. Die langfristigen psychischen Folgen von potenziell traumatischen Einsätzen wurden in einer Vielzahl von Studien untersucht (Übersicht in Hausmann 2006).

Pflegepersonen zählen aufgrund ihrer wiederkehrenden Konfrontation mit schweren Verletzungen, plötzlichem Tod und potenziell traumatischen Situationen zu den Berufsgruppen mit deutlich erhöhtem Traumatisierungsrisiko. Das gilt für Intensivstationen ebenso wie für Kinder-, Unfall-, Onkologie- und andere Stationen. Im psychiatrischen Bereich besteht eine erhöhte Gefahr, selbst angegriffen und verletzt zu werden. In der Langzeitpflege kann u. a. der Suizid eines Bewohners ein kritisches Ereignis darstellen.

Studie

Teegen (2003) verglich die psychische Belastung von Rettungskräften, Intensiv-Pflegepersonen und Journalisten, die über Gewalttaten berichten. In allen drei Gruppen besteht ein erhöhtes PTBS-Risiko. Teegen fand bei 41 % der Pflegekräfte, 36 % des Rettungspersonals und 13 % der Journalisten eine voll ausgeprägte PTBS. Die betroffenen Personen zeigten im Vergleich zu ihren KollegInnen ohne PTBS signifikant häufiger depressive Symptome, emotionale Beziehungsleere sowie eine ausgeprägte Tendenz, Gefühle abzuspalten oder zu verleugnen. Die sehr hohen PTBS-Werte bei Intensivpflegepersonen könnten zumindest teilweise auf die Zusammensetzung der Stichprobe zurückzuführen sein (Großstadtkrankenhäuser, hohe Suizidrate bei KollegInnen). Die Studie zeigt jedoch sehr deutlich, dass Pflegepersonen auf Intensivstationen sowie Rettungsassistenten und -sanitäter zu den Risikogruppen zählen.

Pflegepersonen sollten bereits im Rahmen der Ausbildung über mögliche Extrembelastungen, typische Belastungsreaktionen und angemessene Bewältigungsformen Informiert werden. Auch der Umgang mit sehr belastenden Gefühlen und sich aufdrängenden Erinnerungsbildern kann speziell trainiert werden.

Häufig sind erfahrene und vertrauenswürdige Kollegen die ersten Gesprächspartner nach einem kritischen Ereignis. Bereits ein 15-minütiges Gespräch in den ersten Stunden danach kann zu einer deutlichen Entlastung und Stabilisierung der betroffenen Pflegeperson führen. Es hilft, emotional und gedanklich wieder „Boden unter die Füße" zu bekommen und die Tagesarbeit wieder aufzunehmen (siehe Kap. 26.6).

Wenn ein Entlastungsgespräch unter Kollegen keine nachhaltige Verbesserung bringt oder die Belastung insgesamt sehr groß ist, sollte weiterführende psychologische Hilfe angeboten werden. Das Zeitfenster dafür beträgt im Allgemeinen 7–10

Tage nach dem Ereignis. Die Maßnahmen werden unter dem Namen Stressmanagement nach kritischen Ereignissen (Critical Incident Stress Management, CISM; Everly /Mitchell 2002) zusammengefasst.

Die Ziele des Stressmanagements nach kritischen Ereignissen sind Linderung der akuten Stressbelastung, Wiederherstellung der Arbeitsfähigkeit und Prävention psychischer Folgeprobleme.

Der innere Ausnahmezustand soll beendet und die persönliche Bewältigung gefördert werden. Eine längerfristige Betreuung wird nicht angestrebt. Vielmehr geht es um einen möglichst guten inneren Abschluss des Ereignisses.
CISM-Maßnahmen sind strukturierte Gespräche (oft in der Gruppe) in den Stunden und Tagen nach einem kritischen Ereignis. Dieses wird von den Beteiligten nochmals aus ihrer Sicht erzählt und zusammengefasst. Weiters werden die bisherigen psychischen Reaktionen besprochen und zwar als normale Reaktionen eines normalen Menschen auf ein nicht normales Ereignis. Tipps zur weiteren Verarbeitung sowie ein Ausblick auf mögliche weitere Reaktionen und nächste Schritte runden die Interventionen ab.
Die wichtigsten CISM-Maßnahmen sind:

- **Defusing:** ein Gruppengespräch innerhalb der ersten 24 Stunden nach dem Ereignis; die Betroffenen erzählen, was genau passiert ist, wie sie darauf reagiert haben und besprechen hilfreiche Bewältigungsschritte für die nächsten Tage.
- **Debriefing:** ein strukturiertes Gruppengespräch zur Aufarbeitung des Ereignisses und seiner Folgen, meist innerhalb von 3 bis 10 Tagen; die Teilnehmer berichten, was sie getan, gedacht und erlebt haben, identifizieren die für sie größten Belastungen, besprechen persönliche Reaktionen und Veränderungen seit dem Ereignis sowie hilfreiche Bewältigungsschritte für die nächsten Tage und Wochen.
- **Crisis Management Briefing:** eine allgemeine Gruppeninformation über kritische Ereignisse, mögliche Traumatisierung und nachfolgendes Stressmanagement, oft als Vorbereitung für ein Debriefing. Im Anschluss haben die Teilnehmer Gelegenheit, Fragen zu stellen und auch Einzelgespräche zu führen.

Beispiel

Auf einer chirurgischen Station wird eine Pflegeperson von einem Patienten mit einer Gabel attackiert und am Hals verletzt. Der Angriff erfolgt ohne Vorwarnung. Der Patient war zuvor in psychiatrischer Behandlung, galt aber als nicht aggressiv. Die Verletzung im Bereich des rechten Auges muss sofort operiert werden. – Die Kolleginnen der attackierten Diplomschwester reagieren geschockt. Niemand hat mit so einem Vorfall gerechnet, jeden hätte es treffen können. Der Primar verständigt eine Psychologin des Hauses. Die ausgebildete Notfallpsychologin setzt noch für diesen Abend ein Defusing an, zu dem alle unmittelbar beteiligten Ärzte und Pflegepersonen kommen. Es dauert rund eine Stunde und bringt für die Betroffenen eine erhebliche erste Erleichterung. Am nächsten Tag findet im Rahmen einer Stationsbesprechung eine allgemeine Gruppeninformation zu Stressmanagement nach kritischen Ereignissen statt. Dabei werden u. a. der Umgang mit der verletzten Kollegin sowie mögliche Schutzmaßnahmen gegen weitere Angriffe besprochen. Das Angebot für weitere Gespräche, zu denen die Psychologin bereitsteht, wird gerne angenommen.

CISM-Maßnahmen sind strukturierte mehrteilige Interventionen mit klarem Anfang und Ende. Diese Struktur wirkt als „Gegenmittel" gegen das Chaos nach einem kritischen Ereignis und hilft, die vielen offenen Fragen in eine gewisse Ordnung zu bringen. Die Abfolge der einzelnen Schritte jeder Maßnahme führt die Teilnehmer vom kognitiven in den affektiven Bereich und wieder zurück in den kognitiven. Die Handlungsorientierung wirkt der Tendenz entgegen, sich nach belastenden Ereignissen gehen zu lassen und fördert konkrete Schritte zur Bewältigung.
Der verbale Ausdruck von Gefühlen und Gedanken macht dabei einen wesentlichen (aber nicht den alleinigen) Teil aus. Dabei geht es einerseits um emotionale Entlastung („mitgeteiltes Leid ist halbes Leid") und andererseits um eine Verbalisierung des Traumas und die kognitive Rekonstruktion der Ereignisse. Die Erholung nach dem kritischen Ereignis und die weitere Verarbeitung werden durch diese Verbalisierung wesentlich gefördert.
Ein weiteres wichtiges Element der CISM-Maßnahmen ist Information über Stress und Stressmanagement. Die betroffenen Helfer erfahren, dass es vielen Menschen nach einem kritischen Ereignis so geht wie ihnen und dass ihre Reaktionen grundsätzlich nicht ungewöhnlich sind. Sie erfahren weiters, mit welchen Veränderungen des Erlebens und Verhaltens eventuell noch zu rechnen ist und erhalten Hinweise, wie sie damit umgehen können. Diese Informationen wirken dem subjektiven Kontrollverlust entgegen und fördern die angemessene Verarbeitung der Ereignisse.

31.4 Mediation

Mediation (wörtl. „Vermittlung") ist ein spezielles Verfahren der Konfliktlösung, wenn direkte Gespräche feststecken oder scheitern, durch einen unparteiischen Dritten (Mediator), der von allen Beteiligten akzeptiert wird. Dabei fällt der Moderator keine inhaltlichen Entscheidungen oder Urteile. Seine Rolle ist die eines neutralen Vermittlers.

> In einem mehrstufigen Prozess bringt der Mediator die Beteiligten wieder miteinander ins Gespräch und steuert den Gesprächsverlauf, um einvernehmliche und tragfähige Lösungen zu erarbeiten, bei denen es keine Verlierer gibt.

Voraussetzung ist, dass alle an weiteren Beziehungen interessiert sind und eine einvernehmliche Lösung anstreben. Mediation ist immer freiwillig, d. h. niemand kann zu dieser Form der Konfliktlösung gezwungen werden. Die Beteiligten sind bereit, fair miteinander zu verhandeln, wichtige Informationen und Fakten offenzulegen und während der Mediation auf Konflikt verschärfende Maßnahmen zu

verzichten. Gegenüber Außenstehenden werden die besprochenen Themen vertraulich behandelt, der Mediator ist zu strenger Verschwiegenheit verpflichtet. Die Bandbreite der Einsatzmöglichkeiten reicht von Konflikten am Arbeitsplatz über Familien- und Scheidungskonflikte bis zu Nachbarschaftsstreitigkeiten, außergerichtlichem Tatausgleich, Wirtschaftsangelegenheiten und Umweltkonflikten.
Innerbetrieblich eignet sich Mediation insbesondere bei Mobbing, Konflikten zwischen Arbeitgeber und Arbeitnehmer oder zwischen mehreren Arbeitnehmern, sexueller Belästigung, Abteilungsstreitigkeiten, strittigen Kündigungen etc. Zermürbende Auseinandersetzungen oder gar Gerichtsverfahren können damit vermieden und eine für alle akzeptable Lösung gefunden werden. Ein Vorteil der Mediation liegt in der Kostenersparnis gegenüber sich lange hinziehenden Konflikten und rechtlichen Auseinandersetzungen. Konflikte in der Arbeitswelt kosten auch eine Menge Zeit, Kraft und Aufmerksamkeit. Eine konstruktive Konfliktlösung ermöglicht es mit diesen Ressourcen sorgfältig umzugehen und Arbeitszufriedenheit und Leistung wieder zu erhöhen.
Weiters sind akzeptable Lösungen ohne Gesichtsverlust für die eine oder andere Seite möglich. Dadurch wird eine Basis für die weitere Zusammenarbeit geschaffen. Außerdem entwickeln die Beteiligten neue Verhaltensweisen für zukünftige Konflikte.

31.5 Coaching

Der Begriff „Coaching" stammt ursprünglich aus dem Leistungssport (Coach: „persönlicher Trainer"). Er wurde für personenzentrierte Beratungs- und Betreuungssituationen in der Arbeitswelt übernommen, besonders in Form von Führungskräfte-Coaching.

Coaching ist eine spezielle Form individueller Beratung. Das persönliche Potenzial des Klienten wird in Bezug auf seine beruflichen Aufgaben und Pläne besprochen. Im Vordergrund steht die berufliche Rolle, zusätzlich können auch persönliche Themen (Lebensplan, Verhältnis zwischen Arbeits- und Familienleben) einfließen.

Wichtige Themen sind Kommunikation und Führungsverhalten, Konfliktmanagement, Zeitmanagement (Work-Life-Balance), Management von Veränderungsprozessen und Krisensituationen sowie berufliche Standortbestimmung und Karriereplanung (Rauen 2008).
Der Klient wird durch den Coach angeregt, Entscheidungen vorzubereiten und eigene Lösungen für seine Probleme zu entwickeln. Das Bewusstsein für Potenziale und Veränderungen wird geschärft, um die Richtung des Wandels erkennen und eigene Schritte planen zu können. Die Selbstreflexion löst Orientierungsschwierigkeiten und Wahrnehmungsverzerrungen. Im Gespräch werden neue Perspektiven entwickelt und neue Handlungsmöglichkeiten gefördert.

Typische Anlässe für Coaching sind:
- Wechsel in ein neues Aufgabengebiet,
- Übernahme einer Führungsposition,
- Verbesserung der sozialen Kompetenzen, der Management- und Führungskompetenzen,
- wiederkehrende Konflikte oder Belastungen, ohne dass dafür bis jetzt eine Lösung gefunden worden ist,
- Unzufriedenheit in der jetzigen beruflichen Situation,
- Selbstzweifel, Gefühl der Überforderung oder Sinnlosigkeit.

Der Coach ist ein kurzfristiger Gesprächspartner, der für einen gezielten, lösungsorientierten Dialog zur Verfügung steht. Er liefert keine direkten Lösungsvorschläge. Seine Aufgabe ist es vor allem, die richtigen Fragen zu stellen und Zusammenfassungen zu geben, die es dem Klienten ermöglichen, stimmige und maßgeschneiderte Lösungen für die anstehenden Probleme zu finden.
In vielen Fällen reicht bereits eine Coaching-Sitzung (50 bis 90 Minuten) aus, um ein Problem zu lösen bzw. um genug Anregungen für ein Weiterarbeiten an der Problemlösung zu bekommen. Längere Coachings sind sinnvoll bei neuen, unübersichtlichen Problemen, um die Auswirkungen des eigenen Handelns näher zu beleuchten oder wenn das Problem sehr komplex ist.
Im Gegensatz zur Supervision ist Coaching zeitlich begrenzt und stärker handlungs- und lösungsorientiert. Bei Konflikten wird Coaching vor allem präventiv eingesetzt, worin es sich von Mediation unterscheidet.

31.6 Zusammenfassung

Besonders belastende Ereignisse und anhaltend schwierige Situationen machen es in bestimmten Fällen notwendig, externe professionelle Hilfe in Anspruch zu nehmen. Durch Supervision können berufliche Probleme und Belastungen, aber auch Erfolge und Fortschritte in der Arbeit reflektiert und notwendige Lösungsansätze gesucht werden. Stressmanagement nach kritischen Ereignissen (CISM) hilft bei der Bewältigung potenziell traumatischer Situationen am Arbeitsplatz. Mediation ist eine Methode zur Lösung schwerer Konflikte durch unparteiische Dritte. Durch Coaching können persönliche Potenziale aktiviert und zur individuellen Lösung beruflicher Probleme eingesetzt werden.

Literatur

Angenendt, G. & Tschuschke, V. (2007): Grundlagen der psychoonkologischen Behandlung. In: G. Angenendt et al. (Hrsg). Praxis der Psychoonkologie. Stuttgart: Hippokrates, 39–73.

Antonovsky, A. (1997): Salutogenese. Zur Entmystifizierung der Gesundheit. Tübingen: dgvt.

Baumann, U. & Perrez, M. (2006): Grundlagen der klinisch-psychologischen Behandlung. In: W. Beiglböck, S. Feselmayer & E. Honemann (Hrsg.): Handbuch der klinisch-psychologischen Behandlung. Wien: Springer, 3–16.

Becker-Carus, C. (2004): Allgemeine Psychologie. München: Spektrum Akademischer Verlag.

Beiglböck, W., Feselmayer, S. & Honemann, E. (Hrsg.) (2006): Handbuch der klinisch-psychologischen Behandlung. Wien: Springer.

Berckhan, B. (2001): Die etwas intelligentere Art, sich gegen dumme Sprüche zu wehren. Selbstverteidigung mit Worten. München: Heyne.

Birbaumer, N. & Schmidt, R. (2006): Biologische Psychologie. 6. Auflage. Berlin: Springer.

Bowlby, J. (1975): Bindung. Eine Analyse der Mutter-Kind-Beziehung. München: Kindler.

Bühlmann, J. & Käpelli, S. (2004): Das Erleben von verunfallten Menschen und die Rolle der Pflegenden. In H. Mayer (Hrsg.): Thema Pflegeforschung 2004, Wien: Facultas, 9–33.

Burisch, M. (2006): Das Burnout-Syndrom. Theorie der inneren Erschöpfung. 3. überarbeitete Auflage, Berlin, Springer, 2006.

Erikson, E. (1988): Der vollständige Lebenszyklus. Frankfurt: Suhrkamp.

Everly, G. & Mitchell, J. (2002): CISM – Stressmanagement nach kritischen Ereignissen. Wien: Facultas.

Fischer, L. & Wiswede, G. (2002): Grundlagen der Sozialpsychologie. 2., überarbeitete und erweiterte Auflage. München: Oldenbourg.

Flatten G., Gast, U., Hofmann, A., Liebermann, P., Reddemann, L., Siol, T., Wöller, W. & Petzold, E. R. (2004): Posttraumatische Belastungsstörung. Leitlinie und Quellentext. 2. Auflage. Stuttgart. Schattauer.

Freud, A. (1936): Das Ich und die Abwehrmechanismen. Neuauflage: Frankfurt: Fischer Taschenbuch Verlag.

Freud, S. (1917): Vorlesungen zur Einführung in die Psychoanalyse. Neuauflage: Frankfurt: Fischer Taschenbuch Verlag.

Freudenberger, H. & North, G. (1992): Burnout bei Frauen. Über das Gefühl des Ausgebranntseins. Frankfurt: S. Fischer.

Frommberger, U., Stieglitz, R.D., Nyberg, E., Straub, S. & Berger, M. (1998): Der Einfluss des Kohärenzgefühls auf die Entwicklung posttraumatischer Belastungsstörungen nach Verkehrsunfällen. In: Schüffel et al. (Hrsg.): Handbuch der Salutogenese: Konzept und Praxis. Wiesbaden: Ullstein Medical, 337–340.

Geißner, U. & Heintz, H.-J. (2004): ATL Kommunizieren. In: E. Kellnhauser et al. (Hrsg.): Thiemes Pflege. 10. Auflage. Stuttgart: Thieme, 405–419.

Glasl, F. (2008): Selbsthilfe in Konflikten. Konzepte – Änderungen – Praktische Methoden. 5. Auflage. Bern: Haupt.

Hasselhorn, H.M., Müller, B.H., Tackenberg, P., Kümmerling, A., Simon, M. (2005): Berufsausstieg bei Pflegepersonal. Arbeitsbedingungen und beabsichtigter Berufsausstieg bei Pflegepersonal in Deutschland und Europa. Schriftenreihe der Bundesanstalt für Arbeitsschutz und Arbeitsmedizin. Dortmund: baua.

Hausmann, C. (2004): Konflikte am Arbeitsplatz erfolgreich bewältigen. Salzburg: Kammer für Arbeiter und Angestellte für Salzburg. http://www.ak-salzburg.at/www-736-IP-17061.html.

Hausmann, C. (2005): Handbuch Notfallpsychologie und Traumabewältigung. Grundlagen, Interventionen, Versorgungsstandards. 2. akt. Auflage. Wien: Facultas.

Hausmann, C. (2006): Einführung in die Psychotraumatologie. Wien: UTB.

Hausmann, C. (2009): Burnout, Mobbing, Trauma. Wien. Facultas.

Hengstschläger, M. (2006): Die Macht der Gene: Schön wie Monroe, schlau wie Einstein. Wien: Ecowin.

Herkner, W. (2002): Psychologie. 2. Auflage. Wien: Springer.

Kaluza, G. (2007): Gelassen und sicher im Stress. 3., vollst. überarb. Aufl. Berlin: Springer.

Kirchler, E. & Hölzl, E. (2008): Arbeitsgestaltung. In: E. Kirchler (Hrsg.): Arbeits- und Organisationspsychologie 2., korrigierte Auflage. Wien: UTB, 199–316.

Koch-Straube, U. (2008): Beratung in der Pflege. Auflage: 2., vollständig überarbeitete Auflage. Bern, Huber.

Kübler-Ross, E. (1974): Interviews mit Sterbenden. Neuauflage: München: Knaur.

Kürten, L. (2001): Chronischer Schmerz. Bonn: Bundesministerium für Bildung und Forschung. http://www.bmbf.de/pub/chronischer_schmerz.pdf

Lasogga, F. & Gasch, B. (2002): Notfallpsychologie. Edewecht: Stumpf und Kossendey.

Lazarus, R. S. (1991). Emotion and Adaptation. London: Oxford University Press

Luderer, C. & Behrens, J. (2005): Aufklärungs- und Informationsgespräche im Krankenhaus. Pflege, 18, 15–23.

Marquard, S., Dürdodt, A., Kolbe, N. & Locher, M. (2004): Das Ende der Unversehrtheit. Körperbild nach Brustamputation. Pflegezeitschrift, 57, 254–257.

Maslach, C. & Leiter, M. (2001): Die Wahrheit über Burnout. Wien: Springer.

Maslow, A. (1981): Motivation und Persönlichkeit. Reinbeck: Rowohlt.

Mehta, G. (Hrsg.) (2004): Die Praxis der Psychologie. Wien: Springer.

Meichenbaum, D. & Turk, D. (1994): Therapiemotivation des Patienten. Bern: Huber.

Meschkutat, B., Stackelbeck, M. & Langenhoff, G. (2002): Der Mobbing-Report. Repräsentativ-Studie für die Bundesrepublik Deutschland. Dortmund: sfs Sozialforschungsstelle Dortmund. http://www.sfs-mobbing-report.de/mobbing1024/kurz.pdf

Möller, H. (2001): Was ist gute Supervision? Stuttgart: Klett-Cotta.

Muthny, F. & Broda, M. (1999): Krankheitsverhalten. In: H. Flor et al. (Hrsg.): Grundlagen der Verhaltensmedizin. Göttingen: Hogrefe, 209–248.

Myrtek, M. (1998): Gesunde Kranke – kranke Gesunde. Psychophysiologie des Krankheitsverhaltens. Bern: Huber.

ÖBIG (2003): Offenes Curriculum für die Ausbildung in Allgemeiner Gesundheits- und Krankenpflege. Wien: Österreichisches Bundesinstitut für Gesundheitswesen.

Oerter, R. & Montada, L. (Hrsg.) (2008): Entwicklungspsychologie. 6., vollständig überarbeitete Auflage. Weinheim: Beltz.

Pouget-Schors, D., & Degner, H. (2005): Erkennen des psychosozialen Behandlungsbedarfs bei Tumorpatienten. In A. Sellschopp et al. (Hrsg.): Psychoonkologie. Empfehlungen zur Diagnostik, Therapie und Nachsorge. München: Zuckschwerdt, 30–36.

Rauen, C. (2008): Coaching. 2. akt. Aufl. Göttingen: Hogrefe.

Redlich, A. (2004): Konflikt-Moderation. Hamburg: Windmühle.

Rogers, C. (1957): The neccessary and sufficient conditions of therapeutic personality change. Journal of Consulting Psychology, 21, 95–103.

Sbz Schulungsbedarf-Handelsges.m.b.H. (Hrsg.) (1993): Psychologie. Bd. 1, Folienbuch.

Schmidbauer, W. (2007): Das Helfersyndrom: Hilfe für Helfer. Reinbeck: Rowohlt.

Schnabel, M. & Krämer, U. (2004): Autonomie und Lebenswelt der Patienten bilden die Basis. Pflegezeitschrift, 57, 237–241.

Schnyder, U. & Mörgeli, H. (2001): Psychotraumatologie in der Unfallmedizin. In: A. Maercker & U. Ehlert (Hrsg.): Psychotraumatologie. Jahrbuch der Medizinischen Psychologie 20. Göttingen: Hogrefe, 151–165.

Schulz von Thun, F. (1981): Miteinander reden 1. Störungen und Klärungen. Reinbeck bei Hamburg: Rowohlt.

Schulz, P. & Hellhammer, D. (1998): Psychologische Aspekte chronischer Krankheiten. In: H. Reinecker (Hrsg.): Lehrbuch der Klinischen Psychologie. 3., überarbeitete und ergänzte Auflage. Göttingen (Hogrefe), 625–650.

Schwarz, R. (1998): Psychotherapie und Krebs. In: König, W. (Hrsg.): Krebs – Ein Handbuch für Betroffene, Angehörige und Betreuer. 2. erw. Auflage. Wien (Springer), 79–96.

Schwickerath, J., Carls, W., Zielke, M., Hackhausen, W. (Hrsg.) (2004): Mobbing am Arbeitsplatz. Grundlagen, Beratungs- und Behandlungskonzepte. Lengerich: Papst Science Publishers.

Scobel, W. (2002): Supervision im Krankenhaus. Bern: Huber.

Seligman, M. (2000): Erlernte Hilflosigkeit. 2. Auflage. Weinheim: Beltz.

Sellschopp, A., Fegg, M., Frick, E., Gruber, U., Pouget-Schors, D., Theml, H., Vodermaier, A., Vollmer, T. (Hg.) (2005): Manual Psychoonkologie. München: Zuckschwerdt. http://tumorzentrum-muenchen.de/fileadmin/manuale/870_Manual_Psychoonkologie.pdf.

Seydl, C. (2007): Mobbing im Spannungsverhältnis sozialer Normen – eine dissonanztheoretische Betrachtung mit Untersuchung. Linz: Trauner.

Sonneck, G. (2000): Krisenintervention und Suizidverhütung. Wien: Facultas.

Statistik Austria (2007): Österreichische Gesundheitsbefragung 2006/2007. Hauptergebnisse und methodische Dokumentation. Wien: Statisik Austria.

Steinhausen, H.C. (2000): Epidemiologie, Klinik und Diagnostik der geistigen Behinderung. In: F. Häßler & J.M. Fegert (Hrsg.): Moderne Behandlungskonzepte für Menschen mit geistiger Behinderung. Stuttgart: Schattauer, 9–20.

Tasic, D. (2007): Differentialpsychologische Aspekte des Mobbing. Diplomarbeit am Institut für Psychologie, Universität Wien.

Theunissen, G., Plaute, W. (2002): Handbuch Empowerment und Heilpädagogik. Freiburg im Breisgau: Lambertus.

Trilk, C. (2001): Retest-Untersuchung zur psychosozialen Anpassung von Müttern behinderter Kinder. Diplomarbeit, Universität Bielefeld, Fakultät für Psychologie und Sportwissenschaft.

Tschuschke, V. (2006): Psychoonkologie. Psychologische Aspekte der Entstehung und Bewältigung von Krebs. 2. vollständig überarbeitete und erweiterte Auflage. Stuttgart: Schattauer.

Teegen, F. (2003): Posttraumatische Belastungsstörungen bei gefährdeten Berufsgruppen. Prävalenz, Prävention, Behandlung. Bern: Huber.

Trojan, A. (2004): Risikofaktoren und -indikatoren. In: R. Brennecke (Hrsg.): Lehrbuch Sozialmedizin. Bern: Huber, 110–126.

Watzlawick, P. (1983): Anleitung zum Unglücklichsein. München: Piper.

WHO (1980): ICIDH - International Classification of Impairments, Disabilities and Handicaps. Genf: World Health Organisation.

WHO (2001): ICF - Interantional Classification of Functioning, Disability, and Health. Genf: World Health Organisation.

Wonnebauer, G. (2008): Mobbing am Arbeitsplatz. Prävention und Maßnahmen. Salzburg: Kammer für Arbeiter und Angestellte für Salzburg. http://www.ak-salzburg.at/www-736-IP-8073-AD-938.html.

Zimmermann, A. (2005): Krankheitsverarbeitung und psychosoziales Umfeld. In A. Sellschopp et al. (Hrsg.): Psychoonkologie. Empfehlungen zur Diagnostik, Therapie und Nachsorge. München: Zuckschwerdt, 11–13.

Index